에듀윌과 함께 시작하면,
당신도 합격할 수 있습니다!

졸업을 앞두고 상담 관련 기관 취업을 위해
자격증 취득을 결심한 청소년 관련 분야 전공자

틈틈이 학점은행제를 수강하여
청소년상담사로의 새로운 도전을 하는 학습자

상담 현장에서 쌓은 경험에 전문성을 더하기 위해
자격 승급에 도전하는 현업 청소년상담사

각자의 자리에서 청소년상담사 자격증을 준비하며
청소년들의 '내일'을 위해 헌신하는 당신,
그 길은 분명 쉽지 않겠지만
당신이 쌓는 지식과 마음가짐은
방황하는 청소년들에게 꿈을 심어주고
이끌어주는 든든한 힘이 됩니다.

이제 당신의 여정에 에듀윌이 함께 걸어갑니다.

이 책의 마지막 페이지를 덮으면,
청소년상담사 합격의 길이 시작됩니다.

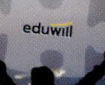

취업문 활짝! 1타 3피 전략
에듀윌 복지/심리/상담 시리즈

과목 유사 자격증 3종 세트,
에듀윌로 끝낼 수 있습니다.

사회복지사 1급 시리즈

임상심리사 시리즈
(2급 1차: 10월 / 2차: 12월 출간 예정)

청소년상담사 시리즈(3급 필기/면접)

* 교재 출간일과 표지 디자인은 내부 사정에 따라 변동될 수 있습니다.

에듀윌
청소년상담사 3급 면접
사례별 질문 + 답변

+무료특강

저자의 말

> *"청소년의 올바른 성장과*
> *발전을 이끌기 위해 노력하는 수험생 여러분"*

청소년상담사 3급 시험은 충분한 학습 시간을 들여야 하는 쉽지 않은 과정입니다. 그렇기에 어려운 관문이었던 1차 필기시험을 합격하신 것에 진심으로 축하드린다는 말을 전하고 싶습니다. 여러분들은 필기시험을 통해 이미 청소년 상담사로서의 기본 지식과 이해를 갖추었다는 것을 증명하셨습니다. 에듀윌과 함께 2차 면접시험까지 합격하시어 청소년상담사 3급 자격증을 취득하시기를 끝까지 응원하겠습니다.

면접시험은 정답이 정해져 있지 않지만, 면접관에게 긍정적인 평가를 받을 수 있는 답변을 연습하는 것이 중요합니다. 답변은 수험생의 시각에 따라 주관적일 수는 있으나 본서에서 제공되는 답변의 접근방법을 학습하신다면 실제 면접시험에서도 훌륭한 성적을 거둘 수 있을 것이라고 자부합니다.

본서는 수험생 여러분의 효율적인 학습을 위해 다음과 같이 구성되어 있습니다.

첫째, 주제별로 나누어 사례와 모범답변을 체계적으로 구성하였습니다.

학교·가정·친구, 디지털, 부적응 및 비행, 기타 사례로 구분하여 70개의 사례와 280개의 질문과 모범답변을 수록하였습니다. 이를 통해 학습자가 원하는 주제를 선택하여 효율적으로 학습할 수 있도록 하였습니다.

둘째, 최근 11개년의 출제 경향을 분석하여 사례와 질문을 수록하였습니다.

실제 시험에 출제된 사례와 질문의 경향을 반영한 기출동형문제를 수록했고, 청소년 관련 최신 이슈나 출제 흐름을 반영한 기출예상문제를 함께 수록하여 다양한 사례연습을 할 수 있도록 하였습니다.

셋째, 사례분석과 답변방향을 제시하여 면접시험의 접근방법을 쉽게 익힐 수 있도록 하였습니다.

사례에 대한 분석과 질문에 대한 답변방향을 숙지할 수 있도록 구성하여, 실전에서도 사례를 빠르게 파악하고, 예상 질문에 효과적으로 답변할 수 있도록 하였습니다.

청소년상담사라는 꿈을 향한 여러분들의 도전을 응원하며, 꾸준한 노력과 열정이 반드시 '합격'이라는 값진 결실로 이어지길 기원합니다.

저자 에듀윌청소년상담LAB

자격시험 Q&A

1. 청소년상담사는 어떤 자격증인가요?

청소년상담사는 「청소년 기본법」 제22조 제1항에 근거하여 시행되는 '청소년 상담'과 관련된 국내 유일의 국가공인 자격증입니다. 자격시험에 합격한 후, 연수기관에서 100시간 이상의 연수 과정을 이수한 사람에게 여성가족부 장관이 부여합니다.

2. 자격증의 유효기간이 있나요?

청소년상담사는 갱신 의무가 없는 평생 자격증입니다. 단, 청소년 상담 업무에 종사하는 경우 전문성 유지를 위해 매년 법적으로 의무화된 보수교육을 이수해야 합니다.

3. 자격증을 취득하면 어떤 기관에서 활동할 수 있나요?

개인 역량에 따라 청소년상담복지센터, 초·중·고등학교상담실, 교육청 Wee센터, 대학교 학생상담센터, 청소년 활동기관, 청소년 관련 복지시설 등의 분야에서 활동할 수 있습니다.

4. 연수 이수기간이 정해져 있나요?

자격시험 최종 합격 후 연수는 기한 제한 없이 언제든 받을 수 있지만, 연수를 신청한 회차 내에서 100시간 이상 연수를 모두 이수해야 합니다.

시험안내

1 관련기관

- 여성가족부: 자격제도 총괄 및 정책수립, 자격증 최종 교부
- 한국산업인력공단: 자격시험 주관(필기 및 면접시험 운영, 응시자격서류 심사 진행)
- 한국청소년상담복지개발원: 자격연수 주관

※ 청소년상담사 자격제도는 여성가족부에서 관장하고 있기때문에 자격증은 여성가족부장관 명의로 발급됩니다.

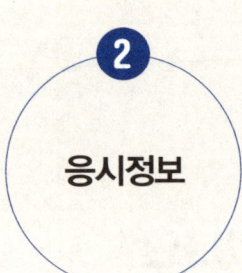

2 응시정보

- 원서접수: 큐넷 홈페이지(www.q-net.or.kr)에서 온라인으로만 접수 가능함
- 응시료: 필기시험(1차) 26,000원, 면접시험(2차) 16,000원
  ※ 전자결제(신용카드, 가상계좌, 계좌이체, 간편결제 중 택일)로 가능합니다.
- 준비물: 수험표, 신분증, 컴퓨터용 수성사인펜 등
- 응시절차: 원서접수 → 필기시험 → 응시자격 서류제출 → 면접시험 → 자격연수 → 자격증 취득
- 면접시험 대상: 필기시험 합격 예정자 중 응시자격 서류 심사 합격자, 면접시험 재응시자
  ※ 서류심사 기간 내에 응시자격 증빙서류를 제출하여 '적격' 판정을 받은 경우에 한해 최종 합격 처리됩니다.
- 면접시험 일시 및 장소: 면접시험 원서접수 시 선착순에 따라 수험자가 직접 선택함
- 재응시 규정: 면접시험에 불합격하였더라도 응시자격 증빙서류가 제출 및 승인되면 필기시험이 최종 합격 처리되고, 다음 회차에 한하여 필기시험이 면제 가능함

3 시험일정

구분	접수기간	시험	합격(예정)자 발표	최종 합격자 발표
24회 필기시험	2025.07.21.~07.25.	09.13.	10.22.	2026.04.01.
24회 면접시험	2025.11.03.~11.07.	11.24~11.29.	12.24.	

※ 2025년 청소년상담사 자격시험 시행계획 공고에 따른 내용입니다.
※ 원서 접수기간 중에는 24시간 접수 가능합니다(단, 원서 접수 첫날은 09:00부터 시작, 마감일은 18:00까지 접수 가능).
※ 시험정보는 변경될 수 있으니 반드시 시행처 큐넷 홈페이지(www.q-net.or.kr)에서 확인하시기 바랍니다.

시행처 바로가기

④ 평가기준

평가항목	배점	세부사항
청소년상담자로서의 가치관 및 정신자세	5점	평가항목별로 상(5점), 상중(4점), 중(3점), 중하(2점), 하(1점) 척도로 평가
청소년상담을 위한 전문적 지식 및 수련의 정도		
예의·품행 및 성실성		
의사표현의 정확성과 논리성		
창의력, 판단력 및 지도력		

⑤ 합격기준

합격	불합격
25점 만점으로 하여 면접위원 3인의 평정점수 합계 15점 이상을 득점한 자	면접위원 3인의 평점 점수 합계가 15점 미만으로 득점한 자 (※ 다만, 면접위원의 과반수가 어느 하나의 평가항목에 대해 1점으로 평정한 경우, 점수의 합계와 관계없이 불합격으로 함)

⑥ 유의사항

- 수험자는 일시·장소 및 입실시간을 확인 후 신분증과 수험표를 소지하고 시험당일 입실시간까지 해당 시험장 수험자 대기실에 입실하여야 함
  ※ 면접수험표는 큐넷 홈페이지 → [마이페이지] → [원서접수 내역]에서 출력 가능합니다.
- 면접시험은 면접위원 3인, 수험자 2~3인 1조 면접으로 진행되며, 면접 순서는 수험자가 직접 추첨한 비번호 순서에 따른 조편성 순서로 진행됨
- 특정인임을 알 수 있는 모든 의복(소속회사 근무복, 군복, 교복, 제복 등)을 착용하고 시험장에 입실할 수 없음
- 본인을 특정할 수 있는 인적 사항(소속, 이름, 나이 등)을 발설해서는 안되며, 부정한 행동을 하는 경우 해당 시험을 중지하고 퇴실조치 함
- 소지품 정리 시간 이후에는 시험 관련 자료 및 서적 등을 일체 열람할 수 없음
- 부정행위 적발 시 무효처리(0점) 또는 부정행위 처리될 수 있음
- 부정행위를 한 수험자는 처분일로부터 3년간 시험에 응시할 수 없음

이 책의 구성

제시사례

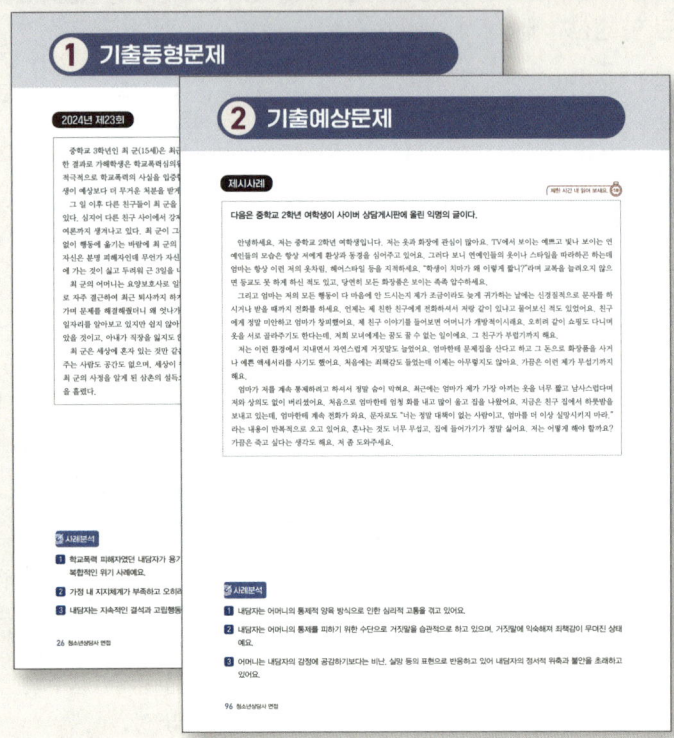

☑ **기출동형사례**
해당 연도의 출제 경향을 반영한 사례를 통해 실제 시험처럼 연습할 수 있습니다.

☑ **기출예상사례**
출제 경향과 청소년 관련 최신 이슈를 반영한 다양한 사례를 효과적으로 연습할 수 있습니다.

☑ **사례분석**
- 면접 사례지를 기반으로 한 분석 포인트를 제공합니다.
- 제한시간 안에 사례를 읽고 제시된 사례분석과 비교하며 실전 감각을 기를 수 있습니다.

추가 제공

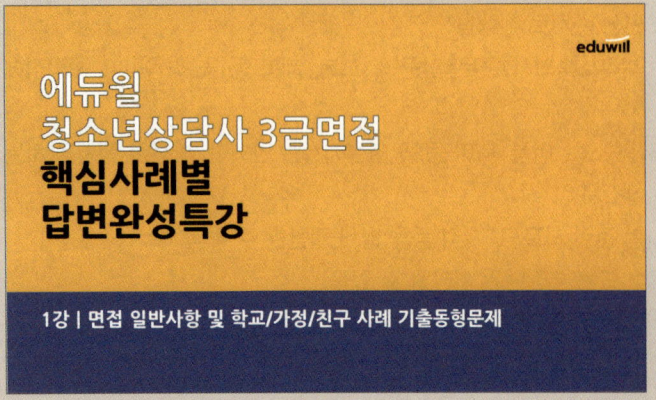

청소년 관련 분야 교수가 직접 강의하는 핵심사례별 답변완성특강

청소년상담사 3급 면접 합격 전략을 담은 핵심사례별 답변완성특강(8강)을 제공합니다.

※ 수강경로: 에듀윌 도서몰 ▶ 동영상 강의실 ▶ '청소년상담사' 검색

답변방향 및 모범답변

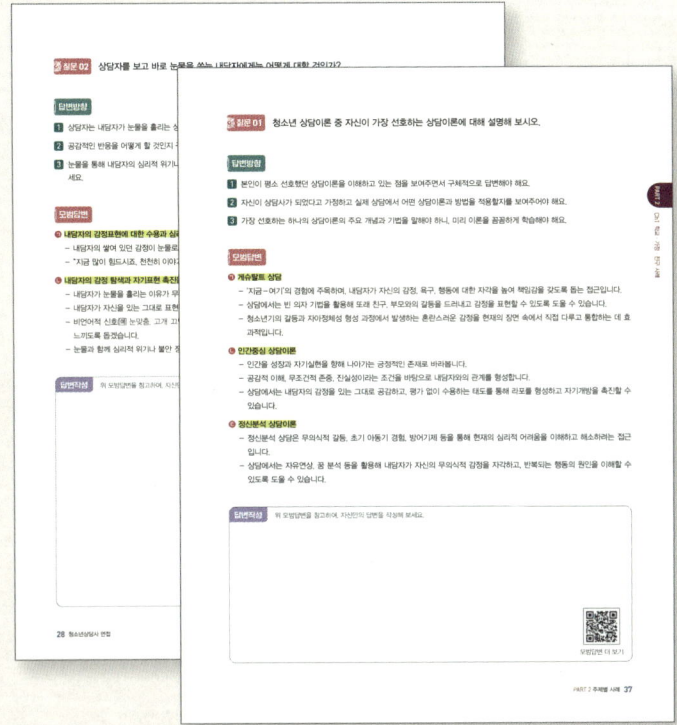

☑ **면접관 질문**
- 면접장에서 실제로 나왔거나, 물어볼 가능성이 있는 질문을 제공합니다.
- 다양한 질문에 대비하여, 면접 상황에서 대처능력을 키울 수 있습니다.

☑ **답변방향**
- 면접관이 평가하는 핵심 요소에 맞춰 답변가이드를 제시합니다.
- 질문에 대해 어떤 관점과 흐름으로 답변해야 하는지 파악할 수 있습니다.

☑ **모범답변**
- 실제 면접장에서 활용할 수 있는 모범답변을 제공합니다.
- 좋은 점수를 받을 수 있는 답변을 익힐 수 있습니다.
- QR코드를 통해 더 많은 모범답변을 확인할 수 있습니다.

 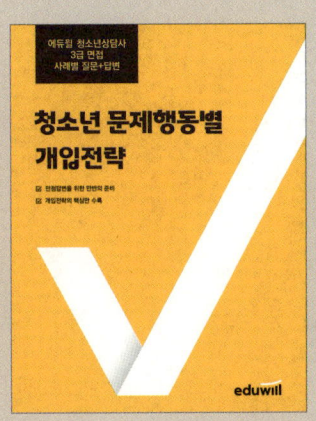

청소년상담사 윤리강령 및 청소년 문제행동별 개입전략(PDF)

청소년상담사 3급 면접에서 활용할 수 있는 청소년상담사 윤리강령 및 청소년 문제행동별 개입전략을 제공합니다.

※ 이용경로: 에듀윌 도서몰 ▶ 도서자료실 ▶ 부가학습자료 ▶ '청소년상담사' 검색

차례

PART1 | 면접 일반사항

CHAPTER 1	면접시험의 필요성	12
CHAPTER 2	면접시험의 진행순서	13
CHAPTER 3	면접시험의 구성요소	15
CHAPTER 4	면접 준비사항	20

PART2 | 주제별 사례

CHAPTER 1	학교·가정·친구 사례	25
CHAPTER 2	디지털 사례	157
CHAPTER 3	부적응 및 비행 사례	229
CHAPTER 4	기타 사례	291

에듀윌이 너를 지지할게
ENERGY

시작하는 방법은
말을 멈추고
즉시 행동하는 것이다.

– 월트 디즈니(Walt Disney)

면접 일반사항

CHAPTER 1	면접시험의 필요성	12
CHAPTER 2	면접시험의 진행 순서	13
CHAPTER 3	면접시험의 구성요소	15
CHAPTER 4	면접 준비사항	20

CHAPTER 1 면접시험의 필요성

면접시험의 목적

(1) 인성 및 태도 검증
① 청소년 상담은 인간 대 인간의 관계 속에서 이루어지는 깊은 정서적 상호작용을 기반으로 한다.
② 필기시험을 통해 상담이론이나 기법에 대한 이해는 평가할 수 있지만 상담자의 인성, 태도, 열의 및 사명감, 정서적 민감성, 의사소통 방식, 대인관계에서의 진정성 등은 가늠하기 어렵다.
③ 면접을 통해 수험자가 내담자의 이야기를 어떻게 듣고 반응하며, 자신의 감정을 어떻게 표현하고 조율하는지를 직접 확인할 수 있다.
④ 말하는 자세, 응답 방식 등은 청소년과의 상담관계 형성에 직접적인 영향을 미치는 비언어적 소통 능력과 상담관계 형성에 필요한 기본 태도를 확인할 수 있다.

(2) 상담자로서의 기본 소양과 상담철학 확인
① 청소년 상담은 상담 관련 지식, 상담 경험, 무엇보다 인간을 사랑하고 존중하는 마음을 바탕으로 이루어지는 전문적인 활동이다.
② 수험자가 청소년 내담자를 어떻게 바라보며, 상담자의 역할을 어떻게 인식하고 있는지 등 기본적인 상담관과 인간관을 확인하는 것이 면접의 중요한 목적 중 하나이다.
③ 실제 면접에서도 "왜 상담사가 되려 하는가?", "상담사로서 갖추어야 할 자질은 무엇인가?" 등 동기나 기본 소양을 확인할 수 있는 질문이 종종 나온다. 이는 수험자가 단순한 취업 목적을 넘어 청소년을 향한 애정과 사명감을 지니고 있는지를 보기 위한 것이다.

(3) 상담현장에 필요한 대응 능력 확인
① 상담현장에서는 예상대로 흘러가지 않는 예외적인 상황들이 자주 발생한다.
② 상담자는 예기치 못한 상황에서도 윤리적 기준에 따라 침착하게 대처할 수 있는 태도와 사고방식을 갖추어야 한다.
③ 실제 상담에서는 내담자의 비밀보장, 부모와의 갈등, 위기개입상황 등 다양한 상황에 직면하게 되며, 이러한 상황에서 어떤 판단을 내리는지, 내담자의 권리를 최우선으로 고려할 수 있는지 등을 면접을 통해 확인할 수 있다.
④ 면접을 통해 수험자가 청소년과 효과적으로 라포를 형성할 수 있는 유연성과 접근법을 갖추었는지를 검토할 수 있으며, 상담현장에 바로 투입 가능한 인재인지 여부를 판단할 수 있다.

(4) 자격증의 공신력과 전문성 유지
① 청소년상담사 자격증 소지자가 충분한 전문성과 윤리의식을 갖추지 못한 채 배출될 경우, 상담현장의 혼란은 물론 청소년과 보호자들의 상담에 대한 신뢰 상실로 이어질 수 있다.
② 청소년상담사는 청소년의 안전과 복지를 책임지며, 나아가 이 나라의 미래를 함께 만들어가는 역할을 수행한다.
③ 청소년상담사 시험은 단순히 자격증 취득자 수를 늘리는 것이 목적이 아니기 때문에, 수험자 개개인이 공적 책임을 다할 수 있는지 면접을 통해 확인한다.

CHAPTER 2 면접시험의 진행 순서

진행 주의사항

(1) 청소년상담사 3급 2차 면접시험은 세부 순서에 따라 진행된다.
(2) 각 순서에서는 정해진 규정을 준수하는 것이 중요하며, 부주의로 인한 실수는 불이익을 받거나 부정행위로 간주될 수 있으므로 반드시 사전에 숙지하고 대비하여야 한다.

면접 당일 진행 순서

(1) 전체 수험자 종합대기실 입실
  ① 면접 응시자는 시험 당일 사전에 통보받은 시간에 맞추어 지정된 장소에 도착해야 한다.
  ② 면접을 보는 수험생이 많아 시간대별로 도착 시간을 분산하여 운영한다.
  ③ 면접 장소에 도착하면 접수자 명단을 확인하고 필기시험 수험번호에 따라 면접 대기장소로 이동한다.

(2) 면접 대기실 입실
  ① 면접 대기실에 입장하면 진행요원이 면접시험에 대한 안내사항 및 주의사항에 대한 설명을 하고 신분증 검사를 진행한다.
  ※ 주의사항으로 이름, 최종 학력사항, 사는 지역 등 개인정보에 대한 노출 금지에 대한 사항을 설명하는 것이 일반적이다.
  ② 신분 확인 절차와 함께 수험생은 무작위로 비번호(면접번호)를 추첨한다.
  ③ 비번호는 면접에 입장하는 순서를 말하며, 보통 5개조(10~15명)로 편성된다.
  ④ 자신이 뽑은 번호가 뒤쪽 번호라면 실제 면접까지 한 시간 이상을 대기해야 하는 상황이 발생할 수 있다.
  ⑤ 순서를 뽑으며 가지고 있는 전자기기(예 휴대폰, 무선 이어폰, 워치 등)를 맡긴다. 번호를 뽑은 후에는 소지품(예 교재, 필기구, 요약자료 등 포함)을 모두 정리하여 가방에 넣어야 한다.
  ※ 이 때, 책상 위에 자료를 펼쳐 놓거나 전자기기를 반납하지 않았다가 적발되면 부정행위로 간주될 수 있다.
  ⑥ 차례가 되면, 진행요원의 안내에 따라 보통 2명에서 3명이 면접실로 함께 이동한다.

(3) 면접실 입실
  ① 면접실 앞에서 대기하는 동안 시험에서 활용되는 '사례지'가 배부된다.
  ② 사례는 보통 A4용지 2/3 정도의 분량이며 이를 읽고 답변을 준비할 시간이 5분 정도 주어진다.
  ③ 면접은 총 3명의 면접관이 진행하며, 수험생 한 사람당 보통 3~4개의 질문을 받는다.
  ④ 이 중 일부는 사례와 직접적으로 관련이 있는 질문이 나오며, 사례와 무관한 상황형 질문이나 윤리적 판단을 요구하는 일반질문이 나올 수도 있으므로 당황하지 말고 침착하게 응답한다.
  ⑤ 공통질문이 나오는 경우가 있으며, 답변의 순서는 면접관이 지정해주는 경우가 많고, 다른 수험자가 답변을 말하는 동안 자신은 어떻게 답변할 것인지 생각해두어야 한다.

(4) 퇴장
  ① 면접이 종료되면, 수험생은 조용히 퇴장한다. 마지막으로 퇴장하는 경우 문을 닫고 나온다.
  ② 면접을 마친 수험생과 대기 중인 수험생이 접촉하는 경우 부정행위로 간주될 수 있으므로 절대 주의해야 한다.
  ※ 사례 내용이나 면접 질문에 대한 정보를 전달하거나 질문에 대해 암시를 줄 수 있어 대기실 재입장을 금지한다.

면접시험의 채점 및 합격기준

(1) 평가항목
   ① 청소년상담사로서의 가치관과 정신자세
   ② 청소년상담을 위한 전문적 지식 및 수련의 정도
   ③ 예의, 품행, 성실성
   ④ 의사표현의 정확성과 논리성
   ⑤ 창의력, 판단력, 지도력

(2) 채점 시 유의사항
   ① 채점 시, 점수는 평가항목별로 상(5), 상중(4), 중(3), 중하(2), 하(1) 중 해당하는 점수를 부여한다.
   ② 하(1)점 또는 수험생의 채점 합계가 15점 미만일 경우 특이사항의 채점 사유를 기재한다.

(3) 합격결정 기준
   ① 총점 25점 중 면접위원의 평균점수의 합계가 15점 이상인 자가 합격한다.
   ② 다만, 면접위원의 과반수가 어느 하나의 평가항목에 대해 하(1)점으로 평가한 때에는 평균점수와 상관없이 불합격 처리가 된다.

CHAPTER 3 면접시험의 구성요소

사례의 구성

(1) 실제 상담현장과 유사한 사례를 통해 수험자의 문제 분석 능력, 상담자로서의 태도 등을 종합적으로 평가한다.

(2) 사례지는 보통 다음과 같은 정보들로 구성되어 있다.

내담자의 기본 정보	• 인적정보(예 연령, 성별, 학년 등) • 가족정보(예 함께 거주하는 가족 구성원, 구성원의 직업·성격·특성, 내담자와 각 구성원과의 관계 등) • 대인관계 정보(예 친구, 담임교사 등과의 관계 등) • 내담자의 인지·정서·행동적 특성에 관한 내용
내담자의 주호소문제 또는 갈등 상황	• 반복적인 행동 문제, 정서적 불안정, 학교 부적응, 또래 갈등 등 문제사항에 대한 정보 • 문제의 원인이 되는 부모의 훈육 방식, 가족 간의 정서적 교류 등에 대한 정보 • 내담자가 언급하는 불안, 분노, 외로움, 고립감, 자립 욕구 등 내면의 심리를 파악할 수 있는 정보
내담자의 현재 감정 상태 또는 상담자의 진술 내용	• 문제에 대한 내담자의 감정과 생각(예 "요즘 너무 지쳐서 아무것도 하기 싫어요") • 내담자의 향후 행동 계획(예 가출, 자퇴 등) • 상담자의 관찰 또는 진술 요약(예 상담자의 주관적 소견, 내담자의 마지막 말 혹은 말투나 표정 등)

사례의 분석방법

(1) 개요
① 사례 속 내담자가 겪고 있는 핵심 문제를 파악하고 문제의 원인을 추론하는 과정이 필요하다.
② 사례 속 표현이 직접적이지 않더라도, 내담자의 말투나 상담자의 관찰 내용 등을 통해 문제를 파악할 수 있다.
③ 내담자의 문제를 단순히 증상으로만 보는 것이 아니라, 문제의 형성과 유지에 영향을 미치는 심리적·환경적 요인을 통합적으로 바라보는 시각이 필요하다.
④ 면접에서는 문제의 구조를 정확히 짚어내고 원인을 근거 있는 논리로 설명할 수 있는 수험자가 좋은 평가를 받는다.

(2) 내담자의 문제 파악
① 청소년상담사 3급 시험에서 제시되는 사례에서는 내담자가 경험하고 있는 어려움이나 증상, 갈등 상황이 비교적 명시적으로 제시된다.
② 최근 들어 사례 내용이 길어지는 경향이 있으므로 다음과 같은 요소를 중심으로 빠르게 문제를 파악할 수 있어야 한다.

정서적 측면	불안, 우울, 분노, 혼란, 좌절 등 내담자의 감정 상태
인지적 측면	왜곡된 자기 인식, 부정적 사고 패턴, 과잉 일반화 등
행동적 측면	학교 거부, 무단결석, 공격성, 폭식, 자해 등 눈에 띄는 행동
태도적 측면	부모나 교사에 대한 반항, 무기력, 회피적 자세 등

(3) 내담자의 문제 원인 파악
① 문제의 원인을 분석하는 과정은 상대적으로 어렵지만, 사례 분석에서 가장 중요한 단계이다.
② 문제의 원인을 제대로 파악하면, 이후의 상담목표를 설정하고 어떻게 개입할 것인지 결정하기 수월해진다.

③ 원인은 일반적으로 내적 요인과 외적 요인으로 나누어 생각할 수 있다.

내적 요인	• 내담자 개인의 성향이나 심리적 취약성에서 발생하는 요인 　- 스트레스에 민감한 기질 또는 정서적 과민성 　- 부정적인 자기개념이나 잘못된 인지도식 　- 편향된 사고 　- 반복되는 이상행동 및 문제행동 패턴
외적 요인	• 내담자를 둘러싼 환경이나 관계적 맥락에서 발생한 요인 　- 부모의 바람직하지 않은 양육방식(예 비일관성, 과잉통제, 정서적 방임 등) 　- 가족의 경제적 어려움 또는 이혼, 재혼 등의 가족 구조 변화 　- 또래와의 갈등, 학교 내 적응 어려움, 성적 스트레스 　- 과거 경험에서 비롯된 트라우마나 상실감

(4) 내담자의 자원 포착
① 사례에서 내담자의 문제만 보는 것이 아니라, 회복을 도울 수 있는 자원을 함께 인식할 줄 알아야 한다.
② 자원이란 내담자가 지닌 강점, 가능성, 회복력, 사회적 지지체계를 말하며 상담과정에서 내담자의 변화 동기, 행동 수정이나 정서 안정의 기반이 되는 중요한 요소이다.
③ 내담자의 자원은 외적자원과 내적자원으로 나눌 수 있다.

내적 지원	• 성격적 강점: 낙천성, 인내심, 책임감, 긍정적인 사고방식, 높은 자기효능감 • 정서적 능력: 감정 인식 및 조절 능력, 공감 능력 • 문제 해결 능력: 문제 해결의 동기, 변화 의지, 비판적 사고, 대안사고, 자기통찰력 • 가치관과 신념: 삶에 대한 긍정적 태도, 자신에 대한 믿음, 목표의식 • 과거의 성공 경험: 이전에 어려움을 극복했던 경험, 목표에 대한 성취 경험 • 상담 수용력: 상담에 대한 신뢰와 수용적인 태도, 상담 참여 의지
외적 지원	• 가정환경의 보호 요인(예 부모의 지지적 태도, 안정적 가족 분위기) • 또래나 교사 등 주변인의 관심과 지지

(5) 개입방법의 결정
① 문제행동의 억제나 통제 중심의 개입보다는, 행동의 원인에 접근하고 내담자의 심리 상태를 근본적으로 개선하는 방향이 좋다.
② 개입방법은 일반적으로 다음과 같이 분류한다.

상담이론적 개입	• 문제 유형과 내담자의 특성에 따라 적절한 상담이론이나 기법을 선정함 ※이론 내용을 단순히 나열하기보다는 사례 속 내담자의 문제와 연결 지어 설명하는 것이 좋음 • 자신 있게 설명할 수 있는 이론과 기법을 미리 숙지해두면 도움이 됨 　예 현실치료: 선택과 책임 강조, 현재 중심의 해결 지향 　예 인지행동치료(CBT): 왜곡된 사고 교정, 행동 수정 　예 인간중심적 접근: 공감, 무조건적 긍정 존중 등
자원연계적 개입	• 내담자가 가진 내적 자원을 개입의 도구로 선정함 • 내담자의 강점이나 가능성을 구체적으로 활용함 　예 내담자의 성취 경험을 진로 탐색이나 목표 설정과 연계하는 전략을 사용함
미시체계 개입	• 내담자를 둘러싼 직접적인 관계망(예 부모, 친구, 교사 등)을 활용한 개입방법 　예 부모상담 병행을 통해 부모의 양육태도나 정서적 반응을 확인함 • CYS-Net(청소년통합지원체계)과 같은 지역사회 자원을 활용하는 방안도 좋은 전략임

면접관의 질문

(1) 개요
　① 청소년상담사 3급 면접시험에서 면접관은 수험자의 전반적인 상담자로서의 자질을 평가하는 중심 역할을 담당한다.
　② 면접은 정해진 틀 없이 유동적으로 진행되며, 면접관의 성향이나 방식에 따라 수험자가 받는 질문의 성격과 흐름도 달라질 수 있다.

(2) 질문의 순서
　① 수험생들이 지정된 자리에 착석하면, 면접관은 일정한 순서를 따르지 않고 자유롭게 번갈아가며 질문을 던진다.
　② 시험의 공정성을 위해 답변 순서는 공평하게 배분되는 편이다.
　③ 면접관에 따라 질문 빈도나 방식이 다를 수 있다. 어떤 면접관은 질문을 연속적으로 제시하는 반면, 어떤 면접관은 수험자의 대답을 기반으로 후속 질문을 통해 구체적인 설명을 유도하기도 한다. 이는 면접의 난이도에 차이를 만들 수 있으며, 어떤 면접관을 만나느냐는 어느 정도 운의 영역이라 볼 수 있다.
　④ 자신의 답변에 대해 후속 질문이 들어올 때 '내가 잘못 대답했나' 하는 두려움이 생길 수 있지만, 차분함을 유지하고 알고 있는 범위 내에서 솔직하게 응답하는 것이 중요하다.
　⑤ 모르는 내용을 무리하게 설명하거나 질문에 당황하는 모습을 보이는 것은 오히려 감점 요인이 될 수 있다.
　⑥ 청소년상담사 3급 시험은 '지식을 얼마나 알고 있는가'보다 상담 상황에 대한 수험자의 태도와 개입방법 판단 기준을 중시하는 경향이 있다는 점을 명심한다.
　⑦ 장황하게 핵심 없는 답변을 하거나, 아는 체하는 인상을 주면 면접관의 집중 질문을 유도할 수 있으므로 주의해야 한다.
　⑧ 면접에서는 간결하고 명확한 표현, 진솔한 태도가 높은 평가를 받을 수 있다.

(3) 질문의 구성
　① 면접 질문은 일반적으로 다음과 같은 세 가지 영역으로 구성된다.

개인 영역 질문	• 직업적 소명감 • 상담사로서의 장래계획 • 상담사로서의 자질 및 동기 등 • 자신이 가진 강점과 약점(상담사로서 보완해야 할 점)
상담 관련 질문	• 상담 상황에서의 대처 방법 • 상담사의 윤리적 판단 • 상담이론 및 상담기법
사례 기반 질문	• 내담자의 주호소문제 • 내담자의 특성 분석 • 내담자의 자원 • 상담 목표 및 개입 전략 등 • 적용 가능한 상담기법 등

　② 면접은 보통 2인의 수험생과 3인의 면접관으로 구성되며, 각 수험생에게 약 3개의 주요 질문이 주어진다.
　③ 수험자 간 동일한 질문이 주어지는 경우도 있으나, 다른 질문이 제시되기도 하므로 타인의 질문을 그대로 예상하기보다는 참고 정도만 한다.

(4) 면접관 특징
① 면접관은 통상 3인으로 구성되며, 초반에는 수험생의 긴장을 풀어주기 위한 격려성 멘트를 전하며 친근하게 면접을 시작하는 경우가 많지만 그렇지 않은 면접관들도 있다.
② 면접관은 한국청소년상담복지개발원에서 위촉하며, 대체로 상담심리사 1급 자격증이나 청소년상담사 1급 자격증을 보유한 전문가로 구성된다.
③ 이들은 대학교 교수, 전문상담기관장, 상담연구소 책임연구원, 수석상담자 등으로 활동하는 인물들이 많으며, 현장 상담 경험이 풍부한 실무 중심의 전문가들이다.
④ 면접관들은 이론과 실제 상담현장 모두에 해박하므로, 불완전하게 이해한 개념이나 미숙한 이론을 언급할 경우 날카로운 검증 질문이 뒤따를 수 있다. 따라서 확실하게 알고 있는 개념 위주로 정직하게 답변하는 것이 바람직하다.

수험자의 답변

(1) 개요
① 면접에서 수험자의 답변 내용은 물론, 표현 방식, 태도, 어조, 언어 선택까지 모두 평가의 대상이 된다.
② 평소의 사고방식과 말하는 습관이 면접에 그대로 드러날 수 있다.

(2) 답변 시 주의사항
① 지나치게 큰 소리 또는 작은 소리 금지
  ㉠ 목소리는 자신감과 태도를 드러내는 중요한 요소이다.
  ㉡ 지나치게 큰 목소리는 공격적으로 느껴질 수 있고 작은 목소리는 자신 없어 보일 수 있으므로, 또렷하고 안정된 어조로 말하는 것이 바람직하다.
② 미소를 띠며 밝고 단정한 태도를 유지
  ㉠ 면접은 긴장되는 자리이지만, 가능한 한 밝은 표정과 부드러운 미소를 유지하려는 노력이 중요하다.
  ㉡ 면접관에게 긍정적인 인상은 물론 내담자와의 관계 형성에서도 중요한 요소이다.
  ㉢ 면접은 비언어적 표현도 중요함을 명심한다.
  ㉣ 다른 수험생이 말하는 동안에도 경청하는 태도(예 고개 끄덕임, 미소 등)을 보여 좋은 인상을 유지하는 것이 좋다.
③ 결론부터 말하는 두괄식 표현
  ㉠ 평소에 말을 논리정연하게 잘하는 사람이라도 면접장에 가면 긴장 탓에 헤매기 마련이다.
  ㉡ 말이 길어질 경우 핵심을 놓치기 쉬우며 면접관의 질문 의도에 정확히 응답하지 못할 위험이 커진다.
④ 모르는 질문에 대한 대응
  ㉠ 질문에 대해 정확히 알지 못하는 경우 동문서답보다 아는 범위 내에서 솔직하게 말하는 태도가 필요하다.
  ㉡ 예를 들어 "정확히 알지는 못하지만 제 생각에는…" 혹은 "아직 배우고 있으나 제가 이해한 바로는…" 등으로 겸손하게 표현하는 것이 바람직하다.
⑤ 경험 유무를 묻는 질문에 대한 대응
  ㉠ "~은 해보았는가?", "~할 때, 어려운 점은 무엇이었나"라는 질문에 대해 단순히 "아니요, 경험이 없습니다"라고 답하기보다는, 미래 계획이나 관심을 함께 언급하여 의지를 드러내는 것이 좋다.
  ㉡ 해본 적이 없는데 했다고 하는 거짓된 답변은 들통나기 쉬우므로 피해야 한다.

⑥ 침착한 대응
- ㉠ 면접관 중 한 명이 일부러 까다롭게 질문하거나 날카로운 반응(㉘ 한숨 쉬기, 답변할 때 딴 곳 보기 등)을 보일 수 있다.
- ㉡ 이는 스트레스 상황에서의 반응을 보기 위한 연출일 수 있으므로, 당황하지 않고 침착하게 대응하는 태도가 중요하다.
- ㉢ 면접관도 사람이기에 집중력이 떨어질 수도 있고, 하필 그 상황에 급한 일이 생겼을 수도 있다. 당황하지 말고 좋은 방향으로 생각하도록 한다.

⑦ 과도한 전문용어 및 외래어 사용 지양
- ㉠ 수험자 중에는 자신의 전문성을 드러내기 위해 질문에서 요구하는 답변보다 더 현학적인 이론이나 과시적인 어휘를 언급하는 경우가 있다.
- ㉡ 학자 이름이나 상담이론을 제외하고 영어 표현이나 외래어를 과도하게 사용하는 것은 면접관에게 좋지 않은 인상을 줄 수 있다.

⑧ 기계적인 답변 지양
- ㉠ 외워온 내용을 티나게 반복하거나, 획일화된 표현을 지나치게 활용할 경우 면접관에게 진정성이 없는 인상을 줄 수 있다.
- ㉡ 자연스럽고 본인의 언어로 이야기하는 것이 가장 중요하다.

⑨ 단정적인 표현 지양 및 겸손한 자세 유지
- ㉠ "무조건 그렇다.", "당연히 해야 한다."와 같은 단정적 표현은 면접관의 반론을 유도하거나 논리적 허점을 보일 수 있어 피하는 것이 좋다.
- ㉡ "제 생각에는…", "저는 이렇게 이해하고 있습니다."처럼 개인적인 입장임을 겸손하게 밝히는 유연한 표현이 효과적이다.

⑩ 옆 사람의 답변 모방 금지
- ㉠ 다른 수험자의 답변을 경청하여 참고는 하되, 자신의 관점을 분명히 유지하는 것이 중요하다.
- ㉡ 동일한 질문을 받은 경우, 다른 시각이나 접근방식을 제시하여 전문성을 보여주면 좋다.
- ㉢ 만약 먼저 답변을 한 수험자와 동일한 의견을 가지고 있을 경우, 먼저 해당 의견에 공감을 하고 자신의 경험이나 생각이 빗대어 다른 표현 활용하여 차이점을 두면 좋다.
- ㉣ 상대 수험자의 오류를 직접 지적하는 것보다는, "저는 조금 다르게 생각합니다." 정도로 표현하는 것이 무난하다.

CHAPTER 4 면접 준비사항

면접 전 준비사항

(1) 필요한 서류
① 면접 당일에 필요한 수험표나 신분증은 하루 전에 반드시 준비해 둔다.
② 사전에 안내된 서류가 있거나 기타 필요한 서류가 있다면 출력 및 확인 후 지참한다.

(2) 면접 자료
① 자신이 좋아하는 상담이론이나 상담 개입방법 등을 간단히 정리하여 면접장에 가는 길이나 종합대기실에서 볼 수 있도록 준비한다.
② 면접 대기실에서는 자료 열람이 제한되므로, 관련 내용을 사전에 숙지해두는 것이 가장 이상적이다.

(3) 모의면접
① 자신의 표정, 자세, 말투, 시선 등을 점검하기 위해 거울 앞이나 자신의 모습을 영상으로 담아 모의 면접 연습을 해본다.
② 실제 사례를 바탕으로 질문을 가정하고 두괄식으로 자연스럽게 답변하는 연습을 한다.
③ 밝은 표정과 부드러운 미소 유지, 자연스러운 시선 처리에 집중할 필요가 있다.

(4) 면접 스터디
① 면접 스터디는 답변 연습은 물론 자신의 답변에 대한 피드백까지 얻을 수 있는 효과적인 방법이다.
② 서로 다른 사고방식과 표현을 참고하면서 자신의 답변을 점검하고 보완할 수 있다.
③ 스터디원의 표현을 그대로 암기하기보다는, 자기만의 언어로 재구성하는 연습이 더 중요하다.
④ 면접 스터디를 구성하기 촉박한 시간이라면 부모님이나 친구에게 부탁하여 면접관처럼 질문을 해달라고 요청하는 방법도 좋다.

(5) 면접 옷차림
① 단정하고 깔끔한 인상을 주는 복장을 선택한다.
② 재킷과 와이셔츠, 블라우스, 슬랙스 등을 착용하는 것이 무난하다.
③ 지나치게 화려한 색이나 과도한 액세서리는 피하는 것이 좋다.

면접자세 점검

(1) 면접 시작 전
① 면접을 앞둔 사람에게 긴장은 자연스러운 반응이며, 이를 어떻게 조절하느냐가 중요하다.
② 복식호흡이나 심호흡을 통해 몸의 긴장을 완화시키거나 "떨리지만 준비한 만큼만 잘 해보자"는 긍정적 자기암시도 도움이 된다.
③ 대기시간에는 다른 사람과 비교하거나 자신을 과하게 검열하지 말고, 조용히 자신의 답변 흐름을 점검하며 마음을 정돈한다.
④ 이번 면접에서 불합격하더라도 다음 해에 필기시험 없이 한 번 더 응시가 가능하니 최대한 마음의 안정을 찾고 부담을 내려놓도록 한다.
⑤ 면접은 완벽한 답변을 요구하는 자리가 아니라 '상담자로서의 태도와 가능성'을 보는 자리임을 기억한다.

(2) 면접 시작 시
① 의자 착석 시에는 등받이에 기대지 않고 등을 곧게 세운 채, 양손은 무릎 위에 올리거나 단정히 모은다.
② 발은 가지런히 모으고, 몸은 면접관 쪽을 향해 살짝 기울이듯 집중하는 태도를 유지한다.
③ 답변 시에는 면접관의 눈을 부드럽게 바라보며 또박또박 말한다.
④ 한 면접관만 바라보기보다 세 면접관을 고르게 바라보며 자연스럽게 시선 처리하는 것이 좋다.
⑤ 시선을 바닥이나 허공에 두지 않는다.
⑥ 답변을 하다가 말문이 막힐 때는 당황하지 말고, 면접관에게 양해를 구하여 숨을 고르고 다시 이야기한다.

PART 2

주제별 사례

사례분석

답변
가이드

모범답변

CHAPTER 1	학교·가정·친구 사례	25
CHAPTER 2	디지털 사례	157
CHAPTER 3	부적응 및 비행 사례	229
CHAPTER 4	기타 사례	291

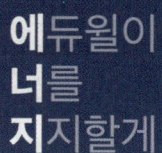

모든것은 꿈에서 시작된다.

꿈 없이 가능한 일은 없다.

먼저 꿈을 가져라.

오랫동안 꿈을 그리는 사람은

마침내 그 꿈을 닮아간다.

– 앙드레 말로

Ch1
학교·가정·친구 사례

챕터별 학습포인트

❶ 교내 따돌림, 가정 내 갈등, 또래관계 문제 등 청소년이 일상에서 흔히 겪을 수 있는 갈등 상황과 문제들이 사례로 제시됩니다.

❷ 청소년 발달 특성과 학교, 가정, 또래관계의 맥락을 고려하여, 관계 회복을 도와줄 수 있는 개입 방법을 중심으로 학습합니다.

❸ 사례를 바탕으로 면접에서 상담자로서의 판단력, 개입 우선순위 설정, 상담자 윤리 등을 묻는 질문에도 대비할 수 있습니다.

1 기출동형문제

2024년 제23회 제한 시간 내 읽어 보세요. 5분

> 중학교 3학년인 최 군(15세)은 최근 자신을 괴롭히는 같은 반 학생을 117 학교폭력 신고센터에 직접 신고했다. 이에 대한 결과로 가해학생은 학교폭력심의위원회에 회부되어 강제전학 처분을 받게 되었다. 그 이유는 최 군과 최 군의 어머니가 적극적으로 학교폭력의 사실을 입증할 수 있는 괴롭힘 증거를 모아 위원회에 제시했기 때문이다. 증거가 입증되어 가해학생이 예상보다 더 무거운 처분을 받게된 것이다.
>
> 그 일 이후 다른 친구들이 최 군을 직접적으로 괴롭히거나 놀리지는 않지만 은근히 같은 반 친구들 사이에서 배척당하고 있다. 심지어 다른 친구 사이에서 강제전학 처분까지 받을 정도로 가해학생이 심하지 않았다며 오히려 가해학생을 동정하는 여론까지 생겨나고 있다. 최 군이 그동안 학교폭력을 당하고 있다는 사실을 언급한 적도, 117에 신고를 하겠다는 의논도 없이 행동에 옮기는 바람에 최 군의 담임교사도 중대한 사건을 인지하지 못했다는 부정적인 평가와 질책을 받게 되었다. 자신은 분명 피해자인데 무언가 자신이 잘못했다는 기분과 다른 친구들의 수군거림과 은근한 배척으로 인해 최 군은 학교에 가는 것이 싫고 두려워 근 3일을 내리 결석하였다.
>
> 최 군의 어머니는 요양보호사로 일하다 아들의 학교폭력 사건으로 증인 물색, 증거 수집, 학교폭력심의위원회 출석 등으로 자주 결근하여 최근 퇴사까지 하게 되었다. 최 군의 어머니는 학교에 결석하는 최 군에게 "너를 위해서 직장까지 잃어가며 문제를 해결해줬더니 왜 엇나가냐."며 최 군에게 화를 내고 있다. 최 군의 아버지는 실직한 아내를 대신하여 일용직 일자리를 알아보고 있지만 쉽지 않아 힘들어하면서, 최 군이 친구들과 잘 어울렸다면 이렇게까지 일이 커지지도 않았을 것이고, 아내가 직장을 잃지도 않았을 것이라며 은근히 아들을 원망하고 있다.
>
> 최 군은 세상에 혼자 있는 것만 같은 기분이 든다. 학교도 집도 자신에게는 어디 하나 마음 편한 곳이 없다. 자신을 반겨주는 사람도 공간도 없으며, 세상이 원망스럽기만 하다. 학교를 가지 않는 동안 홀로 방 안에 틀어박혀 우는 경우도 많다. 최 군의 사정을 알게 된 삼촌의 설득으로 최 군은 상담실을 찾았고, 잘 찾아왔다며 자신을 반겨주는 상담사의 태도에 눈물을 흘렸다.

사례분석

1. 학교폭력 피해자였던 내담자가 용기를 내어 문제를 신고했음에도 불구하고, 그 결과로 2차 피해와 정서적 고립을 겪고 있는 복합적인 위기 사례예요.
2. 가정 내 지지체계가 부족하고 오히려 부모의 비난과 원망을 들으며 심리적 안전망이 없는 상황이에요.
3. 내담자는 지속적인 결석과 고립행동을 토대로 사회적으로 위축되어 있는 상태로 볼 수 있어요.

질문 01   내담자가 상담자인 본인에게 욕설을 한다면 어떻게 대처할 것인가?

답변방향

1. 상담자로서 예기치 못한 상황에서도 윤리적인 자세로 상담을 진행한다는 답변을 해야 해요.
2. 상담은 예측 불가능한 상황과 감정을 다뤄야 하므로, 상담자의 감정 조절 능력과 전문적인 태도를 보여주는 답변이면 더욱 좋아요.

모범답변

㉠ 전문적인 태도와 균형잡힌 대응
- 욕설을 하는 상황은 당황스럽고 두려울 수 있으나, 내담자의 감정 상태와 행동의 원인을 파악하는 데 집중하겠습니다.
- 청소년은 정서적으로 미성숙하기 때문에 폭력적인 언행을 개인적인 문제로만 받아들이기보다는 심리적 표현의 한 방식으로 이해하려고 노력하겠습니다.
- 감정적으로 맞대응하거나 지적하기보다는 차분한 태도로 상담의 틀 안에서 안전하게 분노를 다룰 수 있도록 돕겠습니다.

㉡ 상담의 구조와 경계 설정
- 반복적인 욕설이 지속된다면, 상담의 구조와 경계를 분명히 하고 "이 공간은 서로가 지켜야 할 기본적인 약속이 있어요."라고 안내하겠습니다.
- 필요시 보호자 또는 관련 기관과 협력하여 보다 안전한 상담환경을 마련하겠습니다.

답변작성 위 모범답변을 참고하여, 자신만의 답변을 작성해 보세요.

질문 02 상담자를 보고 바로 눈물을 쏟는 내담자에게는 어떻게 대할 것인가?

답변방향

1. 상담자는 내담자가 눈물을 흘리는 상황의 의미를 먼저 파악해야 해요.
2. 공감적인 반응을 어떻게 할 것인지 구체적인 예시를 들어서 답변하면 더욱 좋아요.
3. 눈물을 통해 내담자의 심리적 위기나 불안 징후가 보인다면 상담자로서 전문성을 발휘하여 적절한 조치를 취하겠다고 언급하세요.

모범답변

㉠ 내담자의 감정표현에 대한 수용과 심리적 안정감 제공
- 내담자의 쌓여 있던 감정이 눈물로 표출되는 것이므로, 억누르거나 무시하지 않고 있는 그대로 수용하겠습니다.
- "지금 많이 힘드시죠. 천천히 이야기해도 괜찮아요."라고 말하며 내담자의 속도에 맞추어 상담을 진행하겠습니다.

㉡ 내담자의 감정 탐색과 자기표현 촉진을 위한 공감적 대응
- 내담자가 눈물을 흘리는 이유가 무엇인지 탐색하되, 부담을 느끼지 않도록 신중하게 질문하거나 경청하겠습니다.
- 내담자가 자신을 있는 그대로 표현할 수 있도록 격려하겠습니다.
- 비언어적 신호(예 눈맞춤, 고개 끄덕임, 따뜻한 표정 등)를 통해 공감과 수용의 태도를 보여 내담자가 심리적으로 안정감을 느끼도록 돕겠습니다.
- 눈물과 함께 심리적 위기나 불안 징후가 의심된다면, 추가적인 안전 확인과 적절한 개입 계획을 세우겠습니다.

답변작성 위 모범답변을 참고하여, 자신만의 답변을 작성해 보세요.

질문 03 상기 사례 속 내담자는 어떤 감정을 가지고 있는지 말해보시오.

답변방향

1. 사례의 내담자가 호소하는 문제를 중심으로 연관된 감정들을 설명하세요.
2. 내담자가 학교와 가정에서 느끼는 감정을 구분하여 설명하면 사례를 잘 파악하고 있음을 보여줄 수 있어요.

모범답변

㉠ 또래관계 및 학교생활에서 오는 소외감 및 억울함
- 자신을 괴롭히던 친구를 신고해 강제전학이라는 결과를 얻었지만, 또래 집단에서의 배척을 통해 소외감을 느끼고 있습니다.
- 친구들 사이에서 가해학생을 동정하는 분위기가 형성되어 억울함을 느끼고 있습니다.
- 피해자임에도 불구하고 결과적으로 비난의 대상이 되어버려 자신이 잘못한 것 같은 혼란을 느끼고 있습니다.

㉡ 가족 내 지지 결여와 무력감 및 죄책감
- 내담자는 가족 내에서도 심리적 지지나 보호를 받지 못하고 있다고 생각하며 가정에서도 무력감에 시달리고 있습니다.
- 부모의 실망과 분노는 내담자의 자기비하, 고립감, 죄책감을 강화시키고 있습니다.
- 내담자는 자신을 이해해주는 사람도, 안전하게 머물 수 있는 공간도 없다고 느끼고 있습니다.

답변작성
위 모범답변을 참고하여, 자신만의 답변을 작성해 보세요.

질문 04 상기 사례 속 내담자를 상담한다면 어떤 단계로 상담을 진행하겠는가?

답변방향

1 내담자의 현재 심리 상태, 관계 상황, 위기 수준을 고려한 단계로 설명하세요.

2 정서적 안정감 제공 및 신뢰 형성 → 상담 목표 설정 → 문제 상황 개입 → 평가 및 종결 순으로 진행하면 구체적인 답변이 돼요.

모범답변

㉠ 상담초기: 정서적 안정 제공 및 신뢰 형성
- 내담자의 정서적 안정을 돕고 신뢰관계를 형성하는 것을 최우선으로 하겠습니다.
- 내담자가 눈물을 보이며 상담실을 찾은 만큼, 따뜻하게 맞아주며 감정과 경험을 판단 없이 경청하겠습니다.
- 공감과 비언어적 표현(예 고개 끄덕임 등)을 통해 내담자의 불안과 긴장을 완화하고, 라포를 형성하겠습니다.
- 내담자가 상담에서 바라는 것을 토대로 상담 목표를 설정하겠습니다.
- 필요시 내담자에게 심리검사(예 HTP, KFD, TAT검사 등)를 실시하겠습니다.

㉡ 상담중기: 심층적인 문제 탐색 및 개입
- 내담자가 겪은 학교폭력, 친구들과의 단절, 가족의 비난 등 복합적인 문제 상황과 감정을 알아보겠습니다.
- 억울함, 죄책감, 소외감, 분노 같은 감정을 안전한 환경에서 표현할 수 있도록 돕겠습니다.
- 내담자가 '나 때문에 문제가 커졌다'와 같은 부정적인 인식을 가지고 있는지 알아보고, 긍정적인 자기 인식을 형성하도록 돕겠습니다.
- 내담자가 일상생활에 잘 적응하고 또래와 건강한 관계를 형성할 수 있도록 돕겠습니다.

㉢ 상담후기: 변화 확인 및 지원체계 마련
- 내담자의 변화를 확인하고 상담 목표를 달성했는지 여부를 파악하겠습니다.
- 상담을 종결하더라도 필요한 경우 학교상담실, 청소년상담복지센터 등과 지속적 연계를 통해 사후 지원체계를 마련하겠습니다.
- 상담을 하며 쌓았던 감정을 토대로 이별감정을 다루고, 필요시 추수상담에 대해 논의하겠습니다.

답변작성 위 모범답변을 참고하여, 자신만의 답변을 작성해 보세요.

2024년 제23회

다음은 청소년상담복지센터의 1388 실시간 채팅상담을 한 중학교 2학년 남학생의 사례이다.

상담사   안녕하세요. 청소년상담복지센터 ○○○ 상담사입니다. 무엇을 도와드릴까요?

내담자   저 혹시...

상담사   네, 듣고 있어요. 말씀하실 준비가 되시면 언제든 편하게 말해주세요. 제 주변에는 아무도 없으니 걱정하지 마시고요.

내담자   (울먹이는 목소리로) 제가 학교에서 문제가 좀 있는데요.

상담사   네, 학교에서 무슨 일이 있었나요? 목소리가 좋지 않네요.

내담자   저는 중학교 2학년이고 친구들이 저를 싫어해요. 선생님들의 눈을 피해서 저를 몰래 괴롭히고 있어요. 그런데 정말 이 대화가 비밀이 보장되나요? 혹시라도 그 애들이 알게되면...

상담사   계속 말해주세요. 학교폭력과 같은 중대한 사안은 그냥 참고 넘어가서는 안되는 문제예요.

내담자   제가 전화한 것을 제발 그 애들이 모르게 해주세요. 꼭이요. 제가 다른 사람들에게 말하면 저를 죽이겠대요. 매일 핸드폰으로 저에게 욕설을 보내고 돈까지 요구하고 있어요. 저 좀 도와주세요.

상담사   정말 힘들었겠어요. 부모님이나 담임선생님께는 말씀드려보지 않았나요? 아무리 그 애들이 협박을 한다고 해도 이건 매우 심각한 상황이네요.

내담자   선생님께는 절대 말 못해요. 오히려 저를 이상한 학생으로 생각하실 거예요. 선생님은 그 애들이 모범생인줄 아세요. 공부도 잘하고 남들 눈에는 착하게만 보이는 애들이거든요. 어머니는 제가 하교할 때 출근하셔서 새벽까지 식당에서 일을 하다 오세요. 힘드신 어머니에게 제 걱정까지 시켜드리고 싶지 않아요. 그리고 아버지는 아주 어릴 때 돌아가셔서 안 계세요.

상담사   이야기를 들어주고, 어려움을 알아주는 사람이 없어서 많이 힘들었겠어요.

내담자   선생님 저 정말 죽고 싶어요. 저는 왜 이렇게 살아야 하는지 모르겠어요. 그 애들이 무서워서 다른 친구들에게 말하지도 못하고 어머니한테도 말할 수 없어요. 당장은 그 애들에게 괴롭힘당하고 참는 것 밖에는 할 수 있는 게 없는 것 같아요. 너무 답답해서 지금은 집을 나와버렸어요.

상담사   _____?

사례분석

1. 내담자는 지속적인 학교폭력의 피해(예 괴롭힘, 욕설, 협박, 금품 요구 등)를 받아 정신적으로 고통받고 있는 상황이에요.

2. 내담자가 신뢰할 수 있는 어른이 부재함에 따라 가정과 학교 내의 정서적 지지체계가 결핍되어 있어요.

3. 가해학생들의 협박을 통한 신체적 위험도 존재하고 있어 즉각적인 보호 조치가 필요한 상황이에요.

질문 01 상기 사례의 밑줄 친 부분에서 상담자가 사용한 상담기법은 무엇인가?

답변방향

1. 사례에서 등장하는 상담기법을 파악하여 정확한 상담기법의 명칭과 정의를 언급해야 해요.
2. 사례에서 드러나는 상담기법을 설명하고 해당 기법의 효과와 상담적 의미를 말하면 더 좋아요.

모범답변

㉠ 경청
- "계속 말해주세요."와 같은 표현은 경청의 한 형태로 상담자가 내담자의 이야기를 주의 깊게 듣고 있다는 메시지를 전달합니다.
- 경청을 통해 내담자가 자신의 생각이나 감정을 더 많이 표현할 수 있도록 자연스럽게 격려하고 있습니다.
- 상담자의 경청하는 태도는 내담자에게 안전하고 수용적인 분위기를 제공하여 자기개방을 촉진할 수 있습니다.
- 내담자의 이야기를 끊지 않고 경청하는 태도는 상담관계의 안정성을 높이고, 내담자가 보다 깊이 있는 감정을 상담관계 안에서 표현할 수 있도록 도와줍니다.

㉡ 해석하기
- 내담자가 겪고 있는 괴롭힘을 단순한 갈등이 아닌 심각한 학교폭력이라는 점을 명확히 인식시켜 줌으로써, 상황의 본질을 해석하여 알려주고 있습니다.
- 해석 기법을 통해 상담자가 문제 상황을 분명하게 전달하고 있습니다.
- 상담자의 상황해석으로 내담자가 자신의 상황을 보다 객관적이고 현실적으로 바라볼 수 있도록 돕고 있습니다.

답변작성 위 모범답변을 참고하여, 자신만의 답변을 작성해 보세요.

질문 02 본인이 상기 사례의 상담자라면 마지막 빈칸에서 내담자의 위험요소를 파악하기 위해 어떤 말을 할 것인가?

답변방향

1. 사례의 내담자는 죽고싶다는 언급과 함께 무력감을 호소하고 있기 때문에 적절한 위기개입을 할 수 있는 말을 해야 해요.
2. 내담자가 현재 처해있는 상황과 환경을 파악하는 것이 중요해요.
3. 상담자로서 내담자의 심리적인 지지를 해줄 수 있는 보호의지를 드러내는 것도 더욱 좋아요.

모범답변

1. **"지금 어디에 있나요? 혹시 혼자 있나요?"** 라고 말하겠습니다. 내담자가 죽고싶다는 말을 했으므로, 현재 어떤 상황에 놓여 있는지 즉각적인 위험 여부를 확인하는 것이 중요합니다. 내담자의 위치와 상태를 알면 긴급 개입의 여부를 판단할 수 있습니다.

2. **"어머니나 친구들한테 연락하고 나왔나요? 혹시 주위에 도움을 요청할 수 있는 사람이 있나요?"** 라고 말하겠습니다. 내담자가 현재 처해있는 심리적 위기 상황에서 의지할 수 있는 사람이 있는지를 확인함으로써 내담자의 지지망을 파악하겠습니다. 주변에 신뢰할 사람이 있다면 도움을 청할 수 있도록 안내하겠습니다.

3. **"혹시 지금 저와 이야기할 수 있을까요? 센터의 위치를 알려줄 수 있어요."** 라고 말하겠습니다. 내담자가 현재 심리적으로나, 환경적으로나 대화를 지속할 수 있는 상황인지를 파악하는 것이 중요합니다. 내담자에게 도움을 주겠다는 메시지를 전달하여 심리적 안정감을 주고, 관심과 보호의지를 드러내며 자신은 혼자가 아님을 느끼도록 하겠습니다.

4. **"요즘 자주 죽고 싶다는 생각이 드나요? 그런 생각이 얼마나 드는지 이야기해줄 수 있을까요?"** 라고 말하겠습니다. 내담자가 가지고 있는 자살사고의 빈도와 강도를 구체적으로 파악해야 합니다. 내담자가 호소하는 자살사고를 이해하고 상담자가 위험 수준을 평가하여 적절한 지원과 개입 방법을 결정할 수 있습니다.

답변작성

위 모범답변을 참고하여, 자신만의 답변을 작성해 보세요.

질문 03 상기 사례에서는 어떤 상담이론으로 개입하고 싶은가?

답변방향
1. 평소 상담에서 적용하고 싶던 이론을 준비하여 실제 사례에 맞게 적용하세요.
2. 사례를 분석한 후 이론에 근거해 상담의 목표와 방향을 설정하고, 구체적으로 개입 전략을 언급하세요.

모범답변

㉠ 인지행동 상담이론(CBT)
- 인지행동 상담이론은 내담자의 부정적 사고 패턴과 왜곡된 신념을 확인하고 수정하는 데 중점을 둡니다.
- 내담자의 부정적인 사고를 기록하고, 인지 재구조화를 통해 긍정적인 사고로 대체하도록 돕겠습니다.
- 내담자가 괴롭힘 상황에서 효과적으로 대처할 수 있도록 의사소통 기술, 스트레스 관리법을 알려주겠습니다.
- 자기 관찰 및 기록을 유지하도록 하여 꾸준히 자신의 생각과 감정, 행동 변화를 인지하고 스스로 문제를 조절할 수 있는 능력을 키우도록 돕겠습니다.

㉡ 현실치료이론
- 현재 내담자가 어떤 선택과 행동을 하고 있는지에 주목하겠습니다.
- 내담자가 문제 상황에 대해 회피하거나 수동적인 태도를 보인다면, 그 이유와 현재의 행동이 자신의 욕구 충족에 어떤 영향을 미치는지 알아보겠습니다.
- 내담자가 스스로 문제를 해결할 수 있는 능력과 책임이 있음을 강조하며, 적극적으로 문제 해결에 나서도록 지원하겠습니다.
- 학교폭력 상황에서 자신을 보호할 수 있는 방법을 모색하는 등의 구체적인 실천 계획과 행동 목표를 함께 설정하겠습니다.

답변작성 위 모범답변을 참고하여, 자신만의 답변을 작성해 보세요.

모범답변 더 보기

질문 04 : 매 상담마다 화장을 진하게 하고 오는 내담자에게 어떻게 개입할 것인가?

답변방향

1. 내담자의 행동을 단순히 판단하고 지적하기보다는 그 행동 이면의 심리를 이해하고 상담적으로 어떻게 접근할 수 있는지 말해야 해요.

2. 개입 방향은 직접적인 변화 요구보다는 이해와 탐색을 중심으로 전개하면 더욱 좋아요.

모범답변

㉠ 내담자의 행동 존중 및 상담관계 형성
- 내담자의 외모나 화장에 대해 평가하거나 단정 짓지 않으며 라포를 형성하겠습니다.
- 내담자의 이야기를 경청하며 신뢰관계를 형성하겠습니다.
- "화장에 관심이 많아 보이네요. 어떤 점이 좋으세요?"와 같이 비판 없는 개방적인 질문으로 시작하여 내담자가 편안하게 자신의 생각을 말할 수 있도록 하겠습니다.

㉡ 내담자의 심리적 욕구 탐색 및 자아존중감 강화
- 화장이 자기 표현의 수단이자 심리적 방어기제일 수 있으므로, 그 이면의 감정이나 욕구를 알아보겠습니다.
- 내담자가 자존감 때문에 화장을 진하게 하는 것이라면 구체적인 활동(예 거울 앞에서 자기 칭찬하기 등)을 제안하여 자신의 외모를 긍정적으로 바라볼 수 있도록 돕겠습니다.
- 내담자에게 화장 외에도 다양한 방식으로도 자신을 표현할 수 있음을 알려주겠습니다.
- 내담자에게 내면의 가치를 발견하는 것의 중요성을 알려주겠습니다.

답변작성 위 모범답변을 참고하여, 자신만의 답변을 작성해 보세요.

2023년 제22회

다음은 중학교 2학년 여학생의 채팅상담 내용이다.

상담자   안녕하세요. 무엇을 도와드릴까요?
내담자   안녕하세요. ○○중학교 2학년인 학생이라고 합니다. 제가 고민이 있는데 여기서도 상담이 가능할까요?
상담자   상담을 요청해주어 고마워요. 여기서도 상담을 할 수 있어요. 무슨 고민이 있나요?
내담자   제가 지금 학교에 가면 이상하게 마음이 안 좋아요. 매일 아침마다 학교를 가기도 꺼려져요.
상담자   _____
내담자   사실 저와 친하게 지내던 친구가 있는데 이유없이 같은 반 애들한테 괴롭힘 당하고 있거든요. 스스로가 비겁하다고 느낄만큼 아무것도 도와주지 못하고 있어요.
상담자   저런, 친한 친구가 힘든 일을 겪고 있는데 도와주지 못해 마음이 어렵군요.
내담자   맞아요, 사실 저도 너무 무섭거든요. 그 아이를 괴롭히는 애들은 학교에서 잘 나가기도 하고, 제가 섣불리 나섰다가 저도 같이 괴롭힘 당할까봐 무서워요. 하지만 친구의 아픔을 외면하고 있는 제 자신이 너무 싫어요.
상담자   혹시 담임선생님이나 피해사실을 아는 어른들이 있나요?
내담자   없는 것 같아요.
상담자   학교폭력은 주변 어른들이 나서서 해결해주어야 할 중대한 문제인데요.
내담자   괴롭히는 애들은 교묘하게 선생님들이 보지 않는 곳에서만 괴롭혀요. 선생님이 잠시 나가신 상황이나 쉬는시간에 특히 괴롭힘이 심해져요. 발로 차고, 물건도 빼앗고 정말 보기 힘들어요.
상담자   피해학생의 부모님은 그 사실을 아시나요?
내담자   분명 부모님도 모르고 계실 거예요. 그런데 저는 한 편으로는 이 일에 끼어들고 싶지 않아요.
상담자   끼어들고 싶지 않다는 건 무슨 말인가요?
내담자   다른 애들도 알면서 모르는 척 하고 있기도 하고, 제가 이제와서 나서도, 그 아이들이 처벌을 받을거라는 보장이 없어요.
상담자   솔직하게 이야기 해줘서 고마워요.
내담자   상담사 선생님이 보시기에 제가 많이 비겁한가요? 제가 할 수 있는 일이 있을까요?
상담자   피해 학생을 위해 나서는 일은 정말 큰 결정이어야 하고, 어려운 일이에요. 그러나 친한 친구를 위해 용기내보는 건 어떨까요? 친구에게 우선 혼자가 아니라고 위로해주며 같이 있어주세요. 그런 후 괴롭힘의 상황에서 하지말라고 말해보면 좋겠어요.
내담자   제가 할 수 있을까요? 그리고 그 애들이 제 말을 듣지도 않는다면요?
상담자   그런다면 당연히 주변 선생님에게 말씀드리고 학교폭력의 증거를 수집하여 학교폭력대책위원회에 회부하는 방향으로 생각해보아야 해요.
내담자   저 한 번 해볼게요. 방법을 가르쳐주셔서 감사해요.

사례분석

1. 학교폭력을 당하는 친구에 대한 내담자의 양가감정, 도움 요청, 상담자의 개입 및 지지가 중심이 되고 있어요.

2. 내담자는 친구가 학교폭력을 당하고 있는 상황을 목격했으나 두려움으로 인해 나서지 못하고 있어요.

3. 청소년기의 도덕적 갈등을 보여주며, 내담자는 친구를 도와주지 못하는 상황에서 자기 비하 및 자기효능감의 저하를 보여주고 있어요.

질문 01   청소년 상담이론 중 자신이 가장 선호하는 상담이론에 대해 설명해 보시오.

답변방향

1. 본인이 평소 선호했던 상담이론을 이해하고 있는 점을 보여주면서 구체적으로 답변해야 해요.
2. 가장 선호하는 하나의 상담이론의 주요 개념과 기법을 말해야 하니, 미리 한 가지 이론을 정리해가면 잘 답변할 수 있어요.

모범답변

㉠ 게슈탈트 상담
- '지금-여기'의 경험에 주목하며, 내담자가 자신의 감정, 욕구, 행동에 대한 자각을 높여 책임감을 갖도록 돕는 접근입니다.
- 상담에서는 빈 의자 기법을 활용해 또래 친구, 부모와의 갈등을 드러내고 감정을 표현할 수 있도록 도울 수 있습니다.
- 청소년기의 갈등과 자아정체성 형성 과정에서 발생하는 혼란스러운 감정을 현재의 장면 속에서 직접 다루고 통합하는 데 효과적입니다.

㉡ 인간중심 상담이론
- 인간을 성장과 자기실현을 향해 나아가는 긍정적인 존재로 바라봅니다.
- 공감적 이해, 무조건적 존중, 진실성이라는 조건을 바탕으로 내담자와의 관계를 형성합니다.
- 상담에서는 내담자의 감정을 있는 그대로 공감하고, 평가 없이 수용하는 태도를 통해 라포를 형성하고 자기개방을 촉진할 수 있습니다.

㉢ 정신분석 상담이론
- 정신분석 상담은 무의식적 갈등, 초기 아동기 경험, 방어기제 등을 통해 현재의 심리적 어려움을 이해하고 해소하려는 접근입니다.
- 상담에서는 자유연상, 꿈 분석 등을 활용해 내담자가 자신의 무의식적 감정을 자각하고, 반복되는 행동의 원인을 이해할 수 있도록 도울 수 있습니다.

답변작성
위 모범답변을 참고하여, 자신만의 답변을 작성해 보세요.

모범답변 더 보기

질문 02 상기 사례에서 빈칸에 들어갈 상담자의 말을 '명료화 기법'을 사용하여 답변해보시오.

답변방향

1. 내담자의 모호한 표현을 구체적으로 알아보고, 현재 내담자의 감정이 무엇인지 명확하게 파악하기 위한 말을 답변해야 해요.
2. 내담자의 감정과 생각을 더 자세히 알 수 있는 표현을 언급하고 왜 그렇게 생각했는지 이유를 설명해야 해요.

모범답변

1. **"학교에 가면 마음이 안 좋다고 했는데 어떤 점이 마음을 불편하게 만들고 있는지 더 자세히 말해줄 수 있을까요?"** 라고 답하겠습니다. 내담자가 대화에서 "마음이 안 좋다"는 포괄적이고 감정적인 표현만 사용하고 있어, 질문을 통해 그 감정의 원인이나 구체적인 정서를 파악할 수 있습니다.

2. **"최근에 학교에서 특별히 힘든 일이 있었나요?"** 라고 답하겠습니다. 내담자의 현재 "학교에 가기가 꺼려진다"는 생각과 감정의 배경이 되는 상황을 더 구체적으로 알아보려고 하겠습니다. 내담자가 갖는 감정이 불안, 두려움 등 어떤 감정인지 분명하지 않기 때문에 상담자로서 이 표현 뒤에 있는 구체적인 사건이나 정서의 원인을 확인해야 합니다.

3. **"마음이 안 좋다는 말이 참 힘들게 느껴져요. 제가 도와줄테니 이야기해줄 수 있어요?"** 라고 답하겠습니다. 상담자는 내담자의 감정을 더 깊이 들여다보고 싶다는 태도를 드러냄으로써 내담자에게 자신을 진심으로 돕고 싶어 한다는 신뢰감을 줄 수 있습니다.

답변작성

위 모범답변을 참고하여, 자신만의 답변을 작성해 보세요.

질문 03   교내 학교폭력에 관련 있는 사람들은 누구인지 설명해 보시오.

답변방향

1 교내 학교폭력 관련자들은 가해자, 피해자, 동조 및 방관자, 보호자로 나눌 수 있어요.

2 관련 있는 사람들의 정의를 명확히 설명해야 하고, 보호자로서 피해학생을 돕기 위한 지원 방법을 언급해주면 더 좋아요.

모범답변

㉠ **가해자, 피해자, 동조자, 방관자, 보호자의 정의 언급**
- 가해자: 직접적으로 폭력을 행사한 사람입니다.
- 피해자: 신체적·정서적 피해를 겪은 사람입니다.
- 동조자: 가해자의 행동을 부추기거나 지지함으로써 폭력에 간접적으로 가담한 사람입니다.
- 방관자: 폭력을 목격하고도 아무런 개입을 하지 않아 폭력의 지속을 방조하는 사람입니다.
- 보호자: 학부모 등 학교폭력으로 부터 피해자를 보호하고 가해자에게 경고하거나 폭력의 사실을 알리는 사람입니다.

㉡ **학교폭력은 다양한 인물들이 연관된 공동체의 문제임을 언급**
- 학부모, 담임교사, 위클래스 상담교사 등은 학생의 상황을 가장 가까이에서 파악하고 정서적 지지 및 협력을 제공함으로써 학교폭력 예방과 해결에 앞장서야 합니다.
- 다양한 주체들이 유기적으로 협력할 때, 학교폭력에 효과적으로 대응할 수 있습니다.

답변작성
위 모범답변을 참고하여, 자신만의 답변을 작성해 보세요.

질문 04
채팅상담이 종결된 후 사례의 내담자가 개인상담을 요청한다면, 어떤 상담목표를 세울 것인가?

답변방향

1. 사례 속 내담자는 학교폭력의 방관자로서 정서적 혼란을 겪고 있어, 내담자가 상담관계 안에서 자신의 감정을 표현할 수 있도록 도와야 해요.
2. 학교폭력에 대한 인식을 개선하고, 학교에서 친구를 돕기 위해 자신의 입장을 밝힐 수 있는 의사소통 연습을 도와주어야 해요.
3. 내담자의 현재 상태와 욕구, 위기 정도를 반영하여 구체적이고 실행 가능한 목표를 제시하면 더 좋아요.

모범답변

㉠ 내담자의 학교폭력에 대한 인식 개선
- 방관도 폭력의 연장선이 될 수 있다는 점을 사례나 자료를 통해 이해시키고, 피해자 입장에서 바라보는 시각과 공감 능력을 키울 수 있도록 하겠습니다.
- 학교폭력 발생 시 방관자로 남는 것이 가해자에게 힘을 실어주는 행위가 될 수 있음을 설명하겠습니다.
- 내담자가 어떤 선택을 해야 올바른 행동인지 스스로 판단할 수 있게 비판적 사고를 기를 수 있도록 돕겠습니다.
- 내담자의 작은 관심과 행동이 큰 변화를 만들 수 있다는 점을 알 수 있도록 구체적인 실천 방안을 함께 찾겠습니다.

㉡ 내담자의 자기표현 및 상황 대처능력 향상
- 내담자가 현재 느끼는 혼란, 죄책감 등의 감정을 상담관계 안에서 자유롭게 표현할 수 있도록 돕겠습니다.
- 의사소통 연습, 역할극, 상황 재구성 등을 통해 또래 간의 갈등 상황이나 학교폭력 상황에서 자신의 입장을 분명히 밝힐 수 있도록 돕겠습니다.

답변작성
위 모범답변을 참고하여, 자신만의 답변을 작성해 보세요.

2023년 제22회

중학교 2학년 박 군(14세, 남)은 최근 반 친구들이 의도적으로 자신을 따돌리고 기피한다고 느끼고 있다. 남학생들은 물론 여학생들까지도 자신을 경계하거나 멀리한다고 생각한다. 특별히 자신에게 폭력을 행사하지는 않지만 박 군이 다가가서 말이라도 걸려고 하면 서로 눈치를 보고 피하거나 무시를 해버린다. 당연히 수업 때 같이 짝지어 앉을 친구도, 밥을 같이 먹을 친구도 없다. 쉬는 시간에도 말 걸어주는 친구가 없어 늘 외롭기만 하다. 박 군은 이런 상황에 자존심이 상하지만, 반 전체에 자신이 초등학교를 다닐 때 같은 반 친구를 괴롭혔다는 소문이 퍼져서 피한다고 알고 있어 어떻게 할 방법이 없다.

당시 박 군은 소위 학교에서 일진이라고 불리며, 몇몇 친구들과 함께 다른 학생들을 괴롭혔다. 돈이나 물건을 빼앗기도 하고, 쉬는 시간마다 특정 친구들 불러내어 때리기도 했다. 이 사건은 학교에서 큰 문제로 번졌으나 박 군 부모의 사과로 학교폭력대책심의위원회에 회부되거나 처분을 받지 않았다. 하지만 이후로도 당시 사건은 주변 학생들 사이에서 회자되었고 현재까지 박 군에게 '학교폭력 가해자'는 꼬리표처럼 달리고 있다.

박 군은 엄격한 아버지 밑에서 자랐다. 아버지의 가르침으로 어린 시절부터 주짓수와 유도, 격투기 등 다양한 운동을 접했다. 이로 인해 박 군은 또래에 비해 체격도 크고 운동도 잘해서 주변 친구들 사이에서 영향력 있는 존재로 여겨졌다. 초등학생 때부터 박 군은 공부에는 별로 관심이 없었으며, 학교가 끝나면 항상 친구들과 어울려 다니기 바빴다.

아버지의 말은 잘 들었지만, 다른 어른들의 간섭은 극도로 싫어하던 박 군은 학기 초에 담임교사에게 크게 반항한 적이 있다. 담임교사가 박 군이 수업시간에 집중하지 않은 행동을 지적했으나 '무슨 상관이냐'며 거칠게 항의했고, 이런 태도는 중학교에서 문제 학생으로 낙인찍히는 계기가 되었다. 담임교사는 박 군의 아버지를 학교로 불러 상담을 하려 했으나, 아버지는 되려 자신의 아들은 잘못이 없다며 학교에서 박 군을 차별하고 통제하려 한다며 화를 내고 돌아갔다.

이런 박 군은 최근 자신이 놓인 상황을 보고, 과거의 행동이 너무나 후회스럽고 돌아갈 수만 있다면 다시는 같은 행동을 하지 않겠다고 생각하고 있다. 하지만 이제와서 친구들에게 다시 다가가려고 해도 아무도 받아주지 않을 것이 뻔하며, 학교에서 자신을 문제아로 바라보는 시선이 너무 괴롭다. 학교생활로 고민을 하던 박 군은 청소년상담복지센터를 찾아와 도움을 요청했다.

사례분석

1. 내담자는 초등학교 재학 중 학교폭력을 행사하여 '가해자'로 낙인찍혀 또래관계 단절에 결정적인 영향을 미치고 있어요.

2. 내담자의 아버지는 아들의 학교 문제를 학교의 차별과 통제로 인식하며 비협조적인 태도를 보이고 있고, 이 점은 내담자의 문제 해결에 장애물이 되고 있어요.

3. 내담자는 자기 성찰을 통해 과거 행동을 후회하고 있으며 변화의 욕구를 가지고 있어요.

질문 01   교사와 사회복지사, 청소년상담사의 각 역할에는 어떤 차이가 있는가?

답변방향

1. 모두 청소년을 비롯한 개인의 발달과 복지를 위해 활동하는 전문가지만, 교사, 사회복지사, 청소년상담사의 전문성 범위와 개입 방향을 분명하게 답변해야 해요.
2. 각 전문가의 고유한 관점과 역할을 균형있게 답변해야 해요.

모범답변

㉠ 교사의 역할
- 교사는 학교에서 학생들의 지적 발달과 학업 성취, 사회 규범을 중심으로 교육적 역할을 수행합니다.
- 학습 지도와 더불어 생활지도를 통해 학교 내에서의 학생들의 적응과 성장을 돕습니다.
- 학생 개개인의 발달뿐 아니라 집단의 관리에도 초점을 둡니다.

㉡ 사회복지사의 역할
- 사회복지사는 사회 구조적 차원에서 개개인의 권리 보호와 복지 증진에 초점을 두며, 지역사회 전체에 개입합니다.
- 사회적 불평등, 빈곤, 제도적 소외 등 구조적인 문제로 어려움을 겪는 사람들을 도우며 복지 자원을 연계하고 삶의 질을 높이는 데 기여합니다.

㉢ 청소년상담사의 역할
- 청소년상담사는 관할구역 거주 청소년 개개인의 심리적, 정서적 문제에 대한 전문적 지원에 초점을 둡니다.
- 청소년 심리상담, 진학상담, 보호기관 연계 등의 업무를 수행합니다.
- 청소년이 자신의 내적 문제를 탐색하고, 자기 이해와 자아존중감을 회복할 수 있도록 돕는 상담을 합니다.

*위기 상황에서 필요한 경우, 청소년의 문제를 효과적으로 지원하기 위해 교사, 사회복지사, 청소년상담사가 협력하여 통합적인 지원을 할 수 있습니다.

답변작성 위 모범답변을 참고하여, 자신만의 답변을 작성해 보세요.

질문 02 사례의 담임교사가 박 군이 상담받는 사실을 알고 상담내용을 알려달라고 한다면 어떻게 대처할 것인가?

답변방향

1 '비밀보장의 윤리원칙'을 기반으로 내담자의 동의를 구하는 것을 우선으로 하겠다고 답변해야 해요.

2 내담자가 동의한다면, 또는 동의하지 않는다면 어떻게 대처할 것인지 나누어 답변하면 더 좋아요.

3 윤리적 예외상황인 경우 보호자 및 학교에 개입을 요청한다는 답변도 덧붙이면 더욱 좋아요.

모범답변

● **감사 표현 및 비밀보장 원칙 고려**
- 담임교사가 상담에 관심을 가진다는 것에 감사를 표현합니다.
- 상담 내용을 담임교사에게 바로 전달하는 대신, 상담 소요시간이나 방향성 등의 개괄적인 소개를 하고 내담자의 동의를 구하겠습니다.
- 청소년 내담자에게는 상담 비밀보장이 상담 참여의 가장 중요한 조건이 될 수 있음을 인지하겠습니다.

● **내담자의 동의를 구한 후 최소한의 정보 공개**
- 내담자가 동의한다면 필요한 정도의 정보만 제한적으로 전달하되, 사적인 감정이나 민감한 이야기는 보호하겠습니다.
- 내담자가 동의하지 않는 경우에는 담임교사에게 상담자의 윤리적 원칙을 설명하고 양해를 구하겠습니다.

● **위급한 상황인 경우 윤리적 예외 적용**
- 상담과정에서 내담자의 안전이나, 타인의 안전에 위협이 되는 상황이 있음을 알게 된다면 보호자 및 학교에 개입을 요청하겠습니다.
- 이 경우에도 내담자에게 그 필요성과 이유를 설명한 후 진행하며, 내담자의 신뢰를 잃지 않도록 주의하겠습니다.

답변작성 위 모범답변을 참고하여, 자신만의 답변을 작성해 보세요.

질문 03   사례에서 내담자가 겪는 어려움은 어떤 문제에서 비롯된다고 생각하는가?

답변방향

1 내담자는 학교폭력 가해 사실로 인한 부정적인 낙인과 그로 인한 대인관계 단절에서 오는 고립감으로 소외감과 외로움을 느끼고 있어요.

2 권위적이고 강압적인 아버지의 양육태도와 가정환경에서 비롯된 대인관계 기술 습득의 어려움이 현재까지 이어지고 있어요.

3 단순히 하나의 문제가 아닌 복합적인 이유에서 비롯된 문제라는 점을 인지하고 답변해야 해요.

모범답변

㉠ 과거 행동에서 비롯된 대인관계의 단절과 부정적인 낙인
- 내담자는 과거 또래들에게 폭력을 행사했고, 또래들 사이에서는 '가해자'라는 이미지가 남아 있습니다.
- 내담자는 과거 행동으로 친구들이 자신을 피하거나 경계한다는 것을 알고 깊은 소외감과 외로움을 느끼고 있습니다.

㉡ 아버지의 양육태도에서 비롯된 영향
- 내담자는 엄격한 아버지를 통해 대인관계에서 권위적이고 힘을 중시하는 태도를 습득했을 가능성이 큽니다.
- 아버지가 학교에 방문했을 때 교사에게 방어적으로 대응한 태도를 보며 내담자가 올바른 책임감이나 건강한 대인관계 기술을 배우기 어려운 가정환경이었음을 짐작할 수 있습니다.
- 내담자의 어려움은 잘못된 대인관계 기술의 학습, 가족 양육 환경의 영향으로 인해 형성된 복합적인 문제입니다.

답변작성
위 모범답변을 참고하여, 자신만의 답변을 작성해 보세요.

질문 04   사례의 내담자를 상담하게 된다면 상담사로서 첫 회기에 어떤 내용을 다룰 것인가?

답변방향

1. 상담의 첫 회기에는 내담자의 주호소문제나 상담에 대한 기대를 듣고, 상담에서 지켜야할 것 등 상담 전반에 대한 안내를 해야 해요.

2. 내담자의 특성과 어려움을 파악하여 상담의 목표와 방향성을 설정해야 해요.

모범답변

㉠ 상담관계의 기반 마련과 상담 전반에 대한 구조화
- 내담자를 따뜻하게 맞이하며 상담은 편안하게 이야기할 수 있는 자리임을 안내합니다.
- 내담자가 자신의 일과 감정을 자유롭게 표현할 수 있도록 경청하고 어려움에 공감합니다.
- 상담을 요청한 것 자체가 변화의 가능성이 있다는 것을 알려줍니다.
- 상담의 기본 원칙, 비밀보장, 상담자의 역할과 진행 방식을 설명합니다.
- 내담자가 상담에서 바라는 것과 상담에서 지켜야 할 것들에 대한 구조화를 합니다.
- 내담자에게 상담의 효과를 알리고 상담목표를 함께 설정합니다.

㉡ 내담자의 어려움과 주호소문제 파악
- 학교생활에서의 어려움, 친구 관계, 과거 행동에 대한 생각을 알아봅니다.
- 지금 느끼는 감정이 어떤지, 앞으로 친구들과 어떻게 지내고 싶은지 물어봅니다.
- 아버지와의 관계가 내담자의 정서에 어떤 영향을 주었는지 알아봅니다.

답변작성
위 모범답변을 참고하여, 자신만의 답변을 작성해 보세요.

2023년 제22회

제한 시간 내 읽어 보세요. 5분

다음은 1388 청소년 전화상담을 한 중학교 2학년 여학생의 사례이다.

상담자 1388 청소년 전화 상담사 ○○○입니다. 무슨 일이 있어 전화 주셨을까요?
내담자 (작은 목소리로) 음, 그냥 요즘 너무 힘들어서요.
상담자 용기 내어 전화해줘서 정말 고마워요. 어떤 일인지 천천히 이야기해줄 수 있을까요?
내담자 학교에서 반 애들이 자꾸 저를 괴롭혀요. 몇 명이서 계속 놀리고 가끔은 때리기도 해요.
상담자 그런 일을 겪었다니 정말 무서웠겠어요. 그런 상황이 얼마나 지속되었나요?
내담자 몇 달 됐어요. 처음에는 장난인 줄 알았는데 점점 심해져서 진짜 너무 힘들어요.
상담자 그렇게 오랫동안 혼자 견뎌왔군요. 혹시 이 이야기를 누군가에게 해본 적 있어요?
내담자 다른 반 친구 몇 명은 알아요. 근데 엄마나 선생님한테는 말을 못 했어요.
상담자 말하지 못한 특별한 이유가 있었나요?
내담자 엄마가 일 때문에 바쁘신데, 요즘 너무 힘들어 보이셔서요. 저까지 이런 말을 하면 더 걱정하고 힘드실까 봐 말을 못 하겠어요.
상담자 엄마를 걱정하는 마음은 알겠지만 지금 상황은 혼자 감당하기 너무 크고 무거운 상황이에요.
내담자 네 저도 알아요. 근데 무서워요. 가해자들한테 그만하라고 너무 힘들다고 말했는데 비웃으면서 오히려 더 괴롭히더라구요. 전혀 달라지지 않는 상황이 너무 절망스러워요. 요즘은 진지하게 죽고 싶다는 생각도 들어요. 이 상황이 끝나지 않을 것 같아요.
상담자 그런 생각이 들 만큼 너무 많이 지쳐 보이네요. 학생의 안전이 가장 중요해요. 지금 상황은 분명한 학교폭력이고 이건 절대 혼자 해결해야 하는 일이 아니에요. 선생님이나 보호자 또는 학교폭력전담기구의 도움을 받을 수 있어요.
내담자 학교 선생님께 말씀을 드리고 싶어도 혹시나 걔네가 알고, 보복하면 어떡해요? 엄마도 충격받으실 것 같아서 너무 걱정스럽고 정말 무서워요.
상담자 엄마를 걱정하는 마음은 이해하지만, 보호자와 선생님은 이 상황을 알고 있어야 해요.

사례분석

1. 내담자는 지속적인 학교폭력 피해(언어적 · 신체적 괴롭힘)를 당하고 있고, 심각한 정서적 고통을 겪고 있어요.

2. 내담자는 자신이 괴롭힘을 당하고 있다는 사실을 가족에게 말하지 못하고 있으며 담임교사에게도 피해 사실을 알리지 않고 있어 고립감이 심화되고 있어요.

3. 가해자에게 저항한 이후 괴롭힘이 더 심해져 무력감이 커졌고 자살계획의 유무는 불분명하나 위기개입이 필요한 상황이에요.

질문 01 본인이 가장 관심있어 하는 청소년 상담 분야는 무엇인가?

답변방향

1. 본인이 평소 관심있게 생각했던 상담 분야를 언급하며 왜 그렇게 생각했는지 이유와 함께 설명해야 해요.
2. 상담분야에 어떻게 관심을 갖게 되었는지 본인의 경험이 있다면 연결해서 말하면 더 좋아요.

모범답변

1. 진로상담

청소년기는 자신의 흥미, 적성, 가치관을 탐색하고 진로를 고민하는 중요한 시기입니다. 진로 문제는 단순히 직업 선택의 문제가 아니라 자신이 누구인지, 무엇을 좋아하고 잘할 수 있는지를 알아보는 자기이해의 과정이기에 청소년기의 진로상담은 매우 중요하다고 생각합니다. 저는 청소년 진로상담을 통해 청소년이 스스로 자신의 가능성과 잠재력을 긍정적으로 바라볼 수 있도록 도와주는 역할을 하고 싶습니다. 또한 진로를 잘 정할 수 있도록 필요한 정보도 제공하며 도와주고 싶습니다.

2. 다문화 상담

센터 실습 당시, 한국어가 익숙하지 않거나 문화적 차이로 인해 학교적응에 어려움을 겪는 다문화 청소년들을 만난 경험이 있습니다. 이들은 언어 문제뿐 아니라 교우관계의 단절, 가족과의 갈등, 정체성 혼란 등 복합적인 어려움을 겪고 있었습니다. 이 과정에서 다문화 청소년은 각자의 배경과 경험이 매우 다양하기 때문에, 개개인의 특성과 환경에 맞는 접근이 필수적임을 느꼈습니다. 이 경험을 바탕으로 다문화 청소년들이 자신의 환경을 긍정적으로 생각하고 또래와 잘 지낼 수 있도록 도와주고 싶습니다.

답변작성

위 모범답변을 참고하여, 자신만의 답변을 작성해 보세요.

모범답변 더 보기

질문 02 사례 속 내담자의 자원은 무엇인가?

답변방향

1. 사례 속 내담자의 대화를 통해 알 수 있는 개인 내적 자원 및 외부 자원들을 잘 파악하고 답변해야 해요.
2. 내담자는 본인이 직접 상담을 요청했다는 점에서 자기 보호의식과 문제를 해결해보려는 용기가 있다는 점을 답변해야 해요.

모범답변

㉠ 내담자 자기 보호의식
- 내담자는 직접 전화 상담을 요청했다는 점에서 자기 보호의식과 회복에 대한 동기를 가지고 있습니다.
- 내담자 스스로 문제 상황을 인식하고 도움을 요청하는 용기를 가지고 있습니다.

㉡ 문제 해결을 시도해본 경험
- 내담자는 가해자들에게 직접 "그만하라"고 말하며 자기주장 행동을 해본 경험이 있습니다.
- 비록 효과적이지는 않았지만, 갈등 상황에 맞서고 해결을 해보려고 노력했습니다.

㉢ 내담자의 상황을 알고 있는 친구들
- 내담자의 상황을 아는 친구들이 있고 내담자를 지지해줄 수 있다면 큰 정서적 지지망이 될 수 있습니다.
- 청소년기에 또래 집단의 영향력이 큰 만큼, 친구들의 지지는 내담자의 심리적 회복에 긍정적인 영향을 줄 수 있습니다.

㉣ 내담자의 어머니
- 어머니가 바쁘고 힘든 상황이라 하더라도, 내담자의 보호자로서 자녀의 어려움에 대해 인식하고 도움을 줄 수 있는 위치에 있습니다.

답변작성 위 모범답변을 참고하여, 자신만의 답변을 작성해 보세요.

질문 03 사례 속 전화상담의 상담목표를 잡는다면?

답변방향

1. 사례의 내담자가 호소하는 문제를 토대로 상담목표를 수립해야 해요.
2. 내담자의 안전 확보와 위기관리, 정서적 지지 환경 제공, 내담자의 자기보호 능력을 기를 수 있는 지원 등을 목표로 잡아 답변하세요.
3. 실제 상담환경이라고 생각하며, 구체적인 상담목표를 말하면 더욱 효과적이에요.

모범답변

㉠ 위기개입을 통한 내담자의 안전 확보
- 내담자는 학교폭력으로 인해 자살사고를 호소하고 있으므로 우선적으로 내담자의 생명과 안전을 보호해야 합니다.
- 내담자의 현재 감정 상태를 파악하고, 자살사고와 절망감을 완화해야 합니다.

㉡ 심리적 지지와 정서적 안정 제공
- 내담자는 장기간의 괴롭힘으로 무력감과 절망감을 경험하고 있으므로, 상담을 통해 내담자가 지지받고 있다는 경험을 하도록 돕겠습니다.
- 내담자가 감정을 안전하게 표현할 수 있도록 공감적 태도로 지지하고 수용적인 분위기를 조성하겠습니다.

㉢ 학교폭력 문제 해결을 위한 자원 연계와 지속적 지원
- 내담자가 혼자 감당하기 어려운 상황이므로, 보호자, 담임교사, 학교폭력 전담기구 등 제도적 자원을 활용하여 문제를 해결할 수 있도록 돕겠습니다.
- 내담자가 보복에 대한 불안을 호소하고 있으므로, 안전을 보장받을 수 있는 보호체계를 마련하는 것이 필요합니다.

답변작성 위 모범답변을 참고하여, 자신만의 답변을 작성해 보세요.

질문 04 상기 사례의 내담자의 어머니가 상담내용을 알고 싶어 한다면 어떻게 대처할 것인가?

답변방향

1. 자살사고를 호소하는 내담자의 위기 상황을 고려한 대처방법을 말해야 해요.
2. 내담자의 동의를 구하고, 내담자가 현재 처한 상황을 보호자에게 공유하면서도 내담자의 심리적 안정감을 우선적으로 생각한다는 답변을 하면 더욱 좋아요.

모범답변

ㄱ 비밀보장 원칙의 윤리적 예외상황 고려
- 내담자는 아직 보호자의 돌봄을 필요로 하는 미성년자임에도, 자살사고를 호소할 정도로 위기 상황에 놓여 있습니다.
- 비밀보장의 예외 상황으로 보호자의 개입이 필요하다는 점을 내담자에게 먼저 설명하고 동의를 구하겠습니다.
- 상담에 관심을 보이는 어머니에게 감사를 표현하고, 내담자가 현재 학교폭력으로 고통받고 있고 위기 상황에 있다는 사실을 공유하겠습니다.

ㄴ 내담자의 안전과 보호자의 역할 안내
- 상담의 세부적인 내용까지 모두 전달하기보다는 필요한 정보만 공유하며 내담자의 심리적 안전을 최우선으로 생각하겠습니다.
- 자녀의 안전 확보를 위해 어머니의 이해와 지지가 필요하다는 점을 중심으로 전달하겠습니다.
- 어머니에게 내담자의 상황을 이해시키고 내담자를 지지할 수 있도록 보호자의 역할과 자세를 설명하겠습니다.

답변작성
위 모범답변을 참고하여, 자신만의 답변을 작성해 보세요.

2022년 제21회

초등학교 6학년인 최 양은 집에 들어가기 무섭다. 정확히 말하면 아버지가 퇴근하시고 집에 오시는 시간부터가 공포스럽다. 아버지는 매일같이 술에 취해서 들어와 최 양과 최 양의 어머니에게 행패를 부리고 있다. '너희 때문에 살기가 힘들다.'라든지, '아무도 자신을 반겨주지 않느냐.'라며 다양한 이유와 신세한탄으로 밤늦게까지 가족을 못살게 군다. 최근에 최 양의 어머니는 그런 아버지에게 맞서서 언성을 높이며 같이 싸우고 있다. 최 양의 집은 다세대 주택인데 이 문제로 벌써 여러 번 이웃주민에게 신고를 당했으며, 경찰이 와서 부모님의 싸움을 중재한 것도 수 차례이다. 마주치는 사람들마다 문제가 많은 집이라며 혀를 차고 지나가는 시선을 견디는 것은 사춘기인 최 양에게 더욱 견디기 버거운 일이다.

최 양의 집은 원래 부유했다. 몇 년 전만 해도 잘 나가는 사업가였던 아버지는 최 양을 부족함 없이 키우며 남부럽지 않게 지원했다. 하지만 점점 회사의 경영 상태가 어려워져 가며, 결국 부도를 피할 수 없었다. 그 이후 아버지는 공사장에서 일용직 근로자로 일하시며 지금과 같이 매일 술을 드시기 시작했다. 아버지가 술을 마시면서 술버릇은 점점 악화되고 있다. 얼마 전에는 어머니가 아버지에게 술을 마시지 말라고 하자 리모콘을 집어던지면서 어머니에게 폭력을 행사하셨다. 어린 최 양에게는 그 모습이 큰 트라우마로 남아있다.

요즘에는 아버지가 최 양에게까지 폭력을 행사하고 있다. 아버지가 들어오실 때 조금이라도 반기지 않거나, 핸드폰을 보고 있으면 상을 엎거나 물건을 던지기까지 한다. 어릴 때 다정하셨던 아버지의 모습은 없고 최 양에게 아버지란 공포와 두려움의 대상이 되어버렸다. 최 양은 이러한 집안 환경으로 학업에도 제대로 집중할 수 없다. 집은 당연히 공부할 수 있는 환경이 아니며 학교 수업도 집에 대한 두려움으로 가득차 따라가기 어렵다. 무엇보다도 매일 반복되는 저녁이 너무나 두렵다. 학교에서도 이런 불행이 자신에게는 계속될 것이라고 생각하며 깊은 우울감에 빠져있다.

최 양은 아침밥을 먹지 못하고 학교에 가는 경우가 많다. 밤에 잠을 제대로 자지 못한 이유로 학교에서 자주 졸기도 한다. 얼마 전 최 양이 반 친구와 사소한 말다툼을 했었는데 자신도 모르게 들고 있던 필통을 던지며 폭력을 행사한 적도 있다. 수업시간에는 수업에 집중하지 않고 종종 핸드폰으로 웹툰을 보기도 했다. 이 모습을 본 담임교사가 위클래스에 상담을 요청했고, 위클래스 상담교사는 최 양의 어머니에게 동의를 구한 후 관할 청소년상담복지센터에 상담을 신청하게 되었다.

조심스럽게 상담실을 찾은 최 양은 상담사의 따뜻한 손길에 눈물을 쏟았다. 집이 너무 무서우며, 들어가기 싫다고 말했다. 부모님이 왜 그렇게 싸우는지 모르겠으며, 자신은 너무 불행하다고 말했다.

사례분석

1. 회사 부도 이후 아버지의 알코올 중독 및 폭력성 증가로 인해 내담자의 가정은 신체적, 정서적으로 위협을 받고 있어요.

2. 내담자는 가정 내 지속적인 부부싸움으로 무기력, 학업 의욕 저하의 우울 증상을 보이고 있으며 교우 갈등 시 공격성을 표출하는 모습에서 분노 및 충동조절 문제도 보이고 있어요.

3. 식사와 수면이 결핍되는 등 기초생활면에서도 어려움을 겪고 있어요.

질문 01 (상담경험이 있는 수험생에게) 가장 인상 깊었던 상담경험이 있는가?

답변방향

1. 상담자로서의 자질과 가치관, 상담에 대한 태도를 본인의 실제 상담 현장 경험을 통해 진정성 있게 말해야 해요.
2. 구체적인 경험을 통해 어떤 것을 깨닫고, 배우며 성장했는지 언급해야 해요.

모범답변

1. 처음에는 상담을 거부하고 상담실에서 난리를 치던 내담자가 있었습니다. 저는 그 내담자에게 "상담을 하지 않아도 괜찮다."라고 말해주며, 상담실이 편하게 이야기를 하며 쉴 수 있는 곳이라는 인식을 심어주려 했습니다. 꾸준히 라포를 형성하며 포기하지 않고 진심으로 이야기를 들어주려고 노력하자 내담자는 서서히 마음을 열고 상담에 적극적으로 임하게 되었습니다. 이 경험을 통해 상담자의 따뜻한 태도와 인내가 내담자의 변화를 이끌어낼 수 있음을 느꼈습니다.

2. 평소 자신의 감정을 잘 드러내지 않던 조용한 내담자가 상담을 마친 후 제 생일에 손편지를 써서 보내준 적이 있습니다. 짧은 글이었지만 그동안 상담에서 느낀 신뢰와 고마움이 담겨 있어 큰 감동과 보람을 느꼈습니다. 그리고 청소년에게는 작은 표현 하나도 큰 신뢰의 의미가 담길 수 있다는 사실을 깨닫게 되었습니다. 이 경험은 저에게 청소년상담사로서 자부심과 책임감을 느끼는 계기가 되었습니다.

3. 상담이 끝난 뒤 시간이 지나 다시 찾아온 내담자가 있었습니다. 새로운 고민이 생겼다며 저에게 상담을 요청하러 찾아온 것이었습니다. 상담이 종결된 뒤 꽤 오랜 시간이 흘렀음에도 불구하고, 저를 믿을 수 있는 사람으로 다시 찾아준 것에 고마움을 느꼈고 상담자로서 큰 보람을 얻었습니다. 이를 통해 상담자는 청소년에게 의미 있는 어른이자 안전기지의 역할을 해야 한다고 느끼게 되었습니다.

답변작성
위 모범답변을 참고하여, 자신만의 답변을 작성해 보세요.

모범답변 더 보기

질문 02 상기 사례의 내담자가 호소하는 주요 문제 외에도 추가로 확인해보아야 하는 점이 있다면?

답변방향

1. 내담자가 말하는 문제만 파악하는 것이 아니라, 숨겨진 위험 요인이나 배경 요인까지 포착하여 답변해야 해요.
2. 해당 문제를 왜 확인해야 하는지, 호소문제를 바탕으로 어떤 개입을 할 수 있는지까지 연결하면 더욱 좋아요.

모범답변

㉠ 내담자의 심리적 위기 수준
- 내담자는 아버지의 폭력에 대한 공포, 자신의 충동적 행동에 대한 혐오를 보이고 있습니다.
- 내담자의 언어적·비언어적 표현을 통해 정서 상태를 파악하고, 자해나 자살사고 가능성도 알아보아야 합니다.

㉡ 가정 내 위기 상황의 정도
- 가정폭력은 한 개인만의 문제가 아니라 가족 전체의 위기로 작용합니다.
- 내담자가 어머니와 다른 가족 구성원에게 어떤 심리·신체적 영향을 받고 있으며, 어머니가 보호자 역할을 할 수 있는지 등을 파악해야 합니다.

㉢ 학교 내에서의 또래관계, 교사와의 관계 등 사회적 지지망
- 청소년 내담자에게 있어 또래관계와 교사와의 관계는 정서적 안정에 중요한 요인이므로 내담자가 학교에서 지지를 받는 환경에 있는지 알아보아야 합니다.
- 내담자의 관계 확인은 상담 개입의 중요한 단서가 되며 필요한 경우 위클래스, 담임교사 등과 협력체계를 구축할 수 있습니다.

㉣ 내담자의 기초생활 및 건강 상태
- 내담자는 아침 식사를 자주 거르고, 밤에 수면을 충분히 취하지 못하는 등 기본적인 생활 리듬이 무너진 상태입니다.
- 영양상태, 위생, 수면 습관 등 기초생활 전반에 대해 확인하고, 필요시 지역사회 지원(예 급식, 아동복지서비스, 드림스타트 등) 연계도 고려해야 합니다.

답변작성 위 모범답변을 참고하여, 자신만의 답변을 작성해 보세요.

질문 03 상기 사례의 상담사라면 내담자에게 어떻게 개입하겠는가?

답변방향

1. 내담자가 말하는 문제만 듣는 것이 아니라, 숨겨진 위험 요인이나 배경 요인까지 고려하여 답변해야 해요.
2. 위기 상황에 대한 개입부터 시작하여 우선순위를 설정하여 개입하겠다고 답변해야 해요.

모범답변

㉠ 내담자의 안전 확보와 정서적 안정 도모
- 가정폭력 상황에서 내담자의 신체적 안전을 최우선으로 고려하겠습니다.
- 경청과 공감적인 태도를 보이며 내담자가 부모에게 가정불화의 상황에서 느끼는 어려움과 감정을 말할 수 있도록 돕겠습니다.
- 필요시 아동보호전문기관과 협력하여 안전한 보호조치를 마련하겠습니다.

㉡ 부모상담 및 가정 내 폭력 개선
- 아버지에게는 아동학대의 위법성과 가정폭력이 자녀에게 주는 심리적 상처를 인식하도록 하겠습니다.
- 가정 내 갈등과 폭력 행동의 감소 방안을 모색하겠습니다.
- 부모를 대상으로 가족상담이나 부부상담, 가정폭력 예방 기관과의 연계를 안내하겠습니다.

㉢ 내담자의 영양상태 및 위생상태 개선
- 지역아동센터와 연계하여 학습 지원과 생활지원을 받을 수 있도록 하겠습니다.
- 주민센터 등과 연계하여 가정의 경제적 도움을 받을 수 있도록 안내하겠습니다.

㉣ 내담자의 교우 관계 개선
- 또래와 사이좋게 지낼 수 있는 사회적 기술과 의사소통 방법(예 경청, 명확한 감정 전달 등)을 익히도록 돕겠습니다.
- 폭력을 행사하는 것은 명백한 잘못임을 인지시키며 분노를 통제하고 감정을 조절할 수 있도록 돕겠습니다.

답변작성

위 모범답변을 참고하여, 자신만의 답변을 작성해 보세요.

질문 04 : 위클래스와 청소년상담복지센터가 협력한다면 얻을 수 있는 효과는 무엇이라고 생각하는가?

답변방향

1. 상담 현장에서의 협력 네트워크의 중요성을 이해하고 있는지를 보여주어야 해요.
2. 청소년을 위한 실질적인 지원체계에 대한 통합적 시각과 문제 해결 능력이 있는지를 보여주어야 해요.
3. 학교와 지역사회의 통합적 개입에서 오는 구체적인 효과를 말해야 해요.

모범답변

㉠ 내담자에 대한 다각적이고 지속적인 지원 가능
- 위클래스는 학교적응과 정서지원을 담당하고, 청소년상담복지센터는 전문적인 상담 및 위기개입을 통해 내담자에게 지속적인 지원을 할 수 있습니다.
- 내담자에게 맞춤형 지원을 제공할 수 있어 학교 적응력 향상과 문제행동의 재발을 방지할 수 있습니다.
- 협력적인 모니터링 체계 구축은 청소년의 사회적 지지망 확장과 전인적 성장에 긍정적인 영향을 줍니다.

㉡ 위기청소년 조기 발견 및 개입 가능
- 위클래스는 내담자와의 일상적인 접촉을 통해 위험 신호를 빠르게 포착하고, 청소년상담복지센터와 협력하여 심층상담을 하는 등 위기 징후를 신속하게 발견하여 개입 시기를 앞당길 수 있습니다.
- 문제가 더 심각해지지 않도록 방지하고 내담자의 건강한 성장과 학교적응을 도울 수 있습니다.

답변작성
위 모범답변을 참고하여, 자신만의 답변을 작성해 보세요.

2022년 제21회

다음은 중학교 1학년 여학생의 이메일 상담 내용이다.

안녕하세요. 저는 ○○중학교 1학년인 김진주입니다. 저에게는 소라라는 친구가 있어요. 초등학교 4학년 때부터 아주 친하게 지내서 다른 친구들한테는 털어놓지 못하는 이야기도 하고, 가족처럼 의지했어요. 그런데 중학교에 올라오고 나서부터는 갑자기 저를 멀리하려고 하고, 말을 걸어도 차갑게 반응해요. 중학교를 같이 간다고 좋아하던 때가 엊그제 같은데 이제는 소라가 저 대신 다른 친구들이랑만 어울리려고 해서 너무 속상해요.

나중에 다른 친구한테 들은 이야기로는 소라가 저를 질투한대요. 제가 공부를 좀 잘하는 편인데, 제 성적도 부럽고, 다른 선생님들께 예쁨을 독차지하는 것 같아서 기분이 나쁘대요. 다른 친구들한테는 제가 다른 선생님한테 칭찬받으려고 앞에서 착한 척하고 노력하는 것 같아서 별로라고 말까지 했대요. 저는 평소처럼 똑같이 공부하고, 똑같이 행동했을 뿐인데 괜히 제가 잘못한 것처럼 느껴져요. 무엇보다 친하다고 생각했던 소라가 뒤에서 그런 말을 하고 다녔다는 것에 큰 배신감이 들어요.

저랑 소라는 지윤이라는 친구랑도 친해요. 우리 셋이 초등학교를 같이 나왔거든요. 그런데 얼마 전에 지윤이가 생일이어서 친구들을 모아서 같이 생일파티를 했다는데 저는 초대받지 못했어요. 원래는 저랑도 같이 잘 놀았는데 아무 말 없이 생일파티에 초대를 받지 못하니까 너무 속상해요. 지윤이까지 저를 피하는 것 같아서 그날 하루종일 울었고, 너무 힘들어서 죽고 싶다는 생각까지 했어요.

사실 예전에 한 번 옥상에 올라간 적도 있어요. 중학교에 입학한 후로 너무 괴로웠거든요. 근데 옥상에 가만히 앉아 있는데 부모님 생각에 죄책감이 들어서 그냥 내려왔어요. 담임선생님께도 이 이야기를 해보려고 했는데, 자꾸 눈물만 나고 말이 안 나왔어요. 부모님한테도 말씀드리고 싶은데 두 분 다 맞벌이시고 요즘 너무 바쁘셔서, 안 그래도 피곤하신데 저까지 걱정시키는 것 같아 말을 못했어요. 저 요즘 너무 외롭고 힘들어요. 저는 이제 어떻게 해야 하나요?

사례분석

1. 내담자는 또래 갈등을 겪고 있는데, 친구관계의 단절과 소외로 인해 정서적 상처(예 배신감, 외로움, 좌절 등)를 입고 우울감을 느끼고 있어요.

2. 부모와의 정서적 연결은 존재하나 심리적 거리감과 내담자의 배려심이 상황을 개선하는 데 방해 요인으로 작용하고 있어요.

3. 자신을 표현하고 상황을 말할 수 있는 힘은 가지고 있으나 그것을 담임교사나 보호자에게 전달하는 데에는 어려움을 겪고 있어요.

질문 01 청소년 상담 분야 중에서 본인이 가장 중요하다고 생각하는 영역은 무엇인가?

답변방향

1. 해당 상담분야가 왜 중요하다고 생각했는지 청소년기의 정서 및 사회적 특징과 연관지어 설명해야 해요.
2. 본인이 평소 중요하게 생각했던 상담 분야를 솔직하게 말하며 상담자의 역할과 개입 방향을 설명하면 더욱 좋아요.

모범답변

1 또래관계 상담

청소년기는 신체적·정서적으로 급격히 변화하는 시기로 또래관계는 정체성과 자아존중감 형성에 큰 영향을 미칩니다. 청소년에게 또래관계의 갈등은 친구 문제를 넘어 자신의 존재 가치에 대한 위기감을 줄 수 있고, 심각한 경우 자살사고로 이어질 수 있습니다. 상담현장에서는 이러한 또래관계의 어려움을 조기에 발견하고 청소년이 건강한 또래관계를 형성할 수 있도록 개입해야 합니다. 또한 갈등 상황에서 스스로 문제를 해결할 수 있는 사회적 기술과 정서적 회복 탄력성을 키우도록 도와주어야 합니다.

2 위기 청소년 상담

청소년기는 정서적으로 불안정하고, 대인관계, 학업, 가족 문제 등으로 인해 위기 상황에 처하기 쉽습니다. 청소년들의 자살 충동, 자해 행동, 정신건강 문제 등이 사회적 문제로 대두되고 있는 만큼, 위기 청소년에 대한 조기발견과 개입이 중요합니다. 상담자는 청소년의 위험 신호를 민감하게 감지하고 안전을 최우선으로 확보해야 합니다. 또한 지속적인 모니터링과 적절한 외부 자원과의 연계를 통해 통합적인 지원을 제공하는 것이 중요합니다.

답변작성

위 모범답변을 참고하여, 자신만의 답변을 작성해 보세요.

모범답변 더 보기

질문 02 상담과정 중에 내담자가 상담자의 개인적인 정보를 알고 싶어한다면 어떻게 하겠는가?

답변방향

1. 청소년 상담의 목적을 설명하고, 상담자의 적절한 자기 노출이 상담에 미치는 영향을 고려하여 답변해야 해요.
2. 내담자가 상담자의 개인적인 정보를 묻는 이유를 파악하고 내담자에게 초점을 맞춰야한다고 언급하면 더욱 좋아요.

모범답변

ㄱ 질문의 이유 탐색 및 감정 공감
- 단순히 거절하기보다, "어떤 마음으로 질문하셨을까요?"라고 물어보며 내담자의 요구에 반응하겠습니다.
- 내담자의 질문이 관계의 안정감이나 신뢰, 거리감을 확인하려는 의도인지 파악하겠습니다.

ㄴ 상담의 목적과 역할에 대한 설명
- 청소년 상담의 목적은 내담자의 문제 해결과 정서적 지지를 돕는 데 있다는 것을 알리겠습니다.
- 상담자의 과도한 개인적 정보 제공은 상담의 초점을 흐리게 하고 상담관계를 왜곡시킬 수 있음을 말하겠습니다.

ㄷ 필요시 제한된 자기노출로 라포 형성
- 상담자의 적절한 자기 노출이 내담자와의 라포 형성이나 공감대 형성에 도움이 된다고 판단될 경우, 필요한 범위 내에서 제한적으로 공유하겠습니다.
- 자기노출은 내담자의 개방을 유도하고 정서적 유대감을 높이기 위한 도구로만 사용하겠습니다.
- 상담자의 개인적 정보 제공이 내담자의 단순한 호기심 차원의 질문이라면 상담의 초점이 상담자의 이야기로 옮겨지지 않도록 하여 내담자가 다시 상담에 집중하도록 유도하겠습니다.

답변작성 위 모범답변을 참고하여, 자신만의 답변을 작성해 보세요.

질문 03   사례의 내담자가 대면상담을 위해 방문한다면, 상담자로서 먼저 개입해야 할 사항은 무엇이라고 생각하는가?

답변방향

1 사례의 내담자가 호소하는 문제를 바탕으로 내담자의 안전과 현재의 심리적 위기 수준을 파악해야 해요.

2 내담자의 자살 위험, 자해 계획 여부 등을 파악하여 위기 상황 여부를 확인하고 즉각적인 보호가 필요한지 확인하며 안전을 확보해야 해요.

모범답변

㉠ 내담자의 안전 확인
- 내담자는 "죽고싶다."라는 표현과 옥상에 올라간 경험을 이야기하고 있어 자살사고 및 자해 위험이 있습니다.
- 내담자가 즉각적인 보호와 개입이 필요한 위기 상태인지 파악해야 합니다.
- 내담자의 현재 느끼는 자살 생각의 구체성을 파악해야 합니다.
- 과거의 자해 시도 경험이나 실행 계획의 유무를 확인해야 합니다.

㉡ 위기 개입 및 보호 체계 연계
- 즉각적인 개입이 필요한 경우, 보호자 및 학교 등과 협력하여 안전을 확보해야 합니다.
- 필요시 병원 또는 위기개입기관과 협력하여 내담자가 안전한 환경에서 보호받을 수 있도록 조치해야 합니다.

답변작성
위 모범답변을 참고하여, 자신만의 답변을 작성해 보세요.

질문 04 상기 사례의 내담자를 탐색하기 위해서 어떤 정보를 추가적으로 파악할 것인가?

답변방향

1. 내담자의 주변 또래관계, 가정환경과 가족과의 관계, 학교생활 적응도 등 내담자의 외적자원을 탐색해야 해요.
2. 내담자의 취미나 관심사, 스트레스 대처 방식 등 개인 내적자원도 파악해야 해요.
3. 실제로 상담을 한다고 가정해보고, 원활한 상담을 위해 파악하고 싶은 정보를 구체적으로 설명해야 해요.

모범답변

㉠ 내담자의 또래관계에 대한 정보
- 또래들과의 관계 및 집단 내 위치를 파악하여 소속감, 인정 욕구, 관계에서의 상처 경험 등을 파악합니다.
- 또래 내 지지망이 있는지를 파악하여 정서적 지지 자원 여부를 확인할 수 있습니다.

㉡ 가정환경과 가족관계에 대한 정보
- 부모의 양육태도를 파악하여 자녀에 대한 기대 수준, 애정 표현의 정도 등을 파악합니다.
- 가족 내 의사소통 방식을 파악하여 내담자의 정서 표현 능력, 관계 형성 패턴 등을 알아볼 수 있습니다.
- 위기 상황이나 정서적 어려움이 있을 때 누구에게 의지할 수 있는지 파악하여 가정 내 내담자의 보호체계를 확인할 수 있습니다.

㉢ 학교생활 적응 상태에 대한 정보
- 성적과 교사와의 관계를 파악하여 학교 적응 수준을 알아봅니다.
- 학교에서의 활동 참여도를 파악하여 사회성, 소속감 및 학교생활 만족도를 알 수 있습니다.

㉣ 내담자의 관심사 및 스트레스 대처 방식
- 내담자의 취미나 관심사를 파악하여 상담에서 라포 형성 및 개입 단서로 활용할 수 있습니다.
- 내담자의 스트레스 대처 방식을 파악하여 위기 상황에서의 감정 조절과 문제 해결을 어떻게 하는지 알 수 있습니다.

답변작성
위 모범답변을 참고하여, 자신만의 답변을 작성해 보세요.

2021년 제20회

다음은 중학교 1학년 여학생의 이메일 상담 내용이다.

저는 중학교 1학년인 여학생입니다. 부모님은 제가 초등학교 4학년이 되던 해에 이혼하셨고, 저는 엄마랑 여동생 2명과 함께 살고 있어요. 엄마는 작은 회사에 영업직으로 근무하고 계시는데 평일, 주말 가릴 것 없이 정말 바쁘세요. 저희와 놀아주실 시간은 당연히 없고, 가족 외식을 가서도 거래처 전화가 오면 저에게 동생들을 맡겨두곤 나가시는 경우가 많아요.

저는 여동생 2명이 있는데 둘째는 초등학교 3학년이고 막내는 아직 유치원생이에요. 학교가 마친 후에는 둘째와 같이 유치원에 들러서 막내를 데리고 집에 가요. 가끔은 둘째가 친구랑 놀고 싶어 하거나, 자꾸 딴 길로 새려고 해서 혼내기도 하는데, 엄마한테 제가 이유 없이 화를 낸다고 거짓말을 해서 정말 짜증나요. 엄마가 야근이 잦으셔서 제가 어질러진 집을 치우거나 동생들 밥을 차려줘야 하는 일을 해야 해요.

제 친구들은 학교가 마치면 당연하게도 학원을 가거나 과외를 해요. 친구들이 저한테 학원 숙제가 많다며 힘들다는 이야기를 할 때면 부러운 생각도 들어요. 우리 집 형편으로는 학원 하나 다니기도 어려우니까요. 저는 동생들을 챙기고 집안일을 해야 해서 힘든데 친구들은 공부로 힘들다고 하니 다른 세상을 사는 것 같아서 제 고민은 말할 수도 없어요.

학교가 끝나면 저도 다른 친구들처럼 하굣길에 떡볶이도 먹고 싶고 같이 놀고 싶어요. 주말에도 동생들을 돌보고 집안일을 해야 해서 점점 더 집에 들어가기가 싫어요. 엄마는 왜인지 이렇게 고생하는 저를 인정해주시지 않는 것 같아요. 저번에는 제가 동생들을 데리고 분식집을 간 적이 있는데 빨리 집에 들어오지 않고 어린 동생들을 데리고 돌아다닌다며 저를 혼내셨어요. 이럴 때마다 집에 들어가고 싶지 않다는 생각을 해요. 그런데 엄마한테 혼나기도 무섭고 어린 동생들이 자꾸 눈에 밟혀서 그럴 수가 없어요.

선생님, 저는 너무 불행해요. 앞으로 어떻게 해야 이 형편에서 나아질 수 있을지 잘 모르겠어요. 저는 계속 이렇게 살아야 할까요?

사례분석

1 내담자는 부모의 이혼 이후 경제적 어려움 속에서 동생들의 보호자 역할까지 감당하며 역할 과부하를 겪고 있는 상황이에요.

2 친구들과의 비교를 통해 사회적인 박탈감과 소외감, 좌절감을 겪고 있으며 동생들에 대한 책임감은 내담자가 상황을 벗어나지 못하게 하는 내적 갈등 요소로 작용하고 있어요.

3 가사노동에 대한 어머니의 인정 부족은 내담자의 정서적 결핍을 더욱 심화시키고 있어요.

질문 01 청소년상담사로서 가장 중요하게 생각하는 윤리는 무엇인가?

답변방향

1. 본인이 평소에 중요하게 생각했던 상담윤리를 근거를 들어 구체적으로 답변해야 해요.
2. 해당 윤리를 실질적으로 상담에서 어떻게 실천할 것인지를 포함하여 답변하면 더욱 좋아요.
3. 청소년 내담자의 특징과 이를 다루는 상담자의 태도를 함께 언급하면 더욱 좋아요.

모범답변

1 비밀보장의 윤리

상담은 내담자와 상담자 간의 신뢰관계를 바탕으로 이루어집니다. 특히 청소년은 상담과정에서 자신이 한 이야기가 외부에 알려질 수 있다는 불안감을 갖게 되면 자신의 이야기를 말하기 어렵습니다. 따라서 상담자는 내담자의 이야기를 존중하며 내용을 다른 사람에게 누설하지 않겠다는 태도를 유지해야 합니다. 이를 통해 내담자가 심리적으로 안전한 환경 속에서 자기 문제를 탐색하고 해결할 수 있도록 도울 수 있습니다. 상담자의 비밀보장에 대한 책임감 있는 태도는 청소년 내담자가 상담자와 신뢰를 쌓고, 상담을 원활하게 진행할 수 있는 가장 기본적인 자세입니다.

2 내담자 존중과 자율성 보장

청소년기는 자아정체성을 형성하는 중요한 시기이므로 상담자는 청소년 내담자의 주체성을 존중하는 태도를 가져야 합니다. 이러한 태도는 상담과정에서 내담자가 자기결정권을 얻고 자아존중감을 높이는 데 큰 도움이 됩니다. 또한 상담자와 내담자 간 신뢰 형성뿐만 아니라 내담자의 자기 성장과 자립을 도울 수 있습니다. 특히 청소년 내담자는 부모나 교사 등 외부 환경에서 통제나 지시를 많이 경험하기 때문에, 상담이라는 공간에서는 자신의 이야기가 존중받고 스스로 결정할 수 있다는 감각을 느끼는 것이 중요합니다.

답변작성

위 모범답변을 참고하여, 자신만의 답변을 작성해 보세요.

모범답변 더 보기

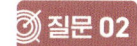 **질문 02** 상기 사례의 내담자가 느끼는 어려움과 욕구는 무엇인가?

답변방향

1. 한부모 가정에서 내담자가 느끼는 역할 부담과 외로움, 책임감을 언급해야 해요.
2. 내담자의 주호소문제가 가정, 학교에서 어떻게 나타나고 있는지 답변해야 해요.
3. 내담자가 처한 환경을 고려하여 욕구와 회복하고 싶은 것은 무엇인지 답변해야 해요.

모범답변

㉠ 내담자의 어려움: 가족 내 역할 부담과 정서적 외로움

- 내담자는 부모의 이혼 이후, 어린 나이에 동생들을 돌보는 역할을 하며 부모의 역할 일부를 감당하고 있습니다.
- 어머니의 부재 동안 동생들을 돌보고 가사를 책임지는 상황에서 내담자는 과도한 부담감과 책임감을 느끼고 있습니다.
- 학업과 또래관계에 집중할 시기에 가사노동의 부담을 느끼고 있습니다.
- 어머니로부터 자신의 노고를 인정받지 못하고 오히려 오해와 질책을 경험하며 억울함과 외로움을 호소하고 있습니다.
- 또래관계에서도 자신의 상황을 털어놓을 수 없어 고립감도 심화되고 있습니다.

㉡ 내담자의 욕구: 어머니로부터의 이해와 인정 및 또래관계 회복

- 내담자는 자신의 노력을 어머니가 알아주기를 바라며, 존중받고자 하는 욕구가 있습니다.
- 자신도 다른 친구들처럼 자유롭게 시간을 보내며 또래관계에서도 소속감을 회복하고자 하는 마음을 갖고 있습니다.

답변작성 위 모범답변을 참고하여, 자신만의 답변을 작성해 보세요.

질문 03 | 상기 사례의 내담자를 상담한다면 어떤 상담목표와 상담전략을 수립하겠는가?

답변방향

1. 사례의 내담자가 호소하는 문제를 토대로 상담목표와 전략을 수립해야 해요.
2. 내담자의 스트레스 완화, 자기이해와 자기존중감 회복, 어머니와의 의사소통 개선, 또래관계 개선 등의 목표를 잡을 수 있어요.

모범답변

㉠ 내담자의 정서적 지지 및 스트레스 완화
- 내담자가 느끼는 억울함, 외로움, 답답함을 상담관계 안에서 표현하도록 하겠습니다.
- 정서적 공감과 지지를 기반으로 한 라포 형성을 통해 내담자가 심리적인 안전감을 느낄 수 있도록 하겠습니다.
- 내담자의 감정표현을 억제하지 않도록 수용적 태도로 경청하겠습니다.
- 호흡법 등 스트레스 대처 기법을 알려주어 내담자의 스트레스 완화를 돕겠습니다.

㉡ 내담자의 자기이해와 자기존중감 회복
- 내담자는 스스로를 불행하다고 여기며 무력감을 호소하고 있으므로, 자신의 가치와 노력을 긍정적으로 바라볼 수 있도록 돕겠습니다.
- 내담자의 장점을 같이 찾아보는 등 자기효능감을 키울 수 있도록 돕겠습니다.

㉢ 어머니와의 의사소통 개선
- 내담자가 어머니에게 자신의 감정을 효과적으로 전달할 수 있도록 도와야 합니다.
- '나 전달법'과 같은 구체적 의사소통 기술을 알려주어 감정표현을 보다 효과적으로 할 수 있도록 돕겠습니다.
- 상황극이나 역할극 등을 통해 내담자가 어머니의 상황을 이해하도록 돕겠습니다.
- 필요시 가족상담 또는 부모 면담을 연계하겠습니다.

㉣ 또래관계에서의 소속감 향상
- 내담자가 친구들과의 교류 욕구를 충족하며 일상적인 즐거움을 누릴 수 있도록 현실적인 방법을 모색하겠습니다.
- 관심사에 기반한 소규모 모임이나 동아리 활동 등을 탐색하여 또래와의 긍정적인 상호작용을 회복하도록 돕겠습니다.

답변작성 위 모범답변을 참고하여, 자신만의 답변을 작성해 보세요.

 **질문 04** 상기 사례 내담자의 어머니와 면담한다면 어떻게 개입하겠는가?

답변방향

1 어머니의 입장을 공감하며 현재 가정상황에 대한 이해를 하고 있다는 태도를 먼저 보여주어야 해요.

2 내담자의 정서적 어려움을 이해할 수 있도록 돕고 양육태도 개선을 위한 방법을 알려주어야 해요.

3 필요시 내담자의 가정이 도움을 받을 수 있도록 지역사회 자원과의 연계 방법을 제공하면 더 좋아요.

모범답변

㉠ 가정상황의 어려움에 대한 이해와 지지 표현
- 면담 초반에 어머니의 입장을 충분히 듣는 경청의 자세를 유지하겠습니다.
- 현재 가정상황의 현실적 어려움에 대한 공감을 하겠습니다.

㉡ 지지적인 부모 역할 수행 안내
- 자녀가 감당하고 있는 가족 내 역할 과부하에 대해 설명하고 자녀가 느낄 정서적 어려움과 부담을 이해하도록 돕겠습니다.
- 어머니가 자녀의 역할을 당연하게 여기는 태도에서 벗어나, 자녀가 정서적 지지가 필요한 존재임을 인식하도록 돕겠습니다.

㉢ 양육태도 개선을 위한 구체적 지원 제공
- 자녀의 노력을 인정하고 격려하는 긍정적 피드백의 중요성을 설명하겠습니다.
- 바쁜 일정 속에서도 짧은 시간이라도 자녀와 진솔한 대화를 나누도록 제안하겠습니다.
- 가족 내 역할 조정 방안을 현실적으로 고민하며, 방과 후 돌봄 서비스 등의 지역사회 자원과의 연계를 통한 지원을 안내하겠습니다.

답변작성 위 모범답변을 참고하여, 자신만의 답변을 작성해 보세요.

2020년 제19회

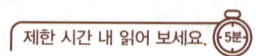

다음은 초등학교 6학년 남학생을 상담한 지역 청소년상담복지센터 상담사의 보고서이다.

1. 내담자의 외형적 특징
- 또래에 비해 키가 작고 왜소한 편으로, 상담자와의 눈맞춤이 어색함
- 상담 중에 손톱을 물어뜯거나 머리를 만지작거리는 등 불안정한 행동을 자주 보임
- 목소리가 작으며 말보다는 고개를 젓거나 끄덕이는 행동으로 의사를 표현함

2. 내담자의 가정상황
- 내담자가 4학년일 때 부모님이 이혼하셨고 주 양육자는 같이 살고 있는 아버지이며 어머니와는 주말마다 만나 함께 시간을 보내고 있음
- 아버지는 자영업자로 새벽에 출근하여 밤늦게까지 가게에서 일하고 들어오기 때문에 내담자를 전담하여 돌보기 어려운 상황이며, 내담자는 복지센터에 오는 날이 아니면 주로 인스턴트 음식으로 끼니를 때우고 있음
- 아버지는 가끔 내담자가 공부를 제대로 하지 않거나 어머니가 보고 싶다고 투정을 부릴 때면 매우 엄하게 꾸짖으며 "그럴거면 엄마랑 살아라."라고 모질게 말하기도 함
- 내담자와 2살 터울의 여동생은 오빠인 내담자를 잘 따르고 엄한 아버지를 무서워하며, 하교 후 내담자와 같이 지역 내 아동복지센터에 있다가 함께 집으로 감
- 내담자 어머니는 내담자와 여동생을 양육하고 싶어하지만, 재정 상황이 어려워 여의치 않은 실정임

3. 내담자의 학교 및 지역아동복지센터 생활
- 학교나 아동복지센터에서 친구들과 잘 어울리지 못하고, 혼자 멍하니 창밖을 바라보거나 휴대폰으로 만화를 보는 등 겉돌고 있으며 대화가 거의 없음
- 수업시간에도 집중하지 못 하고, 진도를 따라가기 어려워서 주로 그림을 그리고 있음
- 학교에서 자신이 무시당한다고 느끼거나 부모님에 대한 이야기가 나오면 갑자기 자리에서 일어나거나 욕설을 중얼거리며 다른 친구들과 담임교사를 당황하게 만들기도 함
- 몇 번은 화를 참지 못하고 센터에서 물건을 휘두르거나 친구의 가방을 바닥에 내던지는 등의 행동으로 문제가 된 적이 있음

4. 내담자의 심리검사 결과
- 집은 종이의 귀퉁이에 작게 그렸으며, 창문을 많이 그렸고 나무는 가지가 많음
- 나의 아버지는 무서운 사람으로 적고 나의 어머니는 착한 사람이라고 적음
- 어머니와 동생이 놀이터에서 놀고 있는 그림을 그렸으며 아버지는 귀퉁이에서 혼자 담배를 피우는 모습으로 표현함

사례분석

1. 내담자는 이혼가정의 자녀로 주양육자인 아버지보다 어머니에 대한 선호도가 높은 상태예요.
2. 학교나 지역아동복지센터에서 감정을 주체하지 못하고 폭력적인 성향을 드러내는 상황이에요.
3. 전반적인 애착의 혼란, 양육자의 애정 결핍, 정서적 지지의 부재로 어려움을 겪고 있어요.

질문 01   상기 사례의 심리검사 명칭은 무엇인가?

답변방향

1. 사례에서 나타나는 심리검사의 명칭과 개념을 설명할 수 있어야 해요.
2. 사례에서 해당 검사를 어떻게 사용했으며, 검사 결과는 어떤지 짧은 설명을 덧붙인다면 더욱 좋아요.
3. 투사적 검사라면 해석의 비결정성이라는 특성을 활용하여 해석을 단정짓는 듯한 답변은 피하는 것이 좋아요.

모범답변

㉠ 집-나무-사람 검사(HTP검사)
- 내담자에게 집, 나무, 사람을 각각 그리게 한 후 현재 개인의 정서 상태와 성격을 평가하는 투사검사입니다.
- 사례의 내담자처럼 작은 집, 많은 창문, 가지가 많은 나무를 그린 경우, 위축된 자아와 정서적 불안을 가지고 있을 가능성이 큰 것으로 해석할 수 있습니다.

㉡ 문장완성 검사(SCT검사)
- 불완전한 문장을 완성하도록 하여 내담자의 생각, 감정, 태도, 욕구, 성격 특성 등을 파악하는 투사적 언어검사입니다.
- 사례의 내담자는 아버지는 무서운 사람, 어머니는 착한 사람이라고 표현하였습니다. 이를 통해 아버지에 대한 두려움과 어머니에 대한 긍정적 애착이 공존하는 것을 보여주며, 부모에 대한 양가적 감정을 드러낸 것으로 해석할 수 있습니다.

㉢ 동적 가족화 검사(KFD검사)
- 내담자에게 가족이 함께 상호작용하는 장면을 그리게 하여, 가족 간의 관계, 정서, 갈등, 애착, 자기 인식 등을 알아보는 투사적 그림검사입니다.
- 사례의 내담자는 어머니와 함께 놀이를 하는 모습을 그리고, 아버지는 혼자 그림의 외곽에 배치하였습니다. 이러한 표현은 어머니에 대한 정서적 친밀감, 아버지에 대한 거리감을 보여주는 것으로 해석할 수 있습니다.

답변작성

위 모범답변을 참고하여, 자신만의 답변을 작성해 보세요.

질문 02 상기 사례의 상담자라면 가능한 상담 목표와 전략은 무엇인가?

답변방향

1. 사례의 내담자가 가진 특성을 파악하여 잡고 싶은 상담 목표와 전략을 말해야 해요.
2. 상담 기법을 구체화하고, 내담자 특성에 맞춘 접근을 하겠다는 답변을 하면 더욱 좋아요.

모범답변

㉠ 내담자의 불안 완화 및 정서적 안정감 제공
- 내담자가 위축되지 않고 감정을 자유롭게 표현할 수 있는 안전한 상담 분위기를 조성하겠습니다.
- 긴장을 완화할 수 있는 호흡법 등을 알려주어 분노 및 불안 상황에서도 자기조절을 할 수 있도록 돕겠습니다.

㉡ 내담자의 감정 인식과 표현 능력 향상
- 미술매체나 놀이활동 등을 통해 비언어적 방식으로 감정을 표현할 수 있도록 돕겠습니다.
- 내담자의 행동(예 시선 회피, 움찔거림 등)을 관찰하고 "지금 불안해 보이는구나"와 같이 말해주며 내담자가 자신의 감정을 이해할 수 있도록 돕겠습니다.
- 물건을 던지거나 욕설로 화를 표현하는 대신, "나 속상해"와 같이 말로 표현하는 방법을 알려주겠습니다.
- 상담 중 작은 감정표현에도 칭찬과 긍정적 피드백을 하여, 감정을 표현하는 것이 좋은 것임을 알려주겠습니다.

㉢ 학교 및 또래관계에서의 적응력 향상
- 담임교사 및 복지센터 교사와 협력하여 내담자가 수업과 활동에 잘 참여할 수 있도록 돕겠습니다.
- 친구에게 먼저 물건 빌려주기 등 작은 목표를 설정하여 긍정적인 관계 경험을 만들도록 돕겠습니다.
- 지역 내 정서지원 프로그램, 멘토링 활동 등을 연계해 정서적, 사회적 자원을 확장하겠습니다.

㉣ 아버지에 대한 두려움 해소
- 내담자에게 아버지의 긍정적인 면이나 좋은 기억이 있는지 물어보겠습니다.
- 가능하다면 아버지와 면담을 하여 자녀들에게 하는 행동이 어떤 부정적인 영향을 미치는지 알리겠습니다.
- 아버지에게 자녀들에 대한 이해와 관심을 높일 것과 함께 보내는 시간을 늘릴 것을 제안하겠습니다.

답변작성
위 모범답변을 참고하여, 자신만의 답변을 작성해 보세요.

질문 03 일탈행동을 하는 것으로 예상되는 내담자에게 어떤 질문을 통해 사실 여부를 알아볼 수 있는가?

답변방향

1. 내담자가 일탈을 한다는 것을 단정짓거나 다그치지 않으면서 사실에 접근하는 질문 기술을 중심으로 전개하면 좋아요.
2. 내담자의 반감을 불러일으키지 않도록 간접적이고 개방적인 질문을 사용하여 답변하면 좋아요.

모범답변

1. "요즘 방과 후에는 주로 어디에서 시간을 보내니?", "주말에는 어떤 친구들과 무엇을 하며 지내니?"라는 질문을 할 수 있습니다. 일상생활에 대해 전반적으로 묻는 질문을 통해 내담자의 생활 패턴과 시간을 보내는 방식, 또래관계 등을 파악할 수 있습니다.

2. "가끔 친구들과 어른들이 걱정할 만한 행동을 한 적은 없었어?"라는 질문을 할 수 있습니다. 일탈행동과 관련된 구체적인 행동을 우회적으로 확인할 수 있습니다. 부담스럽지 않게 질문하되, 일탈적인 행동의 시행여부에 접근할 수 있습니다.

3. "학교 다니면서 선생님이나 부모님께 혼났던 일이 있다면 어떤 거였어?"라는 질문을 할 수 있습니다. 내담자가 학교 규칙을 어떻게 인식하고 있는지, 규칙을 위반한 경험이 있는지를 파악할 수 있습니다. 탐색형 질문을 사용하면서 자연스럽게 내담자의 생활과 행동 양식을 드러낼 수 있도록 유도할 수 있습니다.

4. "혹시 친구들이랑 어울리다가 원치 않았는데 분위기에 휩쓸려 하게 된 행동이 있어?"라는 질문을 할 수 있습니다. 내담자가 자신의 의도와 무관하게 집단 상황에서 일탈적 행동에 참여했는지를 탐색할 수 있습니다. 직접적으로 일탈이라는 표현을 쓰지 않고, 또래 압력이나 상황적 요인을 중심으로 묻기 때문에 내담자가 방어적으로 반응하지 않고 자신의 경험을 비교적 편안하게 이야기할 수 있습니다.

답변작성
위 모범답변을 참고하여, 자신만의 답변을 작성해 보세요.

질문 04 유해약물을 복용하고 있는 청소년이 자발적으로 상담실을 찾아온다면 어떻게 상담하겠는가?

답변방향

1. 먼저 용기 내어 찾아온 내담자의 태도에 대한 지지를 표현하고 비난보다는 신뢰형성 중심으로 접근해야 해요.
2. 약물 중단을 도울 수 있는 외부기관과의 연계도 고려하여 상담을 진행한다고 말하면 더 좋아요.

모범답변

㉠ 상담 초기: 라포 형성 및 문제 이해
- 자진하여 상담실을 찾은 것은 자신의 문제를 인식하고 변화하려는 긍정적인 신호임을 알려주며 용기를 낸 사실을 인정해주겠습니다.
- 비난이나 섣부른 판단 없이 수용적인 태도로 경청하며 라포를 형성하겠습니다.
- 약물 복용의 이유, 시기, 종류, 빈도 등을 파악하되, 내담자의 정서와 환경적 배경을 함께 이해하겠습니다.
- 상담을 통해서 어떤 변화를 느끼고 싶은지 파악하고 상담의 목표와 방법을 나누겠습니다.

㉡ 상담 중기: 문제 탐색 및 대안 모색
- 약물 사용이 내담자의 삶에 미치는 영향, 대인관계 문제, 신체적 건강 등 다양한 측면을 탐색하겠습니다.
- 약물 복용으로 인한 내담자의 심리적인 문제를 파악하여 대안 행동이나 스트레스 해소 방법을 함께 모색하겠습니다.

㉢ 상담 후기: 변화 확인 및 외부 연계
- 내담자가 약물 중단에 어려움을 겪는다면 정신건강복지센터, 의료기관, 재활기관 등 외부 전문기관과 연계하겠습니다.
- 필요시 부모 또는 보호자와의 상담을 통해 가정 내 지원 환경을 조성하겠습니다.
- 상담으로 인한 변화를 확인하고, 내담자가 지속적인 변화와 적응을 유지할 수 있도록 정기적인 모니터링과 추후 상담을 할 수 있음을 말해주겠습니다.

* 형사처벌이 되는 마약류(예 대마, 양귀비 등)를 사용했다면 자진 신고를 독려하여 국가 차원의 치료감호를 받도록 해야 합니다.

답변작성

위 모범답변을 참고하여, 자신만의 답변을 작성해 보세요.

2019년 제18회

다음은 청소년상담복지센터에 이메일 상담을 요청한 남학생의 사연이다.

안녕하세요. 저는 고등학교 1학년 남학생입니다. 요즘은 정말 학교에 가기가 싫어요. 그래서 학교를 간다고 집을 나와서는 근처 PC방에서 시간을 때우곤 해요. 한편으로는 어머니가 이 사실을 아시면 저에게 크게 실망하실 것 같아서 두렵기도 하고, 많이 걱정스럽기도 해요.

저희 집은 어머니와 저 둘이 살아요. 아버지는 제가 초등학생일 때 지병으로 돌아가셨어요. 그 이후 집안 형편이 어려워지자 어머니는 마트에서 판매원으로 지금까지 일하고 계세요. 저에게 힘든 내색은 하나도 없이 정말 열심히 일하시는 모습을 보면 정말 죄송해요. 어머니는 저에게 항상 "학교 공부도 열심히 하고, 좋은 성적을 받아야 돈도 많이 벌고 출세하는거야. 원하는 대학에 가야 너가 할 수 있는 일도 당당하게 할 수 있어."라고 버릇처럼 말씀하시곤 해요. 어머니의 말씀이 잔소리같아서 너무 듣기 싫다가도 한편으로는 이해도 돼요. 어머니의 시집살이가 순탄하시지만은 않으셨거든요. 결혼 초부터 가난한 집안 출신에 혼수도 제대로 해오지 않았다고 무시를 많이 당하셨어요.

저도 어머니의 말씀을 듣고 열심히 공부하려고 했어요. 하지만 머리가 나쁜건지, 제 노력이 부족한건지 성적은 오르지 않았고, 공부를 해도 소용없다는 생각이 많이 들었어요. 중학생 때까지는 그런대로 반에서 10등대를 유지하며 평균은 했었어요. 근데 같은 반에서 저와 제일 친한 친구가 저는 돈도 없고 맨날 똑같은 옷만 입고 다니는 가난한 아이라고 놀리는 것을 들은 후 공부에 집중할 수가 없었어요. 그 이후로 학교 가기도 무섭고, 다른 친구들도 저를 가난하다고 생각할 것 같아 친해질 수도 없었어요. 이 일 때문에 고등학교에 올라와서도 반 친구들과 어울리지 못하게 되었어요.

이번 1학기 기말고사 성적이 아주 바닥을 쳤어요. 제 성적표를 본 어머니께서는 "내가 너 하나 믿고 여기까지 버텼는데, 네가 어떻게 나를 실망시킬 수 있냐"며 이럴거면 집을 나가라고 크게 화를 내셨어요. 성적이 부진한 것은 제 잘못이고, 어머니께서 저를 위해 부단히 노력하고 계신다는 점도 알아요. 하지만 제 속사정을 모르면서, 저를 이해해주지 못하는 어머니가 밉기도 해요.

저는 아무것도 할 수 있는 게 없어요. 제가 뭘 어떻게 할 수 있을까요? 매일매일이 너무 힘들어요.

사례분석

1. 어머니 혼자 가장의 역할을 하시며 생계유지를 하고 있는 상황에서 내담자는 우울감, 무기력감, 죄책감과 자존감 저하를 겪고 있어요.

2. 어머니의 과도한 기대와 성적 압박이 내담자에게 큰 정서적 압박으로 다가오고 있으며 집을 나가라는 어머니의 분노 표현은 내담자에게 마음의 상처를 주었어요.

3. 내담자는 고등학교 진학 후에도 또래와의 교류가 단절되며 지지체계가 부재한 상황이에요.

질문 01 상기 사례 내담자가 호소하는 문제는 무엇인가?

답변방향

1. 내담자가 상담 요청을 통해 표현한 내용을 토대로 고민과 어려움이 무엇인지 파악한 후 답변해야 해요.
2. 내담자의 말 속에서 심리적 어려움, 생활의 문제, 관계 갈등 등을 분석하고 구체적으로 말하는 것이 핵심이에요.

모범답변

㉠ 어머니의 성적 압박으로 인한 학업적 스트레스
- 내담자는 어머니의 기대를 충족시키기 위해 공부를 열심히 했지만 성과가 나오지 않아 좌절감을 겪고 있습니다.
- 기말고사 성적이 낮게 나왔고, 어머니로부터 꾸중을 듣는 상황은 내담자의 실패 경험과 가족갈등을 심화시키고 있습니다.
- 학업 자체에 대한 동기 저하와 등교 대신 PC방에 가는 등 회피 행동이 나타나고 있습니다.

㉡ 대인관계 및 학교 부적응으로 인한 심리적 위축
- 내담자는 중학교 시절 친구로부터 놀림을 받은 후 또래관계에 불신이 생겼으며, 그 영향으로 고등학교에서도 친구들과 친해지지 못하고 있습니다.
- 학교에서의 소속감 결여, 고립감은 등교 거부로 이어지고 있습니다.

㉢ 경제적 어려움으로 인한 자존감 저하
- 어머니 혼자 생계를 책임지시는 가정의 경제적 어려움은 내담자의 삶 전반에 영향을 주고 있습니다.
- 경제적 어려움은 내담자의 자존감을 손상시키며 친구들에게 다가가기 어렵게 합니다.

답변작성 위 모범답변을 참고하여, 자신만의 답변을 작성해 보세요.

질문 02 상기 사례에서 상담자로서 개입해야 할 문제는 무엇인가?

답변방향

1. 사례의 내담자는 학업 스트레스로 인한 정서적 어려움, 대인관계 문제, 경제적 열등감 등이 있어 개입이 필요해요.
2. 상담자라면 내담자의 어떤 문제를 다루고 싶은지를 생각해보고, 내담자의 상태와 연관지어 설명하세요.

모범답변

㉠ 어머니의 양육태도 및 방식
- 어머니는 성적과 성취를 지나치게 강조하며 자녀를 압박하는 양육태도를 보이고 있습니다.
- 자녀의 흥미와 적성에 대한 탐색 기회를 제공하지 못하여, 내담자가 진로에 대해 고민할 수 있는 여건이 부족한 상태입니다.

㉡ 또래관계에 대한 인식과 갈등 대처 방식
- 내담자는 대인관계 회피와 또래에 대한 부정적 인식이 있고 친구들과 친해지지 못하는 어려움을 겪고 있습니다.
- 갈등 상황에서의 감정 조절 및 표현 방식, 대처 기술 향상을 위한 개입이 필요합니다.

㉢ 내담자의 우울정서의 정도와 빈도
- 내담자의 정서 상태에 대한 정밀한 사정이 필요합니다.
- 내담자가 자신의 상황을 비관적으로 바라보며 자기효능감이 낮아져 있는 점을 다루어야 합니다.

㉣ 학교 등교거부 문제와 인터넷 사용 습관
- 내담자는 학교에 가지 않고 PC방에서 시간을 보내며 현실 회피적 행동을 보이고 있어 개입이 필요합니다.
- 지속적으로 PC방에서 컴퓨터만 하는 상황은 일상 기능 저하와 연결되어 있으며 조절이 필요한 문제입니다.

답변작성 위 모범답변을 참고하여, 자신만의 답변을 작성해 보세요.

질문 03 내담자 중심상담은 어떻게 접근해야 하는지 말해보시오.

답변방향

1. 내담자 중심상담은 칼 로저스에 의해 개발된 상담이론으로 긍정적 존중, 공감, 진실성 등의 기법으로 접근해야 해요.
2. 내담자가 성장가능성과 잠재력을 가지고 있다고 생각하는 상담자의 태도가 가장 중요한 상담 요인이에요.

모범답변

ㄱ. 무조건적인 긍정적 존중
- 내담자를 있는 그대로 받아들이고 판단 없이 존중합니다.
- "그럴 수 있어요.", "그런 감정을 느끼는 건 당연해요."처럼 긍정적이며 수용적인 반응을 합니다.
- 내담자가 어떤 감정을 느끼든, 어떤 말을 하든 조건 없이 수용함으로써 안전하고 신뢰할 수 있는 상담관계를 형성합니다.

ㄴ. 공감적 이해
- 내담자의 입장에서 생각하며, 감정과 생각을 깊이 이해하려는 노력을 합니다.
- 단순히 듣는 것을 넘어, 내담자의 감정의 흐름을 따라가며 내담자가 느끼는 것을 이해하려고 합니다.
- 상담자의 반응으로 내담자는 자신의 감정을 명확히 인식하고, 자기 이해를 심화할 수 있습니다.

ㄷ. 진실성(일치성)
- 상담자는 자신의 감정과 태도를 솔직하게 표현하고, 진정성 있는 태도를 유지합니다.
- 진실성 있는 태도는 내담자에게 신뢰감을 형성하게 하고, 진정한 관계 형성에 도움이 됩니다.

ㄹ. 자기 탐색과 성장을 돕는 환경 조성
- 상담자는 내담자가 성장하고 변화할 수 있는 잠재력을 가지고 있다는 생각을 가져야 합니다.
- 지시적 태도를 비롯한 조언이나 해결책 제시보다는 내담자가 스스로 탐색하고 답을 찾을 수 있도록 지지해야 합니다.
- 내담자의 내면적 통찰과 자율적인 변화가 일어날 수 있도록 돕습니다.

답변작성
위 모범답변을 참고하여, 자신만의 답변을 작성해 보세요.

질문 04 학교폭력 가해자의 상담을 한 후, 학교폭력대책심의위원회 담당교사가 가해학생의 상담내용을 요청할 때, 상담자는 어떻게 대처해야 하는가?

답변방향

1. 청소년상담사로서의 윤리적 판단과 현장 대응 능력을 답변에서 보여주세요.
2. 학생의 상담 내용을 외부에 공유할 수 없다는 윤리 원칙에 따라 대응하겠다고 말해야 해요.
3. 비밀보장과 관련 기관과의 협력 사이에서 균형 있게 대처하는 모습(예 상담확인서 발급, 개선 여부에 대한 일반적인 소견 전달 등)도 보여주면 더욱 좋아요.

모범답변

㉠ 상담자의 윤리적 원칙을 최우선으로 고려
- 상담자로서 교사에게 상담에 관심을 보여주신 것에 감사함을 표현합니다.
- 교사의 요청이 있더라도, 윤리원칙에 의해 내담자의 사전 동의 없이 상담내용을 알려주기 어렵다는 것을 알립니다.

㉡ 내담자 동의를 구한 후 최소한의 정보만 제공하는 방식으로 대응
- 상담자는 내담자에게 상담내용 제공 요청이 들어온 사실을 알리고, 내용 제공의 범위와 목적을 설명한 뒤 동의를 구합니다.
- 내담자가 동의를 한 경우, 민감한 사항은 보호하고 필요한 정보만 최소한으로 제공합니다.
- 학교 측에서 공적인 절차에 따라 요청을 하거나, 관련 법적 근거에 의해 공식적인 자료 제출이 필요한 경우라면 제공 가능한 정보만 전달합니다.

㉢ 학교 및 유관기관과의 협력적 자세 유지
- 상담 내용이 아닌 상담 사실에 대해서는 상담 기간, 회기 수 등 객관적 정보만 포함되는 상담확인서로 제공할 수 있음을 알립니다.
- 학교 측에서 내담자의 개선 여부를 문의하는 경우, 문제행동의 감소여부나 상담의 개입 효과가 있는지와 같은 일반적인 상담자 소견 정도는 전달할 수 있습니다.

답변작성 위 모범답변을 참고하여, 자신만의 답변을 작성해 보세요.

2019년 제18회

다음은 중학교 1학년 여학생 내담자와 청소년상담복지센터의 상담사의 채팅상담 내용이다.

내담자   안녕하세요. 혹시 여기서도 상담을 할 수 있나요?
상담자   청소년상담복지센터 상담사 ○○○입니다. 물론이에요. 무슨 고민이 있나요?
내담자   여기에 이렇게 말해도 되는지 모르겠는데, 제가 털어놓을 곳이 없어서요.
상담자   괜찮아요. 여기는 학생의 말을 들어주는 곳이고, 비밀보장도 약속할테니 마음 편히 이야기 해주어도 돼요.
내담자   저한테는 심각한 이야기인데, 사실 저희 부모님이 지금 이혼을 하실 것 같아요. 두 분이 성격이 너무 다르셔서 매일같이 싸우시는데 싸우는 소리도 너무 듣기 싫고 자꾸만 서로에게 모진 말만 내뱉으세요. 이혼하니 마니, 따로 사니 마니 하시는데 저와 제 동생은 두 분이 진짜 이혼하실까봐 항상 두려움에 떨어요. 싸우시는 날이면 항상 엄마는 집을 나가셔서 저와 제 동생은 밥도 제대로 못 챙겨먹고 있어요.
상담자   저런, 부모님의 싸움으로 학생과 동생이 많이 무서웠어요. 밥은 어떻게 먹고 있어요?
내담자   동생이랑 동네 편의점에 가서 간단히 사 먹는데, 가끔 아빠가 그 앞에서 술을 드시고 계세요. 동네에 사는 친구들이 그 모습을 볼까봐 너무 겁나고 창피해요.
상담자   아버지가 술을 드시고 계시면 제대로 밥도 먹지 못했겠네요.
내담자   엄마가 집을 나가신 후 돌아오시면 다시 불같이 싸우세요. 그러면 저랑 동생은 차라리 엄마가 들어오지 않았으면 좋겠다는 생각도 해요. 근데 한편으로는 제가 오히려 두 분의 이혼을 부추기는 것 같고 너무 나쁜 것 같아요.
상담자   부모님의 싸움으로 생긴 일 때문에 정말 속상했겠어요. 부부싸움으로 생긴 일을 자신의 탓으로 돌리지 말아요.
내담자   다른 친구들이 주말에 가족끼리 놀러갔다는 이야기를 하면 너무 부럽기도 하고, 점점 제 집이 미워져요. 그런 생각만 하고 있으니 학교에서도 공부에 집중이 안 되고, 자꾸 성적이 떨어져요. 숙제도 제대로 해가지 못해서 최근에는 선생님께도 많이 혼났어요. 친구들도 점점 부정적인 저를 피하는 것 같아요. 학교에서도 저를 다정하게 대해주는 사람이 없어서 너무 외롭고 집은 더 들어가기 싫어요. 제가 뭘 어떻게 해야 하나요? 저 좀 도와주세요.

사례분석

1. 내담자는 부모의 지속적인 다툼으로 불안, 두려움, 죄책감을 보이고 있어요.
2. 양육의 공백으로 인해 내담자와 동생이 생리적, 정서적으로 방치된 상황으로 지지 체계가 부족한 상황이에요.
3. 내담자의 가정의 문제가 학업에까지 영향을 미치고 있으며, 친구들과의 관계 단절 및 위축감을 경험하고 있어요.

질문 01 사이버 상담(예 채팅, 메일 등)의 한계점은 무엇이라고 생각하는가?

답변방향

1. 사이버 상담의 대표적인 한계점(예 비언어적 정보 부족, 위기개입의 한계 등)을 말할 수 있어야 해요.
2. 대면상담과 비교하여 비대면상담이 갖는 한계점도 언급하면 좋아요.

모범답변

㉠ 비언어적 정보의 부족
- 대면상담에서는 내담자의 표정, 눈빛, 목소리 톤, 자세, 분위기 등 다양한 비언어적 단서를 통해 내담자의 정서 상태를 이해할 수 있지만, 사이버 상담에서는 비언어적 단서가 크게 제한됩니다.
- 사이버 상담은 시간의 지연까지 발생하므로 내담자의 현재 감정 상태를 즉각적으로 파악하기 어렵습니다.

㉡ 상담관계 형성의 어려움
- 사이버 상담은 대면하지 않기 때문에 내담자가 상담자에게 심리적 안전감을 느끼는 데 더 많은 시간이 소요될 수 있습니다.
- 사이버 상담은 신뢰관계 형성이 어렵고 표면적인 이야기만 나누다 상담이 단기적으로 종료될 가능성이 있습니다.

㉢ 심각한 위기 상황 개입의 한계
- 내담자가 자살 충동이나 급박한 위기 상황에 처했을 때, 사이버 상담만으로는 즉각적인 개입과 보호를 하기 어렵습니다.
- 상담자는 내담자의 위치나 상황을 충분히 파악하기 힘들고, 비대면이라는 특성상 위기개입에서 제한적일 수밖에 없습니다.

㉣ 의사소통의 오해 가능성
- 메일이나 채팅에서는 의도와 다르게 표현이 전달되거나, 감정의 뉘앙스가 잘못 해석될 가능성이 있습니다.
- 오해로 인해 상담자와 내담자 간의 상호이해가 부족해질 수 있습니다.

답변작성
위 모범답변을 참고하여, 자신만의 답변을 작성해 보세요.

질문 02 내담자가 배가 고프니 밥을 사달라고 한다면 어떻게 하겠는가?

답변방향

1 답변에서 상담자의 윤리의식과 내담자와의 경계 설정 능력, 그리고 상황에 따른 판단력을 보여주어야 해요.

2 내담자의 요구에 적절한 지원을 하거나 제도적 지원을 안내하는 방향으로 전개하면 더 좋아요.

모범답변

㉠ 내담자의 요구확인 및 상담관계 준수
- 내담자가 얼마나 배가 고픈지 물어본 후 배가 많이 고파 보이는 경우, 간단한 간식을 제공하겠습니다.
- 상담자에게 식사를 의존하지 않도록 밥을 사주는 것은 상담자의 역할과 관계의 경계를 모호하게 만들 수 있음을 말해주겠습니다.
- 내담자가 반복적으로 음식을 요구하거나 상담자를 편의 제공의 대상으로 여기기 시작한다면, 식사는 스스로 해결하는 것임을 알려주겠습니다.
- 내담자와의 관계가 상담자의 역할을 넘어 사적 관계나 물질적 지원 관계로 변질되지 않도록 주의하겠습니다.

㉡ 결식 우려가 있는 경우 지역사회 자원 연계
- 내담자의 배고픔이 실질적인 생계 문제나 결식 우려로 보이는 경우도 있습니다.
- 내담자의 생활 환경과 관련된 중요한 상담적 정보로 이해하겠습니다.
- 기관 내 규정이 허용하는 범위에서 지역사회 자원(예 무료 급식, 복지 서비스 등)과 연계하여 지원받을 수 있도록 안내하겠습니다.

답변작성 위 모범답변을 참고하여, 자신만의 답변을 작성해 보세요.

질문 03 상기 사례의 부모를 상담한다면 어떻게 개입할 것인가?

답변방향

1. 자녀들이 겪고 있는 정서적 어려움에 대해 우선 부모에게 인지시킨 후 소통 방법을 설명해주어야 해요.
2. 부모가 자녀의 행동, 발달 특성을 이해할 수 있도록 상담을 통해 도와야 해요.
3. 지속적 개입이 필요하다면 가족상담, 지역 연계 등의 보조적 자원을 적극 활용하는 방법도 언급할 수 있어요.

모범답변

㉠ 부모 갈등으로 인한 자녀의 정서적 어려움에 대한 설명
- 자녀의 현재 정서와 행동에 대해 공감적으로 이해할 수 있도록 돕겠습니다.
- 부모가 자녀의 어려움을 판단이나 비난 없이 바라볼 수 있도록 안내하겠습니다.
- 자녀와의 의사소통 방식, 양육태도, 가족 내 상호작용을 함께 점검하며, 부정적 상호작용이 반복되지 않도록 돕겠습니다.

㉡ 부부 문제와 부모 역할을 분리해서 인식하도록 강조
- 부부 간의 갈등이 있더라도 부모로서의 책임과 역할을 해야함을 알리겠습니다.
- 자녀의 기본적 생활과 정서적 안정을 지켜주는 것이 우선이라는 점을 설명하겠습니다.
- 부모는 갈등 상황에서도 자녀 앞에서는 감정을 절제하고, 자녀를 방치하지 않아야 함을 알리겠습니다.

㉢ 지역 내 부모교육 프로그램으로의 연계
- 지속적으로 부부 관계 개선을 실천할 수 있도록 지원하겠습니다.
- 부모가 일관성 있게 자녀를 양육하고 자녀와 효과적으로 소통할 수 있도록 돕겠습니다.

답변작성
위 모범답변을 참고하여, 자신만의 답변을 작성해 보세요.

질문 04 비자발적인 내담자의 동기를 어떻게 강화하겠는가?

답변방향

1 내담자의 자율성을 존중하는 태도를 바탕으로 상담관계 형성 능력과 동기강화 기술을 답변에서 보여주어야 해요.

2 내담자의 심리적 저항을 이해하고, 내면의 변화 욕구를 이끌어내는 과정 중심으로 전개하면 더욱 좋아요.

모범답변

㉠ 상담의 목적과 상담자 역할에 대한 설명
- 상담의 목적을 밝히고, 상담실은 내담자의 이야기를 듣고 이해하는 안전한 공간임을 설명하겠습니다.
- "상담자는 본인을 평가하거나 강요하는 사람이 아니다"라는 메시지를 전하여, 상담 상황에 대한 심리적 거부감을 줄이겠습니다.

㉡ 공감적 경청을 통한 신뢰관계 형성
- "상담에 꼭 참여해야 하는 이유"보다 내담자의 감정에 초점을 맞추어 상담관계 형성에 주력하겠습니다.
- 내담자와 라포를 형성하고 신뢰감을 갖도록 하여 상담에 대한 태도를 긍정적으로 변화시키겠습니다.

㉢ 내담자의 자율성 존중
- 무엇부터 이야기할지, 어떤 방식으로 상담을 진행할지에 대해 내담자의 의견을 묻겠습니다.
- 내담자가 자신의 속도에 맞게 상담에 참여할 수 있도록 하여 '내가 주도하는 상담'이라는 느낌을 주도록 하겠습니다.
- 자율성과 주도성을 존중하여 내담자의 내면에 존재하는 변화 욕구를 스스로 인식하도록 돕겠습니다.

답변작성
위 모범답변을 참고하여, 자신만의 답변을 작성해 보세요.

2019년 제18회

다음은 청소년상담복지센터의 실시간 채팅상담을 한 중학교 1학년 남학생의 사례이다.

상담자　청소년상담복지센터 상담사 ○○○입니다. 무엇을 도와드릴까요?
내담자　제가 고민이 있어서요. 여기서도 상담을 할 수 있나요?
상담자　물론입니다. 무슨 일 때문에 상담을 요청하셨나요?
내담자　제가 아빠는 한국인인데 엄마가 필리핀 사람이에요. 그래서 다른 사람들에 비해 피부색도 어둡고, 눈이랑 코, 입술이 커요. 머리도 곱슬머리라서 외모가 제 큰 콤플렉스에요. 학기 초에 같은 반 친구들이 제 얼굴을 보고 수군거린 적이 있었는데 큰 상처로 남아있어요. 친구들이 다 저를 이상하게 볼 것만 같아요. 가끔은 제가 한국 사람인지, 필리핀 사람인지 헷갈려요. 우리 집은 왜 다른 집처럼 평범하지 않은지 어디에도 속하지 못한 기분이 들어서 힘들어요.
상담자　정말 외롭고 힘들었겠네요. 혹시 지금 마음 상태를 0부터 10까지 점수로 표현한다면 어떤가요? 0은 아주 힘든 상태고 10은 아주 괜찮은 상태예요.
내담자　2점 정도요. 학교도 친구도 마음 터놓고 이야기할 수가 없어요. 우리 집이 다문화 가정인 게 원망스러워요.
상담자　2점이라니, 정말 많이 힘들었겠어요. 지금 그런 감정을 느끼는 건 당연한 일이에요. 혹시 부모님과의 사이를 물어봐도 될까요?
내담자　아빠는 그래도 가끔 학교생활이 어떤지 궁금해하시고 물어봐주세요. 그런데 엄마는 아직 한국어 구사가 능숙하지 않아요. 그래서 제 학교생활에 거의 관여하지 못하고 있으며 심지어는 제가 필리핀어를 쓰지 않으면 집에서도 소통이 되지 않을 때가 있어요. 그러다 보니 참관수업 같은 학교 행사도 거의 못 오시고, 같은 동네에 사는 친구들 엄마와도 교류가 적어요. 음, 오히려 엄마가 학교에 오면 친구들이 더 놀랄까봐 차라리 안 오셨으면 좋겠다고도 생각해요.
상담자　만약 지금보다 조금 더 나아진 상황을 상상해본다면 몇 점 정도까지 올라갈 수 있을 것 같나요?
내담자　한 5점? 엄마가 제 말 좀 알아듣고, 저한테 관심 가져준다면요. 그리고 무엇보다 친구들이 저를 이상하다고 생각 안 한다면요.
상담자　5점까지 올라가려면 엄마 그리고 친구들과의 관계가 나아져야겠군요. 함께 고민해봅시다.

사례분석

1. 내담자는 다문화 가정 자녀로서 정체성 혼란을 겪고 있으며 외모 차이로 인한 소속감과 자존감이 낮아진 상태예요.

2. 감정척도를 물어보는 질문에서 자신의 현 상태를 2점이라고 낮게 표현하며 심한 무력감을 느끼고 있어요.

3. 어머니의 낮은 한국어 구사능력으로 내담자와의 정서적 교류가 제한되어 있고, 친구들이 어머니를 보면 수군거릴까봐 두려워하고 있어요.

질문 01 이성인 청소년을 상담하게 된다면 유의해야 할 부분은 무엇이 있는가?

답변방향
1. 이성인 내담자를 상담하는 과정에서 생길 수 있는 윤리적인 위험 요소를 인식하고 있는 점을 보여주어야 해요.
2. 실제 상담에서 적용 가능한 사항 및 대응 전략을 포함시켜야 해요.
3. 내담자와 상담자 모두를 보호하는 안전한 상담관계를 구축하려는 방향으로 답변을 전개해야 해요.

모범답변

㉠ 상담관계의 경계 유지
- 이성인 청소년을 상담할 때는 상담자의 언행과 비언어적인 태도가 오해를 일으키지 않도록 주의해야 합니다.
- 상담자는 이성 청소년이 오해할 수 있는 지나친 칭찬, 신체 접촉, 사적인 질문이나 제안 등을 삼가야 합니다.
- 따뜻하면서도 객관적인 태도를 보이며 내담자와 적절한 심리적 거리를 유지해야 합니다.
- 상담실의 문을 반쯤 열어두거나 일정 부분 관찰 가능한 공간에서 상담을 진행하는 것이 불필요한 오해를 방지할 수 있습니다.
- 상담자는 자신의 감정이 상담관계를 왜곡하지 않도록 정기적인 수퍼비전을 통해 자기점검을 지속해야 합니다.

㉡ 성 역할 고정관념 주의 및 성인지 감수성 고려
- 상담자가 성 역할에 대한 고정관념을 무의식적으로 드러내지 않도록 유의해야 합니다.
- 상담 중 이성 청소년이 고민을 털어놓을 때, 열린 태도로 경청하고, 편견 없이 수용하는 태도가 필요합니다.

답변작성
위 모범답변을 참고하여, 자신만의 답변을 작성해 보세요.

질문 02   해당 사례의 내담자의 인지적 오류는 무엇이 있는가?

답변방향

1. 사례의 내담자가 보이는 인지적 오류(예 과도한 일반화의 오류, 개인화의 오류, 예단적 사고, 이분법적 사고 등) 유형과 용어를 구분하여 설명해야 해요.

2. 인지적 오류들이 내담자에게 미치는 영향을 사례에서 드러난 내용이나 상황을 근거로 구체적으로 설명해야 해요.

모범답변

㉠ 과도한 일반화의 오류
- 내담자는 학기 초 몇몇 친구들의 수군거림이 있었던 경험을 전체 학교생활과 친구관계에 확대해서 적용하고 있습니다.
- 모두가 자신을 이상하게 볼 것 같다고 생각하며 반복적으로 자신을 부정적으로 바라보고 있습니다.

㉡ 개인화의 오류
- 친구들의 태도와 집단의 시선을 모두 자신의 외모와 다문화 가정 때문이라고 해석하고 있습니다.
- 자신이 현재 겪고 있는 어려움을 자신의 문제나 결함 탓으로 인식하고 있습니다.

㉢ 예단적 사고
- 어머니가 학교에 오면 친구들이 더 놀릴 것이라며 현실에서 일어나지 않은 상황을 부정적으로 예단하고 있습니다.
- 예단적 사고가 내담자를 불안하게 만들며 현재의 행동과 감정에 영향을 미치고 있습니다.

㉣ 이분법적 사고
- 다문화 가정과 비다문화 가정을 이분법적으로 구분하고 자신은 평범하지 않다고 생각하고 있습니다.
- 이분법적 사고는 내담자의 자존감을 낮추고 학교생활 적응을 어렵게 만들고 있습니다.

답변작성
위 모범답변을 참고하여, 자신만의 답변을 작성해 보세요.

질문 03 지적장애를 가진 청소년이 상담시간 외에 계속 센터에 찾아온다면 어떻게 대처할 것인가?

답변방향

1. 지적장애를 가진 청소년의 행동을 이해하고 청소년의 입장에서 공감하고 존중하는 표현을 해야 해요.
2. 상담의 역할과 윤리 및 기관운영의 방침을 인식하고 청소년의 욕구를 존중하면서도 균형있는 태도를 보여준다는 답변을 전개하면 더욱 좋아요.
3. 현실적인 대안과 같은 구체적인 실천방안을 함께 제시하면 더 논리적인 답변이 돼요.

모범답변

㉠ 방문 목적 확인
- 갑작스레 찾아왔더라도 따뜻하게 맞이하고 편안한 분위기를 조성합니다.
- "무슨 일이 있어서 왔니?", "혹시 급하게 도움이 필요한 거니?"와 같이 이해하기 쉬운 질문으로 방문 목적을 확인합니다.

㉡ 상담 윤리와 기관의 운영 원칙 준수
- 기관의 운영 규정과 다른 내담자의 상담도 존중되어야 하므로 상담 외 시간에 무분별한 방문은 제한할 필요가 있습니다.
- 긴급한 상황이 아니라면 다음 상담시간에 만날 것을 쉽게 명확한 언어로 말하겠습니다.
- 필요하다면 달력이나 메모 등 시각자료를 활용하여 상담 일정을 다시 알려주겠습니다.
- 정서적 위기(예 자해 언급 등)가 감지된다면 보호자에게 알리고 안전을 확보하겠습니다.

㉢ 활동 자원 연계 방안 모색
- 센터 차원에서 해당 청소년이 소외감을 느끼지 않도록 적절한 프로그램이나 활동 자원을 연계하겠습니다.
- 지역사회 자원(예 주간보호센터, 복지관 등)과 연계하거나 대안활동을 제안하겠습니다.

답변작성 위 모범답변을 참고하여, 자신만의 답변을 작성해 보세요.

질문 04 다문화 청소년을 상담할 때 상담자로서 유의할 점이 있다면 무엇이 있는가?

답변방향

1. 다문화 상담현장에서 발생할 수 있는 문제를 인식하고 상담자의 윤리적인 태도와 책임을 언급해야 해요.
2. 내담자의 특성과 어려움에 대해 상담현장에서 보여줄 수 있는 실천적인 부분을 언급하면 더욱 좋아요.

모범답변

㉠ 다문화 청소년의 문화적 배경과 경험 존중
- 상담자는 다양성을 이해하려는 열린 태도를 가지고 있어야 합니다.
- 상담과정에서 자신의 문화적 편견이나 고정관념이 개입되지 않도록 주의해야 합니다.
- 문화적 전이나 역전이가 발생할 수 있음을 인식하고 이를 점검하는 자세가 필요합니다.

㉡ 언어적 어려움을 고려한 의사소통 방식 조절
- 상담과정에서 다문화 청소년의 한국어 능력이 부족할 수 있으므로, 의사소통 방식을 조절해야 합니다.
- 충분한 설명과 경청을 통해 내담자가 편안하게 자신의 이야기를 할 수 있도록 돕는 것이 중요합니다.

㉢ 상황 이해 및 안전한 상담환경 조성
- 다문화 청소년은 적응 문제로 인해 차별이나 소외 경험, 정체성 혼란 등이 있을 수 있습니다.
- 내담자의 사회적 상황을 이해하고 공감하며 심리적 안정과 소속감을 형성할 수 있도록 도와야 합니다.
- 다문화 청소년이 안전하고 신뢰할 수 있는 상담환경을 조성해야 합니다.

답변작성
위 모범답변을 참고하여, 자신만의 답변을 작성해 보세요.

2018년 제17회

다음은 고등학교 1학년 여학생이 청소년상담복지센터에 보내온 이메일 사연이다.

안녕하세요. 고등학교 1학년 여학생입니다. 제 이야기를 들어줄 사람이 아무도 없어서, 여기에 이메일을 보내요. 요즘 저는 학교에 가기가 너무 싫어요. 친구들도 저를 멀리하는 것 같고 다들 저를 싫어하는 것 같아요. 요즘은 자기들끼리만 급식을 먹으러 가기도 하고, 제가 낄 수 없는 대화만 해요. 종종 그 아이들의 대화의 주제가 제 욕일 것만 같아서 학교에 가기도 너무 싫고, 학교에 있는 시간이 정말 고통스러워요.

사실 이번이 처음 겪는 일도 아니에요. 중학교 3학년 때 비슷한 일을 겪은 적이 있거든요. 당시에 한 무리로 같이 어울리며 친하게 지냈던 친구와의 의견 차이로 다툰 일이 있었는데, 그 이후 그 친구가 저와 친했던 다른 친구들을 다 빼앗아 간 적이 있었거든요. 물론 졸업까지 겨우 2달 남은 상황에서 벌어진 일이라 일을 키우고 싶지 않아 참았어요. 근데 그 아이와 고등학교도 같이 오더니 심지어 같은 반 배정을 받았어요. 정말 반을 바꾸고 싶어요.

지난 주에는 그 아이를 포함한 다른 친구들이 하는 이야기를 들었는데, 제가 눈치도 없이 끼고, 친구들 사이를 이간질하려고 한다는 내용이었어요. 순간 너무 화가나서 그 아이들에게 가서 따졌고, 담임 선생님께 가서도 이 일을 말했어요. 친구들이 저를 따돌리고 제 험담을 하고 다닌다고요. 그런데 "친구들 사이에서 잠시 오해가 생긴 것 같은데 너가 노력하고 먼저 다가가서 화해를 요청해보아라."라고 하셨어요. 집에서도 어머니에게 이 사실을 털어놓자, "네가 학교에서 어울리지 못하는 건 너에게도 문제가 있는 거야."라며 저를 혼내시는데 제 편을 들어줄 사람이 이 세상에 아무도 없는 것 같아서 너무 슬펐어요.

제가 뭘 그렇게 잘못했다고 저에게 이런 일이 생겼는지 모르겠어요. 아무도 저를 위로해주지 않아요. 정말 외톨이가 된 심정이에요. 매일매일 학교에 가는 게 너무 힘들어요. 당장이라도 학교를 그만두고 싶지만, 부모님께서 크게 혼내실 것 같아 고민이에요. 저 이제 어떻게 해야 해요? 저 좀 도와주세요.

사례분석

1. 내담자는 중학교 3학년부터 지금까지 같은 친구에 의해 지속적으로 따돌림을 당하고 있어요.
2. 관계에 대한 무력감이 축적되고 있으며 억울함과 분노 감정으로 인한 정서적 고립을 겪고 있어요.
3. 학교와 가정에서 지원체계가 부족하며 주변 어른들은 문제를 축소하거나 내담자에게 책임을 돌리려고 하고 있어요.

질문 01 자신만의 라포 형성 방법이 있다면 무엇인지 말해보시오.

답변방향

1. 자신만의 라포 형성 방법이 있다면 구체적으로 설명해야 해요.
2. 라포 형성 과정이 상담에서 주는 긍정적인 효과를 함께 설명하면 더 좋아요.

모범답변

㉠ 경청과 수용의 태도
- 내담자가 자신의 이야기를 하는 동안 눈을 맞추며 경청의 태도를 보여주고 신뢰를 형성하려 합니다.
- "그 일은 정말 속상했겠다"처럼 공감하면서 내담자가 정서적으로 이해받고 있다고 느끼게 합니다.
- 상담 동안 따뜻한 표정, 적절한 침묵 등을 통해 내담자가 정서적으로 안정감을 느낄 수 있도록 합니다.

㉡ 상담자의 자기노출 활용
- 내담자가 긴장하거나 스스로를 드러내는 데 어려움을 보일 경우, 먼저 청소년기의 경험을 간단히 이야기함으로써 라포를 형성하려 합니다.
- 적절한 범위 내에서 자기노출을 사용하며 내담자가 혼자가 아니라는 감정을 갖도록 돕습니다.

㉢ 외양의 변화에 섬세하게 반응
- 내담자의 옷, 헤어스타일, 신발, 액세서리 등의 변화에 자연스럽고 긍정적으로 언급합니다.
- 상담자가 자신을 잘 관찰하고 있다는 느낌을 주고, 관계 형성에 긍정적 영향을 주려고 합니다.

㉣ 관심사를 기반으로 한 대화
- 청소년이 좋아하는 관심사(예) 게임, 음악, 유행어 등)를 가볍게 대화 주제로 삼습니다.
- 자연스럽게 내담자의 성향을 파악하고, 상담자를 함께 소통할 수 있는 사람으로 느끼게 해줍니다.

답변작성
위 모범답변을 참고하여, 자신만의 답변을 작성해 보세요.

질문 02 최근 청소년 이슈 중 관심 있는 분야는 무엇인가?

답변방향

1. 청소년 이슈(예 디지털 과의존 및 범죄, 도박 문제 등) 중 평소 관심 있었던 분야를 구체적으로 설명해야 해요.
2. 부정적인 이슈를 언급할 때는 단순한 문제 제시를 넘어서, 어떤 관심을 기울이고 상담자로서 노력하고 있는지를 간단히 덧붙이면 더 좋아요.

모범답변

㉠ 디지털 과의존 문제
- 청소년은 스마트폰, 게임, SNS 등의 디지털 매체에 지나치게 몰입하고 있으며, 수면 부족, 사회적 고립, 주의집중 저하, 학업 성취도 감소 등 다양한 문제로 이어지고 있습니다.
- 디지털 문제는 정서적 결핍, 자기조절력 부족, 가족 내 소통 부재와도 연결되어 있을 가능성이 높습니다.
- 상담자로서 스마트폰 중독 예방교육이나 자기조절능력 향상을 위한 프로그램에도 관심을 가지고 있습니다.

㉡ 청소년 디지털 범죄 문제
- 청소년의 얼굴이나 신체 이미지를 합성한 음란물 제작 등 심각한 디지털 성범죄로 악용되는 사례가 증가하고 있습니다.
- 청소년의 인권과 자기결정권을 심각하게 침해하는 범죄이며 정체성 형성에 악영향을 끼칩니다.
- 청소년의 디지털 권리 보호와 2차 피해 예방을 위한 상담자 역할에 대해 고민하고 있습니다.

㉢ 청소년 도박 문제
- 인터넷 기반의 스포츠 도박, 소액 베팅 등을 통해 청소년들이 쉽게 도박에 노출되고 있습니다.
- 단순한 호기심이나 재미로 시작한 행동이 중독으로 이어지며 학업 중단, 가출, 금전 문제 더 나아가 범죄 연루로 이어지는 사례가 늘고 있습니다.
- 상담자로서 중독 위험군 청소년을 위한 개입 전략과 가족 연계 상담 방안에 대해서도 관심을 가지고 있습니다.

답변작성
위 모범답변을 참고하여, 자신만의 답변을 작성해 보세요.

모범답변 더 보기

질문 03 사례에서 내담자가 주변 사람들에게 도움을 받지 못한 이유는 무엇인가?

답변방향

1. 내담자의 심리적 고립감과 주변 반응을 세심하게 읽고 해석할 수 있어야 해요.
2. 내담자의 가정, 학교 친구관계 등에서 어떤 방식의 지원이 부족했는지, 내담자 내면의 문제는 무엇인지 파악하고 답변해야 해요.

모범답변

㉠ 교사의 소극적인 개입 태도
- 내담자는 담임교사에게 문제를 호소했지만, 교사는 상황을 단순한 오해로 치부하고 내담자에게 먼저 화해를 요청하라고 말했습니다.
- 담임교사는 피해를 호소한 학생에게 책임을 전가하였고, 실질적인 보호와 개입이 이루어지지 않았습니다.

㉡ 가정 내 정서적 지지 결여
- 내담자가 어머니에게 고민을 털어놓았음에도 어머니는 문제의 책임을 자녀에게 물으며 혼내는 반응을 보였습니다.
- 어머니의 반응은 내담자가 가정 내에서조차 자신의 감정을 안전하게 표현할 수 없다고 느끼게 하였고, 정서적 고립감을 더욱 심화시키고 있습니다.

㉢ 반복된 또래관계 갈등의 누적
- 내담자는 중학교 시절에도 따돌림을 겪었으며, 갈등이 해결되지 않은 채 고등학교에서도 이어지고 있습니다.
- 주변 친구들도 내담자와 거리를 두는 경향을 보였고, 내담자가 또래집단 내에서의 소외되는 상황이 되었습니다.

㉣ 내면화된 자책과 자기 비난
- 반복되는 부정적 경험 속에서 내담자는 스스로를 의심하고 자책하는 모습을 보입니다.
- 타인의 반응을 자기 탓으로 돌리는 경향은 주변에 도움을 요청하기 더욱 어려운 상태에 빠지게 합니다.

답변작성

위 모범답변을 참고하여, 자신만의 답변을 작성해 보세요.

질문 04 사례의 내담자에게 명료화 기법을 사용하여 말해준다면, 어떻게 말하고 싶은가?

답변방향

1. 인지적 명료화 기법을 활용하여 내담자의 생각, 해석, 판단을 이해할 수 있도록 돕는 질문을 할 수 있어요.
2. 행동적 명료화 기법을 활용하여 내담자의 행동과 그에 따른 상황을 정리하고, 감정과 사건을 구분할 수 있도록 돕는 질문을 할 수 있어요.
3. 정서적 명료화 기법을 활용하여 내담자의 감정표현을 유도하는 질문을 할 수 있어요.

모범답변

㉠ 인지적 명료화: 사고패턴 탐색
- "담임선생님께 말씀드릴 때 어떤 반응을 기대했었나요?"
- "친구들이 이야기하는 모습을 보고 왜 '내 욕을 하는 것 같다'는 생각이 들었나요?"
- "중학교와 지금 상황의 비슷한 점이 뭐라고 생각해요? 당시의 경험이 지금 상황을 바라보는 방식에 어떤 영향을 주고 있을까요?"

㉡ 정서적 명료화: 감정 안정과 지지
- "지금 이 순간 드는 가장 큰 감정이 뭔가요?"
- "아무도 내 편이 없다고 느낀 순간 마음이 어땠어요? 좀 더 구체적으로 표현해본다면 어떤 느낌이었을까요?"
- "중학교 때 비슷한 경험을 했을 때와 지금의 감정이 비슷한가요? 어떤 점이 같고, 어떤 점이 다른가요?"

㉢ 행동적 명료화: 현실적 상황 파악
- "친구들이 '자기들끼리만 급식을 먹으러 간다'고 했는데, 매일 그런 건지, 가끔 그런 건지 구체적으로 말해줄 수 있어요?"
- "친구들에게 따졌다고 했는데, 정확히 어떤 말을 했고, 친구들은 어떻게 반응했나요?"
- "지금까지 이 문제를 해결하려고 했던 구체적인 행동들이 어떤 것들이 있었나요?"

답변작성
위 모범답변을 참고하여, 자신만의 답변을 작성해 보세요.

2017년 제16회

다음은 중학교 3학년 여학생이 보낸 이메일 상담 내용이다.

안녕하세요. 저는 △△중학교 3학년에 재학 중인 ○○○입니다. 이렇게 메일을 보내는 이유는 학교 문제로 고민이 있는데 어디에다 말할 곳이 없어 털어놓아요. 이번 2학기에 교내 회장선거가 있었어요. 사실 저는 그렇게까지 회장이 되고 싶은 마음이 없었는데 다른 친구들의 추천을 받아 출마를 했어요. 후보는 두 명이었는데 하필이면 저와 경쟁한 친구가 저와 가장 친한 친구였어요. 그 친구는 공부도 잘해서 선생님들도 좋아하시고, 학교에서 인기도 많은 친구에요. 당연히 저는 그 친구에 비하면 눈에 띄지 않아서 이번 회장 선거도 당연히 그 친구가 될거라고 생각을 했어요. 그런데 제가 당선이 되었어요. 제가 다른 건 몰라도 교내 봉사활동에는 정말 열심히 참여하고, 저에게 고민상담을 요청하는 친구들이 있다면 이야기도 잘 들어주는 편이에요. 아마 그 행동들이 친구들에게 좋은 인상을 줘서 저를 뽑아준 것 같아요.

물론 처음에는 당선이 되었다고 하니, 너무 기뻤어요. 그런데 저와 경쟁했던 친구가 몹시 기분이 상한 모양이에요. 회장 선거 이후 저를 은근히 피하고 제 인사를 무시하더니, 최근에는 다른 친구들과 더 어울러다니며 저에 대한 안 좋은 소문을 퍼뜨리고 다니고 있어요. 제가 없는 카톡 단체방을 만들어서 제 험담을 하고, 이번 회장 선거도 제가 애들한테 나를 뽑아주면 잘해주겠다는 이야기를 뒤에서 하고 다녀서 정당하지 않았다고 말까지 했대요. 저는 정말 그런 적이 없어요. 도대체 왜 이렇게까지 저를 미워하는지 정말 억울해 미치겠어요. 저는 1학기 내내 그 친구하고만 다녀서 같이 다닐 친구도 없어요. 제가 가장 답답한 것은 그 친구와의 친했던 기억이 너무 좋아서 앞에만 가면 아무 말도 못하는 거예요. 당당하게 내가 그러지 않았다며 따지기라도 했다면 덜 억울할텐데 항상 위축되는 제 자신이 싫어요. 당연히 담임선생님께 말씀드려보려고 했지만, 쉽사리 입이 떨어지지 않았어요.

부모님은 두 분 다 맞벌이를 하셔서 엄청 바쁘세요. 제 일을 아신다면 분명 걱정을 많이 하실 거예요. 부모님께 짐이 되고 싶지 않아요. 저 정말 학교에 가기 싫어요. 모든 반 아이들이 그 친구의 말만 듣고 저를 싫어하면 어떡해요? 차라리 내가 회장선거에 나가지 않았다면 어땠을까 싶기도 하고 시간을 되돌리고 싶어요. 이제는 학교에 가기도 두려워요. 너무 괴로워서 얼마 전에는 옥상에 올라갔다가 도저히 못 뛰어내리겠어서 내려왔어요. 저 좀 도와주세요. 저는 이제 어떻게 해야 해요?

📋 사례분석

1 내담자는 회장 당선으로 인해 가장 친했던 친구와 멀어지며 외로움과 소외감을 겪고 있어요.

2 사실이 아닌 소문으로 인한 고립감과 회장선거에 나간 자신을 탓하는 자책감 등 다양한 감정이 혼재되어 있어요.

3 상황을 털어놓을 만한 안전한 지지 대상이 없으며, 옥상에 올라간 행동을 통해 자살사고를 암시하는 등 심각한 위기 수준에 놓여있어요.

질문 01 (상담경험이 있는 수험생에게) 상담경험 중 가장 어려웠던 점이 있다면 무엇인가?

답변방향

1. 본인의 상담 경험 중 어려웠던 기억을 떠올려보고 솔직하게 답변해야 해요.
2. 해당 경험을 통해 느낀점이나 깨닫게 된 부분도 함께 답변해주면 더 좋아요.

모범답변

1 비자발적 내담자와의 신뢰 형성

상담에 소극적으로 참여하는 내담자와의 신뢰 형성이 어려웠습니다. 당시 내담자는 말수가 적고 방어적인 태도를 보였으며, 상담 자체에 거부감을 드러내기도 했습니다. 처음에는 상담을 어떻게 진행할지 어려웠지만 성급하게 다가가기 내담자의 입장을 존중하며 경청에 집중했고, 반복적으로 라포 형성을 하려고 노력했습니다. 그 결과 저에게 점점 마음을 열고 자신의 이야기를 하는 내담자의 모습을 볼 수 있었습니다. 이를 통해 상담자는 조급함을 버리고, 내담자의 속도에 맞춰가는 자세가 중요함을 배웠습니다.

2 보호자인 부모님과의 입장조율

내담자와 상담에 동행한 부모님과의 입장조율이 어려웠습니다. 부모님은 자녀의 행동 문제에 대해 단정적으로 말하며 통제하려 했고, 청소년의 심리적 어려움에 대해 충분히 이해하려는 태도가 부족했습니다. 저는 부모님의 감정을 수용하면서도 청소년의 입장을 대변하고, 두 시각이 충돌하지 않도록 중재자 역할을 수행하고자 노력했습니다. 이를 통해 상담자는 내담자뿐 아니라 주변 환경과의 관계 조율 능력도 필요하다는 것을 알게 되었습니다.

답변작성
위 모범답변을 참고하여, 자신만의 답변을 작성해 보세요.

모범답변 더 보기

질문 02 상기 사례 내담자의 주호소문제는 무엇인지 이야기해 보시오.

답변방향

1. 내담자는 친구와의 관계 단절, 배신감, 소문에 의한 상처 등으로 감정적으로 매우 힘든 상태임을 인지하고 답변해야 해요.
2. 내담자의 사연을 통해 현재 처한 상황을 유추, 분석하며 호소하고 있는 문제를 탐색할 수 있어야 해요.

모범답변

㉠ 친한 친구와의 관계 악화로 인한 정서적 고립감
- 회장 선거를 계기로 친한 친구와 멀어졌고, 상실감, 배신감, 억울함 등을 느끼고 있습니다.
- 과거의 친밀했던 기억은 내담자가 갈등 상황에서 자신의 감정을 표현하지 못하도록 방해하고 있습니다.

㉡ 극심한 스트레스와 우울감으로 인한 자살충동
- 내담자는 이미 자살을 생각하거나 시도 직전까지 간 고위기 상태에 처해 있습니다.
- 내담자가 느끼는 심리적 압박감, 외로움, 도움받지 못한다는 절망감 등이 극대화된 결과로 볼 수 있습니다.

㉢ 심리적 위축과 자기 비하
- "당당하게 말도 못하고 항상 위축되는 자신이 싫다"며 내담자는 자신에 대해 부정적인 생각을 가지고 있습니다.
- 문제를 해결할 수 있는 자기효능감이 낮은 상태로 볼 수 있습니다.

㉣ 부모에게 부담을 주기 싫다는 감정으로 인한 도움 요청의 어려움
- 부모가 맞벌이로 바쁜 상황에서 내담자는 부모님께 짐이 되고 싶지 않다고 느끼고 있습니다.
- 가정 내 지지체계의 부재는 내담자의 고립감을 더욱 심화시키고 있습니다.

답변작성 위 모범답변을 참고하여, 자신만의 답변을 작성해 보세요.

질문 03 상기 사례 내담자의 강점과 약점은 무엇인지 말해보시오.

답변방향

1. 내담자의 강점과 약점을 사례에서 알 수 있는 구체적인 내용을 기반으로 설명하세요.
2. 내담자가 위기 상태에 있음에도, 회복 가능성과 긍정적인 예후를 보여줄 수 있다는 점을 발견하는 통합적 시각을 보여주어야 해요.

모범답변

㉠ 강점(사회성 및 대인관계 기술, 도움 요청의 용기)
- 친구들의 고민을 잘 들어주고, 봉사활동에도 성실히 참여하며 긍정적인 인상을 준 것으로 보아 사회성과 대인관계 기술이 뛰어납니다.
- 자신의 어려움을 담임선생님께도 말하려는 시도를 했고, 이메일 상담을 요청하여 상황을 개선하려고 합니다.

㉡ 약점(자기표현의 어려움, 인지적 왜곡, 위기대처 능력 부족)
- 친구에게 자신의 입장을 말하거나, 담임선생님에게 상황을 알리는 데 소극적이며 자신감이 부족합니다.
- 친구의 인기에 대한 열등감이나 학급 친구들이 자신을 싫어할지도 모른다는 과도한 추측과 불안을 가지고 있습니다.
- 위기 상황에서 건강한 대처 전략을 찾지 못하고 극단적인 선택을 고려했습니다.

답변작성

위 모범답변을 참고하여, 자신만의 답변을 작성해 보세요.

질문 04
타인의 행동의 원인이나 실패를 자신의 내적, 외적요소로 귀인하는 내담자의 예를 들고, 상담자로서 어떻게 말해주겠는가?

답변방향
1. 내담자의 귀인 방식을 파악하고 상담자로서 어떤 언어로 개입할 수 있는지를 말해야 해요.
2. 내담자의 귀인 예시를 들고 상담자가 왜 그렇게 반응했는지 이유를 언급하면 더 좋아요.

모범답변

㉠ 내부 귀인 사례
- 내: 어제 체육시간에 축구할 때 우리 팀이 졌어요. 제가 골을 못 넣어서예요. 친구들이 저한테 실망했을 거예요.
  상: 축구 경기에서 진 것을 네 탓으로만 생각하고 있구나. 그런데 축구는 팀 스포츠잖아? 상대팀의 실력과 다른 팀원들의 플레이는 어땠어?
- 내담자가 자신의 능력을 탓하며 과도하게 자기비난을 한다면 외적인 요소를 탐색하고 균형적인 관점을 제시할 수 있도록 이야기하겠습니다.

㉡ 외부 귀인 사례
- 내: 제가 게임하는 것도 다 부모님 때문이에요. 너무 억압하니까 반발심이 생기는 거예요.
  상: 게임을 하는 것도 반발심 때문이라고 했는데, 부모님과의 관계가 행동에 영향을 줄 수 있지만 게임은 결국 네 선택이기도 해. 네가 정말 하고 싶은 것은 뭘까?
- 내담자가 외부압력의 탓을 한다면 스스로 주체적인 선택을 할 수 있도록 이야기하겠습니다.

답변작성
위 모범답변을 참고하여, 자신만의 답변을 작성해 보세요.

2 기출예상문제

제시사례

다음은 중학교 2학년 여학생이 사이버 상담게시판에 올린 익명의 글이다.

안녕하세요. 저는 중학교 2학년 여학생입니다. 저는 옷과 화장에 관심이 많아요. TV에서 보이는 예쁘고 빛나 보이는 연예인들의 모습은 항상 저에게 환상과 동경을 심어주고 있어요. 그러다 보니 연예인들의 옷이나 스타일을 따라하곤 하는데 엄마는 항상 이런 저의 옷차림, 헤어스타일 등을 지적하세요. "학생이 치마가 왜 이렇게 짧니?"라며 교복을 늘려오지 않으면 등교도 못 하게 하신 적도 있고, 당연히 모든 화장품은 보이는 족족 압수하세요.

그리고 엄마는 저의 모든 행동이 다 마음에 안 드시는지 제가 조금이라도 늦게 귀가하는 날에는 신경질적으로 문자를 하시거나 받을 때까지 전화를 하세요. 언제는 제 친한 친구에게 전화하셔서 저랑 같이 있냐고 물어보신 적도 있었어요. 친구에게 정말 미안하고 엄마가 창피했어요. 제 친구 이야기를 들어보면 어머니가 개방적이시래요. 오히려 같이 쇼핑도 다니며 옷을 서로 골라주기도 한다는데, 저희 모녀에게는 꿈도 꿀 수 없는 일이에요. 그 친구가 부럽기까지 해요.

저는 이런 환경에서 지내면서 자연스럽게 거짓말도 늘었어요. 엄마한테 문제집을 산다고 하고 그 돈으로 화장품을 사거나 예쁜 액세서리를 사기도 했어요. 처음에는 죄책감도 들었는데 이제는 아무렇지도 않아요. 가끔은 이런 제가 무섭기까지 해요.

엄마가 저를 계속 통제하려고 하셔서 정말 숨이 막혀요. 최근에는 엄마가 제가 가장 아끼는 옷을 너무 짧고 남사스럽다며 저와 상의도 없이 버리셨어요. 처음으로 엄마한테 엄청 화를 내고 많이 울고 집을 나왔어요. 지금은 친구 집에서 하룻밤을 보내고 있는데, 엄마한테 계속 전화가 와요. 문자로도 "너는 정말 대책이 없는 사람이고, 엄마를 더 이상 실망시키지 마라."라는 내용이 반복적으로 오고 있어요. 혼나는 것도 너무 무섭고, 집에 들어가기가 정말 싫어요. 저는 어떻게 해야 할까요? 가끔은 죽고 싶다는 생각도 해요. 저 좀 도와주세요.

사례분석

1. 내담자는 어머니의 통제적 양육 방식으로 인한 심리적 고통을 겪고 있어요.

2. 내담자는 어머니의 통제를 피하기 위한 수단으로 거짓말을 습관적으로 하고 있으며, 거짓말에 익숙해져 죄책감이 무뎌진 상태예요.

3. 어머니는 내담자의 감정에 공감하기보다는 비난, 실망 등의 표현으로 반응하고 있어 내담자의 정서적 위축과 불안을 초래하고 있어요.

질문 01   매번 상담시간에 늦는 내담자를 어떻게 대하겠는가?

답변방향

1 지각하는 내담자에게 감정적으로 반응하기보다는, 그 행동의 이면에 있는 심리적 요인을 공감적으로 이해하고 탐색할 수 있어야 해요.

2 내담자의 입장을 고려하면서도 상담의 원칙은 지킬 수 있는 유연함과 전문성을 보여주어야 해요.

3 상담 구조를 명확히 하되, 권위적이지 않게 내담자를 존중하는 태도를 답변에서 보여주세요.

모범답변

㉠ 내담자의 지각을 비난하지 않고 원인 탐색
- 지각에 대해 바로 지적하기보다, 내담자가 편안하게 상담에 참여할 수 있도록 따뜻하게 맞이하겠습니다.
- "상담시간에 늦는 데는 어떤 이유가 있을까요?"와 같이 비난 없이 중립적인 언어로 지각의 이유를 탐색하겠습니다.
- 지각이 시간관리의 문제일 수도 있지만, 상담에 대한 불안이나 저항, 또는 상담자와의 관계에서 오는 부담감 등 심리적인 요인으로 인한 것 수도 있음을 이해하겠습니다.

㉡ 상담의 구조와 시간의 의미 설명
- 상담자와 내담자 간의 상호 존중의 관계 안에서 상담시간의 의미를 설명하겠습니다.
- 상담시간을 잘 지키는 것이 상담효과에 어떤 영향을 미치는지 안내하겠습니다.
- 필요하다면 내담자의 생활 리듬이나 스케줄을 고려해 상담시간을 재조정하는 등 유연하게 대처하겠습니다.

㉢ 내담자 스스로의 변화 독려
- 지적이나 통제보다는 내담자가 자신의 행동을 인식하고 책임감을 갖도록 돕겠습니다.
- 내담자가 지각에 대해 스스로 생각하고 앞으로 어떻게 할 것인지 계획을 세울 수 있도록 격려하겠습니다.
- "앞으로 시간을 잘 맞추기 위해 어떤 노력을 해볼 수 있을까요?" 등의 질문으로 스스로 변화할 수 있도록 돕겠습니다.

답변작성
위 모범답변을 참고하여, 자신만의 답변을 작성해 보세요.

질문 02 상기 사례의 어머니가 상담이 전혀 도움이 되지 않는다며 찾아왔을 때 어떻게 하겠는가?

답변방향

1. 상담자에게 비난이나 불만을 표출하는 보호자를 만나는 상황은 현실에서 드물지 않게 발생하기에 적절한 대처방안을 답변해야 해요.

2. 상담자가 감정적으로 대응하지 않고, 보호자의 정서적 반응을 공감적으로 수용하면서도 상담자의 전문성과 중립성을 유지할 수 있어야 해요.

모범답변

㉠ 경청 및 공감하는 태도 제시
- 상담자로서 어머니의 입장과 감정을 충분히 경청하며 공감하는 태도로 대처하겠습니다.
- 양육자로서 자녀의 변화가 즉각적으로 나타나지 않는 상황에서 상담에 대해 실망감을 가질 수 있음을 이해한다고 말하겠습니다.

㉡ 상담의 목적과 과정 설명
- 상담은 단기간에 눈에 보이는 변화가 즉각적으로 나타나기보다 자녀의 심리적 안정과 성장에 초점을 맞추며 점진적으로 효과가 나타나는 과정임을 알리겠습니다.
- 자녀의 정서적 어려움은 쉽게 해소될 수 있는 문제가 아니기에 부모의 이해와 지지 속에서 장기적으로 접근해야 함을 설명하겠습니다.

㉢ 부모상담 제안
- 자녀의 변화는 부모의 이해와 지원이 함께할 때 더 효과적임을 알리겠습니다.
- 부모의 상담 참여를 이끌고 협력적 관계를 형성하겠습니다.

답변작성

위 모범답변을 참고하여, 자신만의 답변을 작성해 보세요.

질문 03　상기 사례에서 다루어야 할 문제는 무엇인가?

답변방향

1 사례 속 내담자의 문제를 정확히 파악하고 구조화할 수 있어야 해요.

2 내담자의 글에서 감정적 표현이나 단순한 사건에만 초점을 두는 것이 아닌 심리적 문제와 연결하여 답을 해야 해요.

모범답변

㉠ 부모와 자녀 간 갈등 및 통제 문제
- 청소년의 개성과 자율성이 발달하는 시기에 어머니의 과도한 통제는 큰 스트레스 요인이 되고 있습니다.
- 복장, 외모, 귀가 시간 등 일상 전반에 걸친 어머니의 간섭과 비난으로 모녀 갈등이 심해지고 있습니다.

㉡ 내담자의 정서적 고립 및 부정적 정서
- 내담자는 어머니의 지속적인 통제와 갈등으로 인해 무력감을 호소하고 있습니다.
- 내담자는 부정적 정서의 일환으로 거짓말을 일삼거나 집을 나가는 등의 행동을 보이고 있습니다.
- "죽고 싶다"는 표현은 우울감과 자존감 저하, 자해·자살사고 가능성을 시사하므로 주의 깊은 개입이 필요합니다.

㉢ 신뢰관계의 붕괴와 부적응적 대처
- 가족 내 신뢰가 약화되면서 내담자는 문제 상황에 대해 정직하게 말하기보다는 회피하거나 거짓말로 대응하고 있습니다.
- 내담자의 행동은 또 다른 갈등과 죄책감을 불러일으키고, 부적응적인 행동을 반복하게 만드는 악순환으로 이어지고 있습니다.
- 가정 내 지지체계 회복과 건강한 의사소통을 위한 중재가 필요합니다.

답변작성　위 모범답변을 참고하여, 자신만의 답변을 작성해 보세요.

질문 04 사례에서 알 수 있는 청소년의 발달 특성과 관련된 요소는 무엇인가?

답변방향

1. 청소년기의 신체적·심리적·사회적 발달 특징을 이해하고, 사례와 연관지어 설명할 수 있어야 해요.
2. 단순한 특성 나열보다는 해당 특성이 사례의 내담자 문제에 어떤 영향을 미쳤는지 설명할 수 있어야 해요.

모범답변

㉠ 자아정체성 형성과 개성 표현에 대한 욕구
- 청소년기는 자아정체성을 형성해가는 시기로, 외모나 패션, 또래 문화에 민감하게 반응하며 자신만의 개성을 드러내려는 욕구가 강해집니다.
- 내담자가 연예인의 옷과 화장, 스타일에 관심을 보이는 것은 자신의 정체성을 형성하려는 자연스러운 현상입니다.

㉡ 또래관계 중시와 사회적 비교의 확대
- 청소년은 또래의 평가와 인정에 큰 영향을 받으며, 또래관계를 통해 사회성을 발달시킵니다.
- 내담자가 어머니가 친구에게 직접 연락한 것을 창피하게 여긴 점은, 또래에게 어떻게 비춰지는지를 중요하게 생각하는 청소년기의 발달적 특성을 보여줍니다.
- 내담자가 다른 친구의 가정환경과 자신의 가정환경을 비교한 것은 자신과 또래를 비교하며 현실을 이해하는 청소년기 발달 특성으로 볼 수 있습니다.

㉢ 감정 기복과 미숙한 충동 조절
- 청소년기는 정서 조절 능력이 미완성인 상태이므로, 감정 기복이 크고 충동적인 행동이 나타날 수 있습니다.
- 내담자의 가출과 극단적 표현은 감정 조절이 미숙한 청소년 특성 때문입니다.

답변작성
위 모범답변을 참고하여, 자신만의 답변을 작성해 보세요.

제시사례

중학교 2학년 여학생인 최 양(14세)에게는 한 가지 눈에 띄는 행동 습관이 있다. 바로 머리카락을 뽑는 것이다. 최 양은 집이나 학교에서 혼자 있을 때 무의식적으로 머리카락을 뽑는 행동을 반복하며, 이 습관은 이미 6개월 이상 지속되고 있다. 처음에는 앞머리 쪽에서 시작되었지만 지금은 정수리와 옆머리 부분까지 진행되어, 머리카락이 듬성듬성 빠진 자국이 눈에 띌 정도이다. 특히 스트레스를 많이 받는 상황이나 감정이 격해질 때 뽑는 행동이 더 심해진다.

이로 인해 최 양은 외모에 대한 불안을 크게 느끼고 있다. 학교에서는 혹시라도 친구들이 자신의 머리를 볼까봐 항상 모자를 쓰거나 후드티를 눌러쓰고 다닌다. 여름철 체육 시간이나 급식 시간처럼 모자를 벗어야 할 상황이 되면 눈에 띄는 머리 빈 곳 때문에 극심한 불안을 느끼며, 급기야 수업을 빠지거나 급식을 거르는 일이 잦아지고 있다.

최 양이 머리카락을 뽑기 시작한 건 최근 몇 달 사이 부모님의 심한 갈등을 겪으면서부터였다. 부모님은 성격 차이를 이유로 심하게 부부싸움을 했는데 이를 최 양이 자주 목격하면서 정서적으로 불안해했다. 최 양의 머리카락을 뽑는 습관은 부모님의 다툼으로 인해 불안감이 커질수록 더욱 심해졌다. 최 양의 어머니는 남편과의 갈등으로 우울증 약을 복용하고 계시며 최 양에게 잦은 신세한탄을 하고 있다. 최 양의 아버지는 최 양이 머리카락을 뽑는 모습을 보이기라도 하면 당장 그만두라며 크게 화를 내신다. 어머니는 최 양의 머리 뽑는 습관을 보며 눈물 섞인 걱정을 하면서도, 정작 치료나 상담에는 무기력한 태도를 보이기도 했다. 그럴수록 최 양은 불안해하며 머리카락 뽑기를 멈출 수가 없다.

최 양의 불안증세는 학교에서도 멈추지 않는데 한 번은 수업 중에 머리카락을 심하게 뽑아서 피가 나 보건실로 급하게 간 적이 있으며, 반 친구들을 놀라게 했다. 학교 수업 중에도 혼자 멍하니 다른 생각에 잠겨있을 때가 많다. 담임교사가 무슨 일이 있냐고 묻고 이야기를 들어보려고 해도 최 양은 눈알만 굴릴 뿐 아무런 대답도 하지 않았다.

이러한 상황에 최 양의 담임교사가 최 양의 어머니에게 상담을 권유하며 지역 청소년상담복지센터를 소개해주었고, 최 양의 어머니가 최 양을 데리고 상담실에 찾아왔다. 하지만 상담실에 들어서도 최 양은 말수가 거의 없었고, 후드 모자를 깊게 눌러쓰고 있었다.

사례분석

1. 내담자는 가정에서의 심리적 불안과 긴장을 해소하고자 머리카락을 뽑는 행동을 지속하고 있어요.

2. 내담자의 외모로 인한 불안과 학교생활 회피, 친구들과의 소통 단절은 또래관계 형성을 어렵게 하며, 전반적인 학교 적응 문제로 이어지고 있어요.

3. 내담자의 어머니는 내담자를 걱정하지만 무기력하고, 아버지는 화를 내며 문제행동에 대해 부정적으로 대응하고 있어 내담자가 안정감을 얻기 어려운 환경이에요.

질문 01 상담자가 된다면 하고 싶은 집단상담 프로그램이 있는가?

답변방향

1. 집단상담의 유형에 대해 알고 있는지, 실제 상담 현장에서 어떻게 적용할 수 있는지를 보여주어야 해요.
2. 향후 실제 집단상담 프로그램을 기획·운영할 수 있는 역량과 의지가 있는지를 보여주어야 해요.

모범답변

1 성장집단을 위한 자기 탐색 프로그램
- 청소년기는 자아정체성을 형성하는 시기이지만, 또래의 시선이나 사회적 기준으로 인해 혼란을 겪는 경우가 많습니다.
- 다양한 자기이해 활동(예 자기 소개, 가치관 나무, 미래 희망 그리기 등)을 구성하여 자신을 탐색하고 긍정적인 자아를 형성할 수 있도록 돕고 싶습니다.

2 예방집단을 위한 스마트폰 과의존 예방 프로그램
- 최근 청소년들의 스마트폰 과의존 문제가 심각해지고 있어, 예방하고 조절하는 집단상담 프로그램을 기획하고 싶습니다.
- 단순한 사용 제한보다는 스마트폰 사용의 목적과 패턴을 성찰하고, 대안활동을 함께 찾아 보겠습니다.
- 비대면 소통의 문제점 탐색, 오프라인 활동 계획하기 등을 통해 자기조절력을 키울 수 있도록 돕겠습니다.

3 교육집단을 위한 진로탐색 및 역량강화 프로그램
- 청소년들은 빠르게 변화하는 사회 속에서 진로 결정에 많은 혼란을 겪고 있습니다.
- 자신의 강점과 흥미를 탐색하고, 다양한 직업 세계를 체험하는 활동(예 직업 인터뷰, 진로 버킷리스트 작성 등)을 통해 진로에 대한 자신감과 동기를 높일 수 있도록 돕고 싶습니다.

4 사회화 집단을 위한 또래관계 증진 프로그램
- 최근 교우관계 갈등이나 소외 문제로 정서적 어려움을 호소하는 청소년이 많습니다.
- 공감과 의사소통 능력을 기를 수 있는 활동 중심의 프로그램(예 롤플레이, 감정카드, 협동게임 등)을 운영하여 긍정적인 관계를 맺을 수 있도록 돕고 싶습니다.

답변작성

위 모범답변을 참고하여, 자신만의 답변을 작성해 보세요.

질문 02 사례 속 내담자의 신체훼손(발모광)의 원인은 무엇이라고 생각하는가?

답변방향

1. 발모광은 DSM-5에서 충동조절장애의 일종으로 분류되고 있고 내담자가 자기조절 기능의 어려움을 가지고 있다는 점을 시사해요.

2. 신체훼손 행동은 단순한 습관이 아니라 정서 문제, 가족환경 등 다양한 요인과 연결되어 있기에 이를 통합적으로 이해할 수 있어야 해요.

모범답변

㉠ 가정 환경으로 인한 정서적 불안
- 내담자는 부모님의 심한 갈등과 싸움을 자주 목격하면서 정서적으로 큰 불안을 경험하였습니다.
- 가정 내 불안정한 정서 환경은 내담자에게 심리적 긴장과 스트레스를 유발합니다.
- 불안을 표현하는 하나의 행동으로 머리카락을 뽑는 습관이 생긴 것으로 볼 수 있습니다.
- 불안이 심해질 때 발모 행동이 악화되는 점에서 정서적 불안이 주요 원인임을 알 수 있습니다.
- 어머니의 무기력한 태도와 아버지의 강압적 태도는 내담자의 정서문제와 신체훼손 행동을 악화시키고 있습니다.

㉡ 자기조절 기능 저하
- 내담자가 수업 중 집중하지 못하고 멍한 상태가 잦은 점으로 볼 때, 스트레스 상황에서 자기조절력이 약화된 상태로 볼 수 있습니다.
- 발모로 인해 외모 자존감이 낮아지고 스트레스 상황에서 자기조절 능력이 약화되면서 긴장을 해소하기 위해 신체훼손 행동을 반복하고 있습니다.

답변작성 위 모범답변을 참고하여, 자신만의 답변을 작성해 보세요.

질문 03 사례 속 내담자에게 적용 가능한 인지행동치료 기법에는 어떤 것이 있는가?

답변방향

1. 인지행동치료(CBT)의 주요 기법과 원리를 명확하게 알고 있어야 해요.
2. 구체적 사례를 바탕으로 어떤 치료 기법을 선택하고, 어떻게 활용할지를 보여주어야 해요.
3. 내담자의 문제를 분석하고 그에 맞는 효과적인 개입 방안을 제시해야 해요.

모범답변

㉠ 인지 재구조화
- 내담자는 부모 갈등과 외모에 대해 부정적이고 왜곡된 생각을 가질 수 있습니다.
- 인지 재구조화 기법을 통해 내담자가 가진 부정적 사고를 인식하고, 이를 긍정적인 생각으로 대체하도록 돕습니다.
- "머리카락이 빠져서 친구들이 놀릴 거야"라는 생각을 수정함으로써 불안을 완화시킬 수 있습니다.

㉡ 이완훈련 및 긴장 조절
- 이완훈련(예 점진적 근육 이완, 심호흡, 명상 등)을 통해 긴장 상태를 인지하고 자율적으로 조절하는 능력을 키울 수 있도록 지원합니다.
- 반복적인 훈련으로 신체훼손 행동의 빈도를 줄이고 자기조절 능력을 강화시킬 수 있습니다.

㉢ 행동실험과 대체 행동 훈련
- 머리카락을 뽑는 행동 대신 다른 대체 행동을 시도하게 하여 충동을 조절하도록 도울 수 있습니다.
- 대체 행동(예 스트레스 공 쥐기 등)을 통해 신체훼손 행동 없이 긴장을 완화할 수 있다는 경험을 제공합니다.

답변작성
위 모범답변을 참고하여, 자신만의 답변을 작성해 보세요.

질문 04
사례 속 문제행동으로 인해 내담자의 학교생활에서 나타나는 어려움은 무엇이며, 학교와 어떻게 협력할 수 있을지 말해보시오.

답변방향

1. 내담자의 문제행동이 학교생활에 미치는 어려움을 명확하게 언급해야 해요.
2. 학교 내의 다양한 자원과 인력을 활용해 내담자를 다각적으로 지원할 수 있어야 해요.
3. 실제 적용 가능한 구체적 지원 방법을 포함해서 답변하면 더 좋아요.

모범답변

㉠ 내담자의 학교생활 어려움
- 후드를 눌러쓰는 등 자신의 상태를 숨기려는 행동으로 인해 또래와의 관계 형성에 어려움을 겪고 있습니다.
- 머리카락을 뽑다가 출혈이 발생하여 보건실을 방문하는 등 신체적 문제도 나타납니다.
- 불안과 스트레스로 인해 수업에 자주 결석하거나 급식을 거르는 등 학교생활 참여도가 감소하고 있습니다.
- 신체훼손 문제로 인해 전반적인 학교적응과 학습 참여, 사회성 발달에 부정적 영향을 받고 있습니다.

㉡ 학교와의 협력 방안
- 담임교사 및 학교 상담 교사와 정기적인 소통을 통해 내담자의 상태를 모니터링합니다.
- 보건실 및 상담실과 협력하여 이완훈련, 정서 조절 프로그램 등의 지원을 제공할 수 있습니다.
- 내담자가 불안을 덜 느끼며 학습에 참여할 수 있도록 수업 중 스트레스 상황을 최소화하는 배려가 필요합니다.
- 학교 친구들이 내담자의 외모를 보고 놀리지 않도록 담임교사 및 학교 차원의 생활지도를 병행합니다.

답변작성 위 모범답변을 참고하여, 자신만의 답변을 작성해 보세요.

제시사례

고등학교 1학년인 이 군(16세, 남)은 재작년 아버지가 암으로 돌아가셨다. 아버지가 수년간 투병 생활을 하셨고, 그동안 가정은 병원비와 치료비 부담으로 경제적으로 매우 어려운 상황이었다. 원래도 넉넉하지 않았던 집안 형편은 아버지의 병환으로 더욱 악화되었으며, 이에 어머니는 가정주부였지만 생활비를 벌기 위해 일을 시작할 수밖에 없었다.

이 군을 특히 힘들게 한 것은 어머니의 새로운 일자리였다. 얼마 전부터 어머니는 이 군이 다니는 학교 근처의 오래된 식당에서 설거지와 서빙일을 시작하셨다. 그 식당은 이 군의 친구들이 자주 드나드는 곳이었고, 이 군은 친구들이 어머니가 그곳에서 일한다는 사실을 알게 될까봐 마음속 깊이 불안과 걱정을 안고 있었다.

이 군은 친구들과 함께 식당 앞을 지날 때면 괜히 다른 방향으로 가자고 하거나, 시선을 피하곤 했다. 한 번은 친구들의 성화에 못 이겨 그 식당을 들어간 적이 있다. 이 군의 어머니는 이 군을 보고 반갑게 인사를 건네셨지만 이 군은 친구들의 시선이 두려워 그만 어머니를 모른 척 해버리고 말았다. 그 이후로 이 군은 학교가 끝나면 친구들과 어울리지 않고 바로 집으로 가거나, 어머니가 일하는 식당 근처는 얼씬도 하지 않았다.

집에 돌아오면 어머니는 늘 피곤에 절어 있었다. 손은 세제 때문에 거칠게 트고, 멍이 들어 있기도 했다. 어머니의 그런 모습을 보면 마음 한켠에 미안함과 죄책감이 올라왔지만, 동시에 이 창피하고 부끄러운 현실에서 벗어나고 싶은 마음이 강하게 들었다. 어머니를 위해서 자신이 아르바이트라도 하며 살림에 보태고 싶었지만, 그럴 때마다 어머니는 늘 "너는 공부에만 집중해라"라며 만류했다. 그런 어머니의 말에 이 군은 자신이 철없고 이기적인 생각만 하는 것 같아 자책하는 마음도 들었다.

혼자서 힘든 감정을 감추며 견디던 이 군은 점점 마음의 부담이 커졌고, 결국 학교의 위클래스 상담교사에게 도움을 요청했다. 위클래스 상담교사의 안내로 관할 청소년상담복지센터에 개인상담을 신청하게 되었고, 상담실에서 이 군은 자신이 겪는 어려움과 마음속 고통을 상담사에게 솔직히 털어놓으며 눈물을 흘렸다.

사례분석

1. 내담자는 아버지의 암 투병과 사망 이후, 경제적 어려움과 가족의 변화 속에서 심리적 스트레스를 경험하고 있어요.

2. 내담자는 친구들에게 어머니가 식당에서 일하는 것을 들킬까봐 두려워하며 친구들을 회피하고 있어요.

3. 내담자는 어머니를 돕고 싶은 마음과 동시에 '창피하다'는 감정 사이에서 갈등하며 자책하는 모습이 보이고 있어요.

질문 01 : 사례의 내담자가 가지고 있는 긍정적 자원은 무엇인가?

답변방향

1. 내담자의 문제뿐 아니라 강점까지도 균형 있게 바라보는 시각이 있는지를 보여주어야 해요.
2. 사례에서 내담자의 정서, 행동, 관계, 환경 등의 다양한 자원을 포착할 수 있어야 해요.

모범답변

㉠ 타인에 대한 공감 능력
- 내담자는 어머니의 고된 삶을 가까이에서 지켜보며 죄책감과 미안함을 느끼고 있습니다.
- 내담자는 타인의 고통에 대해 민감하게 반응하고 깊이 공감할 수 있는 정서적 자원을 지니고 있습니다.

㉡ 자기 인식과 도움 요청 능력
- 내담자가 위클래스 상담교사에게 자발적으로 도움을 요청한 것으로 보아 자신의 문제와 상황을 인식하고 있음을 알 수 있습니다.
- 외부 자원을 활용하여 문제를 해결하려는 의지를 가지고 있습니다.

㉢ 가족에 대한 책임감과 실천 의지
- 내담자는 어머니를 도와 가정 형편을 보태고자 아르바이트를 하려는 구체적인 실천 의지를 보였습니다.
- 자신이 할 수 있는 역할을 고민하고 실행에 옮기려 한 점은 책임감의 표현으로 볼 수 있습니다.

답변작성
위 모범답변을 참고하여, 자신만의 답변을 작성해 보세요.

질문 02 집단상담에서 참가자들 사이에 말다툼이 벌어졌다면 어떻게 대처하겠는가?

답변방향

1 집단상담자의 핵심 역량인 상황 조율력과 중재 기술을 보여주어야 해요.

2 집단 내 갈등을 단순히 부정적인 사건이 아니라 상담적 자원으로 전환할 수 있는 관점을 갖고 답변한다면 더 좋아요.

3 상황을 중재할 구체적인 개입 기술을 언급하면 더 좋아요.

모범답변

㉠ 상황을 안정시키고 정서적 긴장 완화하기
- 즉각 개입하여 상황을 중단시키고, 감정이 격해진 참가자들을 진정시키겠습니다.
- 서로의 말이 겹치지 않도록 발언의 순서를 정하고, 감정을 가라앉힐 수 있는 침묵이나 호흡 조절 활동을 유도하겠습니다.
- 물리적 거리나 자리 배치를 조정하는 것도 고려하겠습니다.

㉡ 감정표현과 경청의 기회를 제공하기
- 참가자 각자가 자신의 감정과 입장을 충분히 말할 수 있도록 '나 전달법'을 활용하도록 안내하겠습니다.
- 다른 참가자에게는 경청의 자세를 강조하며, 서로의 입장을 이해하려는 분위기를 조성하겠습니다.
- 집단규칙과 상호존중의 원칙을 상기시켜 신뢰를 회복하려고 하겠습니다.

㉢ 갈등 상황을 학습 기회로 전환하기
- 갈등 상황을 통해 집단 내에서 어떤 감정과 욕구가 충돌했는지 생각해보도록 하겠습니다.
- 갈등 해결과 의사소통 방식에 대해 나누는 시간을 가져 참가자에게 자기이해와 타인이해를 높일 수 있도록 하겠습니다.

답변작성 위 모범답변을 참고하여, 자신만의 답변을 작성해 보세요.

질문 03 사례의 내담자를 상담한다면 어떤 상담목표와 전략을 세우겠는가?

답변방향

1. 내담자의 문제를 구조화하고 개입 방향을 설정할 수 있어야 해요.
2. 현실적이고 변화 가능한 목표를 세우되, 각 목표마다 구체적인 개입 전략을 제시해야 해요.

모범답변

㉠ 정서적 지지 제공 및 감정표현 능력 향상
- 내담자가 안전한 상담관계 안에서 감정을 자유롭게 표현할 수 있도록 정서적으로 지지하고 공감합니다.
- 내담자는 자신의 감정을 혼자 억누르고 회피하고 있기 때문에 건강한 방식으로 표현할 수 있도록 도와야 합니다.
- 감정명료화 기법, 감정 단어 목록 활용, 정서 일기 쓰기 등을 통해 감정을 언어로 표현할 수 있도록 도와야 합니다.

㉡ 자존감 회복과 자기 이해 증진
- 내담자는 자신의 가정환경을 부끄러워하며 자책하고 있기 때문에 자존감을 회복하는 것이 필요합니다.
- 내담자가 느끼는 감정이 자연스러운 반응임을 알려주고, 건강한 자기 이해와 자존감을 회복할 수 있도록 합니다.
- 강점 탐색 활동을 통해 내담자가 지닌 책임감, 공감 능력 등의 강점을 인식하도록 돕겠습니다.
- 인지적 재구성을 통해 가정을 '부끄러운 환경'이 아닌 '의미 있는 성장 배경'으로 재해석할 수 있도록 지원하겠습니다.

답변작성
위 모범답변을 참고하여, 자신만의 답변을 작성해 보세요.

질문 04 청소년에게 가정은 어떤 의미를 가지는지 설명해보시오.

답변방향

1. 청소년의 심리, 정서, 행동은 대부분 가족과의 상호작용 속에서 형성되는 점을 답변해야 해요.
2. 청소년기에는 독립성과 정체성이 형성되는 시기로, 가정이 어떤 영향을 미치는지 발달단계와 연결하여 설명하면 더 좋아요.

모범답변

⑦ **정서적 안정과 애착 형성의 기반**
- 청소년기는 자아정체감을 형성해가는 시기로, 정서적 안정이 매우 중요합니다.
- 가정은 청소년이 안전하게 감정을 표현하고, 수용 받으며, 애착을 형성하는 기본적인 공간입니다.
- 안정된 가정환경은 청소년의 불안을 완화시키고 자기존중감을 높이는 데 핵심적인 역할을 합니다.

ⓒ **사회화와 가치관 형성의 중심**
- 가정은 청소년이 처음으로 사회규범, 역할, 도덕적 가치 등을 배우는 장소입니다.
- 부모와의 상호작용을 통해 타인과의 관계 맺는 방식, 갈등 해결 방식, 책임감 등을 습득합니다.
- 가정에서의 가치관 형성은 향후 또래 및 사회와의 관계 형성에도 중요한 영향을 미칩니다.
- 가정은 건전한 사회적 정체성과 자율성 발달의 출발점입니다.

ⓒ **위기 시 지지와 회복의 자원**
- 청소년이 또래관계, 진로 등에서 어려움을 겪을 때, 가정은 심리적 회복을 위한 보호 요인이 됩니다.
- 가정에서의 정서적 지지와 신뢰는 청소년의 회복탄력성을 높이는 핵심 요소입니다.

답변작성 위 모범답변을 참고하여, 자신만의 답변을 작성해 보세요.

제시사례

고등학교 1학년인 윤 군(16세, 남)은 벌써 2주일 째 학교에 가지 않고 있다. 고등학교에 진학한 지 얼마되지 않아 등교 거부를 하기 시작했고, 윤 군의 부모님은 새로운 환경에 적응하기 힘들어서 그런가하여 기다려줬지만, 시간이 지나면서 등교를 권유하거나 독려하는 말만 꺼내도 윤 군은 방문을 걸어 잠그거나 짜증을 내며 신경질적인 반응을 보이기 시작했다. 가족 내 분위기도 점차 긴장되고 불안해졌다.

윤 군의 등교 거부 문제는 윤 군의 형과 깊은 관련이 있다. 윤 군의 형은 학교에서 모범생으로 불리며 뛰어난 성적과 원만한 교우 관계로 친구들과 교사들 모두에게 인정받고 있다. '엄친아'라는 별명처럼 고등학교에 입학해서는 항상 높은 석차를 유지하여 주변의 부러움과 기대를 한 몸에 받고 있었다. 자연스럽게 가정 내에서도 윤 군의 형에 대한 칭찬과 기대가 넘쳐났다.

가끔 부모님은 윤 군과 형을 비교하며 중학생이던 윤 군에게 '형처럼만 하면 얼마나 좋니?'라는 말을 자주 했다. 윤 군이 나름 노력해서 성적을 올려도 이 정도로는 되지 않는다며, 더 해야 형을 따라갈 수 있다며 윤 군의 노력을 인정해주지 않는 반응을 보였다. 형이 사용하던 물건이나 참고서를 물려주는 것도 자연스러운 일이었다. 윤 군의 성적을 비롯한 평소 태도와 성격까지도 형과의 비교가 늘 뒤따랐다.

윤 군은 원래 내성적인 성격이었으나, 가족 내 비교와 기대에 점점 마음의 문을 닫아버렸다. 윤 군은 어느 순간 자신을 '형보다 못난 존재'로 여기고 있었다. 학교에 가도 자신은 공부를 못하고 형의 발끝만큼도 따라가기 어려울 거라며 부정적인 자기평가 속에서 자신감을 잃었고, 등교를 거부하며 심리적으로 위축되어갔다.

최근 들어 부모님과의 갈등도 잦아졌는데, 부모님은 윤 군이 학교에 가지 않는 것에 대해 걱정하면서도 어떻게 도와야 할지 몰라 힘들어하고 있다. 특히 어머니는 윤 군을 다독이면서도 '학교에 가야 한다'는 입장을 고수하고 있어 윤 군과의 갈등이 심화되고 있다. 이러한 상황에 윤 군의 어머니가 가기 싫다는 윤 군을 대동하고 상담실에 찾아왔다.

사례분석

1. 내담자는 가정 내 형과의 반복적인 비교 속에서 자신을 '형보다 부족한 존재'로 인식하며 자아존중감이 낮아졌어요.
2. 내담자는 부모님에게 신경질적을 반응하며 등교 거부라는 회피 행동을 하고 있어요.
3. 내담자는 가족의 높은 기대와 압박, 그리고 자신이 그 기대에 미치지 못한다는 인식 사이에서 심리적 위축이 커지고 있어요.

질문 01 근무하고 있는 상담센터에서 상담업무보다 행정일을 더 많이 시킨다면 어떻게 하겠는가?

답변방향

1. 예상치 못한 상황에서 자신의 역할과 책임을 어떻게 조율할 것인지 언급해야 해요.
2. 조직과 업무에 대한 협조성, 유연성, 그리고 상담자로서의 전문성 유지라는 균형 잡힌 태도를 보여주는 것이 중요해요.

모범답변

㉠ 직무에 대한 기본 인식과 적응 태도
- 상담자는 상담센터라는 조직에서 근무하는 만큼 행정 업무도 조직 운영을 위한 필수 요소라고 생각합니다.
- 초반에는 주어진 업무를 성실히 수행하며 조직에 적응하고 협조하겠습니다.

㉡ 유연한 자세와 협업적 태도
- 모든 조직은 유기적으로 움직이기 때문에, 일시적으로 상담 외 행정업무가 많아질 수도 있다고 생각합니다.
- 불만보다는 책임감을 갖고 주어진 역할을 감당하며, 동료들과의 관계에서도 협력적인 태도를 유지하겠습니다.

㉢ 상담 전문성 유지를 위한 소통 노력
- 행정 업무가 과도해져 상담 업무에 지장이 생긴다고 판단될 경우, 상황을 상급자와 공유하겠습니다.
- 상담자로서의 역할을 균형 있게 수행할 수 있는 방안을 함께 모색하겠습니다.
- 소통을 통해 전문성과 효율성을 모두 지키는 상담자가 되도록 노력하겠습니다.

답변작성
위 모범답변을 참고하여, 자신만의 답변을 작성해 보세요.

질문 02 상기 사례의 경우 어떻게 상담을 진행할 것인가?

답변방향

1. 비자발적인 내담자에게 상담을 강요하지 않고 스스로 참여하도록 동기를 형성시켜주어야 해요.
2. 점진적으로 등교 거부를 완화할 수 있도록 정서적·환경적 개입을 해야 해요.

모범답변

㉠ 상담 초기: 라포 형성 및 문제이해
- 어머니의 손에 이끌려 온 내담자가 마음을 열 수 있도록 상담자의 역할과 상담의 목적을 알려주겠습니다.
- 내담자가 형과의 비교 속에서 느껴온 감정을 자유롭게 표현할 수 있도록 돕겠습니다.
- 내담자의 감정을 비판없이 수용하는 공감적 태도와 경청을 통해 심리적 안정감을 제공하겠습니다.
- 상담목표를 내담자와 협의하여 함께 설정하겠습니다.

㉡ 상담 중기: 감정 탐색 및 대처 방안 모색
- 내담자가 경험하는 심리적 위축, 자기비하, 낮은 자존감을 중심으로 심리 상태를 탐색하겠습니다.
- 형보다 못하다는 왜곡된 자기 인식을 완화하고, 자신의 강점과 가치를 발견할 수 있도록 돕겠습니다.
- 필요시 부모교육이나 가족상담을 통해 형과 비교하지 않고 내담자 고유의 특성과 노력을 인정하는 양육태도가 필요함을 알리겠습니다.

㉢ 상담 후기: 학교 재적응 지원 및 종결 준비
- 내담자가 학교 환경에 적응할 수 있도록 소규모 집단 활동이나 상담센터 프로그램 참여를 제안하겠습니다.
- 내담자와 달성 가능한 목표(예 교실 문 앞까지 가보기 등)를 정하고 격려해주며 점진적인 학교 적응을 돕겠습니다.
- 내담자와 상담과정을 함께 돌아보며 상담목표의 달성도를 평가하고 필요시 추수상담계획을 잡아 장기적 지지 체계를 만들겠습니다.

답변작성 위 모범답변을 참고하여, 자신만의 답변을 작성해 보세요.

질문 03 : 상기 사례의 내담자를 상담하게 된다면 어떤 검사를 수행하고 싶은가?

답변방향

1. 겉으로 드러난 등교 거부라는 행동 뒤에 내담자가 겪고 있는 심리적 갈등을 파악할 수 있는 검사를 말해야 해요.
2. 내담자의 문제에 맞는 검사 선택과 그 이유, 검사 특성에 대한 이해도를 보여주어야 해요.

모범답변

㉠ 로샤 검사(로르샤흐 검사)
- 로샤 검사는 내담자의 무의식적 정서, 대인관계 인식 등을 탐색하는 데 효과적입니다.
- 겉으로 드러나지 않은 내담자의 내면 상태를 파악해 상담 개입의 실마리를 얻을 수 있습니다.

㉡ 주제통각 검사(TAT)
- 주제통각 검사는 그림 속 상황이나 인물을 보고 이야기를 만들게 하여 내담자의 내면 세계를 이해하는 데 도움을 줍니다.
- 내담자의 가족에 대한 감정, 미래에 대한 기대나 불안 등을 간접적으로 확인할 수 있어 상담개입의 기초 자료로 활용할 수 있습니다.

㉢ 동적 가족화 검사(KFD)
- 동적 가족화 검사는 말로 설명하기 어려운 감정이나 정서적 유대감, 내담자의 가족관계 인식 등을 시각적으로 파악할 수 있습니다.
- 내담자의 전반적인 가족 문제와 정서 상태를 이해하고, 상담 방향 설정에 활용할 수 있습니다.

답변작성
위 모범답변을 참고하여, 자신만의 답변을 작성해 보세요.

질문 04 상담 중에 내담자가 "누나, 언니, 형, 오빠"와 같은 호칭으로 부른다면 어떻게 하겠는가?

답변방향

1. 내담자의 친근한 호칭 사용이 이중관계나 역할 혼동으로 이어질 수 있음을 인지하고 적절히 대처할 수 있어야 해요.
2. 내담자의 표현을 무조건 통제하지 않고, 전문성을 유지하며 상담관계를 건강하게 이끌어갈 수 있는 모습을 보여주는 답변을 해야 해요.
3. 상황에 따라 수퍼비전이나 사례회의를 통해 적절한 대응 방안을 모색한다는 답변도 포함하면 더 좋아요.

모범답변

㉠ 내담자의 의도 파악 및 욕구 탐색
- 내담자가 상담자에게 느끼는 편안함이나 신뢰를 나타내는 표현일 수 있으므로 부정적으로 단정하지 않겠습니다.
- 내담자의 반응을 자연스럽게 수용하며 상담관계를 유지하려 하겠습니다.
- 내담자가 왜 친근한 호칭을 사용했는지 배경을 이해하려 하겠습니다.
- 내담자가 충족되지 않은 관계적 욕구가 있는 경우 상담목표에 포함시켜 정서적 지지를 도울 수 있도록 하겠습니다.

㉡ 상담자 역할을 명시하여 이중관계 방지
- 상담자는 전문적인 도움을 주는 사람이라는 점을 설명하겠습니다.
- 상담의 원활한 진행과 이중관계 형성 방지를 위해 정중하면서도 명확하게 상담자의 역할과 공식적인 호칭을 안내하겠습니다.
- 내담자가 호칭을 바꾸는 데 시간이 필요하다면, 점진적으로 수정을 유도하며 관계를 조율하겠습니다.
- 내담자가 호칭 사용을 반복하며 상담관계를 혼동하는 경우에는 사례회의, 수퍼비전 등을 통해 적절한 해결 방향을 모색하겠습니다.
- 내담자의 친근한 호칭이 상담관계를 변질시킬 우려가 있다면 다른 상담자에게 인계하는 것도 고려할 수 있습니다.

답변작성 위 모범답변을 참고하여, 자신만의 답변을 작성해 보세요.

제시사례

자율형 사립고 1학년에 재학 중인 김 군은 서울 소재 일류 대학을 나와 현재 회계사로 근무하고 계신 아버지와 초등학교 교사이신 어머니를 두고 있다. 김 군의 누나 역시 미국 소재 대학에서 공부하고 있다. 김 군 역시 상위권 대학에 진학할 것을 목표로 자율형 사립고에 입학했고 좋은 성적을 유지하고 있다(평균점수 90점, 석차 5/30등). 부모님의 기대에 부응하기 위해 공부해왔던 김 군은 요즘 새로운 분야에 관심이 생겼다. 바로 요리이다.

항상 방과 후 학원에 가기 전, 집에서 혼자 밥을 챙겨 먹던 김 군은 자연스럽게 맛있는 음식을 해 먹는 것이 취미가 되었다. 인터넷으로 요리 영상을 찾아보고, 틈틈이 베이킹이나 간단한 한식 요리를 직접 만들어보는 것이 김 군의 유일한 학업 스트레스 해소법이 되었다. 가끔 학교에서 친구들에게 직접 만든 간식을 나눠주면 "너무 맛있다. 너 진짜 소질 있다."라는 칭찬이 돌아왔고, 그 때마다 김 군은 뿌듯함과 설렘으로 가득차곤 했다.

하지만 명문대 진학을 당연하게 여기시는 부모님은 김 군이 의학이나 법학 등 소위 말하는 '엘리트 코스'를 밟기를 바라신다. 특히 아버지께서는 "요리는 취미로 즐겨라."라는 말씀을 하시며 김 군의 관심사를 진지하게 받아들이지 않는다. 어머니 또한 "누나처럼 유학을 가서 공부하는 것도 좋다."라며 은근히 공부에 대한 압박을 주고 계신다.

김 군은 당연히 부모님의 기대를 저버리고 싶지 않다. 하지만 동시에 마음에 자리 잡은 요리에 대한 열정도 쉽게 외면하기 힘들다. 김 군은 가끔 누나와 자신을 동일하게 키우려는 부모님께 분노와 서운함을 느끼고 있다. 부모님의 말씀을 잘 듣는 누나도 가끔은 밉기도 하다. 요즘 김 군은 부모님의 꾸중에 대들기도 하고, 큰 소리로 화를 내기도 한다. 이런 상황에서 김 군은 정말 자신이 부모님의 말을 잘 듣는 '모범생'의 길을 가야 하는지 꿈을 위해 도전해봐야 하는지 혼란스러워 스스로 상담실을 찾아왔다.

사례분석

1. 내담자는 부모의 기대(명문대 진학 및 전문직 진로)와 본인의 관심사(요리) 사이에서 갈등하고 있어요.

2. 내담자는 부모가 누나와 비교하며 동일한 길을 강요하는 것에 혼란을 느끼고 있어요.

3. 내담자는 분노, 서운함, 좌절 등 감정이 억눌린 상태이며, 부모에게 감정을 분노로 표현하고 있어요.

질문 01   내담자가 시험에서 부정행위를 한 사실을 밝히며 비밀을 지켜달라고 한다면 어떻게 하겠는가?

답변방향

1. 부정행위의 잘못을 직접 지적하기보다는, 내담자가 부정행위에 대한 윤리적 판단을 할 수 있도록 도와야 해요.
2. 부정행위가 내담자에게 어떤 심리적 갈등이나 불안, 죄책감을 유발하는지를 다루며 정직한 노력의 필요성을 인식시켜야 해요.

모범답변

㉠ 상담 윤리 및 비밀보장의 원칙 안내
- 내담자의 이야기를 먼저 비판 없이 경청하고, 공감적으로 수용하겠습니다.
- 내담자가 시험 부정행위를 했다는 사실은 상담 비밀보장의 범주에 속하지만 비밀보장의 예외사항도 분명히 안내하겠습니다.

㉡ 부정행위 사실에 대한 윤리적 판단 및 안내
- 내담자가 왜 부정행위를 했는지 이유를 알아보고 이로 인한 죄책감, 불안 등 정서 문제를 다루겠습니다.
- 시험 부정행위는 공정성을 훼손하는 행위이며, 내담자에게도 부정적인 영향을 미칠 수 있음을 알리겠습니다.
- 부정행위는 일시적인 해결책일 뿐 지속적인 학습과 자기효능감을 저해함을 알리겠습니다.

㉢ 긍정적 대안 제시와 실천 유도
- 내담자가 자신의 행동을 스스로 성찰하고 책임질 수 있도록 돕는 방향으로 상담을 이끌겠습니다.
- 내담자가 부정행위를 통해 얻은 성취를 건강한 방법으로 이룰 수 있도록 구체적인 전략(예 과목별 목표 설정, 효과적인 학습 계획 수립 및 실천 등)을 알려주겠습니다.
- 부정행위는 학업윤리와 관련된 중요한 사안이므로 필요시 교사나 보호자와의 협력을 고려하되, 내담자가 스스로 잘못을 깨닫고 행동개선을 우선적으로 할 수 있도록 돕겠습니다.

답변작성

위 모범답변을 참고하여, 자신만의 답변을 작성해 보세요.

질문 02 사례 속 내담자의 저항에 대한 본인의 생각을 이야기해 보시오.

답변방향

1. 저항을 문제행동으로만 보지 않고, 청소년기 특성과 환경 요인에서 분석하여 답변할 수 있어야 해요.
2. 내담자는 자율성 욕구, 개별성, 정체감 탐색 등의 발달적 특성과 부모의 기대, 비교, 진로 갈등 등의 외적 요인이 충돌하면서 저항이 발생하고 있어요.
3. 저항의 이유와 형태는 무엇인지 사례를 분석하여 답하고, 상담사로서 어떻게 개입할 것인지 간략하게 언급하면 더 좋아요.

모범답변

㉠ 저항의 이유(진로에 대한 부모와의 충돌, 누나와의 비교)
- 내담자는 부모의 기준에 맞춰 살아왔지만 요리에 대한 흥미를 발견하면서 처음으로 진로에 대해 고민하게 되었고, 부모님의 가치관과 충돌하면서 저항이 발생했습니다.
- 자신의 진로를 인정하지 않고 공부만을 강요하며 누나와 비교하는 부모님의 태도에서 저항이 발생했습니다.

㉡ 저항의 형태(반항, 누나에 대한 분노)
- 부모님께 큰 소리로 반항하며 부모와의 관계에서 심리적 거리를 만들고자 합니다.
- 부모님의 말씀을 잘 듣는 누나에게도 분노를 느끼고 있습니다.

㉢ 개입 방안(의견 표현 능력 향상, 가족상담 제안)
- 내담자가 자신의 감정과 진로에 대해 충분히 탐색하고, 부모와의 소통을 통해 상호 이해를 높이도록 도와야 합니다.
- 내담자가 진로에 대해 스스로 결정할 수 있는 힘을 기르고, 자신의 의견을 건강하게 표현할 수 있도록 도와야 합니다.
- 부모와의 직접적인 대화가 부담스럽다면 가족상담도 고려할 수 있습니다.

답변작성 위 모범답변을 참고하여, 자신만의 답변을 작성해 보세요.

질문 03 상기 사례의 내담자에게 어떤 검사를 하고 싶은가?

답변방향

1. 진로와 부모님과의 갈등 사이에서 고민하고 있는 내담자에게 실시하고 싶은 검사와 이유를 명확히 설명할 수 있어야 해요.
2. 진로탐색검사, 적성검사, 흥미검사 등 진로에 대한 검사와 가족 관계 개선을 위한 검사(예 KFD, HTP 그림검사 등)를 포함해서 답하면 좋아요.

모범답변

㉠ 홀랜드 진로탐색검사(RIASEC 검사)
- 자신의 성격 유형과 일치하는 직업군을 탐색해보며, 자기 이해를 돕고 진로 방향성을 찾도록 도울 수 있습니다.
- 검사결과를 부모와의 의사소통에서 객관적 자료로 활용 가능합니다.

㉡ 스트롱 직업흥미검사
- 내담자는 요리에 강한 흥미를 보이고 있고, 검사를 통해 다양한 직업군에 대한 흥미 수준을 분석할 수 있습니다.
- 요리와 관련된 직업(예 셰프, 푸드 스타일리스트, 제과제빵사 등)에 대한 내담자의 잠재적 적합성을 객관적으로 이해할 수 있습니다.
- 내담자 스스로 자신의 흥미 유형과 직업 선호도를 파악할 수 있습니다.

㉢ GATB 검사(일반 적성검사)
- 내담자의 실제 능력과 적성이 요리 분야 혹은 다른 분야와 얼마나 부합하는지를 객관적으로 파악할 수 있습니다.
- 요리 관련 직업에 필요한 손재능 등이 우수하게 나타날 경우, 내담자의 진로 선택에 확신을 주는 중요한 자료가 될 수 있습니다.

㉣ KFD 검사(동적 가족화 검사)
- 내담자 가족 간의 심리적 거리, 소통 방식 등을 시각적으로 표현하거나 측정할 수 있어, 내담자가 가족에 대한 생각과 감정을 정리하는 데 도움을 줍니다.
- 필요시 가족상담으로 연계할 수 있는 근거가 될 수 있습니다.

답변작성

위 모범답변을 참고하여, 자신만의 답변을 작성해 보세요.

질문 04 상기 사례에서 내담자의 욕구는 무엇인가?

답변방향
1. 청소년 내담자의 문제 이면에 있는 심리적 욕구를 깊이 있게 이해하고 해석할 수 있는지를 보여주어야 해요.
2. 욕구와 내담자의 감정·행동을 연결하고, 욕구는 행동의 근본적인 동기가 된다는 점을 전제로 설명하면 좋아요.

모범답변

㉠ 자기결정에 대한 욕구
- 내담자는 요리에 대한 흥미를 발견하면서 처음으로 진로를 고민하고 있습니다.
- 부모님의 요구가 아니라 자신이 진정으로 원하는 진로를 선택하고, 결정에 책임지고자 하는 자율성과 독립성에 대한 욕구가 있습니다.

㉡ 인정과 수용의 욕구
- 내담자는 친구들로부터 요리에 "소질 있다"는 말을 들을 때 큰 만족과 뿌듯함을 느낍니다.
- 내담자는 자신이 잘하고 좋아하는 것을 타인이 인정해주길 바라는 내적 욕구를 가지고 있습니다.
- 내담자의 진로 고민을 가볍게 여기는 부모님의 태도 때문에 내담자는 자신의 욕구가 존중받지 못한다고 느끼며 좌절감을 겪고 있습니다.

㉢ 감정표현과 소통에 대한 욕구
- 내담자는 부모님께 분노를 표출하고 누나에게 질투를 느끼는 등 감정적 반응을 보이고 있습니다.
- 단순한 반항이 아니라, 자신의 감정과 생각을 가족에게 전달하고 이해받고 싶다는 소통 욕구의 강한 표현으로 해석할 수 있습니다.

답변작성 위 모범답변을 참고하여, 자신만의 답변을 작성해 보세요.

제시사례

고등학교 1학년인 강 양의 머릿속은 온통 가출하고 싶다는 생각으로 가득 차 있다. 강 양의 집은 겉으로 보기에는 평범하지만 강 양에게 집은 늘 숨 막히는 공간이다. 자영업을 하시는 부모님은 늦게까지 일하고 돌아오시면 늘 피곤해 보이셨다. 특히 경기가 좋지 않아 장사가 잘 되지 않는 이후로 아버지는 어두운 표정으로 강 양을 혼내시는 날이 많아졌다. 며칠 전에도 공부를 하고 잠깐 쉬던 강 양이 핸드폰을 보자, "학생이 공부는 안 하고 핸드폰만 쥐고 있냐?"라며 크게 꾸짖으셨다.

강 양은 장사가 잘 안되는 상황을 자신에게 괜히 화풀이하는 것 같은 아버지가 밉다. 어머니에게도 학교에서 있었던 일이나 진로 관련한 이야기를 하려 해도 "피곤하니 다음에 이야기하자."라며 자리를 피하신다. 그 누구도 강 양의 말을 제대로 들어주거나 공감해주는 일은 거의 없었다.

초등학생 때부터 미술에 소질을 보였던 강 양은 미대 진학을 꿈꿨다. 하지만 부모님은 강 양의 꿈을 전혀 지지하지 않았다. 결국 강 양은 부모님의 강요로 인문계 고등학교에 진학했고, 학교생활에 흥미를 점점 잃어 갔다. 수업시간에는 멍하니 창밖을 보거나 엎드려 잠을 잤고, 쉬는 시간에는 친구들과 어울리기보다 혼자 이어폰을 끼고 음악을 듣는다. 당연히 학업성적도 점점 떨어지고 있고, 집도 학교도 자신의 안식처라는 생각이 들지 않는다.

강 양은 앞으로 무언가를 하고 싶다는 고민도 들지 않으며, 자신의 미래가 잘 그려지지 않는다. 무엇보다 이런 가족의 분위기가 싫고 빨리 성인이 되어 독립하고 싶다. 요즘에는 자신 때문에 부모님도 부쩍 자주 싸우시는 것 같다. 집이 싫어 오늘도 학교에 일찍 등교를 했지만, 여전히 수업내용은 머리에 들어오지 않는다. 매일매일 우울한 기분을 떨칠 수가 없다.

사례분석

1. 내담자는 부모와의 소통 단절, 정서적 지지 부족, 아버지의 분노 표출에 대한 억울함을 느끼고 있어요.

2. 미술이라는 본인의 흥미를 무시당하고 인문계 진학을 강요받음으로써 진로에 대한 흥미와 동기를 상실한 상태예요.

3. 집과 학교 모두에서 소외감을 느끼며, 미래에 대한 기대감이 떨어지고 있는 상황이에요.

질문 01 청소년상담기관에 근무하는데 내담자의 상담과 기관의 행사가 겹친다면 어떻게 대응하겠는가?

답변방향

1. 상담자는 내담자와의 약속을 지켜 상담관계의 신뢰성을 유지해야 함을 언급하세요.
2. 상담자도 기관의 구성원이므로 실무적으로 어떻게 대처할 것인지 보여주세요.

모범답변

㉠ 상담 일정 조정과 신뢰 유지
- 일방적인 일정 변경은 내담자의 상담 동기를 약화시키고 상담관계에 손상을 줄 수 있습니다.
- 상담 일정을 조율할 수 있는지 내담자와 신중히 협의하겠습니다.
- 내담자에게 갑작스러운 취소 통보가 되지 않도록 사전에 행사와 상담 일정이 겹칠 수 있음을 충분히 알리겠습니다.
- 필요시 다른 상담 방식을 제안(예 분할 상담, 온라인 상담 등)하겠습니다.

㉡ 기관 내 협력과 역할 조정
- 기관의 행사 참여가 필수 경우라면, 상급자와 사전 협의를 통해 상황을 공유하고 상담 일정을 조율하겠습니다.
- 불가피하게 일정이 변경되는 경우 내담자에게 정중히 양해를 구하고 상담 일정을 조정하겠습니다.
- 내담자가 급박한 위기상황이거나 중요한 상담인 경우, 상급자에게 상황을 공유하고 행사 참여 여부를 조정하겠습니다.

답변작성
위 모범답변을 참고하여, 자신만의 답변을 작성해 보세요.

질문 02   아동학대는 무엇이라고 생각하는지 아는대로 말해보시오.

답변방향

1. 아동학대에 대한 기본 개념과 법적 정의를 언급하세요.
2. 상담자의 개입 필요성과 보호 연계의 책임성을 함께 언급하면 더 좋아요.

모범답변

㉠ 아동학대의 정의
- 아동학대란 아동의 건강 또는 복지를 해치거나 정상적인 발달을 저해할 수 있는 신체적, 정서적, 성적 폭력 및 방임 행위입니다.
- 「아동복지법」 제3조제7호에서는 아동학대를 "보호자를 포함한 성인이 아동의 건강 또는 복지를 해치거나 정상적인 발달을 저해할 수 있는 신체적·정신적·성적 폭력이나 가혹행위를 하는 것과 아동의 보호자가 아동을 유기하거나 방임하는 것"으로 정의하고 있습니다.

㉡ 아동학대 개입의 필요성
- 아동학대는 행위의 의도보다 아동의 입장에서 피해가 있었는지를 중심으로 판단되며, 학대가 반복되거나 은밀하게 이루어질 경우 정서적 후유증이 매우 크기 때문에 조기발견과 개입이 중요합니다.
- 아동은 스스로를 보호하기 어려운 존재인 만큼, 주변 어른들의 관심과 보호가 필요합니다.
- 상담자는 아동학대에 대해 민감하게 반응하고 필요한 경우 즉각적인 보고와 개입 조치를 취할 의무가 있습니다.
- 「아동학대범죄의 처벌 등에 관한 특례법」 제10조제1항에 따르면 누구든지 아동학대범죄를 알게 된 경우나 그 의심이 있는 경우에는 특별시·광역시·특별자치시·도·특별자치도, 시·군·구 또는 수사기관에 신고할 수 있습니다.

답변작성 위 모범답변을 참고하여, 자신만의 답변을 작성해 보세요.

질문 03 상기 사례 내담자의 주호소문제는 무엇이라고 생각하는가?

답변방향

1. 복합적인 문제 상황에서 핵심 호소문제를 선별해내서 답변할 수 있어야 해요.
2. 내담자의 말과 행동 속 반복되는 감정과 욕구를 중심으로 호소문제를 도출해야 해요.
3. 사례에서 나타나는 내담자의 상황을 언급하고 호소문제를 구조화해서 제시하면 더 좋아요.

모범답변

㉠ 정서적 소외감과 가족 내 관계 단절
- 내담자는 부모님으로부터 정서적인 지지와 공감, 관심을 거의 받지 못하고 있다고 느낍니다.
- 아버지의 부정적 감정표현(화풀이)과 어머니의 회피적인 태도는 내담자의 소외감과 좌절감을 키우고 있습니다.
- 내담자는 자신의 감정을 들어주고 이해해주는 사람이 없다는 정서적 고립 상태에 놓여 있습니다.

㉡ 진로 좌절감과 학업 무기력
- 내담자는 미술에 대한 뚜렷한 흥미와 진로 희망이 있었으나, 부모의 반대와 통제적 태도로 인해 진로 결정 과정에서 자율성을 잃었습니다.
- 학교생활에 대한 흥미를 잃고, 수업에 집중하지 못하며 학업 성적도 저하되고 있습니다.
- 부모의 태도는 내담자에게 미래에 대한 무의미감과 진로 좌절감으로 이어지고 있습니다.

㉢ 지속적인 우울감과 가출 욕구
- 내담자는 집도 학교도 자신을 받아주지 않는 공간으로 느끼고 있습니다.
- 반복되는 우울감과 무기력감 속에서 현실을 회피하고 싶은 충동으로 가출을 생각하고 있습니다.
- 최근에는 부모의 갈등이 자신 때문이라고 느끼며 자기 비난과 죄책감을 경험하고 있어 우울감이 커지고 있습니다.

답변작성
위 모범답변을 참고하여, 자신만의 답변을 작성해 보세요.

질문 04 사례 속 내담자에게 학교와 협력하여 어떤 자원을 제공할 수 있을지 말해보시오.

답변방향

1. 학교 내 자원과 제도를 이해하고 활용할 수 있는 모습을 보여주어야 해요.
2. 위기 학생일수록 담임교사, 전문상담교사, 진로교사, 위클래스, 학부모 등과의 협력이 필수적이에요.
3. 내담자의 문제에 따라 필요한 자원을 선택하고, 그 이유를 설명할 수 있어야 해요.

모범답변

㉠ 또래관계 회복 및 심리상담 연계
- 내담자는 친구들과의 관계 단절, 우울감 등을 겪고 있어 심리적 지지와 소속감 회복이 필요합니다.
- 학교 내 위클래스 전문상담교사와 연계하여 정기적인 개인상담을 지원할 수 있습니다.
- 또래 멘토링 프로그램이나 자기표현연습, 소집단 활동 등을 통해 정서적 안정과 관계 회복의 기회를 제공할 수 있습니다.

㉡ 진로 탐색 기회 제공 및 진로정보 연계
- 내담자는 진로 결정 과정에서 자율성 박탈 및 좌절로 무기력 상태에 놓여 있으므로 지원이 필요합니다.
- 교내 진로상담실, 진로체험 프로그램, 미술 관련 동아리나 외부 진로 멘토 특강 등을 통해 흥미를 되살리고 진로 탐색 기회를 확대하도록 지원할 수 있습니다.

㉢ 맞춤형 학습 및 생활지도 지원
- 학업성취도 저하와 수업 집중 곤란 등의 문제를 겪고 있어 담임교사와 협력하여 내담자의 학습과 생활 전반을 지원할 필요가 있습니다.
- 교사의 학습 피드백, 별도 자율학습 지원, 방과 후 학습 지원 등과 연계할 수 있습니다.
- 등교 후 상담실 또는 학교 내 휴식공간을 활용한 심리적 안전지대 마련을 함께 고려할 수 있습니다.

㉣ 학부모 진로교육 특강 및 설명회
- 내담자의 부모가 가진 진로에 대한 고정관념을 완화하고, 현재의 진로 환경, 다양한 진로 경로에 대한 정보를 제공할 수 있습니다.
- 학부모가 진로 선택을 자녀의 흥미와 적성 중심으로 바라보도록 인식 전환을 유도할 수 있습니다.

답변작성 위 모범답변을 참고하여, 자신만의 답변을 작성해 보세요.

제시사례

제한 시간 내 읽어 보세요. 5분

다음은 청소년상담복지센터에 이메일 상담을 요청한 중학교 2학년 이 양의 사례이다.

저는 △△중학교 2학년에 재학 중인 이○○입니다. 제 이야기를 터놓고 싶은데 말할 곳이 없어 용기를 내어 보내요. 아빠는 제가 어릴 때 돌아가셔서 얼굴도 기억이 잘 안 나요. 엄마는 아빠가 돌아가신 후 따로 살고 계세요. 퇴근하신 후에 가끔 오셔서 저랑 같이 저녁을 먹고 가시거나 주말에 잠시 보고 가세요. 엄마는 늘 피곤해 보이셔서 엄마한테 어리광이나 투정을 부리면 엄마가 더 힘들어 하실까봐 말도 잘 못하겠어요. 가끔은 저를 귀찮아 하시는 것 같아서 보고싶다고 자주 연락드리기가 어려워요.

다른 형제자매는 없고 저는 지금 할머니랑 같이 살고 있어요. 할머니는 저한테 세상에서 제일 좋은 분이세요. 그런데 할머니가 많이 아프세요. 원래도 몸이 안 좋으셨는데 요새는 병원에도 더 자주 가시고, 밤에는 기침도 많이 하세요. 저는 학교를 마치고 바로 집에 와서 할머니의 식사를 챙겨드리고 밀린 집안일을 해요. 할머니를 돌봐드리는 일은 하나도 힘들지 않은데, 가끔은 학교 끝나고 삼삼오오 놀러가는 친구들을 보면 같이 놀고 싶을 때가 많아요. 그런데 집에 혼자 계실 할머니를 생각하면 그럴 수가 없어요. 요즘 할머니가 자꾸만 미안하다고 하세요. 저번에는 할머니가 제가 불쌍하다며 많이 우셨어요. 할머니가 우실 때마다 괜히 저 때문에 스트레스를 받으시면 어떡하지 싶고, 병세가 악화되실까봐 걱정스러워요. 저를 키우시다가 몸이 안 좋아지신 것 같아 늘 죄송해요.

제가 요즘 제일 걱정인 건 할머니 약값이 만만치 않은데 병원 다닐 돈이 부족해요. 저는 아직 어려서 돈을 벌 수 없는데, 할 수만 있다면 아르바이트라도 하면서 병원비를 벌고 싶어요. 이미 기초수급자 지원을 받고 있는데 추가로 제가 받을 수 있는 지원이 있는지 알고 싶어요. 할머니가 아프실 때마다 할머니가 이대로 돌아가시면 어쩌지라는 생각을 해요. 저 혼자 남을까봐 너무 무서워요. 저는 왜 이렇게 항상 혼자 있는 것 같은지, 아무에게도 도움받지 못할 것만 같아요. 누구한테도 말 못 할 이야기들이 너무 많아요. 저 좀 도와주세요. 제가 뭘 어떻게 해야 할지 정말 모르겠어요.

사례분석

1. 내담자는 할머니의 건강 악화로 인해 가족의 상실에 대한 두려움이 강한 상태예요.

2. 내담자는 중학생임에도 불구하고 집안일과 조모 돌봄을 혼자 감당하고 있으며 할머니 약값 부담으로 돈을 벌고 싶어해요.

3. 내담자는 어릴 때 아버지를 여의고, 어머니와도 함께 살지 않으며 말할 상대가 없고, 혼자 감정을 억누르고 있는 상태로 볼 수 있어요.

질문 01 상담사로서 겪을 수 있는 스트레스를 어떻게 관리할지 나만의 방법이 있다면 말해보시오.

답변방향

1. 수험생 개인이 평소 가지고 있는 스트레스 해소 방법을 솔직하게 언급해야 해요.
2. 해당 방법이 본인에게 어떤 도움이 되며, 어떻게 스트레스를 완화할 수 있는지 말해야 해요.
3. 상담사가 된다고 가정하고, 상담 상황에서 스트레스를 해소할 수 있는 좋은 방법을 제시하는 것도 좋아요.

모범답변

㉠ 감정 정리 시간 확보
- 스트레스를 받을 때 짧은 산책, 일기 작성, 심호흡 등으로 감정을 정리하는 루틴을 가지고 있습니다.
- 그날 받은 감정을 정리하며 스스로를 진정시키는 시간을 마련하여 스트레스를 해소하는 편입니다.
- 상담사가 된다면 상담 후 느낀 점을 쓰는 등 감정 정리하는 루틴을 통해 스트레스 관리를 하겠습니다.

㉡ 몰입할 수 있는 활동(예 요리, 음악 감상 등)으로 심리적 환기
- 스트레스를 느낄 때 요리와 음악 감상을 즐기는 편입니다.
- 요리는 손을 쓰면서 집중하게 되고, 결과물이 눈에 보이기 때문에 성취감과 기분 전환에 큰 도움이 됩니다.
- 좋아하는 음악을 듣는 것은 불안을 낮추거나 활력을 되찾는 데 유용합니다.
- 상담사가 된다면 업무 외에 몰입할 수 있는 활동을 만들어 정서적 소진을 막고 에너지를 회복하겠습니다.

㉢ 관계의 힘으로 재충전
- 혼자 스트레스를 끌어안기보다는 가깝고 편한 사람들과 일상적인 대화를 나누며 감정을 나눕니다.
- 사람들과의 소소한 교류는 긴장을 완화시키고 안정감을 주는 심리적 보호막이 됩니다.
- 상담사가 된다면 정기적인 수퍼비전을 받거나 동료 상담자와 스트레스 상황을 공유하고 도움을 구하겠습니다.

답변작성
위 모범답변을 참고하여, 자신만의 답변을 작성해 보세요.

질문 02 상기 사례의 내담자에게 도움을 줄 수 있는 기관은 무엇인지 아는대로 말해보라.

답변방향

1. 청소년 관련 기관들을 언급하며, 해당 기관들이 어떤 정책과 사업을 하는지 구체적으로 답변하세요.
2. 내담자의 상황에 맞춰 지역사회 복지기관이나 전문 기관이 제공하는 혜택을 연계해서 말해야 해요.

모범답변

㉠ **청소년상담복지센터**
- 청소년의 심리·정서적 어려움과 학업 및 가족 문제 등 전반적인 사안에 대해 개별 상담을 제공합니다.
- 혼자라는 고립감을 느끼는 내담자에게 1388 청소년 전화를 통해 즉각적인 위기 상담을 진행할 수 있습니다.
- 청소년상담복지센터와 연계된 CYS-Net에서 다양한 의료, 복지, 고용 등을 통합한 청소년 맞춤형 서비스를 제공합니다.
- 내담자에게는 할머니의 병원비를 부담해줄 수 있는 추가적인 경제적 지원을 찾아 연계해줄 수 있습니다.
- 할머니의 건강 악화 시 발생할 수 있는 주거 불안정 문제에 대해서 관련 기관을 연결할 수 있습니다.

㉡ **지역 건강가정지원센터**
- 가족상담 및 교육 프로그램을 제공하여 내담자와 어머니의 관계에서 겪는 어려움을 해소할 수 있도록 지원합니다.
- 내담자의 정서적 어려움, 우울감, 불안, 진로 고민 등을 위한 무료 개별상담을 지원합니다.

㉢ **지역 행정복지센터**
- 내담자에게 의료비 지원, 돌봄 서비스, 긴급 복지 지원 등을 제공하여 실질적인 복지 서비스를 제공합니다.
- 내담자는 학용품, 교복비, 급식비, 입시지원금 등 교육비 지원을 받을 수 있습니다.
- 할머니가 고령이거나 질병이 있다면 장기요양급여나 노인돌봄서비스 등이 연계가 가능합니다.
- 내담자처럼 복합적 위기 상황의 경우 '통합사례관리 대상자'로 등록하여 전담 공무원을 통해 맞춤형 관리를 지원합니다.

답변작성 위 모범답변을 참고하여, 자신만의 답변을 작성해 보세요.

질문 03 상기 사례의 내담자의 인지적 왜곡이 있다면 무엇인가?

답변방향

1. 제시된 사례의 내담자의 현재 상황을 분석하여 인지적 왜곡 현상을 진단해야 해요.
2. 내담자의 말이나 행동에서 은연중에 드러나는 무의식적인 감정 상태를 해석하여 답변을 해야 해요.
3. 발견된 인지적 왜곡이 내담자의 사고와 감정에 어떤 영향을 미치는지 설명하면 더 좋아요.

모범답변

㉠ 과잉일반화의 오류
- 내담자는 자신의 어려움을 자신의 인생 전체로 확대하여 받아들이고 있습니다.
- 현재의 어려운 상황을 바탕으로 '아무도 나를 도와주지 않을 것이다.'라는 생각을 모든 상황에 적용하는 경향이 있습니다.

㉡ 재앙화
- 내담자는 할머니가 자신 때문에 건강이 악화될까 걱정하며 건강 문제가 자신의 책임인 것처럼 받아들이는 경향이 있습니다.
- 할머니가 아프실 때마다 '돌아가시면 어쩌지.'라는 극단적인 생각을 하며 최악의 상황을 가정하고 있습니다.

㉢ 정서적 추론
- 내담자는 어머니가 자신을 귀찮아한다고 단정 짓는 등 지레짐작하며 감정적으로 추론을 하는 경향이 있습니다.
- 자신의 추론이 사실이라고 믿으며, 어머니에게 연락을 자주 하지 않는 등 욕구와 행동을 억제하고 있습니다.

답변작성
위 모범답변을 참고하여, 자신만의 답변을 작성해 보세요.

질문 04 상기 사례의 학생에게 메일로 답장하는 경우 답장의 핵심적인 내용을 말해 보시오.

답변방향

1. 내담자의 문제점과 처한 상황을 인지하고 이해와 공감을 우선적으로 보여주어야 해요.
2. 내담자 가정의 어려움을 해결하기 위해 실질적인 제도 안내나 구체적인 지원방법을 제시해주어야 해요.

모범답변

㉠ 따뜻한 공감과 지지의 메시지
- 힘든 상황에도 상담을 요청한 것에 고마움을 표현하겠습니다.
- 현재 느끼는 어려움에 대한 공감을 보이고 정서적으로 지지하는 메시지를 전달하겠습니다.
- 내담자의 인지적 왜곡이 현재 상황에 미치는 영향을 설명하며 힘들겠지만 긍정적인 사고방식을 가져보자고 제안하겠습니다.

㉡ 지속적인 연결과 도움 가능성 안내
- 내담자의 상황(기초수급자, 보호자 질병 등)을 확인하고, 추가로 받을 수 있는 지역 내 복지자원이나 청소년 지원 제도(예 드림스타트, 의료비 지원, 청소년 복지 카드 등)에 대해 안내하겠습니다.
- 필요하다면 직접 센터 방문, 전화상담, 또는 학교와의 연계를 통해 지속적으로 지원할 수 있음을 알려주겠습니다.
- 원하는 시간에 맞춰 상담을 진행하는 것을 돕겠다고 대면상담에 대한 설명을 해주겠습니다.

답변작성

위 모범답변을 참고하여, 자신만의 답변을 작성해 보세요.

제시사례

중학교 3학년이 된 채 양(15세, 여)은 최근 단짝 친구가 자신을 멀리하는 것 같아 마음이 아프다. 학교에서는 쌍둥이라고 불릴 정도로 마음도 잘 맞고 매일 붙어다녔던 친구가 점점 자신과 있는 시간을 줄이고 다른 무리에 들어간 것이다. 다른 친구들과 보란 듯이 잘 지내는 단짝 친구의 모습을 볼 때마다 죽고싶기까지 하다. 채 양은 자신의 단짝 친구를 빼앗긴 것만 같아 박탈감에 매일 밤, 잠도 잘 오지 않는 상황이다. 사실 지난 달 채 양과 단짝친구 사이에 작은 다툼이 있었다. 매점을 가거나 화장실을 갈 때마다 단짝 친구와의 동행을 원하던 채 양에게 부담을 느낀 단짝 친구가 "네가 조금 부담스러워. 거리를 뒀으면 좋겠어."라며 자신의 생각을 표현한 것이다. 채 양은 자신이 부담을 주려고 한 것이 아니라며 이 일을 잘 해결하고 싶었지만 한 번 어그러진 감정과 관계는 쉽게 풀리지 않았다. 그 이후로 단짝친구는 채 양을 피하고 다른 친구들과 다니기 시작했다. 채 양은 미안하다고 사과를 하려고 했지만, 자신에게는 대꾸도 하지 않는 단짝친구의 반응에 좌절하기도 했다. 채 양은 부모님께 사람들을 만나기가 두려워 학교 가기가 싫다고 이야기를 하고 심지어는 자퇴를 하고 싶다고 말을 하고 있다.

채 양의 가족 관계와 특이사항은 다음과 같다.

- **아버지(52세, 택시운전기사)**: 출퇴근 시간이 일정하지 않고 주말에도 근무를 한다. 딸들이 말을 안 듣거나 공부를 제대로 하지 않으면 종종 손찌검을 해왔다. 딸들의 학교생활에는 전혀 관심이 없으며 오직 공부를 잘 해서 성공한 사람이 되기를 바라고 있다.
- **어머니(48세, 중소기업 경리)**: 대중교통으로 1시간 거리에 있는 회사에서 근무하고 있으며 잔업이 많아 야근이 잦다. 딸들을 사랑하고, 폭력적인 남편에게서부터 보호하는 역할을 하려고 노력하나 최근 육체적 피로와 무력함을 호소하는 것이 늘었다.
- **언니(18세, 고등학교 3학년)**: 어려운 가정형편에도 고3인데 학원을 다녀야 한다며 어머니께 떼를 쓰고 있다. 동생과는 달리 자기주장도 강하고 성격도 활발하다. 친구 문제로 소심하게 걱정하는 동생을 보며 답답해 한다.

채 양은 초등학생 때도 친한 친구에게 집착하는 경향을 보였다가 그 친구가 부담스러워하며 채 양을 밀어낸 적이 있다. 채 양은 지금 상황이 당시의 트라우마를 상기시키는 것만 같고, 친구에게 배신당한 기분을 떨칠 수 없다. 채 양은 극심한 스트레스를 받을 때마다 손을 떨며 공책에 죽고싶다는 글을 쓴다. 채 양은 진정한 친구라면 어떤 상황에서도 배신하지 않아야 하며, 둘이서만 다녀야 하고, 비밀이야기를 할 수 있을 정도로 깊은 관계여야 한다고 생각한다. 하지만 이 세상에는 그 어떤 친구도 자신과 그런 관계가 될 수 없다고 생각한다. 채 양이 화장실을 간 사이 채 양의 방에서 물건을 찾던 언니가 채 양이 죽고싶다고 적어놓은 노트를 발견했고, 어머니에게 말했다. 이 사실을 안 채 양의 어머니가 채 양을 데리고 상담실을 찾았다.

사례분석

1. 내담자는 단짝 친구와의 관계 단절로 인해 극심한 배신감, 박탈감, 상실감을 경험하고 있어요.
2. 내담자는 친구와의 관계에서 지나치게 의존하고 통제하는 모습을 보이고 있어요.
3. 내담자는 초등학생 시절 유사한 문제를 경험했고 친구의 변화에 감정적으로 과하게 반응하며 자살사고를 가지고 있어요.

질문 01 자신의 상담 멘토가 있다면 누구이며 어떤 영향을 줬는가?

답변방향

1. 지극히 개인적인 질문으로, 평소 본인이 수퍼비전을 받고 있거나 지도를 받았던 인물과 도움받은 점들을 정리해놓으면 답변에 용이해요.

2. 멘토로 여기게 된 계기, 멘토가 보여준 인상 깊은 태도, 말 등을 언급해야 하며 멘토를 통해 배운 상담 가치관, 자신에게 미친 인간적인 영향 등을 밝혀야 해요.

모범답변

1. 제 상담 멘토는 **대학 시절 실습지도의 교수님**입니다. 그 분은 내담자의 말 속에 담긴 감정과 욕구를 굉장히 섬세하게 읽어내고, 섣부른 판단 없이 경청하시는 태도를 보여주셨습니다. 그 분을 보며 저 역시 내담자의 이야기를 판단 없이 듣는 힘을 길러야겠다는 다짐을 하게 되었고 '좋은 상담자는 이렇게 경청하는 사람이구나'라는 것을 알게되었습니다.

2. 제 상담 멘토는 상담복지센터에서 **함께 근무했던 선임 상담사 선생님**입니다. 위기 청소년을 대할 때마다 늘 차분하고 단호하면서도 내담자를 존중하는 태도를 부여주셨습니다. 그 분을 보며 상담자의 태도와 말투 하나가 얼마나 중요한지를 깨달았습니다. 특히 내담자에게 휘둘리지 않으면서도 따뜻함을 잃지 않는 균형 잡힌 태도를 배워야겠다고 생각했습니다.

3. 저에게 가장 오래된 상담 멘토는 **어머니**입니다. 어머니는 늘 사람의 입장을 먼저 헤아리고 말보다 행동으로 옆에 있어주는 분이셨습니다. 그런 모습을 보며 '누군가를 돕는 일은 말로 설득하는 것이 아니라 곁에 머물러 주는 것'임을 자연스럽게 배웠습니다. 어머니를 통해 상담자로서 공감과 지지를 어떻게 보여주어야 하는지 알게 되었습니다.

답변작성
위 모범답변을 참고하여, 자신만의 답변을 작성해 보세요.

모범답변 더 보기

질문 02 상기 사례 내담자의 성격 특성은 무엇인가?

답변방향

1. 내담자가 사례에서 보여준 행동과 정서 반응을 통해 성격적 특성을 파악해야 해요.
2. 내담자의 관계 양상, 감정 반응, 사고 패턴 등을 바탕으로 성격 특성을 파악하여 답변해야 해요.

모범답변

㉠ 관계에 대한 과도한 집착과 의존성
- 내담자는 친구에게 과도한 밀착과 상호의존을 기대하고 있으며, 관계가 조금만 멀어져도 극단적인 반응을 보입니다.
- 관계에 대한 비현실적인 기대는 내담자가 친구와 균형 있는 관계를 맺는 데 방해가 됩니다.

㉡ 거절에 대한 높은 민감성
- 내담자는 거절에 대한 민감성이 높아 친구가 자신을 멀리한 것에 대해 배신감, 박탈감, 죽고 싶다는 감정까지 느끼고 있습니다.
- 과거의 유사한 경험과 연결되면서 대인관계 트라우마가 재경험되고 있습니다.
- 다른 친구들과 어울리려는 시도 없이 소극적이고 회피적인 태도를 보입니다.

㉢ 극단적인 사고방식을 동반한 자기비하
- 내담자는 친구와의 단절을 '배신'으로 해석하며 극단적으로 생각하고 있습니다.
- 어떤 친구도 자신과 진정한 친구가 될 수 없다며 자기비하 및 부정적 사고를 보여주고 있습니다.

답변작성

위 모범답변을 참고하여, 자신만의 답변을 작성해 보세요.

질문 03 상기 사례의 상담 목표를 잡는다면 어떻게 하겠는가?

답변방향

1. 상담 목표는 내담자의 주호소문제를 반영하여 구체적으로 설정해야 해요.
2. 상담 현장에서 실제로 다룰 수 있는 실천 가능한 목표를 언급하세요.

모범답변

㉠ 정서적 안정감 회복 및 자살사고 완화
- 내담자가 반복적으로 표현하는 자살사고를 완화하고, 정서적 불안을 낮춰야 합니다.
- 내담자는 손 떨림, 불면, 무기력 등 신체적 증상과 감정 조절의 어려움도 함께 보이고 있으므로 자기 감정을 표현하고 안전하게 정리할 수 있도록 도와야 합니다.
- 필요한 경우 보호자 및 외부기관과의 협력을 통해 위기개입과 안전 계획을 수립해야 합니다.

㉡ 비합리적 인지 수정과 대인관계 기술 향상
- 내담자가 가지고 있는 관계에 대한 왜곡된 인지를 탐색하고, 현실적이고 유연한 사고로 바꿀 수 있도록 도와야 합니다.
- 대인관계에서 건강한 거리 조절, 의사소통 방식, 감정표현 기술 등 사회적 기술을 배울 수 있도록 상담을 진행해야 합니다.

㉢ 자기 이해 및 자존감 회복
- 대인관계에서의 반복된 실패 경험으로 인해 낮아진 내담자의 자존감을 회복해야 합니다.
- 작은 성취 경험, 장점 탐색 등의 활동을 구성하여 자기 인식을 높이고, 자존감을 회복하도록 도와야 합니다.

답변작성
위 모범답변을 참고하여, 자신만의 답변을 작성해 보세요.

질문 04 어떻게 하면 내담자가 다른 친구들과도 친해질 수 있겠는가?

답변방향

1. 내담자가 또래관계에 잘 적응하기 위해 어떤 사회적 기술이 부족한지를 파악해야 해요.
2. 내담자의 사회성 향상과 또래관계 회복을 위해 도울 수 있는 점과 행동 전략을 구체적으로 제시해야 해요.

모범답변

㉠ 다양한 대인관계 경험을 통한 긍정적 상호작용 확대
- 내담자가 기존의 친구 외에 다른 친구들과 소속감을 느껴볼 수 있는 기회를 가져야 합니다.
- 교내 소그룹 활동, 또래 멘토링 등을 활용하여 관계 형성의 기회를 자연스럽게 늘릴 수 있습니다.
- "꼭 한 사람과만 친해야 하는 게 아니다"라는 인식을 확립하여 자연스럽게 친구관계 기술을 키울 수 있습니다.

㉡ 친구관계 형성을 위한 행동 전략 습득
- 밝은 표정으로 인사를 건네 친근한 분위기를 조성하도록 합니다.
- 급식, 좋아하는 연예인 등 가볍고 자연스러운 주제로 대화를 시작하여 부담스럽지 않게 다가가도록 합니다.
- 친구가 말할 때는 적극적으로 듣고, 고개를 끄덕이거나 짧게라도 반응을 보여주며 친밀감을 형성합니다.
- 필통 빌려주기, 쉬는 시간에 간단히 칭찬하기 등 작은 도움이나 칭찬을 통해 거리를 좁힙니다.
- 친구를 배려하는 태도를 보이며 조급하지 않게 다가가야 합니다.

답변작성 위 모범답변을 참고하여, 자신만의 답변을 작성해 보세요.

제시사례

고등학교 1학년인 제갈 군은 초등학교 6학년 때부터 애니메이션을 보는 것이 취미다. 가장 좋아하는 애니메이션의 소장용 DVD를 모으는 것은 물론 가장 좋아하는 캐릭터의 피규어까지 구매하고 있다. 최근에는 엄마 카드로 값비싼 피규어를 구매해서 방에 전시를 해두었고 피규어를 볼 때마다 제갈 군은 왠지 모를 뿌듯함을 느낀다. 제갈 군은 애니메이션을 보고 있으면 마음이 평온해지고, 자신이 애니메이션 속 주인공이 된 것처럼 즐겁기만 하다.

제갈 군은 고등학생이지만, 학업에는 큰 관심이 없다. 자신은 장차 만화가가 될 거라며 수업시간에도 종종 애니메이션 만화를 그리기도 한다. 얼마 전에 제갈 군은 수업시간에 핸드폰으로 애니메이션을 보다가 선생님께 걸려 크게 혼난 적이 있다. 그러면서도 다른 아이들도 핸드폰을 하는데 자신만 혼낸다며 불평하고 있다. 제갈 군이 애니메이션을 보기 시작한 이후로 별명은 하나 같이 '오타쿠'였다. 처음에는 친구들이 부르는 별명을 대수롭지 않게 여겼지만, 시간이 지나면서 점차 자신의 정체성과 꿈이 조롱당하는 것처럼 느껴 상처를 받고 있다. 제갈 군은 친구들의 놀림으로 인해 스트레스를 받을 때마다 더욱 학교에 가기 싫어하며 학교에는 자신을 이해해줄 사람이 하나도 없다고 말한다.

제갈 군의 같은 반 친구들 중에서는 애니메이션을 즐겨보는 친구들이 없어 취미생활을 함께 공유할 친구가 없다. 같은 반 친구들은 제갈 군이 교실에서 애니메이션을 보거나 만화를 그리는 모습을 볼 때마다 항상 비웃으며 지나가곤 했다. 학교에서 조별과제를 하거나 방과 후 귀갓길에도 의도적으로 제갈 군을 제외시키기도 했다. 이에 제갈 군은 점심시간에도 혼자 교실에 남아 그림을 그리며 친구들과 어울리는 것을 피하는 모습이 잦아졌다. 친구들이 조금만 쳐다보아도 화장실로 숨어버리거나 엎드려 자는 척을 하곤 한다. 제갈 군은 자신의 이야기를 하고 있는 것이 아님에도 친구들이 자신을 보고 놀리고 있다는 생각이 들어 힘들다.

제갈 군에게는 2살 아래의 남동생이 있는데 학교에서 노는 무리들과 어울리며 일진 행세를 하고 다닌다고 한다. 최근에는 동네 형들과 바이크를 타다가 경찰서에 소환된 적이 있다. 집도 잘 들어오지 않으며 종종 제갈 군과 밖에서 만나는 일이 있으면 아는 척 하지 말라며 무시하고 지나간다. 제갈 군의 어머니는 아들이 스트레스를 받을까봐 오히려 원하는 물건을 사주시고, 제갈 군의 아버지 또한 퇴근길에 항상 제갈 군이 좋아하는 애니메이션 DVD를 잔뜩 빌려오신다. 제갈 군은 동생의 적대적인 태도와 학교 친구들의 따돌림 속에서 괴로워하다 홀로 센터의 상담실을 찾았다.

사례분석

1 내담자는 애니메이션을 즐겨 보며, 장래희망으로 만화가를 꿈꾸고 있어요.

2 내담자는 친구들 사이에서 '오타쿠'라는 별명으로 불리며 따돌림을 경험하고 있어요.

3 내담자의 동생은 형을 전혀 존중하지 않고 있으며 부모님은 원하는 물건을 사주는 등 물질적 보상으로만 대응하고 있어요.

질문 01 청소년 상담이 왜 중요하다고 생각하는가?

답변방향

1. 상담이 청소년에게 어떤 영향을 주는지 구체적으로 설명할 수 있어야 해요.
2. 청소년 상담을 '직업'이 아닌 청소년의 삶을 돕는 의미 있는 일로 인식하고 답변하면 좋아요.
3. 청소년 상담은 청소년의 자아정체감 형성과 정서적 안정, 진로 탐색 등 다양한 영역에서 중요한 역할을 한다고 언급해야 해요.

모범답변

㉠ 청소년의 자아정체성 형성 도움
- 청소년기는 자아정체성을 형성해가는 시기로, 혼란과 갈등을 경험하기 쉽습니다.
- 청소년 상담은 청소년이 스스로를 이해하고 받아들일 수 있도록 돕습니다.

㉡ 청소년의 심리사회적 문제 해결 도움
- 청소년의 또래 문제나 부모와의 갈등은 정서 불안이나 자해, 가출 등으로 이어질 수 있습니다.
- 청소년 상담은 청소년이 감정을 안전하게 표현하고, 균형 잡힌 시각을 가질 수 있도록 돕습니다.

㉢ 위기 상황 조기 발견 및 신속한 개입 가능
- 청소년은 극단적인 감정 상태에서도 도움을 요청하지 못하는 경우가 많습니다.
- 청소년 상담은 자살사고, 학대, 정신적 문제 등 위기 신호를 조기에 포착하고 연계 개입할 수 있는 중요한 안전망 역할을 합니다.

㉣ 긍정적 자아개념 형성 도움
- 청소년은 자기 자신에 대해 민감하게 반응하며 자아개념이 쉽게 왜곡되거나 부정적으로 형성될 수 있습니다.
- 청소년 상담은 청소년이 자신의 강점과 잠재력을 인식하고, 자신의 단점을 있는 그대로 받아들이는 태도를 기를 수 있도록 돕습니다.

㉤ 미래 계획 및 삶의 방향성 결정 도움
- 진로에 대한 불확실성과 무기력은 청소년기의 흔한 고민 중 하나입니다.
- 청소년 상담은 청소년이 자신의 흥미와 강점을 인식하고, 주체적으로 진로를 설계할 수 있도록 돕습니다.

답변작성

위 모범답변을 참고하여, 자신만의 답변을 작성해 보세요.

질문 02 상기 사례의 상담자라면 어떤 상담 목표를 잡겠는가?

답변방향

1. 사례를 분석하고 핵심 문제를 파악한 뒤, 이를 바탕으로 실질적인 상담 목표를 설정해야 해요.
2. 내담자의 상태, 환경, 정서, 행동 문제 등을 포괄적으로 고려하여 현실적이고 실현 가능한 상담 목표를 언급하세요.
3. 내담자의 변화를 이끌어 낼 수 있는 목표를 설정해야 해요.

모범답변

㉠ 학교생활 적응력 향상
- 타인의 시선을 확대해석하거나 피해의식으로 받아들이는 사고 패턴을 다루겠습니다.
- 학습 환경에서의 자신감 회복과 생활 태도를 개선하도록 돕겠습니다.
- 내담자를 놀리는 친구들에게 의사표현을 명확하게 할 수 있도록 자기주장 연습을 돕겠습니다.
- 점진적으로 교우 관계 형성 및 교내 활동에 참여할 수 있도록 돕겠습니다.

㉡ 자아존중감 회복
- 학급 친구들의 놀림때문에 스스로를 부정적으로 바라보는 마음을 회복할 수 있도록 돕겠습니다.
- 자신의 흥미와 감정을 긍정적으로 인식하고 스스로를 가치있다고 느낄 수 있도록 돕겠습니다.

㉢ 가족 내 지지체계 및 관계 개선
- 부모의 과잉보호나 보상 위주의 반응, 동생과의 갈등 등 가족 내 부정적 상호작용을 점검하겠습니다.
- 부모에게 물질적 보상으로만 대응하지 말고, 자녀의 정서적 어려움에 대한 적극적인 지지와 책임감 있는 양육을 유도하겠습니다.
- 필요시 가족상담이나 부모 교육을 제안하겠습니다.

답변작성

위 모범답변을 참고하여, 자신만의 답변을 작성해 보세요.

질문 03　내담자가 상담효과가 잘 나오지 않는다며 상담자의 전문성을 불신한다면?

답변방향

1. 내담자의 저항을 단순한 반항이나 비난으로 받아들이기보다는, 신뢰 형성의 과정 중 하나로 접근한다고 답변해야 해요.
2. 내담자의 감정을 수용하고, 관계 회복과 개입 방식을 재설계하여 상담의 지속 동기를 부여하는 방법을 제시하면 더 좋아요.

모범답변

㉠ 감정 수용과 공감
- 내담자의 말 속에 담긴 실망, 불안, 혹은 관계에 대한 경계심을 파악합니다.
- 내담자가 느끼는 감정을 평가하거나 억누르지 않고, 공감하며 경청합니다.

㉡ 관계 회복과 협력의 강조
- 상담은 내담자와 상담자가 함께 만들어가는 과정임을 알립니다.
- 내담자의 문제가 상담을 통해 해결하고 도움을 받을 수 있는 것임을 강조합니다.
- 청소년상담사의 전문성을 설명하고 상담자는 도움을 주는 전문가임을 강조합니다.

㉢ 상담 구조 재조정 및 동기 강화
- 지금까지의 진행 방식이 내담자에게 잘 맞지 않았다면, 내담자와 열린 대화를 통해 협의합니다.
- 내담자가 상담에서 기대한 변화 혹은 원하는 방향을 다시 확인하고, 필요하다면 상담 목표나 진행 방식을 재조정합니다.
- 활동 중심 상담이나 단기적 과제 설정을 통해 변화를 직접 체감하여 상담의 지속 동기를 강화할 수 있게 돕는 방식을 고려할 수 있습니다.

답변작성　위 모범답변을 참고하여, 자신만의 답변을 작성해 보세요.

질문 04 상기 사례 내담자의 동생을 상담한다면 무엇을 알아보고 싶은가?

답변방향

1. 상담 대상을 바꾸더라도, 사례에서 나타난 핵심 문제를 중심으로 상담을 통해 알아보고 싶은 점을 도출할 수 있어야 해요.
2. 문제 해결보다는 신뢰 형성과 동생의 배경 이해에 집중하는 답변이면 좋아요.

모범답변

㉠ 가족 및 양육 환경에 대한 인식
- 동생이 생각하는 가정의 분위기와 부모와의 관계, 형에 대한 마음을 알아보겠습니다.
- 부모의 관심이 형에게 쏠려 있다는 상대적 박탈감이 있는지 확인하겠습니다.
- 형에 대한 분노·무시 등의 감정이 어떤 방식으로 형성되었는지 확인하겠습니다.
- 부모가 자녀의 생활이나 정서에 얼마나 개입하고 있다고 생각하는지 알아보겠습니다.

㉡ 비행행동의 동기와 심리적 배경
- 노는 무리와 어울리거나 비행행동(예 바이크, 경찰서 사건 등)을 하게 된 배경이 무엇인지 알아보겠습니다.
- 비행행동을 통해 얻고자 했던 감정이나 보상은 무엇이었는지 탐색하겠습니다.
- 단순한 호기심이 아닌, 주변에 자신을 드러내고 주목받고 싶은 심리가 있는지 알아보겠습니다.

㉢ 자아정체감과 자기표현 방식
- 자신의 감정을 어떤 방식으로 표현하고 다루는지를 알아보겠습니다.
- 본인이 어떤 사람으로 보이고 싶은지 알아보겠습니다.
- 부정적 또래 문화가 자아정체성 형성에 어떤 영향을 미치는지 살펴보겠습니다.
- 충동조절, 책임감, 미래 계획 등에 대한 태도를 알아보겠습니다.

답변작성

위 모범답변을 참고하여, 자신만의 답변을 작성해 보세요.

제시사례

다음은 청소년상담복지센터 인터넷 게시판에 사연을 올린 고등학교 3학년 여학생의 사례이다.

안녕하세요, 저는 고등학교 3학년에 재학 중인 학생입니다. 대입을 앞두고 이런저런 스트레스가 많은 시기지만, 요즘은 공부보다도 친구와의 관계 때문에 더 힘들어 이렇게 상담을 요청드리게 되었습니다. 저에게는 고등학교 1학년 때부터 정말 친하게 지냈고, 서로 고민도 많이 나누는 친구 A가 있어요. 최근에 알게 된 사실인데 A와 저 둘 다 같은 대학, 같은 학과를 목표로 하고 있다고 해요. 그 사실을 알게 된 뒤부터 사이가 점점 어색해졌어요. 처음엔 같은 진로를 가진 친구가 있어 든든하고 서로 같이 응원해주는 사이가 될 수 있겠다고 생각했지만, 요즘은 서로를 경쟁자로 인식하고 있는 것 같아요.

A는 저보다 성적도 좋은 편이고 자신감도 있어요. 아무래도 저보다는 자기가 그 대학에 입학할 가능성이 더 높다고 생각하는 것 같아요. 특히 모의고사 성적이 잘 나올 때마다 자랑처럼 말하는데, 그런 말을 들으면 저는 자꾸 주눅이 들고 불편해져요. 겉으로는 웃고 넘기지만 속으로는 제 성적과 비교하며 위축될 때가 많아요. 요즘은 A가 제게 하는 사소한 말이나 행동에도 예민하게 반응하게 돼요. 어떤 날은 모의지원 결과를 보여주며 "나 이번에 합격 가능성이 꽤 높게 나왔어"라고 말했는데, 그 순간 마음이 철렁 내려앉았어요. 괜히 제 성적이 부끄럽고, 제가 무능력한 사람처럼 느껴졌어요. 저를 예민하게 하려고 일부러 말하는건가 싶기도 하고, 그럴 때마다 저 스스로 참 못된 아이 같다는 생각이 들어요. A와 대화를 해도 즐겁지가 않고, 그날 이후로는 점점 거리를 두고 있어요.

사실 A는 아직도 저를 친구처럼 대하는 것 같아요. 그런데 저는 A의 말 한마디 한마디에 자꾸 민감하게 반응하고, 경쟁심이 생기니까 친구로 대하기가 점점 힘들어져요. 또 저도 모르게 A를 의식하게 되고, 그 친구보다 잘해야 한다는 압박도 생겨서 공부도 더 불안하게 해요. 이제는 차라리 멀어지는 게 낫지 않나 하는 생각도 들어요. 하지만 오랫동안 친했던 친구라 쉽게 정리하기도 어렵고, 마음은 복잡하기만 해요. 어떻게 하면 친구와의 관계를 무너뜨리지 않으면서도, 이 불편한 감정을 잘 다스릴 수 있을까요?

저도 대학 입시가 얼마 남지 않아서 마음이 너무 지치고 흔들리는 것 같아요. 이럴 때 어떻게 해야 저 자신도 지키고, 친구 관계도 건강하게 유지할 수 있을지 조언 부탁드립니다.

사례분석

1. 내담자는 친구와 같은 진로와 목표를 가지고 있다는 사실에서 경쟁자 의식이 심화되고 있어요.
2. 친구의 성적 우위와 자신감 있는 태도가 내담자의 열등감과 자기비하를 자극하고 있어요.
3. 친구와의 소중한 관계를 유지하고 싶은 마음과 경쟁심으로 인해 거리를 두고 싶은 마음이 양가감정으로 나타나고 있어요.

질문 01 상대방과 의견 충돌이 발생할 때 어떻게 대처하는 편인가?

답변방향

1. 자신이 갈등 상황에서 겪었던 일, 어떻게 행동했는지와 깨달은 점을 솔직하게 말해야 해요.
2. 갈등의 상황에서 상대방을 어떻게 이해하고, 자기 감정을 어떻게 조절하는지 언급하면 더 좋아요.

모범답변

1. 의견 충돌이 생겼을 때 ==서로의 차이를 이해하고, 중립적인 입장을 유지==하려고 노력합니다. 우선 상대의 이야기를 끝까지 경청하려고 합니다. 제 입장만 주장하기보다는, 상대방이 왜 그런 생각을 갖게 되었는지를 이해하려는 태도를 유지합니다. 서로의 의견을 듣고 입장을 조율할 수 있는 접점을 찾아 함께 해결책을 고민하려고 노력합니다. 필요할 경우 제3자의 의견이나 중재를 요청하기도 합니다.

2. 갈등의 상황에서 ==감정이 격해지기 쉬우므로 감정을 가라앉히려고 노력==합니다. 감정적인 상태에서는 논리적인 대화가 어렵기에 오히려 갈등이 더욱 심해질 수 있습니다. 심호흡을 하거나 대화를 잠시 중단하는 방법을 활용하여 감정을 조절합니다. 감정이 가라앉은 후 이성적인 상태에서 조율을 위한 소통을 이어가는 편입니다.

답변작성
위 모범답변을 참고하여, 자신만의 답변을 작성해 보세요.

모범답변 더 보기

질문 02 청소년들이 자신의 고민을 인터넷 게시판에 올리거나, 이메일로 보내는 이유는 무엇이라고 생각하는가?

답변방향

1. 익명성으로 인한 심리적 안정감, 비대면 방식의 편안함, 자기표현의 용이함 등의 이유를 가지고 있을 수 있음을 말해야 해요.
2. 비대면상담 방식은 또래나 부모와의 관계에서 오는 부담이나 판단에 대한 두려움을 피할 수 있다는 점을 말해야 해요.

모범답변

㉠ 익명성에서 오는 심리적 안정감
- 온라인 공간은 자신의 신원을 드러내지 않아도 되는 특성이 있어, 청소년들이 고민을 보다 자유롭게 표현할 수 있습니다.
- 주변의 시선을 의식하는 청소년에게 오프라인 상담실보다 더 큰 심리적 안정감을 제공하며, 고민을 쉽게 털어놓게 만들어줍니다.

㉡ 비대면 방식의 편안함
- 청소년들은 디지털 환경에 익숙하고 비대면 소통 방식에 편안함을 느낍니다.
- 대면상담에서는 말하기 어려운 문제들도, 얼굴을 보지 않고 글로 표현하면 부담 없이 이야기할 수 있습니다.
- 시간이나 장소에 구애받지 않고 언제든지 자신의 고민을 말할 수 있습니다.

㉢ 자기표현의 용이함
- 청소년기에는 타인의 평가나 시선에 예민하기 때문에 가까운 사람에게 직접 고민을 말하는 것이 어렵게 느껴질 수 있습니다.
- 인터넷이나 이메일은 즉각적인 반응 없이도 자신의 감정을 정리해서 표현할 수 있는 수단이 됩니다.
- 글을 통해 스스로의 감정을 정리하고, 표현 방식을 선택할 수 있다는 점에서 청소년들에게 자기 이해와 감정표출의 기회를 제공합니다.
- 자신의 고민을 나누고, 타인의 반응을 통해 위로와 지지를 받을 수 있습니다.

답변작성
위 모범답변을 참고하여, 자신만의 답변을 작성해 보세요.

질문 03   사례 속 내담자의 주호소문제는 무엇인가?

답변방향

1. 사례에서 나타나는 내담자의 말로 상황을 분석하고 파악하여 답변해야 해요.
2. 내담자는 친구와의 경쟁의식으로 인해 정서적 혼란(예 어색함, 열등감, 양가감정, 압박감 등)을 겪고 있어요.

모범답변

㉠ 친구와의 경쟁으로 인한 관계의 어색함과 거리감
- 친하게 지냈던 친구와 같은 진로를 목표로 하게 되면서, 서로를 경쟁자로 인식하게 되었습니다.
- 내담자는 입시로 인해 이전처럼 편안한 관계를 유지하기 어려워하고 있습니다.

㉡ 자신의 성적에 대한 열등감과 낮아진 자존감
- 친구가 성적을 자랑하거나 성취를 말할 때마다 내담자는 자신이 초라하게 느껴지고, 무능력한 사람처럼 느끼고 있습니다.
- 친구의 성적과 사소한 행동 하나에도 쉽게 자존감이 흔들리는 모습을 보이고 있습니다.

㉢ 친구에 대한 양가감정으로 인한 정서적 혼란
- 내담자는 친구와의 관계를 유지하고 싶어하면서도, 동시에 멀어지고 싶은 마음이 공존하고 있습니다.
- 자신이 예민하게 반응하는 것에 대해 죄책감을 느끼며 복잡한 감정 속에 혼란을 겪고 있습니다.

㉣ 입시에 대한 압박감과 정서적 소진
- 내담자는 입시가 다가오면서 불안감이 심해지고 있으며, 감정적으로 예민해지고 있습니다.
- 친구관계에서도 영향을 받을 만큼 내면의 스트레스가 크게 누적된 상황입니다.

답변작성
위 모범답변을 참고하여, 자신만의 답변을 작성해 보세요.

질문 04 상기 사례 내담자처럼 친구와의 비교로 인해 생기는 자존감 문제에 어떻게 개입할 수 있는지 말해보시오.

답변방향

1. 내담자의 감정을 수용하고 스스로 비난하지 않도록 도와주어야 해요.
2. 인지적 개입을 통해 내담자의 왜곡된 자기 인식을 재구성하려는 상담 전략을 활용할 수 있어요.
3. 내담자 스스로 자신에 대한 긍정적 경험을 쌓도록 하고 자존감 회복을 돕는 개입 방법을 말해야 해요.

모범답변

㉠ 비교의 이유 파악 및 감정 공감
- 내담자가 친구와 자신을 비교하게 된 상황과 이유를 파악합니다.
- 비교로 인해 생긴 질투, 위축, 분노, 죄책감 등 복합적인 감정을 안전하게 표현하도록 돕습니다.
- "어떤 순간에 친구와 비교하게 되었나요?", "그때 어떤 기분이 들었나요?"와 같은 질문을 통해 자존감이 낮아지는 이유를 탐색합니다.
- 내담자의 감정을 충분히 수용함으로써 내담자가 스스로를 비난하는 악순환을 끊도록 돕습니다.

㉡ 인지적 재구조화를 통한 자기이해 촉진
- 내담자가 부정적으로 느끼는 사고를 탐색하고, 비교가 자기 가치를 판단하는 기준이 될 수 없음을 인식시킵니다.
- 내담자가 가진 고유한 강점이나 성장 과정을 되짚으며, 평가 중심의 사고에서 벗어나도록 돕습니다.
- 장점 탐색 활동, 성공 경험 회상, 강점 일기 등의 기법을 활용해 내담자가 자신의 장점과 가치를 인식하도록 돕습니다.

㉢ 목표 설정과 긍정적 자기 인식 강화
- 작은 성공 경험을 하도록 지원함으로써 자기 자신을 긍정적으로 바라볼 수 있도록 돕습니다.
- 다른 사람과 비교하지 않고, 자신만의 목표를 설정하도록 합니다.
- 스스로 세운 기준을 달성하면서 자기효능감을 키울 수 있도록 돕습니다.

답변작성
위 모범답변을 참고하여, 자신만의 답변을 작성해 보세요.

제시사례

제한 시간 내 읽어 보세요. 5분

다음은 고등학교 1학년 여학생과의 1338 전화상담의 사례이다.

상담자 안녕하세요. 청소년상담복지센터 상담사 ○○○입니다.
내담자 저, 그냥 어디 하소연할 데가 없어서요. 이거 말해도 되는 건지 모르겠어요.
상담자 이렇게 용기 내어 연락해주어 고마워요. 어떤 일이 있었나요? 편하게 말씀해 보세요.
내담자 요즘 너무 불안하고 마음이 복잡해서요. 친구들이랑은 지금은 잘 지내고 있는데, 예전에 저랑 사이가 안 좋았던 애가 전학을 왔거든요.
상담자 그랬군요. 전학 온 친구와 과거에 어떤 일이 있었는지 조금 더 이야기해 줄 수 있을까요?
내담자 (잠시 머뭇거리며) 중학교 2학년 때 그 애가 저를 은근히 따돌렸었어요. 대놓고 괴롭히진 않았지만, 뒤에서 제 욕을 하고, 친구들이 저를 피하게 만들고… 그때 진짜 많이 힘들었거든요.
상담자 그 시기에 정말 힘들었겠어요. 그런 상황을 겪은 뒤라면, 그 친구의 존재만으로도 지금 불안한 마음이 드는 건 자연스러운 일이에요.
내담자 아, 지금은 같은 반은 아니에요. 근데 복도에서 마주치거나 다른 친구랑 얘기하는 걸 보면 자꾸 신경이 쓰여요. 혹시 저에 대해 이상한 소문 퍼뜨릴까 봐 걱정되고, 괜히 다른 애들이 나한테 거리 두는 것처럼 느껴질 때도 있어요.
상담자 혹시 그 친구가 지금 실제로 내담자에 대해 험담을 하거나, 뭔가 불편한 행동을 하진 않았나요?
내담자 아직 그런 건 없어요. 근데 예전 일이 자꾸 떠올라요. '또 그때처럼 될까 봐'라는 생각이 머릿속에 계속 맴돌아요. 그래서 지금 친구들과 잘 지내고 있는데도, 괜히 긴장하게 되고 마음 놓기가 힘들어요.
상담자 내담자가 지금 경험하고 있는 불안은 과거의 상처가 아직 남아 있어서 생기는 감정이에요. 예전의 경험이 반복되지 않을까 하는 걱정이 지금을 불안하게 만드는 거죠.
내담자 맞아요. 그냥 내가 너무 예민한가 싶기도 하고, 괜히 스스로를 지치게 만드는 것 같아요.
상담자 그건 예민한 게 아니라, 그만큼 마음이 상처받은 경험이 크고 많이 힘들어했다는 의미예요.
내담자 저도 그 친구를 너무 의식하지 않고 싶어요. 근데 마음처럼 잘 안 돼요.
상담자 불안은 없애려 하면 더 커지기도 해요. 예전의 나와 지금의 나는 분명 달라요. 그 친구의 존재가 아니라, 지금 내 옆에 있는 사람들과 내가 쌓아온 관계를 더 믿어봐도 괜찮아요.
내담자 조금 마음이 편해졌어요. 아직 불안하긴 하지만, 마음을 편안하게 가져볼게요.
상담자 언제든지 마음이 무거워지면 여기로 다시 와줘도 괜찮아요. 함께 이야기 나눠서 정말 고마워요.
내담자 저도 감사합니다. 조금 숨이 쉬어지는 느낌이에요.

사례분석

1 내담자는 중학교 2학년 때 은근한 따돌림을 경험하였어요.

2 내담자의 따돌림을 주도한 학생이 전학으로 다시 나타나면서 트라우마로 인한 불안과 긴장감이 재발하였어요.

3 실제로는 현재 괴롭힘이나 험담이 없는 상태이나 과거 경험으로 인한 심리적 불안이 지속되는 상황이에요.

질문 01   지인이 집단상담 내담자 중 한 명을 자신의 친한 친구의 자녀라고 하며 특별 대우를 요청한다면 어떻게 하겠는가?

답변방향

1. 상담 윤리 원칙(공정성, 비밀보장, 전문성)을 실제 상황에서 어떻게 적용할지 언급하세요.
2. 외부 압력이나 관계성으로부터 독립된 전문적 태도를 유지할 수 있음을 보여주어야 해요.

모범답변

㉠ 집단 내 공정성과 비밀보장의 중요성 설명
- 지인에게 상담에 관심을 가지는 것에 먼저 감사를 표현하되, 공정성과 비밀보장 원칙을 우선시하겠습니다.
- 지인에게 집단상담은 참여자 모두에게 공평한 기회를 제공해야 하며, 특정 내담자를 특별 대우할 수 없는 점을 설명하겠습니다.
- 부탁을 무시하는 것이 아니라, 상담의 본질을 지키기 위한 필수적인 기준이 있음을 오해하지 않도록 전달하겠습니다.
- 집단상담은 집단원 간의 신뢰를 바탕으로 진행되기 때문에, 특혜는 전체 집단의 역동에 부정적인 영향을 줄 수 있음을 알리겠습니다.
- 내담자의 정보나 배경을 외부에 언급하는 것 자체가 비밀보장의 원칙을 위반할 소지가 있으므로, 해당 내담자에 대한 언급 자체를 지양하겠습니다.

㉡ 윤리적 태도 점검 및 수퍼비전 요청
- 지인의 요청이 지속되거나 심해질 경우에는, 전문적 판단을 위해 수퍼바이저나 동료 상담자에게 자문을 구해 대처방법을 찾겠습니다.
- 외부 압력 상황에서 상담자로서 감정과 판단이 객관성을 유지하고 있는지 성찰하겠습니다.

답변작성

위 모범답변을 참고하여, 자신만의 답변을 작성해 보세요.

질문 02 상기 사례에서 알 수 있는 내담자의 위험요소와 보호요소는 무엇인가?

답변방향

1. 사례에서 알 수 있는 내담자의 위험 및 보호요소를 단순 나열이 아닌, 사례의 구체적 문장을 근거로 삼아 설명해야 해요.
2. 보호요소는 자원의 관점에서 제시하고, 개입 시 활용 가능성을 언급하면 더 좋아요.

모범답변

㉠ **위험요소(정서적 상처, 불안 및 경계심, 자기비난)**
- 내담자는 과거 또래관계에서 따돌림을 겪으며, 정서적 상처를 겪은 상태입니다.
- 현재 직접적인 피해가 없음에도 과거의 일이 반복될까 두려워하며 과도한 긴장과 불안을 호소하고 있습니다.
- 내담자는 스스로를 "예민한 것 같다."라고 표현하며, 감정을 억제하거나 자책하는 모습을 보이고 있습니다.

㉡ **보호요소(현재 긍정적인 또래관계, 도움 요청 능력, 상담 수용 능력)**
- 내담자는 현재 친구들과는 잘 지내고 있다고 언급하며, 의미 있는 사회적 지지망을 확보하고 있습니다.
- 내담자는 자신의 불안과 심리적 문제를 인식하고, 스스로 1388 전화상담을 요청했다는 점에서 문제 인식 및 도움 요청 역량이 있습니다.
- 상담자의 피드백에 반응하며 "마음이 편해졌다."라고 말하는 등 상담을 수용하는 태도가 있어 빠른 회복의 가능성이 보입니다.

답변작성
위 모범답변을 참고하여, 자신만의 답변을 작성해 보세요.

질문 03 상기 사례의 내담자가 자신의 심리적 문제를 해결하기 위해 해야 할 행동이 있다면 무엇인지 말해보시오.

답변방향

1. 내담자 스스로 현재 불안을 느끼는 이유를 이해하고 과거 경험과 현재 상황을 구분할 수 있어야 해요.
2. 긍정적인 관계 경험을 쌓고, 자기를 돌보는 연습을 하고 필요하다면 상담 연계를 통해 자신을 보호해야 해요.

모범답변

㉠ 과거 경험과 현재 상황 구분하기
- 과거에 힘들었던 기억이 떠올라도 "지금은 상황이 다르다"는 것을 스스로 인지해야 합니다.
- 현재 친구들과의 좋은 관계를 객관적으로 바라보며 불필요한 걱정을 줄여야 합니다.

㉡ 자기 감정 관찰과 표현
- 불안, 긴장, 걱정 등 감정을 스스로 인식하고 기록하거나 신뢰할 수 있는 사람에게 표현해야 합니다.
- 감정을 억누르지 않고 건강하게 표현함으로써 마음을 정리하고 해소해야 합니다.

㉢ 긍정적 관계 강화
- 현재 친구, 가족 등 주변 사람들과 긍정적 관계를 자주 경험하며 안정감을 쌓아야 합니다.
- 긍정적 상호작용을 통해 "자신은 안전하고 인정받는 존재"라는 감정을 강화해야 합니다.

㉣ 자기 돌봄 및 마음 다루기 연습
- 긴장이 될 때 심호흡, 명상, 산책 등으로 마음을 안정시키는 연습해야 합니다.
- 자신을 지치게 만드는 부정적인 생각에 휘둘리지 말고, 스스로를 다독여야 합니다.
- 불안이 사라지지 않으면, 상담을 통해 생각과 감정을 정리하고 해결 방법을 찾아보아야 합니다.

답변작성 위 모범답변을 참고하여, 자신만의 답변을 작성해 보세요.

질문 04 청소년 쉼터에 있던 청소년이 집으로 돌아가려고 할 때 가장 먼저 확인해야 할 부분은 무엇인가?

답변방향

1. 귀가를 단순한 '귀소'로 보지 않고, 청소년의 안전과 복지 관점에서 생각할 수 있어야 해요.
2. 외부 압력이나 불안에서 비롯된 귀가 의사가 아닌, 자기결정에 따른 귀가인지 점검할 수 있어야 해요.
3. 학대, 방임 등의 문제가 있었다면 해당 문제와 가정 내 갈등이 해소되었는지를 최우선적으로 평가해야 해요.

모범답변

㉠ 청소년의 자발적 의사와 준비 상태
- 외부 압력이나 임시적 감정에 의해 귀가를 결정한 것은 아닌지 확인해야 합니다.
- 청소년 스스로 복귀에 대해 충분히 고민하고 준비되어 있는지를 확인해야 합니다.
- "왜 집에 돌아가고 싶나요?"와 같은 질문을 통해 청소년의 의사와 내면 상태를 알아봅니다.

㉡ 귀가 시 안전 보장 여부
- 청소년이 가정으로 돌아갔을 때 신체적·정서적으로 안전한 환경이 보장되는지 확인이 필요합니다.
- 가정 내 학대, 방임, 갈등 등의 이유로 쉼터에 입소한 경우, 문제가 해결되었는지 평가해야 합니다.
- 복귀 이후 다시 위기 상황에 놓일 가능성이 있다면, 무리한 귀가는 청소년에게 해가 될 수 있음을 인지합니다.
- 필요시 가족상담이나 가정방문을 통해 귀가 전 충분한 조율과 약속이 이루어졌는지를 확인합니다.
- 귀가 이후의 사후지원 계획도 함께 점검합니다.

답변작성

위 모범답변을 참고하여, 자신만의 답변을 작성해 보세요.

제시사례

올해 중학교 2학년이 된 임 군(14세, 남)은 최근 어머니의 재혼으로 인해 가족구성에 큰 변화가 생겼고, 생활환경 역시 급변했다. 원래는 지방 소도시에 살았으나, 어머니가 새아버지와 재혼하며 서울로 이사하게 되었고, 그에 따라 중학교도 전학을 오게 되었다. 새로 전학 온 학교는 학업 분위기가 매우 치열하고, 학생들의 성적 수준도 전반적으로 높았다. 이전 학교에서는 중간 정도 성적을 유지하던 임 군은 새로운 학교에서는 하위권에 머무르게 되었고, 성적이 떨어진 데 따른 스트레스를 강하게 느끼고 있다.

이러한 학업 스트레스 외에도, 임 군은 가정 내에서 복잡한 감정을 겪고 있다. 새아버지는 처음부터 임 군에게 잘해주기 위해 애쓰는 모습을 보였고, 경제적으로도 가족을 안정적으로 책임지고 있다. 하지만 임 군은 새아버지를 '아빠'라고 부르는 것이 매우 어색하고, 감정적으로도 거리감이 느껴진다. 특히 초등학교 4학년인 동생이 아무렇지 않게 새아버지를 "아빠"라고 부르며 따르는 모습을 볼 때면 복잡한 심정이 든다. 동생은 새아버지와 잘 지내는 것 같지만, 임 군은 그런 동생의 모습을 보며 화가 나기도 하고, 동시에 "내가 이상한 건가?"라는 자책감이 들기도 한다.

이혼 이후 양육권은 어머니가 가졌지만, 아버지는 임 군과 동생을 매우 아끼고 사랑하며, 종종 주말마다 몰래 만나 식사를 하거나 시간을 보내고 있다. 임 군은 아버지와 함께 있을 때 편안함과 안정감을 느끼며, 이러한 만남은 자신에게 큰 위로가 된다. 하지만 이 사실을 어머니가 알게 되면 매우 화를 내기 때문에, 아버지를 만나는 일은 항상 몰래 이루어질 수밖에 없고, 이는 임 군에게 또 다른 스트레스로 작용하고 있다.

임 군은 자신이 아버지에게 여전히 정이 많고, 아버지와의 관계를 소중하게 여기고 있다는 이유로 새아버지에게 마음을 열 수 없다고 느낀다. 그는 '아빠를 좋아하면서 새아빠에게 잘해주는 건 아빠를 배신하는 것 같다'라고 생각하며, 양쪽 사이에서 갈등하고 있다. 새아버지가 나쁘지 않다는 것은 알지만, 친부에 대한 미안함 때문에 마음을 주는 것이 어렵다. 또한 이런 감정을 어머니에게 털어놓으면 또 혼날까봐, 가족 안에서도 마음을 제대로 표현하지 못하고 혼자 끙끙 앓고 있다.

최근 들어 임 군은 점점 말수가 줄어들고, 학교에서도 친구들과 어울리는 일이 줄어들었다. 성적이 잘 나오지 않는 이유도 자신의 가정환경이라고 생각한다. 예전보다 짜증도 많아지고, 감정을 조절하지 못해 가족에게 툴툴대는 일이 잦아졌으며, 어머니와의 갈등도 자주 일어난다. 임 군은 자신이 왜 이렇게 복잡한 감정을 느끼는지 잘 모르겠고, 지금 상황에서 어떻게 해야 할지도 모르겠다. 임 군은 고민을 하다 스스로 상담실을 찾았다. 상담을 요청한 이유는 누구에게도 제대로 말할 수 없었던 복잡한 마음을 조금이나마 정리하고 싶다는 간절함에서 비롯되었다.

사례분석

1 내담자는 부모님의 이혼과 어머니의 재혼으로 가정과 학교 환경이 변화했고, 성적 하락을 경험하며 자존감 저하를 겪고 있어요.

2 새아버지를 잘 따르는 동생의 모습과 자신의 모습에 괴리감을 느끼며 자책을 하고 있어요.

3 친아버지를 향한 애정과 새로운 가족 구성원(새아버지) 사이에서 심리적 갈등을 겪고 있어요.

질문 01 내담자가 상담을 약속한 후 나타나지 않는다면 어떻게 할 것인가?

답변방향

1. 예상치 못한 상황에서도 전문성과 윤리적 태도를 유지하며 적절하게 대응할 수 있어야 해요.
2. 내담자가 상담에 오지 않은 다양한 가능성을 고려하고 열린 태도를 유지하며 비난 없는 재접촉 시도가 필요해요.

모범답변

㉠ 이해와 공감의 시선으로 접근
- 내담자가 상담에 오지 않은 이유를 단정하지 않고, 상담 불안, 효과 의심, 일정 착오 등 다양한 가능성을 고려하겠습니다.
- 내담자의 상황을 비난하지 않고 이해하고 공감하는 태도로 다가가겠습니다.

㉡ 상담 참여 의사 확인
- 전화, 문자 등 부담 없는 방법으로 연락을 시도하겠습니다.
- 강압적이지 않은 표현을 사용하여 상담 의사를 다시 확인하겠습니다.
- 내담자가 의도적으로 상담을 회피할 경우, 비밀보장과 신뢰관계를 유지하며 기관 내규에 따라 보호자에게 연락하겠습니다.

㉢ 열린 태도 유지
- 책임을 묻기보다 "그날 무슨 일이 있었는지 걱정되었어요"라고 말하며 관심과 걱정을 표현하겠습니다.
- 내담자가 편안하게 이야기할 수 있도록 열린 태도를 보여주겠습니다.
- 상담 약속을 지키는 것이 내담자에게 도움이 되고 상담 효과를 높일 수 있다는 점을 부드럽게 안내하겠습니다.

답변작성 위 모범답변을 참고하여, 자신만의 답변을 작성해 보세요.

질문 02 상담 초기에 내담자와 라포(rapport)와 관계 형성이 제대로 안 되었다면 어떻게 하겠는가?

답변방향

1. 상담 초기 라포가 잘 형성되지 않는 것을 문제 상황으로만 보지 않고 상담과정의 일부로 받아들이는 자세를 언급하세요.
2. 문제 인식과 자기점검, 내담자의 반응에 대한 관찰과 조율하는 태도를 보여주어야 해요.

모범답변

㉠ 관계 형성 부족의 원인 탐색과 상담자 자기점검
- 라포가 형성되지 않은 이유가 내담자에게 있는지, 상담자의 태도나 환경적 요인에 있는지 살펴보겠습니다.
- 내담자가 상담 자체에 대한 준비가 되어 있지 않거나, 신뢰를 쌓기 어려운 이유가 있음을 인지하겠습니다.
- 상담자로서 일방적으로 이끌려고 하진 않았는지, 경청과 공감에 부족함이 없었는지 성찰하는 태도를 가지겠습니다.

㉡ 내담자의 비언어적 신호와 감정에 대한 민감한 관찰
- 내담자와의 신뢰 형성을 위해 비언어적 표현과 감정의 흐름에 더 집중하겠습니다.
- 말보다 표정, 말투, 눈맞춤 등을 통해 내담자가 불편해하거나 거리를 두는 부분을 섬세하게 관찰하고, 속도와 접근 방식을 조절하겠습니다.
- 내담자의 이야기를 판단 없이 수용하며 공감의 폭을 넓히겠습니다.
- 관계 형성 자체도 상담의 중요한 과정으로 받아들이는 자세를 유지하겠습니다.
- 내담자가 마음을 열 수 있도록 강요하지 않고 기다려주는 태도로 상담실이 안전한 공간이라는 인식을 심어주겠습니다.

답변작성 위 모범답변을 참고하여, 자신만의 답변을 작성해 보세요.

질문 03 상기 사례에서 내담자의 새아버지에 대한 마음은 어떻다고 생각하는가?

답변방향

1. 내담자는 새아버지를 부정적으로만 느끼는 것은 아니지만, 친부에 대한 미안함으로 인해 마음을 열기 어려운 상황이에요.
2. 내담자는 긍정적 감정과 부정적 감정이 섞여 있는 심리적 갈등 상태임을 설명해야 해요.

모범답변

㉠ 인지적으로는 '좋은 사람'이라고 생각함
- 내담자는 새아버지에 대해 "나쁘지 않다", "경제적으로도 가족을 책임지고 있다"는 식의 긍정적인 인식을 하고 있습니다.
- 새아버지가 가정에 안정감을 주고, 좋은 양육자의 역할을 하려는 사람이라는 생각을 갖고 있습니다.
- 내담자는 새아버지 자체를 싫어하기보다는, 감정적으로 받아들이기 어려운 상태라고 볼 수 있습니다.

㉡ 감정적인 거리감과 혼란
- 내담자는 새아버지를 '아빠'라고 부르는 것이 어색하다고 말하며, 거리감을 느끼고 있습니다.
- 동생이 새아버지를 따르는 모습을 보며 화가 나거나 자책감을 느끼는 등 복잡한 정서를 경험하고 있습니다.
- 새아버지 자체에 대한 부정적인 감정보다는 새아버지를 받아들이지 못하고 있는 자기 자신에 대한 혼란이 크다고 볼 수 있습니다.

㉢ 친부에 대한 애착으로 인한 충돌과 죄책감
- 내담자는 친아버지에 대한 애정이 크며 새아버지에게 마음을 여는 것을 배신처럼 느끼고 있습니다.
- 새아버지에게 정을 주는 것이 친부에 대한 죄책감으로 여겨지면서 양가감정이 나타나고 있습니다.

답변작성
위 모범답변을 참고하여, 자신만의 답변을 작성해 보세요.

질문 04 상기 사례 내담자를 상담한다면 어떻게 상담할 것인지 답변해보시오.

답변방향

1. 가족 재구성으로 인한 갈등, 학업 스트레스 등 복합적인 문제가 얽혀 있어 통합적 개입능력이 필요해요.
2. 사례를 종합적으로 파악하여 상담의 구조(초기-중기-후기)로 나누어 답변하면 더 좋아요.

모범답변

㉠ 상담 초기: 상담관계 및 라포 형성
- 내담자가 정서적 혼란이 크다는 점을 고려하여, 정서적 안정감과 신뢰 형성에 초점을 두겠습니다.
- 내담자의 감정을 수용하며 상담실이 자신의 감정을 안전하게 표현해도 되는 공간임을 인식시키겠습니다.
- 내담자가 감정을 말로 표현할 수 있도록 개방형 질문(예 "새아버지와 처음 만났을 때 기분이 어땠어요?" 등)을 활용하여 감정을 탐색하겠습니다.
- 내담자의 호소문제를 바탕으로 상담 목표를 같이 세우겠습니다.

㉡ 상담 중기: 심리적 갈등 해소 및 대처 방안 탐색
- 내담자가 느끼는 복잡한 감정을 자세히 이야기하도록 돕겠습니다.
- 새아버지에 대한 거리감과 친부에 대한 애착이 동시에 존재할 수 있음을 설명하며, 양쪽 감정을 받아들이도록 하겠습니다.
- 내담자가 부정적 감정을 느낄 때 심호흡, 명상, 산책 등으로 스스로 마음을 안정시키도록 돕겠습니다.
- 학업 스트레스 완화를 위해 시간 관리, 목표 설정 등을 함께 계획하겠습니다.
- 전학 후 위축된 친구 관계 회복과 사회성 향상을 위해 소그룹 활동이나 참여할 수 있는 프로그램을 제안하겠습니다.

㉢ 상담 후기: 변화 확인과 상담목표 평가
- 내담자가 다양한 감정을 스스로 인식하고 조절할 수 있게 되었는지를 점검하겠습니다.
- 상담을 통해 배운 감정 조절 방법, 자기돌봄 전략을 생활 속에서 활용하도록 격려하겠습니다.
- 내담자가 의지할 수 있는 사람이나 기관(예 담임교사, 1388 청소년전화 등)을 함께 정리하여, 위기 시 활용할 수 있도록 합니다.
- 상담 목표에 대한 달성 여부를 평가하고, 변화가 유지될 수 있도록 종결을 준비하며 필요시 후속 상담을 안내합니다.

답변작성 위 모범답변을 참고하여, 자신만의 답변을 작성해 보세요.

에듀윌이
너를
지지할게
ENERGY

당신은 수많은 별과 마찬가지로 거대한 우주의 당당한 구성원이다.
그 사실 하나만으로도 당신은 자신의 삶을 충실히 살아가야 할
권리와 의무가 있다.

— 맥스 에흐만(Max Ehnmann)

CH2
디지털 사례

챕터별 학습포인트

❶ 스마트폰 과의존, 인터넷 중독, 사이버 범죄 등 디지털 환경에서 발생하는 문제들이 사례로 제시됩니다.

❷ 디지털 환경에서의 문제 상황을 분석하고, 청소년의 행동 원인과 사회적, 환경적 요인을 고려한 현실적인 개입 방법을 중심으로 학습합니다.

❸ 청소년의 디지털 환경 이해 및 상담자의 대응 태도를 평가하는 질문도 대비할 수 있습니다.

1 기출동형문제

2021년 제20회

다음은 초등학교 5학년 남학생 자녀를 둔 어머니의 사연이다.

안녕하세요, 저는 초등학교 5학년 아들을 키우고 있는 엄마입니다. 요즘 제 아들 때문에 거의 매일 학교에 불려가고 있습니다. 제 아들이 학교에서 매일 약한 아이들을 괴롭히고 친구 핸드폰을 빼앗아 게임을 한다고 합니다. 말리는 담임선생님께도 대들고 반항적인 태도를 보이고 있다고 합니다. 같은 반 친구들 사이에서는 이미 기피 대상이 되었다는 말을 듣는데 마음이 찢어지는 것 같았습니다. 제 아들은 잘못된 행동인지도 모르고 그저 학교에서는 자신을 건드리는 친구가 없다며 좋아합니다. 제가 아들 교육을 잘못한 것 같아 다른 학부모님들께도 죄송한 마음입니다.

아들은 초등학교 4학년에 처음 핸드폰을 사준 이후 중독인 수준으로 핸드폰 게임을 즐겨합니다. 최근에는 자신이 사용하는 핸드폰 기종이 너무 구식이라 게임을 제대로 할 수 없다며 바꿔달라고 요구하기도 했습니다. 제가 안 된다고 하며 핸드폰 사용시간을 줄이라고 다그치자 집 안의 물건을 던지며 화를 내고 집을 나갔습니다. 다시 돌아와선 데이터 용량이라도 늘려달라며 떼를 쓰기까지 했습니다. 저는 진심으로 제 아들의 미래가 걱정스럽습니다. 남편에게 진지하게 아들과 핸드폰 중독상담을 받으러 가자고 이야기를 했지만 원래 그 나이대 아이들은 그렇게 크는 거라며 시큰둥한 태도만 보이고 있습니다.

아들에게 학교 상담을 받을 것을 권유했지만, 완강히 거부하며 새로운 핸드폰을 사주거나 데이터 용량을 늘려주면 생각해보겠다고 합니다. 잠시 어떻게 할지 고민이 됐지만, 아들이 더욱 스마트폰 중독에 빠질 것 같아 이러지도 저러지도 못하겠습니다. 아들은 공부는 전혀 하지 않습니다. 시험 기간에도 새벽까지 친구들과 어울리며 핸드폰 게임을 합니다. 잠도 자지 않고 게임을 하는 아들의 모습을 보며, 스마트폰 중독도 걱정되지만 키도 안 크고, 생체리듬도 무너질 것 같아 더 걱정스럽습니다. 게임하지 말고 잠을 자라고 하면 엄마가 내가 게임하는 거 봤냐며 거세게 저항하는 아들을 보면 정말 당황스럽기까지 합니다.

요즘 다른 엄마들 사이에서도 자녀가 지나치게 핸드폰 게임을 많이 해서 걱정이라고 합니다. 아들의 폭력적인 언행도 핸드폰 게임으로 인해 생긴 것 같습니다. 제가 핸드폰을 사준 것 자체가 문제일까요? 저희 아들을 상담을 받게 하거나, 중독 치료를 해야 하는 상황일까요?

사례분석

1. 내담자의 아들은 하루 대부분의 시간을 핸드폰 게임에 몰입하며, 핸드폰 사용을 제한하면 극심한 저항과 분노를 보이고 있어요.
2. 내담자의 아들은 자신의 행동으로 인해 친구들이 피해를 입고 있음에도 죄책감이나 반성의 태도를 보이지 않고 있어요.
3. 내담자 아들의 스마트폰 중독 증상에 대해 양육자 간 입장 차이가 존재해 자녀에게 정서적 혼란을 줄 수 있어요.

질문 01 상기 사례의 어머니에게 자녀상담을 한다면 어떻게 개입할 것인가?

답변방향

1. 어머니가 자녀로 인하여 겪는 심리적인 고통을 먼저 다루어야 해요.
2. 스마트폰 중독이 실제로 자녀에게 미치는 영향을 제시하여 자녀의 문제행동에 대한 이해를 도와야 해요.
3. 가정에서 시도해볼 수 있는 구체적인 행동 지침을 언급하면 더 좋아요.

모범답변

㉠ 어머니의 감정수용 및 지지
- 어머니의 좌절감, 부끄러움, 막막함 등의 감정에 공감하고 수용하겠습니다.
- 자녀 교육을 잘못한 것 같다는 어머니에게 "혼자 감당하시기 어려운 상황에서 용기있게 상담을 요청해주셔서 감사합니다."라고 말씀드리며 자책감을 덜어드리겠습니다.

㉡ 아들의 문제행동에 대한 이해 돕기
- 자녀의 행동이 스마트폰 중독으로 인한 것임을 설명하고 스마트폰이 뇌 발달에 미치는 영향, 생체리듬 파괴 등 심각성을 이해하도록 돕겠습니다.
- 자녀의 반항적인 태도가 단순히 게임 때문이 아니라 통제와 좌절감에 대한 표출 방식일 수도 있음을 설명하겠습니다.

㉢ 부모역할 강화 및 구체적인 행동 지침 제공
- 어머니가 자책하지 않도록 하면서 평소 가정에서의 양육태도를 점검하겠습니다.
- 스마트폰 사용 규제를 강압적으로 하기보다 자녀와 함께 협의하여 사용 규칙을 정하도록 제안하겠습니다.
- 대안활동(예 스포츠, 가족외식 등)을 제안하여 스마트폰을 하는 시간보다 가족이 함께하는 시간을 늘리도록 제안하겠습니다.
- 부모교육 프로그램을 연계하여 남편과 함께 자녀의 행동에 대한 인식을 바꾸고 자녀의 행동 문제를 해결할 수 있도록 돕겠습니다.

답변작성
위 모범답변을 참고하여, 자신만의 답변을 작성해 보세요.

질문 02 상기 사례의 아들을 상담한다면 상담목표와 전략은 어떻게 잡을 것인가?

답변방향

1. 비자발적 내담자의 특성을 고려해서 현실적인 목표와 전략을 세워야 해요.
2. 상담의 목표를 훈계나 강제적인 변화가 아닌 내담자 스스로 변화의 필요성을 깨닫도록 목표를 설정해야 해요.

모범답변

㉠ 신뢰 형성 및 자발적인 문제 인식
- 내담자가 좋아하는 게임이나 캐릭터에 대한 이야기를 매개로 삼아 상담에 참여하도록 유도할 수 있습니다.
- 비난이나 훈계가 아닌 공감적 태도로 접근하여 내담자의 마음을 열겠습니다.
- 내담자의 입장을 존중하는 태도로 접근하여 자신의 행동이 자신과 주변 사람들에게 어떤 영향을 미치고 있는지 스스로 인식하도록 돕겠습니다.
- 내담자의 공격적인 행동과 스마트폰 사용이 단순히 나쁜 습관인지, 아니면 좌절감이나 스트레스를 해소하는 방식인지를 함께 탐색하겠습니다.

㉡ 자기 조절 능력 및 책임감 향상
- 충동적인 행동이나 분노를 조절하는 방법(예 명상, 심호흡 등)을 알려주겠습니다.
- 스마트폰 사용 시간을 줄이는 연습을 하고, 줄였을 때의 보상을 함께 정하여 자기 조절 능력을 향상시키겠습니다.
- 자신으로 인한 피해상황을 정리하고, 책임있는 행동(예 사과 등)을 함께 모색하겠습니다.

㉢ 사회적 기술 및 의사소통 능력 향상
- 친구와 긍정적으로 관계 맺는 법(예 먼저 말걸기, 칭찬하기 등)을 알려주겠습니다.
- 갈등 상황에서 비폭력적으로 대처할 수 있도록 감정을 표현하는 연습을 하겠습니다.

답변작성

위 모범답변을 참고하여, 자신만의 답변을 작성해 보세요.

질문 03   스마트폰 중독 학생들을 대상으로 집단상담을 하게 된다면 프로그램을 어떻게 구성하고 싶은가?

답변방향

1. 스마트폰 사용 습관을 인식하고 건강한 생활 습관을 만들 수 있도록 돕는 프로그램을 구성해야 해요.
2. 구체적이고 실천 가능한 활동들을 제시하여 답변의 현실성을 높이면 더욱 좋아요.

모범답변

㉠ 1회기: 스마트폰 중독의 심각성 인식 및 집단원 간 신뢰관계 형성
- 집단상담의 목표와 규칙을 설명하고 집단원들이 서로를 알아가는 시간을 갖도록 합니다.
- 일정 기간 동안 자신의 스마트폰 사용 패턴(예 사용시간, 주요 활동 등)을 기록하게 하여 자신의 문제 상황을 객관적으로 인식하도록 돕습니다.
- 스마트폰 중독이 뇌에 미치는 영향을 영상 자료를 통해 시각적으로 보여줍니다.

㉡ 2회기: 스마트폰 사용에 대한 감정 나누기
- 스마트폰을 처음 접하게 된 계기, 스마트폰으로 얻는 즐거움 등에 대해 자유롭게 이야기하는 시간을 갖습니다.
- 스마트폰 사용과 관련된 감정(예 분노, 좌절, 즐거움 등)을 그림, 글쓰기 등을 통해 표현하도록 돕습니다.

㉢ 3회기: 스마트폰 대안활동 찾기
- 스마트폰이 없을 때 무엇을 하며 즐거움을 얻을 수 있을지 다양한 아이디어를 집단원들과 함께 나눕니다.
- 집단원 각자가 실천하고 싶은 대안활동을 1~2가지 선정하여 구체적인 실천 계획을 세우며, 다음 회기 때 실천 후기를 공유합니다.

㉣ 4회기: 스마트폰 사용 규칙 만들기
- 스스로 스마트폰 사용 규칙을 만들고, 이를 지키기 위해 어떻게 노력할 것인지 발표합니다.
- 상담 전후의 스마트폰 사용 습관 등을 비교하며 자신의 변화를 확인하도록 안내합니다.

답변작성
위 모범답변을 참고하여, 자신만의 답변을 작성해 보세요.

질문 04 경제적인 어려움으로 인해 가출을 생각하는 내담자에게 어떻게 개입할 것인가?

답변방향

1. 내담자가 가출을 생각하고 있다면 개입이 필요한 위기 상황이므로 심리적인 안정을 제공하고 안전 확보를 해야 해요.
2. 가출의 위험성을 현실적으로 설명하고 지지 체계를 파악하는 등 구체적이고 실질적인 개입 방향을 언급하세요.

모범답변

㉠ 심리적 안정 제공 및 안전 확보
- 내담자의 절박한 감정에 깊이 공감하고 비난 없이 수용하는 태도를 보여주겠습니다.
- 가출은 청소년의 안전과 직결되므로 구체적인 가출계획이나 시도를 한 경험이 있는지 확인하겠습니다.
- 가출이 임박하다면 긴급 보호체계(예 청소년 쉼터 등)와 협조하여 내담자의 안전을 확보합니다.

㉡ 가출의 근본 원인 및 지지 체계 탐색
- 내담자가 가출을 생각하게 된 구체적인 원인(예 부모와의 갈등, 부모의 무관심 등)을 탐색하겠습니다.
- 내담자를 도와줄 수 있는 가족, 친척, 친구, 교사 등 주변의 지지 체계가 있는지 파악하고, 그들과의 관계를 통해 문제를 함께 해결할 수 있는 가능성을 찾겠습니다.

㉢ 현실적인 문제 해결 방안 탐색
- 가출이 일시적으로 문제를 해결하는 것처럼 보일 수 있지만, 가출 이후에 더 큰 위험(예 범죄 노출, 생활고 등)에 빠질 수 있음을 설명하겠습니다.
- 내담자가 동의한다면 부모님께 상황을 알리고, 가족 전체가 문제 해결에 동참할 수 있도록 중재하겠습니다.
- 내담자의 상황에 맞는 사회복지관, 청소년 쉼터, 법률 지원 기관 등과 연계하여 경제적 지원, 주거 지원, 법률 자문 등 실질적인 도움을 받을 수 있도록 돕겠습니다.

답변작성 위 모범답변을 참고하여, 자신만의 답변을 작성해 보세요.

2018년 제17회

올해 중학교 2학년인 이 군(14세, 남)은 리그 오브 레전드 게임에 푹 빠져 있다. 매일 새벽 2~3시까지 게임을 하는 것이 일상이고, 부모님의 강한 제지에도 불구하고 게임을 멈추지 않는다. 주말에는 친구들과 PC방에 가서 끼니까지 거르며 많은 시간을 게임에 쓰고 있다. 이 군은 게임 속에서 팀의 주요 사냥터를 관리하며 팀의 승리에 결정적인 역할을 하고 다른 팀원들을 돕는 것이 매우 마음에 든다. 이 군은 자신의 역할에 책임감을 느끼며, 팀 동료들이 자신을 칭찬해 줄 때 큰 기쁨을 느낀다.

이 군은 가끔 같은 반 친구들이나 집에서 자신이 게임을 많이 한다고 나무라시는 부모님보다 게임 속에서 만난 동료들이 더 좋다고 생각하기도 한다. 현실에서는 자신의 능력을 인정해주지 않는 사람들만 가득하다고 느끼기 때문이다. 한편으로는 자신이 게임을 얼마나 잘하는지를 모두에게 알려 자신도 재능이 많고 필요한 존재라고 생각하도록 만들고 싶기도 하다.

이 군의 아버지와 어머니는 현재 공무원으로 재직 중이다. 이 군의 아버지는 게임에만 몰두하는 아들이 못마땅하다. 어머니도 열심히 공부하는 같은 아파트의 또래 학생과 비교하며 걱정이 이만저만이 아니다. 이 군을 달래보기도 하고, 때로는 크게 화를 내며 야단을 치는 등 여러 가지 방법을 다 써봤지만 별 효과가 없었다. 보다 못한 어머니가 이 군을 데리고 상담센터로 왔다.

상담사와 마주한 이 군은 자신은 다른 친구들보다 그렇게 게임을 많이 하는 것도 아니고, 심지어 공부를 잘하는 친구들도 자기보다 게임을 많이 한다고 말했다. 또 "상담을 받아봤지만 도움을 전혀 못 받았다"는 다른 친구의 이야기를 하면서, 자신 역시 상담을 받을 필요가 없다고 주장했다. 이 군은 게임 때문에 학교에 지각하거나 성적이 많이 내려갔지만 개의치 않는다고 이야기하며, 게임을 그만둘 생각은 전혀 없다고 강조하였다. 그러면서 자신의 게임 속 역할이나 팀에 대한 공헌에 대해 부모님은 전혀 모르고 있다며 답답해했고, 부모님의 잔소리가 이제는 지겹고 짜증이 난다고 호소하였다.

사례분석

1. 내담자는 게임 속에서 활약하는 자신의 모습에 만족하며, 팀 동료들에게 칭찬을 받을 때 기뻐하는 모습을 보이고 있어요.

2. 내담자는 게임을 그만둘 생각이 없으며 자신의 게임 내 공헌도를 부모님이 이해하지 못 한다고 답답해하고 있어요.

3. 내담자는 자신의 게임 행위를 친구들과 비교하여 합리화하며 상담의 필요성도 강하게 부정하고 있어요.

질문 01 내담자가 게임을 지속하려는 이유는 무엇인가?

답변방향

1. 내담자에게 게임은 현실에서 충족되지 않는 성취감을 주는 수단임을 언급해야 해요.
2. 현실과 비교했을 때 내담자가 게임에서 얻거나 경험할 수 있는 요인들은 무엇이 있는지 언급하면 더 좋아요.

모범답변

㉠ 게임을 통한 성취감 획득
- 게임이 단순한 오락의 차원을 넘어 게임 속에서 자신이 '필요한 존재'로 인식되고 있기 때문입니다.
- 내담자가 현실에서 경험하기 어려운 성취감을 느낄 수 있으며 동시에 팀원들로부터 인정과 칭찬을 받는 경험은 내담자의 자존감을 높이는 심리적 보상으로 작용하고 있습니다.

㉡ 현실에서 얻는 스트레스 해소
- 내담자는 부모님이 또래 친구들과 자신을 비교하거나 게임을 통제할 때 정서적 스트레스를 경험하고 있을 가능성이 큽니다.
- 게임은 내담자에게 현실로부터 벗어날 수 있도록 하는 심리적 회피 수단입니다.
- 내담자에게 게임은 자신의 존재감을 확인하고 정서적 안정을 찾는 수단으로 활용되고 있습니다.

답변작성
위 모범답변을 참고하여, 자신만의 답변을 작성해 보세요.

질문 02 사례의 내담자를 상담할 때 가장 우선으로 다루어야 할 것은 무엇인가?

답변방향

1 상담에 대해 내담자가 부정적인 인식을 가지고 있으므로 상담에 대한 저항감을 해소해야 해요.

2 내담자가 게임을 통해 어떤 만족과 보상을 얻고 있는지 파악하면 더 좋아요.

3 내담자의 방어기제를 이해하고 어떻게 상담을 이끌어 갈 것인지 말해보세요.

모범답변

㉠ 상담에 대한 내담자의 저항감 탐색
- 내담자는 상담에 대해 부정적인 인식을 가지고 있으며, 상담실에 온 것도 부모의 강요로 인한 비자발적 참여라는 점에서 상담 자체에 대한 저항과 거리감이 큰 상태입니다.
- 내담자의 입장과 감정을 수용하고 공감하는 태도를 보이며 상담에 대한 안정감과 신뢰감을 형성해야 합니다.

㉡ 게임을 통해 얻는 만족감 탐색
- 내담자에게 게임은 단순한 취미가 아니라, 자신의 존재감을 확인하고 정서적 안정감을 얻는 중요한 수단입니다.
- 팀의 승리에 많은 기여를 하고, 동료들로부터 인정을 받을 때 큰 기쁨을 느끼고 있는 점에 주목해야 합니다.
- 게임 자체를 문제행동으로 단정하기보다는, 내담자가 게임을 통해 얻고 있는 정서적 만족의 의미를 함께 탐색하고 이해하는 과정을 다루어야 합니다.

㉢ 내담자의 자기 합리화 및 방어기제 탐색
- 내담자는 친구들을 예로 들어 상담을 거부하는 자신의 행동을 정당화하려는 방어기제를 보이고 있습니다.
- 내담자의 자기 합리화 뒤에 감춰진 불안감, 자존감 저하, 부모의 비난에 대한 방어기제를 함께 살펴보아야 합니다.
- 내담자가 점차 자신의 행동을 객관적으로 인식할 수 있도록 돕는 과정이 필요합니다.

답변작성 위 모범답변을 참고하여, 자신만의 답변을 작성해 보세요.

질문 03   사례에서 언급되는 사항 외에 어떤 것을 추가로 알아보아야 하는가?

답변방향

1. 부모의 양육태도는 어떠한지, 내담자와의 애착관계는 어떠한지 확인해야 해요.
2. 학교 부적응 요인은 없는지, 학교생활 전반에 대해 파악해야 해요.
3. 내담자의 가정이 정서적으로 어떻게 기능하고 있는지 탐색해야 해요.

모범답변

㉠ 부모의 양육방식과 애착관계 형성 여부
- 부모가 성적을 지나치게 강조하거나 학습을 강요하며 내담자를 비난하는 태도를 보이는 경우는 없는지 확인해야 합니다.
- 부모와의 애착관계가 안정적으로 형성되어 있는지도 정서적 안정감과 관련되어 있으므로 확인해야 합니다.

㉡ 내담자의 학교 적응 상태
- 지각, 조퇴, 결석 여부와 수업 태도나 교사에 대한 반응 등을 살펴야 합니다.
- 내담자의 게임 중독이 학교생활에서의 좌절이나 불편감에서 비롯된 것은 아닌지 탐색해야 합니다.
- 학업에 대한 내담자의 스트레스 정도를 알아보아야 합니다.

㉢ 내담자의 가정환경
- 가족 내에서 공동의 활동(예 가족외식, 공동 여가 생활 등)이 이루어지고 있는지 알아보아야 합니다.
- 가정이 내담자에게 정서적으로 안정감을 줄 수 있는지 알아보아야 합니다.
- 가족 구성원 간의 의사소통 방식이 어떠한지 알아보아야 합니다.

답변작성   위 모범답변을 참고하여, 자신만의 답변을 작성해 보세요.

질문 04   인터넷 중독의 현실적인 대안활동을 제시하시오.

답변방향

1. 내담자가 인터넷을 통해 충족하고 있는 욕구를 대안활동을 통해 어떻게 채워줄 수 있을지 언급해야 해요.
2. 온라인 활동과 대비되는 오프라인 활동의 장점을 말해보세요.
3. 인터넷에 중독된 사람들의 특징을 파악하고 그들에게 필요한 점을 대안활동으로 제시해 보세요.

모범답변

ㄱ 신체 활동 중심(스포츠, 동아리 활동)
- 인터넷을 통해 관계 형성이나 인정 욕구를 충족하고 있다면, 또래와 함께 협동하고 성취감을 느낄 수 있는 스포츠 활동이나 동아리 활동을 제안할 수 있습니다.
- 탁구, 농구, 배드민턴처럼 소규모로도 즐길 수 있는 운동은 관계 속 소속감은 물론 내담자의 건강도 함께 증진시킬 수 있습니다.

ㄴ 정적인 활동 중심(예술 활동, 집중력 향상 활동)
- 인터넷을 통해 감정을 해소하고 자기를 표현하는 욕구를 충족하고 있다면, 미술, 음악, 글쓰기, 영상 제작 등의 예술과 관련된 활동을 제안할 수 있습니다.
- 내담자가 정적인 활동을 선호한다면, 보드게임, 독서모임, 토론동아리처럼 집중력과 사고를 자극하는 활동도 대안이 될 수 있습니다.

ㄷ 가족과 함께하는 활동 및 가족규칙 정하기
- 일주일에 하루는 인터넷을 사용하지 않는 날로 정하는 등 다른 활동들에 집중할 수 있는 시간을 마련하도록 돕겠습니다.
- 주말 캠핑, 영화보러 가기 등을 제안하여 자녀가 인터넷 대신 가족과의 친밀감을 형성하도록 돕겠습니다.

답변작성
위 모범답변을 참고하여, 자신만의 답변을 작성해 보세요.

2017년 제16회

이 양은 만 16세의 고등학교 1학년 여학생으로, 맞벌이 부모 밑에서 외동딸로 자랐다. 부모는 식당을 운영하느라 밤늦게까지 일하는 경우가 많아 이 양은 어린 시절부터 홀로 보내는 시간이 많았다.

이 양의 어려움은 중학교 시절부터 시작되었다. 또래 친구들로부터 따돌림을 당하며 깊은 마음의 상처를 입었고, 이 경험으로 인해 현실에서 새로운 친구관계를 맺는 데 큰 어려움을 겪었다. 외로움과 소외감에 시달리던 이 양은 자연스레 스마트폰 채팅앱의 세계로 빠져들었다. 온라인에서는 익명으로 타인과 대화하기 때문에 편했고, 누군가에게 거절당할 걱정이 없어 안정감을 느꼈다.

현재 이 양은 스마트폰 채팅앱에 심각하게 몰입하여 일상생활에 지장을 받고 있다. 아침에 눈을 뜨자마자 스마트폰을 확인하고, 등교 중에도 채팅을 멈추지 않는다. 수업 시간에도 틈만 나면 메시지를 확인하며, 실제 친구들과의 대화는 거의 없다. 점심시간에도 홀로 앉아 스마트폰에만 몰두하며, 하교 후에는 방에 틀어박혀 새벽까지 채팅을 이어간다. 이러한 과도한 스마트폰 사용은 학업에 직접적인 영향을 미쳐, 수업 태도 저하와 잦은 결석으로 이어졌고 성적은 급격히 하락했다. 부모와의 대화는 거의 단절된 상태이며, 부모가 스마트폰을 압수하거나 사용 시간을 제한하려 하면 심하게 반항하거나 몰래 사용하는 등 갈등이 커지고 있다.

이 양의 담임교사는 부모에게 내담자의 수업 태도 변화와 잦은 결석을 알렸다. 처음에 부모는 이 양이 스마트폰을 많이 사용하는 것은 알고 있었으나 상황의 심각성에 대해서는 이번에 처음 알았다는 반응이었다. 부모는 스마트폰 활용에 대해 이야기하려 노력했지만, 이 양이 거부하면서 결국 청소년상담복지센터를 방문하게 되었다.

상담 초기에 이 양은 매우 방어적인 태도를 보였다. 상담자의 눈을 제대로 마주치지 않고 팔짱을 낀 채 앉아 있었으며, 질문에도 "잘 모르겠어요", "그냥요"와 같은 단답형 대답으로 일관했다. 상담이 진행됨에 따라 점차 마음을 열고 자신의 이야기를 털어놓기 시작했지만, 여전히 부모가 자신을 상담실로 오게 한 것에 대한 불만을 감추지 않았다. "엄마 아빠는 내 얘기는 안 듣고, 스마트폰만 못하게 하려고 해요"라는 말에서 부모와의 관계에서 느끼는 서운함과 소통의 부재가 명확히 드러났다. 이 양 스스로도 자신의 상태를 중독 같다고 인정하면서도, "온라인 친구들이 없으면 너무 외로워요"라고 말하며 채팅앱 속 관계에 대한 강한 의존성을 드러내고 있다.

사례분석

1. 내담자의 문제는 단순한 스마트폰 중독이 아닌 사회적 고립과 외로움, 가정 내 소통 부재 등 여러 요인이 복합적으로 얽혀 있어요.

2. 내담자는 중학교 시절 경험한 따돌림으로 또래와의 교류가 단절되어 온라인 채팅앱에 더 의존하고 있어요.

3. 내담자는 부모에 대한 불만으로 자신의 감정을 알아주기보다는 스마트폰 사용을 통제하는 데만 초점을 맞추고 있다고 생각해요.

질문 01 청소년 시기에 겪은 어려움이 있다면 말하고, 그것이 실제 상담에서 어떻게 도움이 될지 말해보시오.

답변방향

1. 본인의 경험을 중심으로 작성하되, 상담사로서의 자질과 연결시켜 말해보세요.
2. 당시의 감정, 행동을 전달하면서 그로 인해 깨달은 점도 함께 말해보세요.

모범답변

1 친했던 친구와의 갑작스러운 단절

중학교 시절, 친했던 친구와의 관계가 갑작스럽게 멀어지면서 깊은 소외감과 상실감을 겪은 적이 있습니다. 당시에는 학교에 가는 것이 두렵고, 자존감도 크게 낮아졌습니다. 그때 담임선생님의 따뜻한 관심과 질문 덕분에 저는 마음을 잘 추스리고 친구에게 먼저 손을 내밀어 관계를 회복할 수 있었습니다. 청소년 시절 겪은 어려움이 상담자로서의 공감 능력을 키워주었다고 생각합니다. 관계 단절이나 정서적 고립을 겪는 청소년 내담자를 만났을 때, 저는 내담자의 감정을 깊이 공감하며, 감정을 안전하게 표현할 수 있도록 기다려주는 상담자가 되고자 합니다.

2 통제적인 부모님과의 갈등

고등학교 시절, 학업이나 친구관계에 있어 부모님의 조언이 때로는 저를 통제하려는 것으로 느껴졌습니다. 저의 의견이 존중받지 못한다고 생각하여 반항하거나 대화를 단절하는 방식으로 감정을 표현하곤 했습니다. 당시에는 부모님이 이해되지 않았지만 지금은 부모님의 마음을 수용할 수 있게 되었습니다. 이 경험을 통해 저는 부모와의 갈등으로 어려움을 겪는 청소년 내담자에게 누구보다 깊이 공감할 수 있게 되었습니다. 상담에서 내담자가 호소하는 감정을 가볍게 넘기지 않고, 부모의 입장도 내담자에게 충분히 전달하여 부모와 자녀 간 상호 이해를 높일 수 있도록 조율하는 중재자 역할을 하겠습니다.

답변작성
위 모범답변을 참고하여, 자신만의 답변을 작성해 보세요.

모범답변 더 보기

질문 02 사례에서 알 수 있는 내담자의 욕구는 무엇인가?

답변방향

1. 내담자가 필요로 하는 또래 집단의 소속감, 외로움 해소, 인정받고 싶은 정서적 욕구를 강조해 보세요.
2. 내담자가 온라인 친구와 소통하는 이유를 관계적 욕구와 연관지어 말해보세요.

모범답변

㉠ 또래 집단의 소속감과 유대감
- 내담자는 중학교 시절 또래로부터 따돌림을 당하며 깊은 상처를 받았고, 현실에서 친구를 만들기 어려워합니다.
- 또래 집단에 소속되고 싶고, 친구들과 유대감을 형성하고 싶은 욕구를 가지고 있습니다.
- 외동딸로 맞벌이 부모 밑에서 홀로 보내는 시간이 많았던 가정환경은 소속감의 욕구를 더욱 크게 만들었을 가능성이 있습니다.

㉡ 외로움 해소 및 타인과의 친밀감 회복
- 현실에서 친구들과 대화가 거의 없는 모습은 친밀감과 소통의 욕구가 현실에서 충족되지 못하고 있음을 보여줍니다.
- "온라인 친구들이 없으면 너무 외로워요"라고 언급한 부분에서 내담자에게 채팅 앱은 외로움을 해소하고 친밀감을 채워주는 창구임을 알 수 있습니다.
- 부모와의 관계에서도 정서적 소통 및 친밀감의 욕구가 충족되지 않고 있어 타인과의 감정교류 및 친밀감의 욕구가 있습니다.

㉢ 부모님의 이해와 공감
- 내담자는 부모님이 자신의 상황과 감정을 이해하고 공감해주기를 바라고 있습니다.
- 부모님이 자신의 말은 듣지 않고 스마트폰 사용만 통제하려 한다는 내담자의 말은 스마트폰 문제보다도 관계의 단절에 더 큰 상처를 받고 있음을 나타냅니다.

답변작성
위 모범답변을 참고하여, 자신만의 답변을 작성해 보세요.

질문 03 상기 사례의 상담자라면 다음 회기에서는 무엇을 하고 싶은가?

답변방향

1. 내담자의 스마트폰 중독 이면의 외로움과 인정 욕구 등 정서적 맥락과 욕구를 파악해야 해요.
2. 작고 실천 가능한 과제를 제시하여 내담자의 자존감 회복을 돕겠다고 답변하면 더 좋아요.

모범답변

㉠ 내담자의 정서 탐색 및 명료화
- 스마트폰을 사용하지 않으면 어떤 감정이 드는지 파악하겠습니다.
- 외로움, 고립감, 수치심, 부모에 대한 서운함 등 스마트폰 사용 이면의 정서를 탐색하겠습니다.
- "부모님이 이야기를 들어주시지 않을 때 어떤 느낌이 들었나요?"와 같이 정서 중심 질문을 활용하여 내담자가 자신의 정서에 대한 이해를 넓힐 수 있도록 돕겠습니다.

㉡ 현실에서의 관계 맺기를 위한 과제 제시
- 내담자의 현실 관계 회복을 위한 작은 실천 과제(예 먼저 인사하기, 간식 나눠주기 등)를 제시하겠습니다.
- 내담자에게 할 수 있다고 지지하는 태도를 보여주며 과제 수행을 독려하겠습니다.

답변작성 위 모범답변을 참고하여, 자신만의 답변을 작성해 보세요.

질문 04 최근 들어 인터넷 중독보다는 스마트폰 중독이 더 많아지고 있는데 그 이유는 무엇이라고 생각하는가?

답변방향

1. 스마트폰이 개인의 필요와 취향에 맞춰 편리하게 사용된다는 점을 언급하세요.
2. 스마트폰을 통해 쉽게 얻을 수 있는 SNS를 통한 소속감, 즉각적 보상 등 청소년의 심리적 특성과 연결지어 설명해 보세요.

모범답변

㉠ 스마트폰의 휴대성과 접근성
- 과거와 달리 인터넷을 사용하기 위해 데스크톱을 이용하거나 PC방에 가야 하는 등 시·공간적 제약이 없습니다.
- 스마트폰은 SNS부터 게임, 영상, 쇼핑, 채팅 등 다양한 욕구를 언제 어디서나 채울 수 있습니다.
- 이러한 환경은 자아 정체성과 관계 욕구가 활발히 형성되는 청소년기와 맞물려 중독 위험을 더욱 높입니다.

㉡ 일상생활 필수 도구화
- 스마트폰은 단순한 기기를 넘어 개인의 일상에서 없으면 안되는 도구가 되었습니다.
- 코로나 팬데믹 이후 온라인 수업과 비대면 소통을 체험하면서 스마트폰은 청소년에게 학습도구이자 소통창구, 여가수단까지 대체하는 도구가 되었습니다.
- 스마트폰 없이 생활하기 어려워지며 사용을 줄이거나 제한하기 쉽지 않아 중독으로 이어지고 있습니다.

㉢ 스마트폰의 즉각적 보상 체계
- 청소년기는 감정적인 반응과 즉각적인 보상에 더욱 민감합니다.
- 스마트폰은 짧은 영상, 반복적인 알림, 빠른 속도의 메시지 등 즉각적인 자극을 제공합니다.
- 청소년은 감정 조절 능력이 미성숙하고, 또래관계의 영향력이 크기 때문에 스마트폰 메신저 알림이나 SNS 속 좋아요, 댓글 등은 청소년의 소속감이나 인정 욕구를 빠르게 충족시켜 중독을 유발합니다.

답변작성
위 모범답변을 참고하여, 자신만의 답변을 작성해 보세요.

2016년 제15회

중학교 1학년 최 양은 스마트폰을 항상 손에 들고 있는 상태로 생활한다. 아침에 눈을 뜨자마자 인스타그램 알림을 확인하고, 유튜브 쇼츠를 시청하며 잠을 깬다. 어머니는 최 양의 스마트폰 사용 습관을 수차례 지적하고 주의를 줬지만 최 양은 다른 애들에 비하면 자신은 덜 하는 편이라며 대수롭지 않게 여긴다.

식사 중에도 스마트폰을 내려놓지 않아 가족 간 대화가 거의 없고, 식사 시간도 길어져 지각이 잦다. 학교에서는 스마트폰을 수업 전에 제출해야 하지만, 최 양은 핸드폰을 일부러 집에 두고 왔다고 거짓말을 하거나 숨기기까지 한다. 쉬는 시간이면 화장실 칸막이 안에서 몰래 틱톡을 하거나 게임을 즐긴다. 친구들 사이에서는 '무한의 계단' 게임 랭킹 1위로 유명하며, 친구들의 칭찬과 관심을 받을 때 자신이 특별하다는 기분이 들어 즐겁다고 말한다.

그러던 어느 날, 최 양은 게임 아이템을 사고 싶다는 이유로 어머니의 지갑에서 2만 원을 훔쳤다가 들켜 심하게 꾸중을 들었다. 이후 최 양은 "엄마는 항상 바빠서 나한테 신경 안 쓰다가 이런 거 할 때만 화낸다"며 억울함을 토로했다. 어머니는 최 양의 스마트폰 사용과 비행 징후가 걱정되어 상담을 권유했으나, 최 양은 자신이 알아서 할 건데 왜 상담까지 받아야 하냐며 강하게 반발했다. 그러면서도 상담을 받는 대신 스마트폰 다시 하게 해달라고 조건을 내세웠다.

상담센터에 온 최 양은 "엄마가 억지로 데리고 왔다"고 말하며 의자에 깊숙이 기대 앉은 채 스마트폰을 달라고 반복해서 요구했다. 대화 중 내내 상담사와 눈도 잘 마주치지 않고, 핸드폰이 없어 심심해서 미치겠다고 토로했다.

최 양은 아버지가 2년 전 사고로 돌아가신 이후, 어머니와 단둘이 지내고 있다. 하지만 어머니는 매일 야근과 주말 근무로 집에 거의 안 계셔서 최 양은 혼자 있는 시간이 많다. 최 양은 자신을 투명인간이라 표현하며, 어머니가 자신의 이야기를 들어주거나 따뜻하게 안아준 적이 없다고 말했다. 어머니는 자신에게 늘 학원 열심히 다니고 성적만 잘 나오면 된다 말씀하신다고 하며, 자신의 기분이나 마음은 아무도 신경 쓰지 않는다며 눈물을 보였다.

사례분석

1. 내담자는 아침부터 밤까지 스마트폰을 손에서 놓지 않으며, 일상생활 전반에서 자기조절에 어려움을 보이고 있어요.

2. 게임 아이템을 위해 어머니의 돈에 손을 대고, 학교에서는 스마트폰을 숨기거나 거짓말로 회피하는 등 부적응적인 모습이 반복되고 있어요.

3. 내담자는 어머니와 단둘이 살고 있으나, 어머니의 잦은 부재와 단절된 의사소통으로 인해 정서적 소외감을 느끼고 있어요.

질문 01 청소년 상담을 잘하기 위해 본인이 보완하여야 할 점은 무엇이라고 생각하는가?

답변방향

1. 개인의 성격과 성향에 따라 보완하여야 할 점이 다르기 때문에 상담에서 어떤 점이 자신에게 필요한지를 생각해서 답변해야 해요.

2. 지극히 일반적인 질문으로 자신의 부족한 점이 무엇인지 파악하고 솔직하게 자신의 생각을 말하면 진정성을 전달할 수 있어요.

모범답변

㉠ 감정표현에 둔감한 경향
- 논리정연한 것을 좋아해서 공감이 형식적이고 문제를 해결하는 데 초점을 맞추는 상담을 하는 경향이 있습니다.
- 청소년의 작은 정서 신호나 비언어적 표현을 빠르게 파악해야 하고, 감정 공감 능력을 키우려고 노력합니다.
- 감정코칭이나 공감 훈련 관련 강의도 찾아보고, 실제 상담 장면에서 세심하게 반응하려고 노력하고 있습니다.

㉡ 내담자를 성급하게 이끄려는 태도
- 내담자를 미숙한 존재로 판단하여 설득하려는 경향이 있습니다.
- 내담자를 도와주고 싶은 마음이 앞서 개선 방향을 제시하거나 설득하려 했던 경험이 있습니다.
- 상담은 내담자가 주체적으로 통찰하는 과정이 중요하다는 걸 배우며, 내담자의 속도를 따르려 노력하고 있습니다.

㉢ 내담자의 감정에 과도하게 이입함
- 감정적으로 어려운 사연을 접할 때 내담자의 정서에 과하게 몰입하게 될 때가 있습니다.
- 상담자의 정서적 경계를 지키는 것이 어렵고 역전이가 발생할 가능성이 높다고 느꼈습니다.
- 상담일지를 쓰며 나의 감정을 점검하고, 감정을 분리하여 객관적인 관점을 유지하는 훈련을 병행하고 있습니다.

㉣ 완벽주의 성향
- 완벽하게 준비하지 않으면 불안해하는 경향이 있습니다.
- 준비되지 않거나 예측할 수 없는 상황에 유연하게 대처하는 데 어려움이 있습니다.
- 실습이나 모의상담 상황에서 즉흥적인 질문이나 반응을 연습하며 유연성을 키우고 있습니다.

답변작성

위 모범답변을 참고하여, 자신만의 답변을 작성해 보세요.

모범답변 더 보기

질문 02 내담자의 과도한 핸드폰 사용을 부추기는 요인은 무엇인가?

답변방향

1. 내담자가 보이는 즉각적인 보상집중, 현실 회피성을 활용하여 답변해 보세요.
2. 내담자의 상황과 행동을 연결해서 설명하면 설득력이 있어요.

모범답변

㉠ 개인적 요인(정서적 만족, 보상집중, 자기조절 능력 미숙)
- 내담자는 게임 랭킹 1위라는 보상을 통해 자신이 특별하다고 느끼며 정서적인 만족을 얻고 있습니다.
- 게임과 SNS 등 내담자에게 즉각적인 즐거움과 보상을 주는 체계가 반복적인 스마트폰 사용을 촉진하고 있습니다.
- 내담자는 스마트폰의 사용 시간 조절과 충동을 조절하는 능력이 미숙하여 스마트폰 사용에 매몰되고 있습니다.
- 혼자 있는 시간의 심심한 감정을 해소할 다른 방법이 없어 스마트폰 사용으로 채우고 있습니다.

㉡ 사회적 요인(가정 내 정서적 지지 부족, 성과 중심 양육체계, 또래의 인정)
- 내담자는 스마트폰을 통해 가정 내 양육체계의 부재로 인한 정서적 결핍을 해결하고 있습니다.
- 공부만 잘하면 된다는 어머니로 인해 스마트폰은 내담자의 불만족스러운 현실을 도피할 수 있는 도구가 되고 있습니다.
- 내담자는 학교에서 또래들에게 게임을 잘한다는 인정을 받으며 스스로 만족감을 얻고 있습니다.
- 타인의 인정은 스마트폰 사용 행동을 반복하게 만드는 정서적 요인이 됩니다.

답변작성 위 모범답변을 참고하여, 자신만의 답변을 작성해 보세요.

질문 03 내담자가 핸드폰이 없으면 친구를 사귀기 어렵다고 말하면 어떻게 직면하겠는가?

답변방향

1. 내담자의 비합리적 사고를 직면을 통해 반문하거나 재구성해 보세요.
2. 휴대폰을 사용하지 않고도 친구와 만났던 경험, 그때의 감정 등을 떠올릴 수 있도록 직면해야 해요.

모범답변

1. "**핸드폰이 없던 시절에는 어떤 방식으로 친구를 사귀었나요?**"라고 말하겠습니다. 내담자가 핸드폰이 없으면 친구를 사귈 수 없다는 확신을 갖고 있으므로 과거와 비교해보도록 질문하며 생각 속에 과도한 일반화가 있음을 성찰하도록 하겠습니다. 이를 통해 과거의 경험과 현재 인식을 비교하며 자신의 생각을 스스로 점검하도록 도울 수 있습니다.

2. "**핸드폰으로 말고, 실제로 만나서 함께 이야기하거나 놀았던 경험은 어땠어요?**"라고 말하겠습니다. 내담자에게 과거에 경험한 친구관계의 즐거움을 떠올리게 하여 비합리적인 사고를 완화하도록 하겠습니다. 친구관계 형성에 핸드폰이 필수적이지 않음을 스스로 깨닫도록 유도할 수 있습니다.

3. "**게임에서 친구를 사귀는 게 실제로 만나는 친구관계보다 더 잘 유지된다고 생각하는 건가요?**"라고 말하겠습니다. 내담자가 온라인 활동만으로 친구관계를 잘 유지한다고 믿는 점을 직면하고, 내담자가 스스로 생각을 점검할 수 있도록 돕겠습니다.

답변작성

위 모범답변을 참고하여, 자신만의 답변을 작성해 보세요.

질문 04 사례의 어머니를 상담한다면 어떻게 개입할 것인가?

답변방향

1. 문제의 중심을 내담자의 스마트폰 사용이 아니라, 정서적 소통의 부재와 환경적 요인으로 확장시켜 설명해 보세요.

2. 홀로 내담자를 양육하는 어머니의 어려움을 수용하고 공감하면서 실천 가능한 대안을 제시해야 해요.

모범답변

㉠ 어머니의 양육의 어려움에 대한 공감
- 홀로 내담자를 양육하는 어머니의 어려움을 수용하고 어머니가 느끼셨을 막막함과 생계 부담에 공감하겠습니다.
- 어머니의 감정과 경험을 인정하고 공감하며 상담을 위한 라포를 형성하겠습니다.

㉡ 내담자의 문제 상황 설명
- 자녀에게 스마트폰 사용이 어떤 의미를 가지는지 설명하겠습니다.
- 스마트폰 사용이 단지 행동의 문제가 아니라 정서적 결핍과 관계의 부재에서 비롯된 것일 수 있음을 알리겠습니다.
- 내담자의 변화가 즉각적으로 일어나지는 않는다는 점을 안내하고, 가정 내 지지와 관심을 통해 점진적인 변화를 이끌어낼 수 있음을 설명하겠습니다.

㉢ 효과적인 양육 전략 제시 및 의사소통 기술 제공
- 어머니의 양육방식, 스마트폰 통제의 방식과 일관성, 내담자와의 의사소통 방식을 함께 점검하겠습니다.
- 자녀의 행동에 대한 비난 대신 올바르게 감정을 표현할 수 있도록 자유로운 분위기를 형성하도록 제안하겠습니다.
- 자녀와 함께할 수 있는 시간을 늘릴 수 있는지 여쭙고, 가족 외식이나 산책 등 가정 내 결속력을 다질 수 있는 활동을 제안하겠습니다.
- 어머니의 스트레스 관리를 위해 이완훈련, 여가 생활 등을 안내하여 양육의 질을 높일 수 있도록 돕겠습니다.

답변작성
위 모범답변을 참고하여, 자신만의 답변을 작성해 보세요.

2016년 제15회

다음은 중학교 3학년 남학생 내담자와의 상담 축어록이다.

상1 상담실에 오게 된 계기가 뭐였을까?
내1 그냥요. 사실 왜 상담을 받아야 하는지 잘 모르겠어요. 저는 별일 없이 지내고 있는데, 엄마가 상담을 받아보라고 해서 억지로 왔어요. 솔직히 오기 싫었어요.
상2 어머니께서 상담을 권유하신 이유가 뭘까?
내2 잘 모르겠어요. 제가 이상하다고 생각하시나봐요. 엄마는 말하면 항상 잔소리부터 시작하고, 아빠는 맨날 성적만 물어보세요. 그냥 부모님이라 말하고 싶지 않아요. 제 얘기를 진짜 들어주는 사람은 아무도 없는 것 같아요. 친구들이랑도 말 안 섞은 지 꽤 됐고요. 그냥 대화가 안통해요. 자기들 이야기만 하려고 하고 이기적이에요. 다들 나쁘게만 보여요. 선생님들도 별로예요. 초등학교 때 저를 괴롭히던 애가 있었는데, 담임 선생님은 그 친구 말만 믿고 저만 혼냈어요. 그때 진짜 실망했어요. 어른들은 겉으로만 공정한 척하지 속으로는 그렇지 않아요.
상3 그런 경험이 있었구나.
내3 그래서 요즘은 사람 상대하는 게 진짜 싫어요. 그래서 대신 SNS에 영상이나 짧은 글 같은 걸 자주 올려요. 하루에 몇 번씩 확인하고, 좋아요랑 댓글 달리는 걸 보면 기분이 좀 나아져요. 누가 제 글을 공유하거나 반응을 많이 해주면, 뭔가 인정받는 느낌이 들거든요. 사실 그거 보는 재미로 하루가 다 가는 것 같아요. 댓글 달아주는 사람들이 저한테 더 관심 가져주는 느낌이 들어서 좋고요. 전 앞으로 콘텐츠 만드는 일이나 SNS 관련된 직업을 가질 거예요.
상4 _____

🔵 사례분석

1 내담자는 상담 동기에 대한 자각이 부족하고, 어머니의 권유로 인해 억지로 상담에 참여하고 있어요.

2 가족 내 정서적 소외 경험과 일방적인 통제는 내담자의 자아존중감 저하와 무력감을 유발하고 있어요.

3 현실에서의 좌절을 보상받기 위해 SNS상의 인정과 반응에 몰입하고 있으며, 이는 현실을 기피할 위험과 SNS에 중독될 가능성을 보여주고 있어요.

질문 01   밑줄 친 상3의 말을 공감 기법을 활용해서 재진술하시오.

답변방향

1. 재진술은 단순히 "그런 일이 있었구나"라는 사실 확인 수준을 넘어서, 내담자가 경험한 분노, 억울함 등의 정서적 핵심을 구체화해야 해요.

2. 내담자가 수용받고 있다고 느낄 수 있는 언어를 사용하여 답변해 보세요.

모범답변

1. "**선생님이 네 말을 들어주지 않아 정말 억울하고 분했겠구나.**"라고 말하겠습니다. 내담자가 경험한 사건을 반복하고, 당시에 내담자가 느꼈을 감정에 공감함으로 내담자가 자신의 감정을 정확하게 이해받고 있다고 느끼도록 돕겠습니다.

2. "**부모님이 네 생각은 들으시지 않고 일방적으로 요구만 하시니 답답하고 짜증이 나겠구나.**"라고 말하겠습니다. 내담자가 부모의 관계에서 느끼는 경험을 공감해주며 내담자가 표현하기 어려웠던 감정을 대신 정리해주겠습니다.

3. "**친구들이 자기들 생각만 하고 이기적이어서 실망스러운 마음이 들었구나.**"라고 말하겠습니다. 또래관계에서 경험한 갈등 속에서 내담자가 느꼈을 실망감을 짚어주어 내담자가 상담을 통해 공감적으로 이해받고 있다는 느낌을 주겠습니다.

4. "**원하지 않았는데 상담을 권유받으니 마음이 답답하고 화가 났겠구나.**"라고 말하겠습니다. 내담자가 상담 권유를 통해 느꼈을 감정을 인정하고 공감해줌으로써, 상담 상황에서 느끼는 불편함과 저항감을 완화시키겠습니다.

답변작성

위 모범답변을 참고하여, 자신만의 답변을 작성해 보세요.

질문 02 상기 사례 속 내담자의 문제는 무엇이라고 생각하는가?

답변방향

1. 내담자의 표면적 문제(예 불만, 짜증, 인간관계 단절 등)와 심층적 문제(예 인지 왜곡, 현실 회피 등)를 구분해서 언급하세요.

2. 내담자가 언급한 가족관계, 또래관계, 학교에서의 경험, SNS 활용 등을 통합적으로 말해보세요.

모범답변

㉠ 부모와의 소통 단절과 감정표현의 미숙함
- 부모가 자신을 인정하지 않고 비난만 한다고 느끼며 대화를 단절하려 합니다.
- 초등학교 시절 교사의 부당한 대우를 경험한 이후로 권위자에 대한 전반적인 불신감이 형성되어 있습니다.
- 가정과 학교에서 자신의 감정을 적절히 표현하지 못하고 불만을 표출하고 있습니다.

㉡ 비합리적 신념과 회피성향
- 친구들과의 관계 속에서도 실망감과 갈등을 반복적으로 경험하면서 대인관계를 회피하고 있습니다.
- 주변 사람들을 이기적이고 나쁘다며 단정짓고 관계를 이어가지 않으려고 합니다.

㉢ SNS와 인터넷 과다사용
- 인터넷 세상에 만족하며 인정을 얻고 현실과 단절되고 있습니다.
- 현실의 대인관계보다 SNS 사용을 중시하며 인터넷 중독으로 이어지고 있습니다.

답변작성
위 모범답변을 참고하여, 자신만의 답변을 작성해 보세요.

질문 03 사례 속 내담자의 강점은 무엇인가?

답변방향

1. 내담자는 문제행동 속에서도 명확한 감정표현, 뚜렷한 진로, 관계형성의 욕구가 있다는 강점이 있어요.
2. 강점은 상담 개입의 자원으로 활용할 수 있음을 언급하면 더 좋아요.

모범답변

㉠ **명확한 감정과 생각 표현 능력**
- "아무도 내 얘기를 들어주지 않는다", "사람 상대하는 게 싫다" 등의 내용을 통해 자신의 내면을 잘 인식하며 말로 표현하고 있습니다.
- 내담자의 표현 능력은 상담에서 정서 탐색 및 인지 재구조화를 시도할 수 있는 중요한 기반이 될 수 있습니다.

㉡ **관심 분야와 진로에 대한 명확한 목표**
- 내담자는 SNS에 콘텐츠를 올리고 피드백을 받는 과정을 즐기며, 콘텐츠 제작 관련 직업에 대한 구체적인 목표의식을 가지고 있습니다.
- 관심 분야의 존재는 내담자가 긍정적인 자아정체감을 형성하는 기반이 되어 원활한 상담에 도움이 될 수 있습니다.

㉢ **대인관계를 맺고자 하는 요구**
- 내담자는 SNS 활동을 통해 타인과의 연결을 지속하고 있습니다.
- 가상의 환경이지만 인기를 얻고 있고, 현실에서도 적절한 환경이 준비된다면 사회적 관계를 다시 형성할 수 있는 가능성을 보여줍니다.

답변작성 위 모범답변을 참고하여, 자신만의 답변을 작성해 보세요.

질문 04   빈칸에 들어갈 상4의 말을 답변해 보시오.

답변방향

1. 내담자의 정서에 대한 공감과 경험에 대해 수용하는 모습을 답변에서 보여주세요.
2. 내담자의 현재 모습을 반영하면서도, 성장 가능성을 놓치지 않는 태도를 언급해주면 더 좋아요.

모범답변

1. "SNS를 통해 자신을 표현하고 타인의 반응을 보는 것이 너에게는 '사람들이 나를 인정해준다'는 느낌을 줄 수 있겠구나. 하지만 현실에서 또래관계를 잘 맺지 못하는 이유를 상담에서 함께 찾아보자."라고 답변하겠습니다. 내담자의 SNS 활동이 단순한 여가 활동을 넘어서 내면에 중요한 욕구를 충족시키는 행위임을 정확히 짚어주고 인정하겠습니다. 또한 공감을 통해 내담자의 감정을 인식해주고, 추후 상담의 방향성을 제시하겠습니다.

2. "앞으로 진로에 대한 명확한 목표를 가지고 있는 것을 보아 스스로 표현력과 열정, 그리고 무언가를 이루고자 하는 가능성이 느껴지는 것 같아."라고 답변하겠습니다. 내담자의 현재 모습에서 긍정적인 면(예 콘텐츠 제작에 대한 흥미, 인정받고자 하는 욕구 등)과 강점을 찾아 격려하고 내담자의 자존감을 높이겠습니다.

3. "사람들과의 관계에서 받은 상처 때문에 대인관계를 피하고 온라인에서만 인정받으려 하는 모습이 보여. 앞으로 상담에서는 그런 상처를 천천히 돌아보고, 현실에서도 자신을 인정하고 표현하는 힘을 함께 키워가면 좋겠어."라고 말하겠습니다. 내담자가 가지고 있는 문제와 당면한 현실을 제시하고, 앞으로의 상담 방향과 목표를 명확히 제시하겠습니다.

답변작성   위 모범답변을 참고하여, 자신만의 답변을 작성해 보세요.

2014년 제12회

다음은 중학교 3학년에 재학 중인 최 양(15세, 여)이 상담센터를 방문하여 첫 상담에서 진술한 내용이다.

저는 요즘 인터넷 쇼핑에 중독된 것 같아요. 학교에서 집에 오면 거의 습관처럼 휴대폰을 켜고 쇼핑 앱을 열어요. 처음에는 단순히 구경하는 재미였는데, 요즘엔 살 계획도 없으면서 옷, 화장품, 잡화 같은 걸 몇 시간씩 비교하고 장바구니에 담았다 뺐다를 반복해요. 예쁜 걸 보면 사고 싶고, 안 사면 계속 생각나고, 결국엔 용돈도 다 써버려서 몰래 엄마 카드로 결제한 적도 있어요.

아버지는 제가 초등학교 때 돌아가셨어요. 엄마는 큰 음식점 주방에서 일하셔서 새벽 늦게야 귀가하세요. 그래서 저녁부터 새벽까지는 거의 혼자 있어요. 엄마는 제가 쇼핑에 빠져 있는 걸 알아도 '네가 알아서 하겠지' 하면서 별다른 말씀을 하지 않으세요. 오히려 저를 통제하지 않는 엄마가 원망스럽기도 해요.

쇼핑 앱을 지우기도 하고 '이번 달은 절대 안 사기'라고 결심한 적도 있었지만, 스트레스를 받으면 자연스럽게 쇼핑 앱으로 다시 들어가 있어요. 공부는 손에 안 잡히고, 이러면 안 되는데도 마음이 불안하면 쇼핑 앱을 켜서 물건을 훑어봐요. 멋진 옷을 보면 기분이 좋아지긴 하는데, 막상 사고 나면 허무하고 죄책감도 들어요. 결국 며칠 전에는 엄마 몰래 산 물건을 들켜서 크게 혼났어요.

제 자신을 제어하려고 경고문을 책상에 붙여도 소용없고, 심지어 쇼핑 앱을 열지 않겠다고 서약서까지 쓴 적도 있어요. 그런데도 밤늦게까지 인터넷을 하다가 잠든 적이 많고, 아침에는 학교에 지각하기 일쑤예요. '이렇게 살면 안 되는데…' 하면서도 또 쇼핑 앱을 키고 있는 저 자신이 너무 싫고 답답해요.

사례분석

1. 내담자는 쇼핑 결제를 위해 용돈을 초과하여 사용하거나 어머니의 신용카드를 무단으로 사용하는 등의 문제행동을 보이고 있어요.

2. 스스로를 통제하고자 경고문 부착, 쇼핑 앱 삭제, 서약서 작성 등의 시도를 했었지만, 실패를 반복하며 좌절감과 무력감을 보이고 있어요.

3. 아버지의 부재, 어머니의 장시간 근무로 인해 내담자의 행동을 세심하게 관찰하거나 개입할 보호자가 없는 상황이에요.

질문 01 인터넷 중독의 특성에 대해 말해보시오.

답변방향

1. 인터넷 중독은 단순한 과잉 사용을 넘어 일상생활의 기능 저하를 초래한다는 점을 언급해야 해요.
2. 금단, 내성, 일상생활 장애 등 다양한 문제점을 언급해야 해요.

모범답변

㉠ 심리적 특성(금단, 내성, 강박적 사고, 현실도피)
- 인터넷을 사용하지 못할 때 금단 증상으로 불안, 초조, 우울감, 짜증 등의 감정을 느끼며, 심할 경우 공격적인 행동을 보이기도 합니다.
- 내성이 생겨 만족을 얻기 위해 점점 더 오랜 시간 인터넷을 사용하거나, 더 자극적인 콘텐츠를 찾아 몰두하게 됩니다.
- 인터넷을 하고 있지 않을 때도 계속해서 인터넷 생각에 강박적으로 사로잡혀 다른 일에 집중하지 못합니다.
- 현실에서 겪는 스트레스, 외로움, 무력감, 낮은 자존감 등을 회피하고 잊기 위해 인터넷에 몰입하기도 합니다.

㉡ 행동적 특성(조절 실패, 학업 성적 및 업무 능률 저하, 거짓말, 대인관계 및 신체 문제)
- 인터넷 사용 시간을 스스로 조절하려는 시도가 반복적으로 실패하며, 사용 시간을 줄이겠다고 다짐해도 지키지 못합니다.
- 인터넷 사용으로 인해 학업 성적이 떨어지거나, 직장에서의 업무 능률이 저하되는 등 일상생활에 어려움을 겪습니다.
- 가족이나 주변 사람들에게 인터넷 사용 시간을 속이거나 몰래 사용하는 등 자신의 행동을 숨기려 합니다.
- 현실의 대인관계보다 온라인에서의 관계에 집착하고, 현실 친구들과의 만남을 피하며 고립되는 모습을 보입니다.
- 밤늦게까지 인터넷을 하느라 수면 시간이 부족해지거나, 식사를 거르는 등 건강에 부정적인 영향을 미칩니다.

답변작성 위 모범답변을 참고하여, 자신만의 답변을 작성해 보세요.

질문 02 내담자가 상담 중에 갑자기 상담자를 위협한다면, 어떻게 대처하겠는가?

답변방향

1. 무엇보다도 침착하게 대응하며 상담자의 안전을 확보해야 해요.
2. 사건 이후에는 기관보고 및 보호자 통보, 내담자의 정신건강 상태에 따른 전문기관 연계까지 언급하면 더욱 좋아요.

모범답변

㉠ 침착하고 차분한 태도 유지
- 내담자를 자극하지 않기 위해 침착하고 차분한 태도로 흥분한 이유를 물어보겠습니다.
- 안전한 거리를 유지하고 내담자가 진정하도록 유도하겠습니다.
- 신체적 위협이 지속될 경우 즉시 상담 공간에서 벗어나 주변에 도움을 요청하겠습니다.

㉡ 내담자의 보호자 및 관련 기관과 소통
- 내담자의 정서, 충동성, 자해 위험 수준을 평가하여 보호자에게 사실을 알리고 전문병원 치료나 의료기관 연계를 고려하겠습니다.
- 사건 발생 후 기록을 남기고, 수퍼바이저나 기관 상급자에게 보고하겠습니다.
- 관련 기관에 사후 외상 스트레스에 대한 심리적 지원을 요청하겠습니다.

답변작성
위 모범답변을 참고하여, 자신만의 답변을 작성해 보세요.

질문 03 상담자가 되기 위하여 개발하고 싶은 자질을 말해보시오.

답변방향

1. 상담자가 갖추어야 할 핵심 자질(예 전문가적인 자질, 인간적인 자질 등)을 제시해야 해요.
2. 자기성찰적이고 겸손한 태도를 보여주며 상담자로서의 역량을 키워나가겠다고 답변해야 해요.

모범답변

㉠ 전문적인 자질
- 내담자의 비밀 보장과 안전을 최우선으로 하는 태도를 갖추고 싶습니다.
- 상담자의 가치관이나 편견이 상담에 개입되지 않도록 성찰하는 자세를 갖추고 싶습니다.
- 맡은 상담 사례에 대한 피드백, 수퍼비전을 통해 전문성을 키우고 싶습니다.
- 이론학습과 실제 사례 경험을 통해 경청, 반영, 명료화같은 기본적인 상담 기술을 향상시키고 싶습니다.

㉡ 인간적인 자질
- 내담자와 라포를 형성할 수 있는 따뜻한 태도를 갖추고 싶습니다.
- 내담자의 감정과 경험을 있는 그대로 이해하고 존중하는 자세를 갖추고 싶습니다.
- 감정적으로 휩쓸리지 않고 차분히 내담자를 지지할 수 있는 평정심을 기르고 싶습니다.
- 상담실의 동료 상담자와의 좋은 대인관계를 유지하는 관계 형성능력을 키우고 싶습니다.

답변작성
위 모범답변을 참고하여, 자신만의 답변을 작성해 보세요.

질문 04 동기강화상담의 단계에 대해 이야기해 보시오.

답변방향
1. 동기강화상담의 '관계형성'과 '초점 맞추기', '일깨우기'와 '계획 세우기'에 대해 설명해 보세요.
2. 동기강화상담의 각 단계에서 활용할 수 있는 기법들도 말하면 더욱 좋아요.

모범답변

㉠ 관계 형성 단계
- 상담자는 내담자와 수용적인 상담관계를 형성하는 데 집중합니다.
- 비판이나 충고 없이 공감적 경청을 통해 라포를 형성합니다.

㉡ 초점 맞추기 단계
- 내담자의 삶 속에서 어떤 문제나 행동 변화를 다룰지 함께 논의하며, 상담의 방향과 목표를 설정합니다.
- 상담자가 목표를 일방적으로 정하지 않고 내담자와 협력하여 내담자의 주도성을 존중하는 것이 중요합니다.

㉢ 일깨우기 단계
- 동기강화상담의 핵심단계로, 내담자가 변화에 대한 자신의 이유, 욕구, 필요성 등을 언어로 표현할 수 있도록 돕습니다.
- 상담자는 공감적 경청, 반영, 요약 등의 기법을 활용해 내담자의 내적 동기를 끌어올립니다.

㉣ 계획 세우기 단계
- 내담자가 변화를 결심하게 되면 구체적인 실행 계획을 세우고 작은 행동부터 실천할 수 있도록 전략을 함께 마련합니다.
- 내담자가 변화에 대한 자율성과 자기효능감을 느끼도록 지지합니다.

답변작성
위 모범답변을 참고하여, 자신만의 답변을 작성해 보세요.

2 기출예상문제

제시사례

제한 시간 내 읽어 보세요.

고등학교 1학년 여학생 허 양(가명, 16세)은 최근들어 아침마다 등교를 망설이고, 수업 중에도 집중하지 못하고 멍한 상태로 지내는 날이 많았다. 교실에서 활기찬 모습이 사라진 허 양을 이상하게 여긴 담임교사는 학생상담을 요청했으나, 허 양은 자신의 이야기를 차마 선생님께 말씀드릴 수 없다며 거절했다. 담임교사는 이에 위클래스 상담을 권유했고 허 양은 처음에는 거부하다가 자신의 상황에 도움을 줄 사람들이 있을 것이라는 생각에 조심스럽게 상담실을 찾았다.

상담 초반에 허 양은 상담자와 눈을 마주치지 않고 말도 적었지만, 시간이 지나자 천천히 자신에게 일어난 일을 이야기하기 시작했다. 허 양은 몇 달 전 SNS를 통해 알게 된 대학생 남성과 채팅을 하게 되었고, 말도 잘 통하고 즐거워 계속 대화를 이어갔다. 처음에는 설렘이 컸지만, 점차 상대가 허 양에게 얼굴 사진을 보내달라고 하거나, 실제로 만나자며 집으로 초대하는 등 불편한 요구를 하기 시작했다.

허 양은 처음에는 거절했지만, 상대는 우리가 알고 지낸 시간이 있는데 자신을 믿지 않느냐는 식으로 허 양을 압박하기 시작했다. 허 양은 이 상황을 누구에게도 말하지 못한 채 불안과 공포 속에 지내고 있었다. 허 양의 어머니는 평소에 감정 기복이 심하고, 사소한 일에도 허 양을 크게 나무라는 경향이 있다. 스마트폰 사용이나 귀가가 늦는 일에도 큰 소리를 내는 일이 잦았다. 허 양은 이 일을 어머니에게 말해보려고 했지만, 크게 혼이 날까 두렵기도 했고, "엄마는 내 편이 아니야. 혼낼 사람일 뿐이야"라는 생각을 가지게 되었다. 그러다 보니 이번 일도 홀로 감당하려 하다 점점 지쳐갔다.

최근에는 허 양은 수면 시간이 줄고 식사량도 감소하였으며, 공부에 대한 집중력도 현저히 떨어졌다. 허 양은 상담사에게 "이 일이 들통나면 내가 이상한 애가 될 것 같아요.", "내 잘못인 것 같아서 너무 창피하고 시간을 되돌리고 싶다."라고 말하며 상담 중 눈물을 흘렸다.

사례분석

1. 내담자는 SNS를 통해 알게 된 성인 남성에게 불편한 요구와 협박을 받으며, 현재 심각한 불안과 공포 상태에 놓여 있어요.

2. 내담자는 어머니와의 관계에서 안정감을 느끼지 못하고 있으며, 어머니의 평소 감정적이고 비난 중심의 양육태도로 인해 정서적 소통이 어려운 상황이에요.

3. 내담자는 자기비난적 사고를 반복하고 있으며, 이로 인해 낮은 자존감과 무기력을 호소하며 수면장애나 식욕 저하, 집중력 저하를 보이고 있어요.

질문 01 : 상기 사례에서 내담자에게 어떻게 개입하겠는가?

답변방향

1. 내담자가 추가적인 피해를 겪지 않도록 위기 수준을 파악하고 적절한 개입을 해야 해요..

2. 내담자가 느끼고 있는 수치심, 정서적 불안 등을 상담관계 안에서 안정적으로 다루겠다고 말해야 해요.

모범답변

㉠ 내담자의 잠재적 위기 사정 및 안전 확보
- 내담자가 온라인상에서 불편한 요구를 경험하고 있으므로, 위험 상황 여부를 점검해야 합니다.
- 내담자가 가해자의 요구를 거절하지 못하고 있는지, 피해가 확대될 가능성이 있는지를 확인합니다.
- 위험 상황이 지속된다면 보호자 및 아동보호 전문기관과 연계합니다.

㉡ 내담자의 심리적 외상 안정화
- 내담자는 강한 수치심과 자기비난으로 자신의 피해 사실을 말하기 조차 어려워하고 있습니다.
- 내담자가 자신의 감정을 자유롭게 표현할 수 있도록 안전하고 신뢰할 수 있는 상담환경을 조성해야 합니다.
- 공감, 비판 없는 수용 중심의 태도로 내담자에게 정서적 지지를 제공해야 합니다.
- 내담자가 부정적인 생각을 반복할 경우 내담자의 감정적 반응을 완화시켜야 합니다.
- 내담자가 겪은 일이 명백한 피해임을 깨닫고, 스스로에게 잘못이 없다는 사실을 온전히 받아들일 수 있도록 도와야 합니다.
- 내담자가 점차 심리적 고립에서 벗어나 도움을 요청하고 감정을 표현할 수 있도록 지지합니다.

답변작성
위 모범답변을 참고하여, 자신만의 답변을 작성해 보세요.

질문 02 이 사례에서 연계할 수 있는 외부기관이나 시스템을 말해보시오.

답변방향

1 온라인 문제를 다루는 전문기관에 신고 및 보호 조치를 연계하겠다는 답변을 해야 해요.

2 내담자의 법적 보호, 가정 내 양육환경 개선, 디지털 범죄 대응까지 복합적인 지원 체계를 언급하면 좋아요.

모범답변

ㄱ 긴급/안전 관련 기관
- 112(경찰청 여성·청소년 수사팀): 성착취, 온라인 그루밍, 스토킹 등 범죄 가능성이 있는 상황을 즉시 신고할 수 있습니다.
- 사이버범죄 신고시스템(경찰청 사이버수사국): SNS를 통한 온라인 범죄 증거 확보를 하고 수사를 연계할 수 있습니다.
- 중앙디지털성범죄피해자지원센터: 디지털 성범죄 피해에 대한 접수 등 상담, 삭제지원 및 유포 현황 모니터링, 수사·법률·의료를 연계하여 제공합니다.
- 성착취 피해아동·청소년 지원센터: 성착취 피해에 노출된 아동·청소년들의 일상생활 복귀를 위해 종합적인 지원 서비스를 제공하는 전문기관입니다.

ㄴ 청소년 전문 상담 및 보호 기관
- 청소년 사이버상담센터(1388): 24시간 위기 상담 및 긴급 개입이 가능합니다.
- 청소년상담복지센터: 정서적 문제와 위기문제로 도움이 필요한 청소년에게 상담을 제공하고, 지역사회 내 청소년 관련 자원과 연계하여 맞춤형 서비스를 제공합니다.

답변작성 위 모범답변을 참고하여, 자신만의 답변을 작성해 보세요.

질문 03   내담자의 어머니가 상담내용을 알고 싶다고 요청할 경우, 어떻게 대처할 것인가?

답변방향

1. 비밀보장의 원칙은 상담 윤리의 핵심으로 내담자의 동의 없이 민감한 내용을 부모에게 전달하는 것은 부적절함을 언급하세요.
2. 다만, 예외상황(예 자살사고 등)에서는 보호자의 개입이 필요함을 언급하세요.
3. 내담자의 정서적 안정을 고려하여 제한적으로 정보를 전달하겠다고 언급하세요.

모범답변

㉠ 내담자의 동의 및 심리적 안정 상태 고려
- 어머니에게 내담자와 상담에 관심을 주신 것에 감사를 표현하며 상담의 비밀보장이 상담의 효과와 신뢰 형성에 중요하다고 말씀드리겠습니다.
- 내담자에게 어머니가 상담 내용을 궁금해하고 있다는 점을 알리고, 어떤 정보까지 공유하는 것이 괜찮은지 함께 논의하는 과정을 거치겠습니다.

㉡ 제한적인 정보 제공
- 구체적인 사건보다는 내담자의 현재 심리 상태와 정서적 지원이 필요하다는 점에 집중하여 전달하겠습니다.
- 어머니가 내담자의 정서에 도움을 줄 수 있는 방향으로 협력할 수 있도록 돕겠습니다.
- 내담자가 자해나 자살사고의 가능성을 보인다면 내담자의 동의 여부와 상관없이 보호자에게 위기 상황임을 설명하고 개입을 요청하겠습니다.
- 내담자에게 비밀유지 원칙의 예외 상황에 대해 충분히 설명하여 상담자에 대한 신뢰가 무너지지 않도록 노력하겠습니다.

㉢ 필요시 보호자 교육 제공
- 어머니에게는 자녀가 안정적으로 회복할 수 있도록 비난보다는 지지와 공감이 필요하다는 점을 말씀드립니다.
- 가능하다면 부모가 자녀를 지지하는 태도를 가지도록 양육태도 지도, 부모 상담 등을 제안하겠습니다.

답변작성
위 모범답변을 참고하여, 자신만의 답변을 작성해 보세요.

질문 04 동성(또는 이성) 상담사로서 당신은 어떻게 대응할 것인가?

답변방향

1. 상담자의 성별이 내담자에게 심리적 안정과 공감 형성에 긍정적 영향을 줄 수 있다는 점을 언급하세요.
2. 성별을 떠나서 상담자로서 전문성과 비판 없는 수용적 태도가 핵심임을 언급해야 해요.
3. 필요시 동성 상담자나 외부기관과의 협력도 고려할 수 있다는 유연성을 보여주세요.

모범답변

ㄱ 동성 상담사의 경우
- 내담자는 이성과의 관계에서 위계적 관계와 성적 요구, 협박을 경험했기 때문에 이성에 대한 두려움이나 경계감을 느낄 수 있습니다.
- 수용적인 태도, 비판 없는 경청, 공감 중심의 접근을 통해 내담자가 자신의 경험을 표현할 수 있도록 돕겠습니다.

ㄴ 이성 상담사의 경우
- 내담자와 다른 성별이라는 자체가 상담 초기에 위축감이나 불편함을 유발할 수 있다는 점을 인지하고 신중하게 접근하겠습니다.
- 신뢰를 형성하기 위해 충분한 시간을 할애하고, 목소리를 비롯한 비언어적 태도 등에서 불안함을 느끼지 않도록 배려하겠습니다.
- 만약 내담자가 불편함을 느끼는 경우, 동성 상담사와의 연계를 포함한 다양한 선택권을 안내하고 내담자의 자기결정권을 존중하겠습니다.

답변작성 위 모범답변을 참고하여, 자신만의 답변을 작성해 보세요.

제시사례

다음은 중학교 2학년 내담자와의 채팅상담 사례이다.

상담자　안녕하세요. 상담 연결되었어요. 어떤 이야기부터 나눠볼까요?

내담자　안녕하세요, 중학교 2학년 여학생입니다. 저는 요즘 핸드폰을 붙잡고 살아요. 틱톡이랑 릴스, 쇼츠같은 영상 중독인 것 같아요.

상담자　과거에 비해 영상 보는 시간이 많이 늘어난 것 같아요?

내담자　네. 자려고 누워도 계속 보게 돼요. 눈이 아픈데도 손이 멈추질 않아요. 그냥 습관처럼 하루에 4~5시간은 그냥 그렇게 보내는 것 같아요.

상담자　그 시간 동안 다른 건 거의 못하게 되겠네요.

내담자　네. 공부는 손에 안 잡히고, 집중도 안 되고요. 그냥 짧고 자극적인 거에 익숙해졌나 봐요. 책 같은 건 너무 지루하게 느껴져요.

상담자　혹시 영상 안 보면 불안하거나 답답한 느낌도 들어요?

내담자　맞아요. 계속 뭔가 놓치는 것 같고, 나만 뒤처지는 느낌 들어요. 새로운 게 올라왔을까 봐 계속 새로고침하게 되고요. 댓글 보는 것도 너무 재밌어요.

상담자　재미는 있겠지만 몸이나 마음이 좀 지치기도 하겠어요.

내담자　네. 밤새 보다 보면 자는 시간도 줄고, 아침에 일어나는 것도 너무 힘들어요. 요즘은 학교도 늦게 가고, 시험 망친 것도 몇 개 있어요.

상담자　그럴 때 가족이나 친구들은 뭐라고 해요?

내담자　엄마는 잔소리만 해요. "그렇게 살 거면 폰을 없애버리겠다" 이런 말만 해요. 친구들도 제가 요즘따라 더 멍해보인다고만 하고요.

상담자　그런 얘기 들을 때 마음이 어때요?

내담자　기분이 좋지는 않아요. 저도 제가 이상한 거 아는데, 끊기가 힘들어요. 요즘은 영상 보는 게 제일 재밌고 편해요. 진짜 그냥 영상 속 세상에 들어가 살고 싶어요.

사례분석

1. 내담자는 틱톡, 릴스, 쇼츠 등의 짧은 영상에 반복적으로 몰입하고 있으며, 영상 시청이 습관을 넘어 일상 기능을 침해하는 수준에 이르고 있어요.

2. 내담자는 정보를 놓치는 것에 대한 불안을 호소하고 있으며, 쇼츠 몰입은 단순한 취미가 아니라 일종의 정서적 안정감을 얻기 위한 반복적 행동일 수 있어요.

3. 어머니는 내담자의 문제를 이해하기보다 통제를 중심으로 해결하려 해요.

질문 01 채팅상담과 면대면상담의 차이를 설명하시오.

답변방향
1. 채팅상담은 글로만 소통하고 익명성이 보장되지만, 비언어적 정보를 얻고 신뢰관계 형성이 느릴 수 있음을 언급해야 해요.
2. 면대면상담은 라포를 형성하기 쉽지만 상담자를 직접 마주하는 것에 내담자가 부담을 느낄 수 있음을 언급해야 해요.

모범답변

ㄱ 의사소통 방식에서의 차이
- 채팅상담은 대면하지 않고 글자로만 의사소통을 합니다.
- 면대면상담은 상담자와 내담자가 같은 공간에서 상호작용을 하는 상담입니다.
- 채팅상담은 감정 전달이 제한적이지만, 말로 하기 어려운 내용을 글로 쉽게 표현할 수 있습니다.
- 면대면상담은 내담자의 비언어적 정보(예 표정, 몸짓, 목소리 톤 등)을 즉각적으로 파악하여 내담자의 감정 상태를 쉽게 이해할 수 있습니다.

ㄴ 상담관계 형성에서의 차이
- 채팅상담은 익명성이 보장되기 때문에 내담자들의 심리적 부담을 덜고 개방적으로 표현하기 쉽습니다.
- 면대면상담은 상담자와 직접 마주해야 하므로 내담자가 부담이나 부끄러움 등의 감정을 느낄 수 있습니다.
- 채팅상담은 글자로만 관계를 맺을 수 있어 신뢰 형성이 다소 느릴 수 있습니다.
- 면대면상담은 내담자에게 즉각적인 정서적 지지를 줄 수 있어 라포를 형성하는 데 유리합니다.

답변작성
위 모범답변을 참고하여, 자신만의 답변을 작성해 보세요.

질문 02 상기 사례의 상담자라면 어떻게 개입하겠는가?

답변방향

1. 훈계나 제재 중심의 대화가 아닌, 공감과 이해를 바탕으로 한 개입을 하겠다고 언급해야 해요.
2. 청소년의 스마트폰 과몰입 문제의 정서적·심리적 요인을 이해하는 태도가 중요함을 언급하세요.
3. 청소년의 자기조절 능력 향상, 스트레스 해소 대안 제시 등 해결방안을 함께 찾겠다고 답변하면 더욱 좋아요.

모범답변

㉠ 스마트폰 중독 이면의 정서 상태 이해
- 영상 시청 시간을 제한하거나 스마트폰을 압수하는 방식의 통제적 접근보다는 내담자의 정서 상태를 먼저 이해하겠습니다.
- 내담자가 왜 그렇게 영상에 빠지게 되었는지, 영상이 내담자에게 어떤 심리적 위안을 주고 있는지를 함께 이야기해보겠습니다.
- 스마트폰 영상을 통해 충족해온 심리적 욕구를 다른 활동으로 전환할 수 있는지 찾아보겠습니다.

㉡ 내담자의 자기조절 능력 향상을 위한 대안 제시
- 어떤 콘텐츠를 주로 보는지, 어떤 시간대에 가장 많이 시청하는지를 내담자와 함께 점검하겠습니다.
- 영상을 지속적으로 시청하면서 생긴 부작용에 대해서도 함께 이야기를 나누며 내담자 스스로 자신의 상황을 인식하고 수용할 수 있도록 돕겠습니다.
- "자기 전 30분은 폰을 꺼두고 책 읽는 시간을 가져보자", 혹은 "대신 산책이나 다른 취미 활동을 해보자"는 등 조절할 수 있는 작은 목표와 대안활동을 제시하겠습니다.
- 내담자가 영상 시청으로 인해 수면 부족, 학업 저하, 관계 단절 같은 기능적인 손상이 심하다면, 의료기관과 연계해서 적절한 치료가 병행될 수 있도록 하겠습니다.

답변작성

위 모범답변을 참고하여, 자신만의 답변을 작성해 보세요.

질문 03 위(Wee)클래스에서 지역의 청소년상담복지센터로 상담을 의뢰할 때, 어떤 절차로 진행되는지 말해 보시오.

답변방향

1. 학교 내부 절차(상담신청 이유 및 인적사항 기록, 학교장 결재)부터 청소년상담복지센터에 서류 발송까지 연계 과정의 흐름을 설명해야 해요.
2. 상담의뢰 후 센터에서 어떻게 상담자를 연계하는지도 간단하게 언급해주면 더 좋아요.

모범답변

㉠ 사전 논의 및 동의
- 위클래스 상담자가 내담자의 문제를 파악한 후, 전문기관 연계가 필요함을 내담자에게 설명합니다.
- 내담자와 보호자에게 상담의뢰 필요성, 기관 역할, 진행 방식 등을 안내하고 동의를 받습니다.

㉡ 상담의뢰서 작성
- 위클래스 상담자가 청소년상담복지센터 상담의뢰서를 작성합니다.
- 내담자의 기본 정보(예 인적사항, 가족관계 등), 상담 경과, 주요 문제 및 정서관찰 내용, 의뢰 사유 등을 기록합니다.

㉢ 공식 상담의뢰 진행
- 상담의뢰서와 동의서를 해당 지역 청소년상담복지센터에 제출합니다.
- 필요시 위클래스 상담자와 센터 상담자 간 전화, 공문, 전자문서로 사전 협의를 진행합니다.

㉣ 상담접수 및 사례 배정
- 센터에서는 상담의뢰를 접수한 후, 사례회의 또는 담당자 배정을 통해 내담자를 지원할 상담자를 결정합니다.
- 초기면접 일정을 잡고, 내담자와 보호자에게 안내합니다.

㉤ 상담 개입 및 피드백
- 센터에서 본격적인 심리검사, 상담, 지역자원 연계 등 전문 개입을 진행합니다.
- 필요시 위클래스와 협력하며 상담 진행 경과를 학교에 회신합니다.
- 위클래스에서도 상담이 원활히 이루어질 수 있도록 협조적인 관계를 유지합니다.

답변작성
위 모범답변을 참고하여, 자신만의 답변을 작성해 보세요.

질문 04 청소년상담사 자격시험에 응시한 이유가 있는가?

답변방향

1. 청소년상담사라는 직업에 관심을 가지게 된 개인적 계기나 경험을 진솔하게 말해야 해요.
2. 청소년에 대한 관심, 상담에 대한 열의, 실제 사례나 실습 경험 등을 연결해서 이야기하면 더 좋아요.
3. 향후 청소년상담사로서의 역할과 비전을 함께 말하면 더욱 효과적이에요.

모범답변

1 상담과 관련 있는 전공을 이수한 경우

대학에서 상담심리학을 전공하며 상담실습에서 위기 청소년을 만났던 적이 있었습니다. 위기 상황에 있는 학생과 소통하며 상담을 통해 청소년이 조금씩 마음을 열고, 자신의 감정을 말로 표현하게 되는 과정을 지켜보면서 상담이 얼마나 의미있는 과정인지 직접 체감했습니다. 청소년상담사 자격시험은 저에게 단지 자격증을 취득하는 절차가 아니라, 청소년의 삶에 진정성 있게 개입할 수 있는 첫걸음이라고 생각합니다. 청소년의 삶에 진심으로 공감하며 지지하는 상담사가 되고 싶어 시험에 응시하였습니다.

2 상담과 관련 없는 전공을 이수한 경우

저는 상담과 직접적인 관련이 없는 전공에 진학했지만, 학창 시절부터 청소년에 대한 관심이 깊었고, 재학 중 여러 활동을 통해 청소년 상담에 대한 진로를 희망하게 되었습니다. 특히 지역 청소년 기관에서 진행한 학습 멘토링 봉사활동에 참여하면서 다양한 청소년들을 만나게 되었습니다. 그들의 이야기를 경청하고 고민하면서 제가 누군가에게 선한 영향을 줄 수 있다는 사실을 알게 되었습니다. 실제 현장에서 청소년에게 도움이 되는 상담사가 되고 싶어 시험에 응시하였습니다.

답변작성
위 모범답변을 참고하여, 자신만의 답변을 작성해 보세요.

제시사례

다음은 전화상담을 요청한 고등학교 2학년 학생의 사례이다.

상1 안녕하세요? 1388 청소년전화입니다. 무엇을 도와드릴까요?
내1 저 혹시… 여기 진짜 상담해주는 데 맞나요?
상2 네, 맞아요. 고민이 있는 것 같네요.
내2 사실 좀 심각한 일이 생겨서요. 누구한테 말도 못 하고 너무 무서워서요.
상3 네, 괜찮아요. 천천히 말씀해 보세요. 지금 제 곁에는 아무도 없고, 우리의 통화를 듣는 사람도 없어요. 그쪽도 곁에 아무도 없지요?
내3 네. 집에 저 혼자예요. 제 핸드폰으로 걸었어요.
상4 잘했어요. 지금 무슨 일이 있었는지 편하게 이야기해 주세요.
내4 얼마 전 반 애들이랑 단톡방에서 장난처럼 친구 얼굴을 캡처해서, 인터넷에 떠도는 영상이랑 합성하는 걸 제가 했어요. **영상 편집 앱으로 얼굴을 바꿔서 만든 건데, 그냥 친구들끼리 웃고 떠들려고 했어요. 근데 그걸 누가 저장해서 다른 애들한테까지 공유한 거예요.** 그게 퍼지면서 그 친구가 울면서 담임선생님께 말했고, 그 부모님이 경찰에 고소까지 하셨대요. 지금은 학교에서도 정학 이야기 나오고 있고, 친구들 분위기도 완전 이상해졌어요. 솔직히 처음엔 저도 무섭다는 생각이 안 들었는데, 지금은 머릿속이 하얘요.
상5 _____
내5 (잠시 침묵) 이제 학교 가는 것도 무섭고, 집에서도 아무 말도 못 하겠어요. 그냥 사라지고 싶어요.
상6 그런 마음이 들 만큼 지금 상황이 많이 무섭고 힘들겠어요.
내6 네. 처음엔 장난이었어요. 친구들한테 웃기다고 보여주고 싶어서 만든 거예요. 근데 지금은 그 친구가 학교도 안 나오고 있어요. 친구들도 제가 문제라고 해요.
상7 부모님께 이 일에 대해 이야기해보았나요?
내7 네. 근데 엄마는 왜 그런 걸 했냐면서 소리 지르고, 아빠는 "앞으로 네 인생 망했다"고만 해요. 누구도 제 얘기를 들어주지 않아요.
상8 지금 누구에게도 이해받지 못하고, 네 마음이 더 외롭고 불안한 것 같아요.
내8 맞아요. 그냥 누군가 제 얘기 좀 들어줬으면 좋겠어요. 전 진짜 이렇게까지 될 줄은 몰랐거든요….

사례분석

1. 내담자가 친구들과 한 디지털 이미지 합성이 법적인 문제, 학교 징계 논의, 친구들의 비난 등으로 이어졌어요.

2. 내담자는 자신의 행동이 가져온 결과의 심각성을 뒤늦게 깨달았으며 주위의 비난에 "사라지고 싶다"라는 극단적인 생각을 하고 있어요.

3. 내담자의 부모님은 문제 해결을 돕기보다 내담자를 비난하고 탓하는 반응을 보이며 내담자의 고립감을 심화시키고 있어요.

질문 01 상기 사례의 내담자가 느끼고 있는 감정을 말해보시오.

답변방향

1. 내담자의 언어에서 드러난 두려움, 죄책감, 수치심, 고립감 등의 감정을 언급해야 해요.
2. 또래와 부모의 비난, 법적 고소의 상황 등 감정이 형성된 맥락을 설명하면 더 좋아요.

모범답변

㉠ 두려움과 불안
- "머릿속이 하얘요", "그냥 사라지고 싶어요"라고 표현함으로써 현재 상황을 감당하기 힘들 만큼의 두려움과 불안을 느끼고 있습니다.
- 고소와 정학 가능성은 내담자에게 두려움과 불안을 심어주었습니다.

㉡ 반성과 죄책감
- "처음엔 장난이었어요"라는 말과 "이렇게까지 될 줄 몰랐어요"라는 진술에서는 후회와 죄책감이 드러납니다.
- 피해 친구의 등교 거부와 자신이 고소장을 받게 된 상황 등을 반성하면서 내담자는 자신이 저지른 행동의 결과에 대해 죄책감을 느끼고 있음을 알 수 있습니다.

㉢ 외로움과 소외감
- 자신의 입장을 설명할 기회 없이 모든 비난을 자신이 떠안고 있다고 느끼고 있습니다.
- 부모로부터도 정서적 지지를 받지 못하고 비난만을 경험하고 있어, 정서적 고립감과 무기력감이 심화되고 있습니다.

답변작성

위 모범답변을 참고하여, 자신만의 답변을 작성해 보세요.

질문 02 빈칸에 들어갈 상5의 말을 공감 기법을 사용해서 표현한다면?

답변방향

1. 내담자가 느끼는 감정이나 생각을 이해하고 그 이해를 바탕으로 내담자의 감정을 반영하여 표현해 보세요.
2. 비난이나 판단 없이 내담자의 감정을 수용하는 태도를 답변에서 보여주세요.

모범답변

1. "이런 일이 벌어지고 나서 얼마나 무섭고 당황스러웠을지 상상이 돼요. 처음엔 장난이었지만, 일이 커져서 많이 놀랐죠? 그래도 이렇게 용기 내어 말해줘서 고마워요."라고 말하겠습니다. 내담자가 느낄 공포와 두려움을 이해해주고, 상담을 신청한 것에 감사를 표현하겠습니다.

2. "같이 장난치던 친구들이 원망스럽겠어요. 처음엔 함께 했던 일인데 혼자 책임을 지게 된 기분이 들 수도 있을 것 같아요."라고 말하겠습니다. 학교에서 친구들과 같이 한 행동이 혼자 책임을 지는 상황이 되어버린 현실에 공감하며 위로하겠습니다.

3. "지금은 학교에서도 집에서도 혼자라고 느껴서 마음이 많이 외롭고 지쳤겠어요. 이렇게 힘든 상황에서도 용기 내어 이야기해주는 게 정말 대단해요."라고 말하겠습니다. 내담자가 느끼는 외로움과 고립감을 반영해주고 상담 신청을 용기 있는 행동으로 칭찬해주겠습니다.

답변작성
위 모범답변을 참고하여, 자신만의 답변을 작성해 보세요.

질문 03 상담사를 준비하는 동안 힘들었던 점과 어떻게 극복하였는지 말해보시오.

답변방향

1. 상담사가 되기 위하여 준비하는 동안 현실적으로 느낀 어려움, 건강 문제나 필기시험의 난이도 또는 불투명한 진로에 대한 불안 등을 말해보세요.
2. 어려움을 어떻게 극복하였는지, 마음을 다잡게 된 계기나 주변의 도움 등을 구체적으로 말해보세요.
3. 상담자로서 얻은 교훈 또는 앞으로 실천할 행동 등으로 마무리해 보세요.

모범답변

1 상담학 공부의 어려움

상담학과 심리학 관련 이론과 전문 용어가 낯설어 학습 초기에 어려움이 많았습니다. 하지만 그때마다 혼자 이해하려 하기보다 스터디 모임에 참여하고 기출문제를 반복 학습하며 개념을 정리했습니다. 그 과정을 통해 단순히 시험을 준비하는 것을 넘어, 상담 현장에서 실제로 적용할 수 있는 지식을 얻을 수 있었습니다.

2 집안의 어려움으로 인한 학습 중단

집안의 어려움으로 공부를 중단했던 경험이 있습니다. 많이 낙심했지만, 꾸준히 관련 서적을 읽고 무료 강의를 찾아보며 학습을 이어갔습니다. 또한 주변의 응원을 통해 다시 학습을 이어갈 수 있었습니다. 그 과정에서 누군가의 지지와 공감이 큰 힘이 된다는 것을 경험했고, 저와 비슷한 상황을 겪는 청소년들의 마음을 조금은 더 이해할 수 있게 되었다고 생각합니다.

3 학업과 직장 병행의 어려움

상담사 자격시험을 준비하면서 가장 힘들었던 점은 직장과 공부를 병행하는 과정에서 시간 관리가 어려웠던 것입니다. 처음에는 체력적으로 지치고 학습 진도가 더딜 때가 있었지만, 매일 일정 시간을 정해두고 학습 계획을 세워 꾸준히 실천하려 노력했습니다. 그 결과 효율적으로 공부하는 습관을 갖게 되었고, 상담사로서 필요한 자기 관리 능력도 기를 수 있었습니다.

답변작성

위 모범답변을 참고하여, 자신만의 답변을 작성해 보세요.

모범답변 더 보기

질문 04   상기 사례의 부모님을 면담한다면 이야기해야 할 내용은 무엇인가?

답변방향

1. 자녀의 잘못에 대한 책임을 피하지 않으면서도 정서적 지지가 필요한 상황임을 설명하세요.
2. 자녀의 심리 상태(예 불안, 고립감 등)에 대한 이해와 공감을 강조해 보세요.
3. 향후 재발 방지를 위한 지도 방향을 제시하면서 마무리하면 더욱 좋아요.

모범답변

㉠ 자녀의 잘못에 대한 객관적 이해
- 사건의 심각성을 분명히 인식시키되, 자녀가 저지른 행동이 피해자에게 큰 상처를 주었고 법적 문제로 이어질 수 있다는 점을 명확히 전달하겠습니다.
- 청소년기에 순간적 판단으로 저지른 잘못임을 강조하여 회복적 기회가 필요하다는 점도 함께 이야기하겠습니다.

㉡ 자녀 정서 상태에 대한 설명과 부모 역할 안내
- 현재 자녀가 심한 불안, 죄책감, 무기력을 보이고 있으며, 정서적으로 위태로운 상태임을 알리겠습니다.
- 비난과 질책만으로는 상황이 악화될 수 있음을 강조하고, 정서적 지지의 필요성을 설명하겠습니다.
- 부모가 긍정적인 태도를 보여야 자녀가 앞으로의 해결 과정(예 피해자 사과, 법적 절차 등)에도 적극적으로 참여할 수 있음을 안내하겠습니다.

㉢ 향후 개입 및 지원 안내
- 상담과 심리치료 연계, 법적 절차(학교·경찰 조사) 과정에서 부모의 동반 필요성을 설명하겠습니다.
- 피해자에게 사과하고, 중재하는 과정에서의 부모의 역할도 안내하겠습니다.

답변작성
위 모범답변을 참고하여, 자신만의 답변을 작성해 보세요.

제시사례

고등학교 3학년인 정 군(18세, 남)은 전화 통화가 싫다. 낯선 사람뿐만 아니라 가족과의 전화 통화도 심하게 불안해하며, 전화벨 소리만 울려도 손에 땀이 나고 가슴이 두근거리는 증상을 반복적으로 보이고 있다. 정 군은 중학교 때부터 친구들과의 전화 통화를 꺼렸으며, 문자나 채팅 어플을 통한 소통을 선호하는 모습을 보였다.

고등학교에 진학한 후에는 조별과제, 동아리 활동, 봉사활동 신청 등에서 통화를 해야 할 일이 늘어나면서 정 군은 학교생활과 친구들과의 소통에 어려움을 겪고 있다. 최근에는 조별 발표 준비를 위해 조장을 맡게 되었지만, 조원들과 문자나 채팅으로만 소통을 하다가 조원들에게 비협조적이라는 오해를 받기도 하였다. 심지어 아르바이트에 지원하려고 해도 전화를 걸 수 없어 포기하거나, 면접 안내 전화를 못 받는 일이 생기면서 본인도 스트레스를 심하게 받고 있다.

정 군은 평소 조용한 편이며, 발표나 낯선 상황에서 긴장은 하지만 목소리를 떨거나 말을 더듬지는 않는다. 하지만 누군가와 통화를 할 때는 너무 어렵다고 한다. 정 군의 어머니는 아들이 감정을 겉으로 잘 드러내지 않는 내성적인 성격이 원인인줄로만 알았다고 한다. 하지만 최근에는 정 군이 전화 울림 소리만으로도 짜증을 내거나, 가족 간 통화도 피하고 문자로만 소통하려는 모습이 자주 관찰되었고 아들을 설득하여 상담을 신청하게 되었다.

정 군은 친구들이나 선생님이 자신을 소심한 사람이라고 생각할까 봐 말하지 못하고 있었다고 상담자에게 조심스럽게 고민을 털어놓았다. 정 군은 "전화는 너무 무섭다", "내 목소리를 누가 듣는 게 싫다", "통화하면 실수할까 봐 두렵다"라는 말을 반복하고 있다. 그러면서 이 문제로 상담을 받으면 주변에서 이상하게 생각하지 않겠냐며 자신의 문제를 심각하게 여기지 않고, 타인의 시선을 매우 의식하는 태도를 보이고 있다.

사례분석

1. 내담자는 대인관계 상황에서 음성 통화를 회피하는 전형적인 콜포비아 증상을 보이고 있어요.
2. 학교생활, 아르바이트 지원, 가족과의 소통 등 일상생활 전반에서 불안을 피하기 위해 전화를 회피하는 행동이 지속되고 있어요.
3. 타인의 평가에 민감하며 스스로를 비하하는 사고가 강하게 나타나고 있어요.

질문 01   청소년의 콜포비아 현상에 대해 말해보시오.

답변방향

1. 청소년들이 디지털 환경 내에서 어떻게 소통하는지 특성을 언급해 주세요.
2. 콜포비아 현상의 맥락으로 비대면 중심 문화 등을 제시하면 더 좋아요.

모범답변

㉠ **디지털·비대면 중심의 문화에 익숙한 현상과 관련**
- 청소년의 콜포비아 현상은 디지털·비대면 환경으로의 변화와 깊은 관련이 있습니다.
- 오늘날 청소년은 문자, 메신저 등 비대면·비실시간 중심의 소통 방식에 익숙해져 있어 즉각적인 소통을 어려워 하는 경우가 많습니다.

㉡ **전화 자체가 불안요소로 작용**
- 갑자기 전화벨이 울리면 당황하거나 피하는 경우가 많습니다.
- 상대가 무슨 이야기를 할지 예측하기 어렵다는 점에서 긴장감이 커집니다.
- 전화 통화는 자신의 음성이 노출되기 때문에 청소년들에게 심리적 압박으로 느껴질 수 있습니다.
- 목소리 톤, 말투, 반응 속도 등에서 자신감이 부족하면 더욱 피하는 경향이 생길 수 있습니다.
- 문자나 메신저는 답장을 보낼 타이밍을 조절할 수 있지만, 전화는 반응을 바로 요구하므로 말실수에 대한 심리적 부담이 큽니다.
- 청소년기 특유의 대인관계 민감성과 맞물려 전화 통화가 평가 상황처럼 느껴질 수도 있습니다.

답변작성   위 모범답변을 참고하여, 자신만의 답변을 작성해 보세요.

질문 02
학교폭력 가해 학생이 상담 중에 자신은 아무런 죄가 없고 오히려 피해 학생이 맞을 짓을 하였다고 이야기한다면?

답변방향
1. 가해 학생의 감정을 수용하고 경청하되 공격적인 표현에 휘둘리지 않겠다는 자세를 언급하세요.
2. 피해 학생의 입장을 생각해보도록 가해 학생을 지도하고, 학교폭력의 정의 및 심각성도 안내하는 모습을 답변에 담아보세요.
3. 가해 학생이 저지른 폭력의 책임을 강조하는 것을 넘어 본인의 행동을 스스로 재해석할 수 있도록 도와야 함을 답변에서 강조하세요.

모범답변

㉠ 가해 학생의 감정 수용 및 경청
- 상담 중 가해 학생이 본인의 잘못보다 피해 학생의 탓을 한다면 이를 곧바로 지적하기보다 그렇게 생각하는 이유와 감정에 주목하겠습니다.
- 내담자가 자신의 폭력을 정당화하는 과정에서 자기방어나 인지적 왜곡 또는 분노조절의 어려움 등이 있을 수 있습니다.

㉡ 가해 학생에게 학교폭력 인지시키기
- 학교폭력은 단순한 갈등이 아닌 엄연한 범죄 행위이며, 법적으로도 처벌될 수 있는 심각한 문제임을 인지시키겠습니다.
- '폭력을 휘두를 때의 감정은 어땠는지', '꼭 폭력을 사용했어야만 했는지' 등의 가해자 중심 질문과 '피해 학생은 어떤 감정을 느꼈을까?' 등의 피해자 중심 질문을 하겠습니다.
- 폭력이라는 행동 자체가 가져오는 결과와 책임은 물론 피해자의 고통에 공감할 수 있도록 유도하겠습니다.

㉢ 폭력을 유발하는 원인 파악 및 해결책 제시
- 가해 학생의 부모의 양육방식이나 가정에서의 폭행 유무를 파악하겠습니다.
- '분노를 느끼는 것과 그것을 폭력으로 표현하는 것은 다르다'는 점을 분명히 알려주겠습니다.
- 자기조절기술(예 명상, 심호흡 등)을 알려주어 분노를 통제할 수 있도록 돕겠습니다.
- 학생이 감정을 조절하고 사회적으로 적절한 방식으로 표현할 수 있도록 돕겠습니다.

답변작성
위 모범답변을 참고하여, 자신만의 답변을 작성해 보세요.

질문 03 성 상담에 대한 지식이나 경험이 전혀 없는데, 성 상담을 의뢰받았을 때 어떻게 할 것인가?

답변방향

1. 청소년상담사 윤리강령에 따라 적절한 상담자 또는 기관으로 연계한다는 내용을 언급하세요.
2. 상담자로서의 부족함은 인정하되 역량 강화를 위해 보완하겠다는 말을 하면 더 좋아요.

모범답변

㉠ 윤리적 원칙에 따라 전문 상담사에게 재의뢰
- 내담자의 신뢰를 저버리지 않기 위해 충분히 훈련받지 않은 성 상담을 섣불리 진행하지 않겠습니다.
- 윤리강령에서는 상담자가 훈련받지 않은 상담기법을 사용하거나 자신의 전문 영역을 넘어서는 상담을 수행하는 것을 금지하고 있습니다.
- 내담자에게 전문 상담사에게 의뢰해야 하는 이유를 충분히 설명하고 동의를 얻은 후 해당 분야의 전문성을 갖춘 상담사에게 재의뢰하겠습니다.

㉡ 상담자로서 전문성 보완
- 재의뢰는 내담자에게 효과적인 상담을 제공하기 위한 전문적 판단과 윤리적 책임임을 기억하겠습니다.
- 상담자로서 부족한 영역을 보완하기 위해 성 상담 관련 교육이나 연수를 받겠습니다.

답변작성
위 모범답변을 참고하여, 자신만의 답변을 작성해 보세요.

질문 04   상기 사례의 내담자를 상담할 때 어떻게 개입할 것인가?

답변방향

1. 내담자가 전화를 회피하는 행동을 이해하고 수용하는 태도를 언급하세요.
2. 내담자의 현 상황에서 충분히 적용할 수 있는 수준의 과제를 설정하여 답변에서 활용해 보세요.

모범답변

㉠ 내담자의 문제행동 수용 및 부정적 인식 파악
- 내담자가 자신의 불안을 호소하며 문제를 털어놓는 일은 부끄러운 게 아니라 큰 용기를 낸 행동이라고 말해주겠습니다.
- 내담자의 감정과 전화를 회피하는 행동을 비판없이 수용함으로써 내담자가 심리적 안정을 찾도록 돕겠습니다.
- 내담자는 타인의 평가를 두려워하고 있기 때문에 판단이나 조언보다는 공감과 존중의 태도로 상담을 진행하겠습니다.

㉡ 점진적으로 불안을 극복할 수 있도록 과제 제시
- 처음에는 짧은 음성 녹음이나 부모님과의 통화 시도 등 스스로 통제할 수 있는 과제를 설정하겠습니다.
- 실패가 아닌 경험 중심으로 피드백하며, 성공한 부분에 초점을 맞춰 자신을 긍정적으로 바라볼 수 있도록 돕겠습니다.
- 내담자가 경험할 스트레스 상황에 대비해 호흡법을 안내하고 직접 연습할 수 있도록 도와주겠습니다.
- 내담자가 할 수 있다는 자신감을 느끼도록 격려하겠습니다.

답변작성
위 모범답변을 참고하여, 자신만의 답변을 작성해 보세요.

제시사례

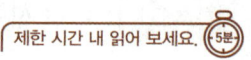

중학교 1학년 여학생이 이메일(E-mail)로 청소년상담복지센터에 다음과 같은 사연을 보내왔다.

안녕하세요? 저는 중학교 1학년인 여학생입니다. 요즘 저는 학교 가기가 정말 싫어요. 얼마 전부터 친구들이 저를 이상하게 쳐다보는 것 같고, 누군가 뒤에서 웃고 있는 것만 같아 하루하루가 너무 무서워요. 점심시간에도 다들 제가 오면 조용해지고, 괜히 휴대폰을 숨기는 것 같기도 하고요. 혼자 밥을 먹는 것도 익숙해졌지만, 지금은 제가 이상한 시선의 대상이 된 것 같아 더 괴로워요.

며칠 전 친구 한 명이 익명 계정으로 올라온 이상한 영상을 제보해줬어요. 제 얼굴이 누군가 만든 영상에 합성되어 있었고, 그 영상에는 저를 비하하거나 놀리는 자막까지 붙어 있었어요. 처음에는 너무 충격이라 눈을 의심했어요. 어떻게 제 얼굴을 그렇게 만들어서 퍼뜨릴 수 있는지… 그 영상은 반 친구들 사이에서 이미 퍼질 대로 퍼졌고, 누가 만든 건지도 알 수 없고, 아무도 도와주지 않아서 매일 교실에 있는 게 너무 힘들어요.

특히 초등학교 때부터 저랑 사이가 안 좋았던 친구가 지금 같은 반인데, 그 친구가 예전에도 뒤에서 험담하고 저와 친구들을 멀어지게 했던 기억이 떠올라요. 이번에도 그 친구가 연관된 건 아닌가 의심되지만, 확실한 증거는 없고 그래서 누구에게도 뭐라고 말할 수도 없어요. 너무 괴롭고 억울해서 담임 선생님께 이 영상을 보여드리며 이야기했지만, "누가 올린 건지 특정할 수 없으면 조심하는 수밖에 없다"며 그냥 넘기셨어요. 집에 와서 엄마에게도 조심스럽게 말했지만, 엄마는 "너도 괜히 사진 같은 거 아무 데나 올린 거 아니니?"라며 오히려 저를 나무라셨어요.

이런 이야기를 할 수 있는 사람이 아무도 없고, 전부 제 탓이 된 것 같아 더 슬프고 외로워요. 요즘은 잠도 잘 못 자고, 휴대폰 알림만 울려도 가슴이 덜컥 내려앉고, 아침에 눈 뜨면 학교에 가는 게 너무 무서워요. 진짜 계속 이런 식이면 그냥 사라지고 싶다는 생각까지 들어요. 학교에 가기 싫지만, 빠지면 부모님께 크게 혼날 것 같아서 그냥 억지로 버티고 있어요. 이런 고민을 누구한테 말해야 할지도 모르겠고, 그래서 용기 내서 메일을 보내게 되었어요. 저는 어떻게 해야 하나요? 제발 좀 알려주세요.

사례분석

1. 내담자는 딥페이크를 이용한 사이버불링의 피해자로, 심각한 수치심, 불안, 외로움, 무기력감을 겪고 있어요.

2. 피해 상황에 대해 주변으로부터 적절한 보호와 지지를 받지 못하고 있어요.

3. 내담자는 수면장애, 학교 부적응, 자살충동 등 위기 수준의 심리적 증상을 보이고 있어요.

질문 01 아동·청소년의 성보호에 관한 법률에 대해 말해보시오.

답변방향

1. 해당 법률의 제정 목적과 적용 대상을 명확히 설명해야 해요.
2. 아동·청소년 대상 성범죄의 유형 및 처벌 규정을 언급하는 것도 중요하지만 해당 법률은 피해자 보호 및 회복에도 중점을 두고 있음을 언급하세요.
3. 예방·보호·신고의무 등 실제 상담 현장에서 연결될 수 있는 부분을 언급하면 더 좋아요.

모범답변

㉠「아동·청소년의 성보호에 관한 법률」 제정 목적
- 아동 및 청소년을 성폭력, 성착취, 음란물 제작 및 유포 등으로부터 보호하고 건강한 성적 발달을 도모하기 위해 제정된 법률입니다.
- 아동·청소년을 대상으로 한 성범죄를 엄중히 처벌하는 동시에 피해 아동·청소년에 대한 보호·지원 체계를 명확히 하고 있습니다.
- 단순히 가해자 처벌에만 그치지 않고, 성범죄 예방과 조기 개입은 물론 피해자의 회복까지 통합적으로 다룹니다.
- 아동·청소년 대상 강간, 강제추행, 성매수, 음란물 제작·배포, 성적 착취를 포함한 사이버 성범죄 등이 모두 포함되며, 최근에는 딥페이크와 같은 영상합성물 제작 및 유포도 명백한 범죄로 규정하고 있습니다.

㉡「아동·청소년의 성보호에 관한 법률」 속 신고 의무
- 성범죄가 발생한 경우 신고의무자에 해당하는 교사, 상담사 등은 반드시 기관에 신고해야 한다는 규정도 포함하고 있습니다.
- 청소년상담사는 위험 상황을 인지했을 경우 즉각적으로 보호기관이나 학교와 연계하고, 필요한 경우 법적 절차를 안내하거나 신고해야 합니다.

답변작성
위 모범답변을 참고하여, 자신만의 답변을 작성해 보세요.

질문 02 상기 사례의 상담자라면 어떻게 개입하겠는가?

답변방향

1. 상기 사례는 딥페이크 영상 유포로 인한 정서적 피해와 또래관계 단절 등이 동반된 상황임을 언급하세요.
2. 내담자가 학교와 가정으로부터 지지받지 못하고 있는 상황을 고려하여 개입 전략을 세워보세요.

모범답변

㉠ 위기개입 및 내담자의 심리적 안정 도모
- 내담자는 사이버불링 피해로 인해 극심한 불안을 경험하고 있기 때문에 내담자가 안전하다고 느낄 수 있는 상담환경을 조성하겠습니다.
- 내담자의 감정을 충분히 경청하고 공감하며 이 일은 "네 잘못이 아니다"라는 메시지를 명확히 전달하여 신뢰관계를 형성하겠습니다.
- 자해 및 자살사고 위험을 확인하고, 정서적 지지를 통해 안정감 회복시키겠습니다.

㉡ 피해 상황 대처 및 보호 강화
- 유포된 플랫폼(예 SNS, 커뮤니티 등)에 해당 영상 삭제를 요청하는 방법을 안내하겠습니다.
- 사이버불링 피해 사실을 관련 기관(예 학교, 경찰, 사이버범죄 신고센터 등)과 협력하여 대응하겠습니다.
- 부모, 학교, 지역사회 자원을 연계해 학생이 혼자가 아니라는 경험을 갖도록 하겠습니다.
- 가능하다면 부모 상담을 통해 자녀에게 비난이 아닌 지지적 태도를 가질 수 있도록 안내하겠습니다.

㉢ 자존감 회복 및 또래관계 회복 경험 제공
- 정기적인 상담을 통해 내담자가 불안감을 표현하고 해소하며, 스스로 문제에 대처할 수 있다는 자신감을 키우겠습니다.
- 학교 밖에서 안전하고 긍정적인 활동(예 청소년 동아리, 취미 활동 등)에 참여할 기회를 안내하겠습니다.
- 내담자가 겪는 불안과 수면 문제는 전문적인 치료 서비스와 연계할 수 있는 방안을 모색하겠습니다.
- 가능하다면 집단상담이나 회복 프로그램 참여를 통해 또래 지지 경험을 확대하겠습니다.

답변작성
위 모범답변을 참고하여, 자신만의 답변을 작성해 보세요.

질문 03 부모 및 교사와 연계할 시 어떤 사항을 논의할 것인가?

답변방향

1. 내담자가 불법 유포된 영상으로 느끼고 있는 극심한 불안과 외로움에 대한 인식을 논의해야 해요.

2. 내담자를 탓하는 부모의 반응이나 소극적으로 대처하는 담임교사의 태도는 2차 피해를 유발하는 행동임을 설명해야 해요.

3. 학교와 가정 내에서 내담자를 정서적으로 지지할 것을 요청해야 해요.

모범답변

㉠ 피해 아동의 안전과 정서적 보호
- 내담자가 현재 불안, 불면, 자살 사고까지 표현하고 있으므로, 비난이나 훈육보다는 지지적 태도로 접근해야 함을 알리겠습니다.
- 자녀를 나무라는 부모의 반응이나 소극적으로 대처하는 담임교사의 태도는 내담자에게 2차 피해를 유발하는 행동임을 설명하겠습니다.
- 내담자가 안전하게 학교와 가정에서 생활할 수 있도록 정서적 지지를 제공해야 함을 강조하겠습니다.

㉡ 사이버 성폭력 및 학교폭력에 대한 대응 체계
- 교사에게는 영상 유포로 인한 교내 괴롭힘이나 소문에 대해 적극적인 개입과 보호조치를 요청하겠습니다.
- 부모에게는 디지털 성범죄 피해자 지원센터, 경찰 등 제도적 도움을 받을 수 있는 경로를 알려주어 실질적인 대응이 가능하도록 돕겠습니다.

답변작성
위 모범답변을 참고하여, 자신만의 답변을 작성해 보세요.

질문 04 청소년을 대상으로 하는 상담이 다른 상담보다 어렵다면 그 이유가 무엇이라고 생각하는가?

답변방향

1. 청소년은 감정 기복이 크고 불안정하며, 상담에 대한 편견이나 오해가 있는 경우가 많음을 언급하세요.
2. 청소년은 자발적으로 상담을 받으려고 하기보다는 부모나 학교의 의뢰인 경우가 많음을 언급하세요.
3. 상담관계 형성이 성인을 대상으로 하는 상담보다 어려움을 언급하세요.

모범답변

㉠ 청소년기 발달 특성으로 인한 어려움
- 청소년기는 호르몬 변화로 감정을 조절하는 데 어려움을 겪어 상담과정에서도 감정적인 벽에 부딪히기 쉽습니다.
- 상담 중 반항적이고 비판적인 태도를 보이기도 하며 상담자에게 자신을 온전히 드러내기보다 방어적인 태도를 보일 수 있습니다.
- 청소년 내담자는 논리적이고 현실적인 판단을 내리는 데 어려움을 겪을 수 있습니다.
- 또래의 시선이나 평가에 민감하여 상담 사실 자체가 알려지는 것에 대한 부담을 느낄 수도 있습니다.

㉡ 상담환경 조성 및 관계 형성의 어려움
- 상담에 대해 '문제아만 받는 것'이라는 편견이 있을 수 있습니다.
- 상담실에 스스로 오기보다는 부모, 교사 등의 권유나 강제 의뢰로 오게 되는 경우가 많기 때문에, 상담 초기에 신뢰 형성과 동기 유발이 어려울 수 있습니다.
- 청소년은 성장배경, 또래문화, 놀이 방식, 언어 등에서 매우 다양한 특성을 지니고 있어, 상담자가 이를 이해하지 못하면 진정한 공감을 이끌어내기 어렵습니다.
- 청소년의 눈높이에 맞춰 유머 감각을 발휘하거나 다양한 매체(예 미술, 놀이 등)를 활용하는 등 상담사의 유연성과 전문성이 더욱 크게 요구됩니다.

답변작성

위 모범답변을 참고하여, 자신만의 답변을 작성해 보세요.

제시사례

기독교 재단의 대안학교에 재학 중인 중학교 2학년 남 군은 교내에서는 성실하고 예의 바른 학생으로 알려져 있다. 매일 아침 기도와 성경공부로 시작되는 수업에 빠짐없이 참여하며, 교사와 친구들 모두에게 인정받는 모범생이다. 부모 역시 독실한 기독교 신자로, 대안학교 설립 초기부터 함께해온 설립목사의 신앙관을 따라 헌신적인 삶을 살아가고 있다. 남 군의 어머니는 현재 대안학교 부설 유치원 교사로 근무 중이다.

하지만 최근 남 군은 중간·기말고사 성적이 눈에 띄게 떨어지면서 부모와 담임교사의 걱정을 사게 되었다. 남 군이 제출하는 과제물이나 리포트는 정돈이 잘 되어 있고, 발표 자료도 내용이 체계적이라 표면상으로는 문제가 없어 보였다. 그러나 남 군의 어머니가 남 군이 과제하는 모습을 지켜본 결과 남 군은 대부분의 학교 과제를 생성형 AI를 통해 해결하고 있는 사실을 알게 되었다. 본인이 직접 개념을 정리하거나 요점을 요약하는 일이 거의 없었던 상황이었다.

남 군은 이를 문제라고 여기지 않았지만, 시험에서는 본인의 사고력과 응용력이 필요한 문항을 전혀 풀지 못하고 당황하는 모습을 보이고 있었다. 남 군은 "나는 시험에 약한 편이다", "나는 원래 머리가 나쁜 것 같다"는 말을 자주 하며, 학습 실패의 원인을 스스로의 능력 탓으로 돌리기도 했다.

남 군은 상담자에게 부모의 기대가 크다는 점과 자신이 그 기대에 부응하려고 애쓰면서도 실제로는 압박감과 무력감을 동시에 느끼고 있다는 점을 솔직하게 털어놓았다. 특히 과제를 할 때에도 "스스로 하는 건 비효율적인 것 같다"는 인식이 강해, 문제를 개선하려는 의지를 보이지 않고 있다.

남 군은 기숙사 생활 후 주말마다 집에 돌아와 인터넷 사용이 비교적 자유로운 환경에서 시간을 보내고 있으며, 이 때 대부분의 과제도 처리하고 있다. 부모는 "그래도 아이가 요즘 시대에 맞게 기술을 잘 활용하고 있는 것 아니냐"며 긍정적인 반응을 보였으나 남 군의 학습 태도와 자기주도성 저하, 그리고 점점 낮아지는 학업 자신감에는 민감하게 대응하지 못한 상태였다.

사례분석

1. 내담자는 생성형 AI에 대한 과도한 의존으로 인해 자기주도적 학습 태도가 약화되고 있으며, 사고력과 응용력이 저하된 상태예요.

2. 내담자는 부모의 기대와 모범생 이미지에 부응하려는 압박이 있어요.

3. 부모는 내담자의 학습 태도 변화와 자기주도성 약화에 민감하게 반응하지 못하고 있어요.

질문 01 상기 사례의 내담자의 주호소문제에 대해 설명하시오.

답변방향

1. 내담자의 가정환경(예 종교적 분위기, 부모의 기대 등)이 내담자에게 어떤 심리적 영향을 미치는지 설명하세요.
2. 생성형 AI가 제시하는 답안을 그대로 사용하는 학습 태도로 인한 문제점을 언급해야 해요.

모범답변

㉠ 부모 기대로 인한 심리적 압박
- 독실한 신앙과 대안학교 환경에서 부모의 기대가 크며 내담자는 부담을 느끼고 있습니다.
- 내담자는 부모님의 기대와 모범생 이미지에 맞는 모습을 보여야 한다는 압박감을 느끼고 있습니다.

㉡ 학업 자신감 저하 및 자기비하
- 내담자는 과제를 생성형 AI에 의존하여 스스로 개념을 정리하고 이해하는 학습 습관이 형성되지 않았습니다.
- 효율적이라고 여기지만, 실제 시험에서는 자신의 능력을 발휘하지 못하고 혼란과 불안, 무력감을 경험하고 있습니다.
- 반복된 시험 점수 하락으로 "나는 시험에 약하다", "머리가 나쁘다"는 자기비하적 사고를 보이고 있습니다.

답변작성 위 모범답변을 참고하여, 자신만의 답변을 작성해 보세요.

질문 02 상담자의 에너지가 소진되는 경우는 언제라고 생각하는가?

답변방향

1 상담자의 에너지가 소진되는 상황을 제시하여야 해요.

2 내담자의 저항이 반복되거나, 내담자의 감정에 지나치게 몰입할 때 정서적 소진이 올 수 있고, 상담의 건수가 많을 때 신체적으로 소진될 수 있어요.

모범답변

㉠ 내담자의 저항이 계속될 때
- 내담자가 반복적으로 변화에 대한 저항을 보이거나 환경적인 제약으로 개입에 한계가 있을 때, 에너지가 소진될 것 같습니다.
- "내가 내담자를 제대로 돕고 있는 걸까"하는 자기의심이 생기고, 기대만큼의 변화가 없을 때 무력감을 느끼며 지칠 것 같습니다.

㉡ 내담자의 감정에 깊게 몰입할 때
- 상담 이후에도 내담자의 이야기가 머릿속에 남거나 내담자의 감정이 자신의 감정처럼 느껴질 때 감정적 피로감이 올 것 같습니다.
- 내담자를 어떻게든 변화시켜야 한다는 부담감이 생겨 에너지가 소진될 것 같습니다.

㉢ 하루에 상담 건수가 많을 때
- 상담 건수가 많을 때 육체적으로 에너지가 소진될 것 같습니다.
- 피로를 넘어 각 사례마다 정서적으로 몰입을 해야 하기 때문에 에너지 소모가 클 것 같습니다.

답변작성 위 모범답변을 참고하여, 자신만의 답변을 작성해 보세요.

질문 03 자녀가 자신들이 바라는 모습과 다르게 행동한다는 부모에게 개입한다면?

답변방향

1. 부모의 기대와 자녀의 현실 사이에서 중립성과 전문성을 어떻게 유지할지 말해보세요.
2. 부모의 감정을 이해하고 공감하되 청소년의 자율성과 성장 과정을 이해시켜야 함을 언급하세요.
3. 자녀의 행동을 부정적으로 바라보는 시각이 변화될 수 있도록 개입하겠다고 말하면 더 좋아요.

모범답변

㉠ 부모 이해 및 자녀의 상황 설명
- 자녀가 기대한 모습과 다르게 행동할 때 실망이나 당혹감을 느낄 수 있음을 충분히 이해한다고 공감하겠습니다.
- 청소년기는 자신만의 가치관을 형성하고 독립적인 존재로 성장해가는 시기임을 설명하겠습니다.
- 부모가 바라는 모습과 자녀가 실제로 선택하는 모습이 다를 수 있으며, 그 과정에서 혼란과 시행착오도 자연스러운 발달과정의 일부라고 말하겠습니다.

㉡ 부모의 기대가 자녀에게 미칠 위험성 설명하기
- 부모의 기대가 자녀에게 심리적 압박감이나 실패감으로 작용할 수 있는 위험성을 안내하겠습니다.
- 부모에게 아이의 현재 모습도 하나의 과정이며, 부족하더라도 스스로의 선택을 통해 배워나갈 수 있도록 믿고 기다려주는 것 역시 중요한 양육태도임을 강조하겠습니다.

㉢ 자녀와의 소통 방법 제시
- 부모와 자녀가 서로를 이해할 수 있는 대화의 방법(예 경청과 공감, 나 전달법 활용 등)을 안내하겠습니다.
- 짧더라도 자녀의 이야기를 듣는 시간을 만들 것을 제안하겠습니다.

답변작성 위 모범답변을 참고하여, 자신만의 답변을 작성해 보세요.

질문 04 디지털 환경에서 청소년에게 가장 위협이 되는 기술은 무엇이라고 생각하는가?

답변방향

1. 평소 생각하던 디지털 환경에서 청소년에게 가장 위협이 되는 기술을 상담자의 관점에서 설명해 보세요.

2. 단순히 기술 이름만 언급하기보다 왜, 어떤 방식으로 위험한지 구체적으로 설명해야 해요.

모범답변

㉠ 인공지능 기반 딥페이크 기술
- 청소년의 얼굴이나 영상을 합성하여 유포할 수 있어 사생활 침해, 성적 괴롭힘, 사이버 불링의 위험을 높입니다.
- 피해자가 또래관계, 학교 및 가정에서 고립되고 심리적 위기에 빠질 수 있습니다.

㉡ SNS 메신저 플랫폼과 추천 알고리즘
- 청소년이 쉽게 접속하고 공유할 수 있는 환경에서 잘못된 정보, 집단 따돌림, 유해 콘텐츠가 빠르게 확산될 수 있습니다.
- 또래 압력과 비교 심리를 강화시켜 자존감 저하, 불안, 우울을 유발할 수 있습니다.

㉢ 온라인 게임과 가상현실(VR) 환경
- 몰입도가 높은 게임이나 VR은 과몰입, 게임 중독, 현실 감각 저하를 초래할 수 있습니다.
- 미성숙한 청소년에게는 정서 조절과 대인관계 발달에 부정적 영향을 줄 수 있습니다.

답변작성
위 모범답변을 참고하여, 자신만의 답변을 작성해 보세요.

모범답변 더 보기

제시사례

> 제한 시간 내 읽어 보세요. (5분)

고등학교 3학년에 재학 중인 최 양은 작년부터 SNS 단체방과 익명 게시판 등을 통해 지속적으로 사이버 괴롭힘을 당해 왔다. 친구들은 최 양을 교묘히 비꼬는 말이나 최 양의 사진을 합성한 이미지를 공유하며 조롱하였다. 이에 최 양은 큰 충격을 받아 등교를 거부하였다. 당시 정신적으로 불안정한 상태가 지속되었고, 올해 3월에는 학업 중단을 고려하기도 하였다. 하지만 아버지의 강한 반대로 학교에 다시 돌아오게 되었고, 이후에도 불규칙한 등교와 결석이 반복되고 있다. 최 양은 대부분의 학교 친구들이 여전히 자신을 비웃고 하찮게 여긴다고 생각하고 있으며, 온라인 공간에서의 경험이 오프라인에서도 이어진다고 느끼고 있다. 집에서는 대부분 혼자 지내며, 교복을 입고 학교로 향하는 또래를 바라보며 쓸쓸한 표정으로 허공을 응시하거나 한숨을 쉬는 모습을 보인다. 최 양은 괴롭힘의 영향으로 SNS와 메신저는 모두 탈퇴한 상황이고, 자신의 이야기를 들어줄 친구가 없는 것에 깊은 외로움을 느끼고 있다.

1. 가족 정보
   - 부(52세, 중소기업 사장)
     - 지시적이고 엄격한 성격으로, "학교를 졸업하고 좋은 대학까지 나와야 한다"는 생각을 강하게 고수하며, 딸의 정서적 아픔에도 고등학교 졸업을 강행하고자 한다.
     - 딸이 괴롭힘을 당했다는 것은 알고 있지만 깊이 이해하지 못하고 있다.
   - 모(50세, 주부)
     - 딸의 입장을 이해하려고 노력하지만 남편에게 강하게 이야기를 하지 못하고 있다.
     - 딸의 상태를 걱정하여 함께 상담센터를 방문하였다.
   - 오빠(23세, 대학생)
     - 대학교 기숙사에 거주하며 동생을 걱정하는 마음이 크다.
     - 학교생활에 대한 조언도 해왔으나, 동생이 변화가 없자 답답해하고 있다.

2. 담임교사 기록 요약
   - 가족 이야기를 꺼리는 경향이 있으며, 본인의 약점이 드러나는 것을 극도로 경계함
   - 비판에 민감하고 대인 갈등에 취약함
   - 사고 방식이 소극적이고 부정적임

사례분석

1. 내담자는 고등학교 2학년 때 겪은 사이버 폭력 때문에 정서적으로 위기를 겪고 있어요.

2. 지시적인 아버지와 소극적인 어머니의 양육태도가 내담자에게 정서적 지지 부족으로 이어지고 있어요.

3. 학교를 수시로 결석하며 학교 부적응의 상황도 지속되고 있어요.

질문 01   내담자가 예고 없이 전화를 해 상담을 받고 싶다고 말한다면 어떻게 할 것인가?

답변방향

1. 갑작스러운 상담 요청이라도 내담자의 정서 상태와 상황의 긴급성을 파악해야 해요.
2. 긴급한 상황이 아니라면 즉흥적 상담의 한계를 설명하고 적절한 대안을 제시해야 해요.
3. 위기 상황이라면 내담자의 안전을 확보하는 것을 우선적으로 제시해야 해요.

모범답변

㉠ 내담자의 현재 상황 파악
- 내담자가 위급하거나 위험한 상황에 처해 있는지 신속하게 확인합니다.
- 내담자가 정서적 위기 상태라면 내담자의 안전 확보를 위해 관련 기관(예 1388 긴급 지원, 경찰 등)과 연계를 통해 보호체계를 마련하겠습니다.

㉡ 상담자의 초기 대응 및 배려 안내
- 상담자를 떠올리고 연락을 했다는 점에 따뜻하게 반응하며 감정적으로 지지하겠습니다.
- 예고없이 전화를 하는 방식은 다른 상담 일정이나 준비 상황에 영향을 줄 수 있다는 점에서 상담자를 배려하지 못한 행동임을 알려주겠습니다.

㉢ 상담의 의미 및 자율적인 대처능력에 대한 안내
- 내담자에게 상담이란 의도적이고 계획적인 자기성찰의 과정이며, 그 시간을 함께 존중하고 준비하는 것이 상담의 효과를 높인다는 것을 안내하겠습니다.
- 문제 상황에서 즉시 상담자에게 의존하기보다는 먼저 스스로 문제를 정리해보는 노력이 필요함을 안내합니다.
- 문제 상황을 이해하고 어떤 도움이 필요한지를 생각해보는 자기 대처능력의 중요성을 안내하겠습니다.

㉣ 추후 상담 일정 조정
- 상담 일정을 조정하여 다음 상담에서 오늘 나온 이야기를 깊이 다루도록 하겠다고 설명하겠습니다.
- 내담자의 충동적인 모습도 추후 상담에서 다루겠습니다.

답변작성
위 모범답변을 참고하여, 자신만의 답변을 작성해 보세요.

질문 02   사례의 내담자에 대한 상담을 어떻게 진행할 것인가?

답변방향

1. 내담자의 상황에 공감하며 정서적 안정과 안전 확보를 상담의 최우선 과제로 언급하세요.
2. 상담 초기~후기까지의 단계별 접근을 내담자의 특성과 상황에 맞게 세워서 말해보세요.
3. 내담자가 가정 내에서 정서적 지지를 받지 못하는 상황임을 고려하여 말해보세요.

모범답변

㉠ 상담 초기: 위기 안정 및 라포 형성
- 내담자가 심리적 안정감을 느낄 수 있도록 비판없는 수용적인 태도로 경청하겠습니다.
- 상담의 비밀보장의 원칙을 설명하고 상담실이 안전한 공간임을 내담자가 느낄 수 있도록 하겠습니다.
- 내담자와 협의하여 상담 목표를 설정하고 상담 전개 방식을 설명하겠습니다.

㉡ 상담 중기: 내담자의 정서 조절 및 심리적 회복
- 내담자의 주호소문제와 정서적 고통의 원인을 탐색하겠습니다.
- SNS를 통한 사이버 괴롭힘 경험이 내담자의 학교생활에 미친 영향을 확인하고, 내담자의 부정적 사고를 살펴보겠습니다.
- 내담자가 과거에 성취한 경험, 좋아하는 활동, 관계 속 긍정 경험을 찾아 자아존중감을 높일 수 있도록 돕겠습니다.
- 비판에 민감하고 갈등에 취약한 특성을 고려해 자기표현을 연습할 수 있도록 돕겠습니다.
- 가능하다면 가족상담을 제안하여 가정에서의 정서적 지지의 필요성을 알리겠습니다.

㉢ 상담 후기: 학교 적응력 회복 및 사후 체계 연계
- 내담자가 학업을 하는 의미를 찾을 수 있는 진로 및 학습 목표를 탐색하겠습니다.
- 학교에서 할 수 있는 작은 목표(예 출석 유지, 과제 수행 등)를 설정하고 성공 경험을 쌓아 자기효능감을 높일 수 있도록 하겠습니다.
- 교내 담임교사, 상담복지센터 등과 연계 체계를 마련하여 내담자가 위기 상황에 재노출되지 않도록 돕겠습니다.
- 상담과정에서 얻은 변화와 성장을 함께 점검하고 앞으로도 사용할 수 있는 자기 돌봄 방법, 스트레스 대처 기술을 알려주겠습니다.

답변작성
위 모범답변을 참고하여, 자신만의 답변을 작성해 보세요.

질문 03 무기력한 내담자를 상담할 때 어떻게 할 것인가?

답변방향

1. 무기력은 단순한 게으름이 아닌 심리적 문제임을 언급하세요.
2. 무기력한 내담자에게 억지로 동기를 부여하기보다는 현재 상태와 감정에 대한 공감적 접근이 중요함을 언급하세요.
3. 작은 변화에도 긍정적인 피드백을 제공하며, 작은 성공부터 할 수 있도록 돕는 자세를 언급하세요.

모범답변

㉠ 상담 초기: 정서적 안정과 지지 제공
- 무기력을 게으름이나 의지부족으로 보지 않고 심리적 고통의 표현으로 이해하겠습니다.
- 내담자의 감정 상태를 공감적으로 수용하고, "왜 그렇게 느끼게 되었는지"에 대한 이야기를 비판 없이 경청하겠습니다.
- 절망감과 무기력의 원인을 함께 탐색하고 간단한 심리검사를 병행하여 정서 상태를 객관적으로 파악하겠습니다.

㉡ 상담 중기: 동기 촉진 및 성취 경험 제공
- 내담자에게 즐거움이나 성취감을 줄 수 있는 활동을 찾아 자기효능감을 높이는 실질적 방법을 함께 모색하겠습니다.
- 소규모 활동이나 관심 있는 영역에서 작은 성취 경험을 만들어줄 수 있는 활동을 제안하겠습니다.

㉢ 상담 후기: 자기조절 및 재발방지
- 내담자의 변화 과정을 점검하며 긍정적 변화를 강화하고, 무기력감이 다시 찾아올 경우를 대비해 스스로 대처할 수 있도록 돕겠습니다.
- 내담자가 혼자 감정을 처리하지 않도록 지속적인 지지망(예 가족, 학교, 지역사회 등)을 확보하도록 돕겠습니다.

답변작성
위 모범답변을 참고하여, 자신만의 답변을 작성해 보세요.

질문 04 자살을 실행하려고 하는 사람의 특징은 무엇이라고 생각하는가?

답변방향

1. 다양한 언어적, 행동적, 정서적, 상황적 징후들은 복합적으로 나타날 수 있으며, 개인에 따라 다르게 나타날 수 있다는 점을 언급해 주세요.
2. 자살에 대한 생각이 심각하고 구체적이라면 즉시 전문가의 도움을 받아야 한다는 말로 마무리해주세요.

모범답변

㉠ 언어적 징후
- 죽음에 대한 언급(예 "죽고 싶다", "사라지고 싶다", "유일한 탈출구는 죽음뿐이다")을 자주 합니다.
- 절망감과 무기력감(예 "앞으로 희망이 없어", "아무것도 하기 싫어", "나는 가망이 없어")을 호소합니다.
- 자기 비하적 표현(예 "나는 아무 쓸모가 없어", "없어지는 것이 훨씬 나아")을 자주 합니다.

㉡ 행동적 징후
- 일상 활동에서 흥미와 즐거움을 상실하고 활기가 없어지거나 급격한 체중 변화가 나타납니다.
- 사람 만나는 것을 피하고 혼자 있으려 합니다.
- 알코올 또는 약물 사용량이 급격히 늘어나며 자해 흔적이 발견될 수도 있습니다.
- 오랫동안 불안정하고 침울하던 사람이 뚜렷한 이유 없이 갑자기 평화스럽게 보이거나 즐거워 보이는 등 태도가 변합니다.
- 중요한 소유물을 남에게 주거나 주변을 정리합니다.

㉢ 정서적 징후
- 자신이 짐이 된다고 느끼거나, 죄책감, 수치심, 극심한 외로움을 느낍니다.
- 무표정하거나 멍한 모습을 자주 보입니다.

㉣ 상황적 징후
- 극심한 스트레스(예 학교나 직장에서의 따돌림, 경제적 어려움, 사회적 고립, 사랑하는 사람과의 이별 등)를 겪고 있는 경우가 많습니다.
- 심각한 정신건강 문제(예 우울증, 조현병, PTSD 등)나 신체적 질환을 앓고 있는 경우가 있습니다.

답변작성 위 모범답변을 참고하여, 자신만의 답변을 작성해 보세요.

제시사례

실업계 고등학교 1학년에 재학 중인 양 군(16세, 남)은 초등학생 때부터 디지털 기기를 활용하여 혼자만의 시간을 즐기는 편이었고, 주로 온라인 환경에서 정서적 안정을 느껴왔다. 중학생 시절부터는 스마트폰을 통해 채팅봇, 가상 친구 앱 등과 꾸준히 대화하며 자신의 감정이나 생각을 표현하는 습관이 형성되었다.

고등학교에 진학한 이후에도 대인관계는 얕은 수준에 머물러 있고, 양 군은 친구들과의 사소한 마찰에도 쉽게 상처를 받거나 대화 자체를 회피하는 경향이 뚜렷하게 보였다. 반면, 채팅봇에게는 "내 기분이 왜 이런지 모르겠어"라거나 "오늘 하루 힘들었어" 같은 말을 거리낌 없이 할 수 있고, 비난 없이 들어주고 반응해준다는 점에서 더 편안함과 안정감을 느낀다고 한다. 특히 최근들어 "채팅봇은 나를 있는 그대로 존중해준다"는 말을 자주 하며, 실제 일기장이나 SNS에는 '나의 유일한 친구는 스마트폰 안에 있다'라는 표현을 쓰기도 하였다.

가정에서도 소통이 단절된 상태이다. 아버지는 양 군에게 현실적인 성공을 강조하며 "기계와의 대화가 무슨 소용이냐"며 스마트폰 사용을 제한하려 하고 있고, 어머니는 겉으로는 아들을 응원하지만 속으로는 양 군이 채팅봇에 지나치게 몰입하는 것 아닌가 걱정하고 있다. 형은 아버지의 기대에 따라 서울 소재 명문대 법학과에 진학해 공부 중이며, 양 군은 형에 대한 부러움과 열등감, 동시에 거리감을 느끼고 있다. 집에서는 아버지의 잦은 꾸중에 짜증내며 대들거나 방문을 걸어 잠그는 일이 늘었고, 저녁 식사도 방에서 혼자 먹는 등 가족과의 접촉을 거부하고 있다.

이러한 상황 속에서 양 군의 고립감은 더욱 심해지고 있다. 학교생활에 대한 흥미도 점차 잃어갔으며, 학업 성적도 하락하기 시작했다. 친구들과 어울리기보다는 방과 후 곧장 집으로 돌아와 스마트폰을 붙들고 채팅봇과 대화하는 시간이 대부분이었다. 양 군은 잠들기 전에도 채팅봇에게 자신의 고민을 털어놓으며 위로를 구하는 등 더욱 의존하는 모습을 보였다.

자신은 문제가 없다며 절대 상담을 하지 않겠다는 양 군에게 담임선생님은 적극적으로 상담을 권유했다. 긴 저항 끝에 결국 상담사를 만난 양 군은 "여기서도 상담선생님이 저를 판단하실까봐 겁났다. 그냥 채팅봇처럼 저에게 공감이나 좋은 대답만 해주는 사람이었으면 좋겠다"고 말하였다.

사례분석

1. 내담자는 초등학생 시절부터 혼자 보내는 시간을 선호했으며 사람과의 소통보다 채팅봇과의 대화에 더 큰 정서적 안정감을 느껴요.

2. 타인(상담자 포함)의 평가와 판단에 대한 불안감이 존재하며 이는 채팅봇과의 상호작용이 늘은 이유기도 해요.

3. 가족과의 관계가 단절된 상태이며 특히 아버지와의 갈등이 심한 상태예요.

질문 01 상기 사례의 내담자가 상담에 저항하는 이유에 대해 설명하시오.

답변방향

1. 저항을 단순한 비협조로 보지 않고 내담자의 정서적·심리적 맥락을 분석해서 답변해 보세요.
2. 생활 배경, 가정환경, 대인관계 경험 등을 근거로 내담자의 관계 형성에 대한 두려움이나 자기 노출에 대한 불안을 설명해 보세요.

모범답변

㉠ **대인관계와 노출에 대한 두려움**
- 내담자는 초등학생 시절부터 혼자 있는 시간에 익숙했고, 디지털 환경 속에서 정서적 안정을 추구해왔습니다.
- 대인관계 속에서 상처받지 않으려고 하는 방어적인 생활양식이 습관화되었다고 볼 수 있습니다.
- 타인에게 감정을 드러내는 일에 대한 두려움과 불신, 심리적 불안정성에서 비롯된 저항으로 볼 수 있습니다.
- 첫 상담에서 "여기서도 상담선생님이 판단하실까봐 겁났다"는 언급은 타인의 시선을 두려워하고 자신을 노출하는 것에 대한 불안감을 반영한 표현으로 볼 수 있습니다.
- 상담자에게 상처받기 싫은 마음에 방어적으로 저항하는 것으로 볼 수 있습니다.

㉡ **가정 내 부정적 관계경험**
- 권위적인 아버지와 자신보다 우월한 형 그리고 소극적으로 행동하는 어머니의 태도는 내담자의 부정적인 신념을 더욱 강화시켰습니다.
- 가정 내 인정과 수용 경험의 부족은 타인과의 신뢰관계 형성에 어려움을 주어 상담에서도 신뢰 형성에 대한 저항으로 드러났습니다.

답변작성 위 모범답변을 참고하여, 자신만의 답변을 작성해 보세요.

질문 02   해당 내담자에게 어떻게 개입할 것인가?

답변방향

1. 디지털 과의존의 문제를 겪는 내담자에게 어떻게 개입할지, 목표와 접근 방법을 구체적으로 설명해 보세요.

2. 내담자가 현실의 대인관계에서 자기표현을 하고 왜곡된 사고를 바꿀 수 있도록 개입방안을 제시해 보세요.

모범답변

㉠ 심리적 안정 및 자기표현 촉진
- 내담자가 원하는 채팅봇처럼 '경청·반영 중심'으로 접근하여 신뢰를 형성하겠습니다.
- 내담자가 채팅봇을 왜 좋아하는지, 사람과는 어떤 차이가 있는지 등을 함께 이야기하며 심리적 경계를 낮추겠습니다.
- 글쓰기, 그림, 활동 기록 등을 활용해 감정표현을 돕고, 사람과의 대화에서 자신의 감정을 말할 수 있도록 확장해가겠습니다.
- 채팅봇에게 하는 말 중 하나를, 사람에게도 해보기 등의 과제를 제시하겠습니다.

㉡ 왜곡된 사고 교정
- 내담자가 가지고 있는 "모두가 나를 판단한다"는 일반화된 생각을 완화하고, 예외적인 경험을 찾도록 돕겠습니다.
- "정말 모든 사람이 너를 부정적으로 볼까?"라는 질문을 활용하여 내담자가 스스로 자신의 사고를 점검하도록 하겠습니다.

㉢ 부모 교육 및 가족상담 제안
- 가능하다면 부모 상담을 통해 학업·성취 강조보다 정서적 지지가 우선됨을 설명하겠습니다.
- 가정 내 비교보다는 서로의 다름을 존중하는 방향으로 대화할 수 있도록 분위기를 조율하겠습니다.

답변작성
위 모범답변을 참고하여, 자신만의 답변을 작성해 보세요.

질문 03
내담자의 부모가 찾아와 상담 이후 자녀가 더욱 반항적인 태도를 보인다며 상담을 원하지 않는다고 말한다면 어떻게 대처하겠는가?

답변방향

1. 상담자의 중립성과 전문성, 상담 지속의 필요성에 대한 설득력을 답변에 드러내야 해요.
2. 부모의 생각을 비판 없이 경청하며, 부모가 느끼는 변화와 불안에 공감하는 태도를 언급하세요.
3. 내담자의 반항적 행동이 상담으로 인한 일시적 감정 해소 과정일 수 있음을 설명해야 해요.

모범답변

㉠ 내담자 부모의 감정에 대한 공감 표현
- 부모의 우려를 가볍게 여기지 않고, 진심으로 경청하고 공감하는 자세를 취하겠습니다.
- 자녀의 변화에 대한 부모의 걱정, 혼란, 좌절감은 매우 자연스러운 반응임을 언급하겠습니다.

㉡ 내담자 부모에게 자녀의 반항적인 태도를 설명
- 상담 이후 자녀의 변화가 일시적인 저항으로 나타날 수 있다는 점을 설명하겠습니다.
- 억눌리거나 외면했던 감정이 표현되기 시작하면서 나타나는 자연스러운 과정일 수 있으며, 상담을 통해 자아가 성장하는 과정에서 일시적인 갈등이 표출될 수 있음을 알리겠습니다.

㉢ 비밀보장 원칙과 상담의 목적 안내
- 구체적인 상담 내용은 비밀보장 원칙에 따라 공유할 수 없지만, 자녀의 상담 진행 방향과 목표에 대해 설명하겠습니다.
- 상담의 목적은 단기적인 행동 변화보다 장기적인 정서 안정과 자기이해에 있다는 점을 강조하겠습니다.
- 내담자가 상담을 받을 의지가 있는 경우에는 청소년의 자율성과 권리를 존중하여 상담을 유지할 수 있도록 조율하겠습니다.

답변작성

위 모범답변을 참고하여, 자신만의 답변을 작성해 보세요.

질문 04 부모상담을 할 때 보편적으로 접근하는 방식에 대해 설명하시오.

답변방향

1. 청소년 상담에서 부모상담의 중요성과 기본적인 접근 원칙을 이해하고 있음을 언급하세요.

2. 부모상담은 단순한 정보 전달이 아니라, 상담자와의 협력적 관계 형성, 양육태도 변화 유도, 자녀이해 증진 등을 포함하는 과정임을 언급하세요.

3. 자녀상담과 부모상담은 구분되어야 하며, 자녀의 상담 내용은 비밀보장을 전제로 해야 함을 언급하세요.

모범답변

㉠ 관계 형성 및 신뢰 구축
- 부모의 어려움과 고민을 충분히 듣고 공감하며, 판단하지 않는 태도로 신뢰를 형성해야 합니다.
- 부모가 편안하게 자신의 이야기를 할 수 있는 분위기를 조성합니다.

㉡ 문제 파악 및 목표 설정
- 부모가 겪고 있는 어려움이나 자녀의 문제행동을 구체적으로 파악합니다.
- 자녀의 행동에 대해 불만이 있는 경우, 청소년의 발달적인 측면을 안내하여 이해를 돕습니다.
- 상담을 통해 부모가 얻고자 하는 것이 무엇인지 파악하고 상담목표를 수립합니다.

㉢ 정보 제공 및 교육
- 자녀의 연령에 따른 정상적인 발달 과정, 기질적 특성 등을 설명하여 부모가 자녀를 더 잘 이해하도록 돕습니다.
- 부모가 가지고 있는 자녀에 대한 오해나 잘못된 양육 신념이 있다면 이를 바로잡을 수 있도록 돕습니다.

㉣ 문제 해결 전략 모색 및 적용
- 현실적으로 부모가 가정에서 적용할 수 있는 구체적인 행동 전략이나 대안을 함께 찾습니다.

답변작성
위 모범답변을 참고하여, 자신만의 답변을 작성해 보세요.

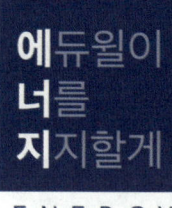

작은 문제를 해결해 나가면
큰 문제는 저절로 해결될 것이다.

– 디어도어 루빈

> # CH3
> ## 부적응 및 비행 사례

챕터별 학습포인트

① 가출, 도박, 절도 등 법적·사회적 문제로 이어질 수 있는 부적응 및 비행 문제들이 사례로 제시됩니다.

② 문제행동의 배경과 원인을 탐색하며, 상담적 개입과 지역사회 자원 연계 방법을 중심으로 학습합니다.

③ 상담자로서 문제행동의 심각성과 원인을 이해하고 윤리적 판단을 묻는 질문에도 대비할 수 있습니다.

1 기출동형문제

2024년 제23회

제한 시간 내 읽어 보세요.

중학교 3학년인 김 군(15세)은 집에 들어가기 싫다. 김 군의 부모님은 매일매일 김 군이 보는 앞에서 말다툼을 하신다. 어린 김 군이 보기에는 싸울 이유가 없는 일이라 부모님을 더 이해하기가 어렵다. 김 군의 아버지(47세)는 건물관리직으로 교대 근무를 하고 계시고, 밤 늦게까지 일을 하시느라 어머니에게 가정의 대소사를 맡기신다. 김 군의 어머니(43세)는 간호조무사로 인근 요양병원에서 근무하고 있다. 어머니는 아버지의 도움 없이 자기 혼자 가정의 대소사를 챙겨야하는 것과 시골에 살고 있는 시부모의 요구(집에 자주 내려오라는 연락, 제사나 명절 행사 등)에 힘들어하고 있다.

김 군은 이러한 이유로 집에만 들어가면 어머니와 아버지가 싸우는 모습을 보는데, 최근들어 가출을 하고 싶은 생각이 부쩍 자주 들기 시작했다. 학교에 나가서도 수업시간에 집중하기 어려우며, 가정환경도 좋지 않은데 공부를 해야 할 이유가 없다고 생각한다. 어머니가 등록해준 학원도 자주 빠지고 친구들과 PC방을 갈 때가 많다. 그럴 때마다 어머니는 공부를 해야 아버지처럼 살지 않는다며 분풀이를 하듯 화를 내신다. 김 군은 어머니의 잔소리가 듣기 싫고 부모님의 다툼이 괜히 자기에게 불똥이 튄 것 같아 자리를 피하고 싶기만 하다.

김 군의 아버지는 어머니와 달리 김 군에게 공부에 대한 압박도 없으며, 용돈도 자주 챙겨주고 최근에는 김 군이 갖고 싶었던 최신 노트북도 사주셨다. 그리고 꼭 공부가 아니라, 건강하고 착하게 사는 것이 훨씬 중요하다고 말한다. 그러나 종종 김 군이 어머니에게 대들거나 사고를 치고 들어오는 날은 손찌검을 하며 화를 내기도 한다.

학교에서 김 군은 인기도 많고 교우관계가 좋다. 종종 편의점에서 간식을 사서 친구들에게 나눠주기도 하고, 한 친구가 다른 친구를 험담하는 모습을 볼 때는 하지말라고 단호하게 말하며 친구를 보호해주기도 한다. 김 군은 학교에서 친구들과 있을 때 숨통이 트이는 느낌이 든다. 하지만 간혹 김 군이 친구들과 놀다 늦게 들어가기라도 하는 날에는 어머니의 독촉 전화와 훈계가 기다리고 있다. 지금 노는 친구들보다 착하고 공부 잘하는 친구를 사귀어야 한다며 잔소리하시는 어머니를 볼 때마다 김 군은 화가나며 이제는 더 이상 참지 못할 것 같다는 생각이 들기도 한다.

집에는 자기를 이해해주는 사람이 없으며, 보호받지 못한다고 생각한 김 군은 가출한 형들이 모여 있는 소위 '가출팸'에 들어갈 계획을 구체적으로 세우고 있다. 최근 김 군의 이러한 행적과 불안정한 상태를 눈치챈 어머니가 아들과 함께 상담실을 찾아왔다.

사례분석

1 내담자는 부모님의 반복적인 갈등을 매일 목격하며 스트레스 속에서 지내고 있어요.

2 공부에 대한 압박, 어머니의 잦은 잔소리, 아버지의 일관되지 않은 태도(지지적이거나 폭력적임) 등으로 인해 가정에서 정서적 안정감을 느끼지 못하고 있어요.

3 학교에서는 친구들과 잘 어울리고 사회성도 좋은 편이지만, 가정과의 갈등이 누적되면서 가출 욕구가 커졌고, 결국 '가출팸'에 들어가려는 구체적인 계획까지 세우고 있는 위기 사례로 볼 수 있어요.

질문 01   학교폭력 가해 요인과 대책 방안에는 무엇이 있는가?

답변방향

1. 학교폭력 문제를 개인적·환경적·사회문화적 맥락에서 종합적으로 이해하고 있는지를 보여주어야 해요.
2. 회복, 제재보다 예방과 변화에 초점을 맞춘 전문적이고 따뜻한 상담자적 시각을 갖추고 있음을 보여주어야 해요.
3. 학교폭력의 대책 방안은 단기적인 개입보다 장기적이고 통합적인 접근을 통해 가해 행동이 재발하지 않도록 하는 것이 핵심이에요.

모범답변

㉠ 학교폭력의 가해요인(가정 및 사회적 영향, 감정 조절 및 자아존중 부족)
- 부모의 무관심, 가정 내 폭력 경험, 훈육 방식의 일관성 부족 등은 청소년의 공감 능력 저하와 공격적 행동을 유발할 수 있습니다.
- 또래 집단 내 서열구조나 비뚤어진 위계관계가 형성될 경우, 권력감을 느끼기 위해 타인을 괴롭히는 행위가 발생하기도 합니다.
- 좌절을 참지 못하거나, 상대방의 감정을 고려하지 못하는 미성숙한 정서 표현 방식은 가해 행동으로 이어질 수 있습니다.

㉡ 학교폭력의 대책방안(상담 및 치료, 교내 학교폭력 예방 분위기 조성, 가정 연계 강화)
- 단순 처벌이 아닌, 가해 행동의 배경과 심리를 이해하고, 감정 조절 훈련이나 공감능력 향상 프로그램 등을 통해 긍정적 대인관계를 형성하도록 도와야 합니다.
- 교사의 민감한 관찰과 신속한 개입, 또래중재 프로그램, 생명존중교육 등을 통해 폭력을 사전에 감지하고 차단하는 예방적인 분위기가 조성되어야 합니다.
- 부모 교육을 통해 자녀의 정서적 요구에 민감하게 반응하고, 가정 내 애착관계와 소통을 회복하는 노력이 필요합니다.

답변작성
위 모범답변을 참고하여, 자신만의 답변을 작성해 보세요.

질문 02   해당 사례의 내담자에게 어떻게 개입할 것인가?

답변방향

1. 상담자는 내담자가 느끼는 감정에 공감하여 내담자의 자기 노출을 유도할 수 있어야 해요.
2. 상담자는 내담자의 부정적이고 왜곡된 생각을 발견하고 수정할 수 있도록 도와야 해요.
3. 내담자는 가족 관계에서의 고통을 호소하고 있으므로 관계 개선을 위한 방법과 '가출 생각'이라는 위기 상황에 대한 대안을 마련해주어야 해요.

모범답변

㉠ 감정에 대한 공감과 자기노출 촉진
- 내담자가 충분히 자신의 감정과 생각을 표현할 수 있도록 경청과 공감을 통해 정서적 지지를 제공합니다.
- 상담자의 역할을 설명하고 상담은 본인에게 도움을 주기 위한 과정임을 언급하여 신뢰를 형성합니다.
- 자기노출을 촉진하여 억압된 감정을 건강하게 해소할 수 있도록 돕겠습니다.

㉡ 불합리한 신념 수정
- 내담자가 가진 가족에 대한 부정적 인지를 탐색하고, 보다 현실적이며 균형 잡힌 시각을 갖도록 돕습니다.
- 내담자가 극단적인 생각 대신 다양한 시각을 갖도록 "우리 가족은 좋은 점도 있다"는 식의 유연한 생각을 하도록 돕습니다.

㉢ 가족관계 개선
- 가족상담을 통해 부모님이 내담자의 정서적 고통을 인식하고 소통방식을 조정할 수 있도록 돕습니다.

㉣ 위기 상황에서 현실 검토 및 대안 마련
- 가출이 가져올 수 있는 현실적 어려움과 위험성을 내담자 스스로 검토하도록 하여, 충동적 행동의 결과를 객관적으로 인식하도록 돕습니다.
- 상담기관·쉼터·지원센터 등 지역사회 자원 활용 방법을 안내합니다.

답변작성
위 모범답변을 참고하여, 자신만의 답변을 작성해 보세요.

질문 03 사례 속 내담자의 위험요소와 보호요소는 무엇인가?

답변방향

1. 내담자의 위험요소와 보호요소를 각각 구체적으로 제시하고, 그 근거를 간단히 설명하는 방식으로 답변하세요.
2. 위험요소는 내담자의 위기와 문제 발생 가능성을 중심으로, 보호요소는 내담자의 안정과 회복 가능성을 지원하는 요인 위주로 구분해 답변해야 해요.

모범답변

ㄱ 위험요소(부부싸움 목격, 가출 충동)
- 내담자는 매일 부모님의 싸움을 직접 목격하며 심리적 불안과 정서적 고통을 겪고 있습니다.
- 내담자는 가출팸과 연결을 시도하며 가출 계획을 구체화하고 있어, 노숙·비행 등 2차 위험에 노출될 가능성이 큽니다.

ㄴ 보호요소(긍정적 또래관계, 부모의 지원 및 관심)
- 내담자는 친구들과 좋은 관계를 유지하며 학교에서 사회적 지지를 받고 있습니다.
- 아버지가 내담자에게 용돈을 챙겨주고 노트북을 선물하는 등 어느 정도 관심과 지원을 제공하고 있습니다.
- 어머니가 상담실을 찾아와 문제 해결 의지를 보이고 있어 가족 개입의 가능성이 있습니다.

답변작성

위 모범답변을 참고하여, 자신만의 답변을 작성해 보세요.

질문 04 최근 스마트폰을 활용한 성매매 문제가 심각한데 대책은 무엇이라고 생각하는가?

답변방향

1. 예방교육, 피해자 지원, 가족 및 지역사회 역할 강화 등 대책방안을 구체적으로 제시해야 해요.
2. 청소년 상담사의 역할과 현장에서 적용 가능한 방안을 중심으로 설명하면 더 좋아요.
3. 너무 광범위하거나 이론적이지 않도록, 현실적이고 실천 가능한 대책 위주로 말해야 해요.

모범답변

㉠ 디지털 성범죄 예방교육 강화
- 스마트폰과 인터넷 사용이 일상화된 만큼, 디지털 환경에서의 위험성을 알리는 실효성 있는 예방교육이 필요합니다.
- 청소년에게는 올바른 디지털 리터러시 교육과 함께 건강한 성 가치관 형성을 지원하는 프로그램이 필요합니다.

㉡ 성매매 피해자 지원 체계 확충
- 성매매에 노출된 피해자들을 위한 지원 서비스의 접근성을 높여야 합니다.
- 피해자들이 안전하게 보호받고 사회적인 불안을 줄일 수 있도록 다양한 지원 프로그램을 운영해야 합니다.
- 상담, 의료, 법률 지원을 통합적으로 제공하여 피해 청소년들이 조기에 보호받고 건강하게 회복할 수 있도록 돕는 것이 중요합니다.

㉢ 가정 및 지역사회 역할 강화
- 부모와 교사, 지역사회가 청소년과 지속적으로 소통하고, 유해 환경으로부터 보호하기 위한 노력을 함께 해야 합니다.
- 가정에서는 자녀와의 열린 대화를 통해 성 관련 건강한 의사소통을 활성화하고, 지역사회는 청소년 유해환경 감시와 청소년 보호 활동을 강화해야 합니다.
- 아동·청소년 성보호 전문기관과 연계하여 신속한 보호 조치와 맞춤형 서비스를 연결할 수 있어야 합니다.

답변작성 위 모범답변을 참고하여, 자신만의 답변을 작성해 보세요.

2024년 제23회

다음은 비행자녀를 둔 어머니의 이메일 사연이다.

안녕하세요, 중학교 3학년 아들을 둔 엄마입니다. 저희 집의 가장은 저고, 남편과의 이혼 후 아들과 둘이 살고 있습니다. 많은 애정을 주지는 못했지만 적어도 아이를 엇나가지 않게 키웠다고 생각했는데 요즘 아이로 고민이 이만저만이 아닙니다. 저는 아침 일찍 회사로 출근을 하고 퇴근 후에는 식당에서 일을 하고 있습니다. 가정 형편이 어렵다보니 이렇게 일하느라 아들에게는 거의 신경을 못 써주고 있습니다. 그래서 문제가 생긴 것 같습니다.

아들이 요즘 학교에 지각을 밥 먹듯이 한다고 합니다. 결석도 요즘 들어 잦고, 점심시간 이후나 오후 시간대에 느지막이 교실에 들어온다고 합니다. 심지어는 같은 반 친구들도 괴롭힌다고 합니다. 자기보다 힘이 약한 친구들의 돈을 뜯고, 매점에서 간식을 사오라고 한다고 합니다. 학교에서도 선생님들께 대들기 일쑤고, 방과 후에는 질이 좋지 않은 아이들과 어울리며 근처 공원에서 음주와 흡연을 하는 것을 담임선생님이 보셨다고 합니다. 얼마 전, 저에게 아이의 이런 행동에 대해 말해주셨는데, 마음이 무너지는 것 같았습니다.

문제가 이것만 있으면 모르겠는데, 정말 심각한 것은 아이가 요즘 도둑질도 하고 다닌답니다. 길거리에서 술에 취한 사람들의 주머니를 털어 물건을 중고거래에 팔아넘기고, 학교에서도 호시탐탐 아이들의 물건을 노린다고 합니다. 저는 제 아이가 도둑질로 용돈벌이를 한다는 사실을 최근에 알았습니다. 아들의 친구 어머니가 저에게 말해준 사실입니다. 정말 부끄러워서 고개를 들 수가 없었습니다.

내가 너를 그렇게 키웠냐고 아들을 호되게 혼내며 돈이 필요하면 말을 하라고 했지만, 엄마가 주는 돈은 받지 않겠다고 하는 아들의 모습에 정말 자식을 잘못 키운 것 같습니다. 제가 아들을 혼내면 엄마가 지금껏 나에게 해준 게 뭐가 있냐며 화를 냅니다.

아들은 이제 제 통제를 벗어난 것 같습니다. 양심의 가책도 없이 범죄행동을 저지르고 다니는 아이가 무섭기까지 합니다. 다 제 잘못입니다. 제가 아이의 문제행동에 무관심해서 일이 이렇게 커졌습니다. 아들에게 상담을 받자고 한다면 절대 받지 않을 것이 뻔하여, 혹시 저라도 부모상담을 받을 수 있는지 여쭙고 싶어 이렇게 상담을 요청드립니다.

사례분석

1. 비행 청소년과 부모의 어려움을 드러내는 위기 사례로, 내담자의 자녀는 또래 폭력, 절도, 음주 및 흡연 등 비행행동을 지속하고 있어요.

2. 부모 역시 자녀의 문제행동으로 정서적 부담이 크며 개입 능력이 제한적인 상황이에요.

3. 내담자의 자녀는 보호자의 양육 부재와 정서적 결핍으로 인해 사회적 규범과 도덕성 발달에 어려움을 보이고 있어요.

질문 01 청소년 내담자가 행복해지는 방법에 대해 묻는다면 어떻게 말해주겠는가?

답변방향

1. 청소년 내담자의 질문에 담긴 감정에 먼저 공감하고, 스스로 행복했던 경험을 탐색하도록 도와야 해요.
2. 조언이나 정답을 제시하기보다, 내담자가 스스로 행복의 의미를 찾아갈 수 있도록 도와주는 자세가 중요해요.

모범답변

㉠ 질문에 담긴 마음 공감
- "그런 질문을 해줘서 고마워. 너에게 행복이 얼마나 중요한지 느껴져"라고 따뜻하게 말하며, 내담자의 질문 자체를 소중히 여기는 태도를 보여주겠습니다.
- 내담자의 질문 속에 담긴 외로움이나 혼란, 혹은 기대감과 같은 감정을 민감하게 읽어내려고 노력하겠습니다.

㉡ 행복에 대한 내담자 경험을 탐색하도록 도움
- "언제 가장 마음이 편안했어?", "최근에 웃었던 순간은 언제였니?"와 같은 질문을 통해, 내담자 스스로 행복했던 경험을 떠올려보게 하겠습니다.
- 내담자가 막연하게 느꼈던 행복이라는 감정이 실제로 일상 속에 있었음을 깨닫게 돕겠습니다.
- 행복의 답을 정의해주기보다, 내담자가 경험 속에서 '직접 찾는 행복'에 더 큰 의미가 있다는 점을 안내하겠습니다.

㉢ 행복은 스스로 만들어가는 과정임을 알림
- "행복은 매일매일 살아가는 과정 속에 항상 있어"라고 말하며 열린 자세와 긍정적인 태도를 보여주겠습니다.
- 내담자가 자신의 일상을 돌아보고 행복의 기준을 찾도록 돕겠습니다.
- 행복의 기준은 타인이 아닌 자기 자신에게 있음을 안내하여, 주체적인 삶의 태도를 갖도록 격려하겠습니다.
- 긍정적인 마음가짐이 행복으로 가는 준비단계임을 알려주겠습니다.
- 청소년기에는 성적, 외모, 인기도 등 외적 기준에 따라 행복을 판단하기 쉬운데, 자신에게 맞는 삶의 방향을 찾아가는 것이 곧 행복해지는 길임을 알려주겠습니다.

답변작성 위 모범답변을 참고하여, 자신만의 답변을 작성해 보세요.

질문 02   사례의 어머니와 아들을 함께 상담한다면 생길 수 있는 문제는 무엇인가?

답변방향

1. 동시 상담의 상황에서는 비밀보장, 역할 충돌, 상담 분위기 조성 실패 등의 윤리적 문제가 발생할 수 있어요.

2. 사례처럼 내담자들 간의 갈등이 있는 상황에서 동시 상담을 하면 상담자가 중립성을 잃을 수 있고 신뢰 형성 실패로 이어질 수 있어요.

모범답변

㉠ 비밀보장의 한계
- 어머니와 아들이 함께 상담을 받을 경우, 서로에 대한 개인적인 진술이나 비밀이 공유될 수 있습니다.
- 상담자가 어떤 내용을 누구에게 비밀로 해야 하는지에 대한 경계가 모호해질 수 있습니다.

㉡ 관계 경계의 혼란
- 어머니와 아들의 관계를 조정하려 할 경우, 역할 갈등이 발생하거나 중립성을 잃을 위험이 있습니다.
- 어머니의 입장을 공감하다 보면 정서적 연대감이 생겨 아들의 신뢰를 잃을 수 있고, 반대로 아들의 편을 들면 보호자인 어머니와의 관계가 틀어질 수 있습니다.

㉢ 강압적 상담 분위기 유발
- 아들은 상담 의사가 없기 때문에, 강제적인 동시 상담은 저항을 유발할 수 있습니다.
- 어머니가 아들의 문제를 강하게 인식하고 있는 상황에서 아들이 비난을 받거나 방어적 태도를 취하게 되어 상담관계 형성에 실패할 가능성이 높습니다.
- 아들이 자신의 이야기를 자유롭게 할 수 있는 안전한 상담환경이 확보되지 않을 수 있습니다.

답변작성
위 모범답변을 참고하여, 자신만의 답변을 작성해 보세요.

질문 03 상기 사례의 어머니에게 어떻게 개입하고 싶은가?

답변방향

1. 실제 상담 상황이라고 생각하고 내담자(어머니)에 대해 구체적이고 현실적인 개입 전략을 제시할 수 있어야 해요.
2. 정서적 지지 → 문제 탐색 및 개입 → 자원 연계 및 지속 지원의 방식으로 전개하면 체계적이에요.
3. 내담자가 자녀와 건강한 관계를 맺고 문제행동에 효과적으로 대응할 수 있도록 돕는 방법을 알려주며 경제적·시간적 한계를 극복할 수 있도록 지원 기관을 연결해주면 더 좋아요.

모범답변

㉠ 정서적 지지와 상담을 통한 심리적 안정 지원
- 어머니가 느끼는 심리적 부담과 자책감을 공감하며, 안전한 상담환경을 조성합니다.
- 어머니의 심리적 안정과 정서적 지지를 위해 상담을 진행하며, 자신의 감정을 표현하고 해소할 수 있도록 돕습니다.
- 현재 상황에 대한 객관적 이해를 돕고, 문제를 단순히 '나의 잘못'으로만 인식하지 않도록 심리적 지지를 제공합니다.

㉡ 양육기술 및 부모역할 강화 교육 제공
- 어머니의 양육 방식과 자녀와의 관계를 구체적으로 분석하고, 효과적인 의사소통 방법을 알려줍니다.
- 자녀의 비행행동에 대한 이해를 돕고, 긍정적 행동 변화를 유도할 수 있는 대처법을 함께 계획합니다.
- 어머니가 아들에게 느끼는 미안한 감정과 사랑의 감정을 실제로 표현할 수 있도록 돕습니다.
- 아들과 함께할 수 있는 활동(예 주말 산책, 가족 외식 등)을 제안하고 실천하도록 돕습니다.
- 스트레스 관리 방법과 자기 돌봄 방안도 함께 모색하여 어머니의 심리적 회복력을 키웁니다.

㉢ 지역사회 자원 연계 및 실질적 지원 안내
- 어머니가 경제적·시간적 어려움을 극복할 수 있도록 지역사회 자원과 지원 서비스를 연계합니다.
- 상담에서 배운 양육 전략이 지속될 수 있도록 추후 모니터링과 상담 연계 방안을 마련합니다.
- 필요시 가족상담이나 아들과의 관계 회복을 위한 지원 계획을 제안합니다.

답변작성
위 모범답변을 참고하여, 자신만의 답변을 작성해 보세요.

질문 04 다문화 청소년들을 지원하는 기관에 대해 설명해보시오.

답변방향

1. 다문화 상담 현장에서 연계 가능한 기관을 알고 있어 실무에 적용할 수 있는 능력을 보여주어야 해요.
2. 다문화 청소년은 언어, 문화, 정체성, 교육 등에서 다양한 어려움을 겪기 때문에 관련된 기관이 어떤 지원을 하는지 구체적으로 설명해야 해요.

모범답변

㉠ 다문화가족지원센터
- 다문화가정의 안정적인 정착과 자녀 교육 지원, 상담, 문화 적응 프로그램 등을 제공합니다.
- 다문화 청소년 대상 학습 지원, 정서 상담, 언어 교육 등 다양한 서비스를 운영합니다.
- 자녀 언어발달, 가족상담, 통·번역 서비스 등 통합적 지원을 수행하고, 찾아가는 방문교육서비스도 있어 가정에서도 한국어 및 문화 적응 교육을 받을 수 있도록 합니다.

㉡ 시·도 교육청 및 학교 내 한국어학급(KSL)
- 다문화학생 대상 한국어학급(KSL)을 설치·운영하여, 학교 정규 교육과 연계한 집중 한국어 교육과 문화 적응 수업을 제공합니다.
- 개별 학교 내 교실 또는 캠프 형태로, 학업과 통합된 교육이 가능합니다.

㉢ 국립국제교육원(NIIED)
- 다문화 청소년을 포함한 비한국어권 학습자들을 위한 한국어 교육 및 문화 적응 지원을 제공합니다.
- 온라인 한국어 강좌를 제공하여 언어 접근이 어려운 다문화 청소년이 가정에서 학습할 수 있도록 환경을 마련합니다.
- 국제 장학 및 연수 프로그램을 운영하여 한국어 연수와 학위 과정 장학 사업을 지원합니다.

㉣ 청소년상담복지센터
- 다문화 청소년뿐 아니라 모든 청소년을 대상으로 상담 및 복지 서비스를 제공합니다.
- 청소년의 정서지원, 위기 상담, 가족상담, 자립 지원 프로그램을 운영합니다.

답변작성 위 모범답변을 참고하여, 자신만의 답변을 작성해 보세요.

2023년 제22회

중학교 3학년인 엄 군(15세, 남)은 자신의 가정형편이 너무 불행하다고 생각한다. 2년 전 어머니와 아버지가 이혼하신 후 집안의 가장은 어머니가 되셨고, 생계를 위해 아침 일찍 식품공장에 출근하신다. 어머니는 항상 엄 군에게 공부를 열심히 해서 집안을 다시 일으켜달라고 당부하셨고, 오직 공부만이 훌륭한 사람이 되는 길이라고 말씀하신다. 외동아들인 자신에게 큰 기대를 거는 어머니의 심정을 이해하면서도 정작 그 기대에 부응하려는 노력도 안하는 자신이 한심스럽기도 하다. 한편으로는 이런 아들에게 의지할 수밖에 없는 어머니가 불쌍하기도 하다.

어린 시절부터 넉넉하지 않았던 형편 탓에 번듯한 학원 한 번 다닌 적 없었던 엄 군은 자신은 애초에 공부에 소질이 있는 아이가 아니라는 생각을 하고 살았다. 드라마에서 나오는 주인공들은 학원에 다니지 않아도 머리가 좋아 척척 학교 진도를 잘 따라간다는데 자신은 한참 모자라다고 생각한다. 처음부터 엄 군이 공부에 소질이 없었던 것은 아니다. 초등학교 고학년 때까지는 수업도 잘 따라가고, 나름 교사들 사이에서 인정받는 학생이었다. 하지만 부모의 이혼 이후 학교 수업시간에는 엎드려 잠만 자고, 방과 후에는 친구들과 어울려 PC방에만 놀러다닌다. 때때로 어머니께 받은 용돈이 모자랄 때면 학원이 끝날 무렵을 기다려 지나가는 초등학생들의 돈을 뺏기도 한다. 처음에는 자신의 행동을 무서워하는 학생들을 보며 미안한 감정이 들기도 했지만, 이제는 아무 생각도 들지 않는다. 오백 원씩 빼앗던 돈은 시간이 지나며 점점 커졌고, 이러다 자신이 범죄자가 될 것 같아서 무서울 지경이지만 일탈행동을 좀처럼 고치기가 어렵다.

어머니는 항상 출근하시기 전에 학교에 늦지 않게 가라며 아침밥도 차려주고 가시지만, 엄 군은 지각을 밥먹듯 일삼고 있다. 엄 군은 출결 문제로 교사와의 다툼이 있기도 했으며, 다른 학교 학생들과 시비가 붙어 싸움을 하기도 했다. 성적은 점점 떨어져 갔고, 친구들도 점점 자신을 기피하는 게 느껴져 엄 군은 학교를 그만둘까도 생각했다. 하지만 자신만 바라보는 어머니를 보면 그렇게 할 수도 없다.

엄 군은 언제부터인가 자신이 세상에서 가장 불행한 사람인 것만 같고, 사는 이유를 잘 모르겠다. 혼자 있으면 슬프고 우울한 기분을 떨칠 수 없던 엄 군은 전문가의 도움이 절실히 필요함을 느껴 1388에 전화를 걸었다.

사례분석

1. 부모의 이혼 이후, 내담자는 어려운 가정 환경에서 어머니와 살고 있으며, 학업에 대한 흥미와 자기효능감이 급격히 떨어지고 있어요.

2. 내담자는 지각, 결석, 싸움, 금품갈취 등 반사회적 행동을 지속하고 있어요.

3. 자괴감, 우울감, 무기력감을 느끼고 있으며 자살사고 가능성도 암시되는 위기개입 사례로 볼 수 있어요.

질문 01 본인이 생각할 때 상담사에게 꼭 필요한 역량은 무엇이라고 생각하는가?

답변방향

1. 평소에 상담사에게 필요하다고 생각한 역량(자질)은 물론, 실제로 본인이 갖추고 있는 역량을 말하면 좋아요.
2. 상담사의 인간적인 능력, 전문성, 자기관리 등 필요한 역량을 다각도로 접근하는 것이 좋아요.

모범답변

㉠ 공감능력과 수용의 태도
- 청소년의 감정을 이해하고 청소년의 입장에서 생각하는 태도는 신뢰 형성과 상담관계 유지에 중요합니다.
- 공감능력은 인간적인 따뜻함과 진정성을 보여주어 청소년의 마음을 열 수 있는 기본적인 역량이라고 생각합니다.

㉡ 전문성 및 윤리의식
- 내담자의 문제를 정확히 파악하고 개입하기 위해 상담이론기법 및 면담기술을 갖추고 있어야 합니다.
- 상담사는 비밀보장, 자율성 존중, 비차별적 태도를 바탕으로 한 윤리의식을 갖춰야 합니다.
- 상담과정에서 필요시 지역사회의 자원이나 유관기관과 연계할 수 있는 네트워크 활용 능력이 필요합니다.
- 청소년 보호체계 안에서 실질적인 지원을 할 수 있어야 합니다.
- 만약 자신의 능력 밖의 문제가 있다면 자신의 전문 영역과 한계를 인식하고, 다른 상담전문가에게 의뢰할 수 있어야 합니다.
- 끊임없이 자신의 전문성과 상담 능력을 향상시키기 위해 연수, 독서, 수퍼비전 등을 활용하여 공부하고, 자기점검을 게을리 하지 않아야 합니다.

㉢ 자기관리 및 자기돌봄 능력
- 상담사는 자신이 받은 감정을 정리하고 돌아보며 정서적 소진을 예방할 수 있어야 합니다.
- 상담사의 지속적인 자기돌봄은 상담의 질을 유지하는 데 필수적이며 상담 지속 가능성을 높여줍니다.

답변작성
위 모범답변을 참고하여, 자신만의 답변을 작성해 보세요.

질문 02 사례의 내담자가 호소하는 문제는 무엇인가?

답변방향

1. 제시된 사례에 드러난 내담자의 상황을 바탕으로 문제를 찾아서 말해야 해요.
2. 내담자의 심층적인 심리·정서적 요인을 파악할 수 있어야 해요.

모범답변

㉠ **자기정체성과 무가치감으로 인한 정서적 혼란**
- 내담자는 어머니의 기대에 부응하지 못한다고 느끼며 자기혐오, 죄책감, 무기력감을 동시에 경험하고 있습니다.
- 부모의 이혼 이후 삶의 동기와 실존의 의미를 상실하며 스스로를 한심하고 무능력한 사람이라고 여기고 있습니다.
- 내담자는 청소년기의 자아 정체감 형성에 어려움을 겪고 있고, 우울감과 자살사고로 이어질 위험도 내포하고 있습니다.

㉡ **비행문제로 인한 두려움과 사회적 관계의 악화**
- 내담자는 범죄자가 되면 어떡하지라는 생각을 하며 비행행동의 두려움을 호소하고 있습니다.
- 친구들과의 관계도 소원해지고 교사와의 갈등을 경험하고 있으며, 학교생활에 대한 회의감과 자퇴 충동을 겪고 있습니다.

답변작성
위 모범답변을 참고하여, 자신만의 답변을 작성해 보세요.

질문 03 상기 사례 내담자에게 개입할 사항은 무엇인가?

답변방향

1. 즉각적으로 개입해야 할 위기 요소를 우선순위에 따라 구분하고, 청소년상담사로서 어떤 개입을 할 수 있는지를 말해야 해요.
2. 사례에서 알 수 있는 내담자의 위기 요소를 파악하고, 정서적 지지 및 학업 회복, 일탈행동 소거 등 개입이 필요한 사항을 선택해서 제시해야 해요.

모범답변

㉠ **자·타해 위험성에 대한 위기개입**
- 자해 또는 자살 위험성에 대한 위기 사정이 필요합니다.
- 초등학생을 대상으로 한 금품갈취는 타해 위험도 동반하므로, 즉각적인 위기개입 및 안전 확보가 필요합니다.
- 1388 상담 후 보호자 연락, 위기상담 연계, 경찰/학교 협조 등의 조치를 취할 수 있습니다.

㉡ **비행 및 일탈행동 소거**
- 내담자의 비행행동은 범죄에 해당하므로, 비행행동으로 인한 법적 조치(예 조사, 보호처분 등)가 내담자에게 어떤 영향을 미치는지 말해주겠습니다.
- 지각 상습화, 교사 및 또래와의 갈등이 지속될 경우 고립이 심화될 수 있음을 내담자 스스로 인식하도록 돕겠습니다.

㉢ **자기 가치 인식 회복**
- 스스로 본인의 문제를 인지하고 있음을 높게 평가해줍니다.
- 가능하다면 어머니 동행 상담을 통해 어머니가 내담자를 얼마나 소중하게 생각하고 있는지를 알려줍니다.

㉣ **학습활동 재개 지원**
- 학교 내 학습지원 프로그램, 또래 학습 멘토링, 진로탐색 활동 등을 통해 학습동기를 회복하도록 돕겠습니다.
- 현실적인 학습 목표를 설정하도록 돕겠습니다.
- 과거(초등 고학년)의 긍정적 학습 경험이 있는 만큼, 작은 성취감(예 학교에서 졸지 않기, 3일 지각하지 않기 등)을 통해 자기효능감을 회복하도록 돕겠습니다.
- 진로 탐색 활동이나 직업 흥미 검사를 활용하여, 장기적으로 진로 목표를 설정할 수 있도록 돕겠습니다.

답변작성 위 모범답변을 참고하여, 자신만의 답변을 작성해 보세요.

질문 04 | 사례의 내담자를 상담한다면 세우고 싶은 상담목표와 그 이유는 무엇인가?

답변방향

1. 내담자가 처한 상황과 정서, 행동상의 문제를 잘 분석한 후, 현실적인 목표를 세우는 것이 중요해요.
2. 왜 그 목표가 필요한지, 어떤 효과가 기대되는지를 근거와 함께 설명하면 사례분석력과 상담에 대한 이해가 있음을 보여줄 수 있어요.

모범답변

㉠ 자아존중감 향상 및 부정적 자기개념 수정
- 내담자는 지속적인 자기비난과 열등감을 보이고 있으므로 부정적인 자기 인식을 긍정적으로 바꿀 수 있도록 도와야 합니다.
- 자아존중감을 회복할 경우 문제행동 감소 및 학업·사회 적응력 향상에 긍정적 영향을 줄 수 있습니다.

㉡ 일탈행동 및 비행 감소
- 내담자의 반복적이고 습관화된 일탈행동은 향후 심각한 범죄로 이어질 수 있습니다.
- 내담자 스스로도 자신의 행동이 부적절함을 인식한 상태로, 상담을 통해 변화할 가능성이 있습니다.

㉢ 학업동기 회복 및 진로설정
- 내담자는 학업을 포기한 상태이지만, 성취 경험이 있다는 점에서 회복 가능한 학업 잠재력을 가지고 있다고 볼 수 있습니다.
- 어머니가 내담자에게 교육을 강조하며 기대를 걸고 있어, 현실적 진로계획은 가족관계 회복과도 연결될 수 있습니다.
- 목표가 부재한 상태는 장기적으로도 삶의 방향성을 상실할 수 있으므로, 단기적 학업목표와 중장기 진로설정을 해야 합니다.

답변작성
위 모범답변을 참고하여, 자신만의 답변을 작성해 보세요.

2022년 제21회

고등학교 2학년에 재학 중인 이 군(17세, 남)은 요즘 깊은 고민에 빠져 있다. 호기심에 들어간 불법 도박 사이트 이용으로 인해 빚을 졌기 때문이다. 평소 야구와 축구를 매우 좋아하던 그는, 친구들과 함께 경기를 보며 선수나 팀에 대해 토론하는 것을 즐겨왔다. 특히 스포츠에 대한 관심이 많아, 매주 주말마다 혼자 경기 분석표를 만들어 보는 것이 취미였다.

올해 초, 다른 학교 친한 선배가 "스포츠 좋아하는 네가 하면 진짜 잘할 것"이라며 스포츠토토 사이트를 소개해줬고, 처음에는 단순한 재미로 경기 결과에 1~2만 원씩 배팅하기 시작했다. 놀랍게도 이 군은 초반 몇 차례는 적중률이 높아 5만, 10만 원씩의 수익을 냈고, 그때부터 '내가 이건 잘할 수 있다'는 확신을 가지게 되었다. 이후 이 군은 점점 더 큰 금액을 걸며 배팅 횟수도 늘렸고, 어느 순간부터는 경기 자체보다 배당률과 수익에 더 집중하게 되었다. 하지만 한 번의 큰 손실을 계기로 계속된 만회 시도가 이어졌고, 그 결과, 손해는 걷잡을 수 없이 커졌다.

처음에는 알바비나 부모님 용돈에서 충당했지만, 한계에 다다르자 인터넷 커뮤니티에서 알게 된 불법 소액대출 업체에 손을 댔다. '학생도 신청 가능', '부모 동의 불필요'라는 문구에 이끌려 대출을 받았고, 결과적으로 총 200만 원 이상의 도박 빚을 지게 되었다. 최근에 돈을 갚지 않자, 업체로부터 하루에도 수십 통의 협박 전화와 문자를 받고 있다. 부모에게 이 일을 알리겠다고, 신상정보를 유출하겠다는 식의 메시지는 이 군을 극도의 불안 상태로 몰아넣었다.

이 군은 평소 자존심이 강해 어려운 상황을 부모나 친구에게 말하지 못하고 있었다. 특히 아버지는 중학교 체육교사로, 이 군이 운동을 좋아하는 것을 자랑스러워했고, 이 군 역시 '부모님을 실망시키고 싶지 않다'는 마음에 혼자서 이 상황을 해결하려 애써왔다. 밤새 컴퓨터 앞에 앉아 있는 이 군을 보며, 부모는 그가 대학 입시를 앞두고 공부에 매진하는 줄로만 알았다. 하지만 최근 들어 아들이 불안해하고 식사도 제대로 하지 않는 모습을 보며 이상함을 느끼던 중, 어머니가 우연히 핸드폰에서 스포츠토토 계좌 내역을 확인하게 되었고, 결국 진실이 드러났다. 현재 이 군은 "차라리 내가 사라지면 이 문제가 다 해결될 텐데"라는 생각이 계속 들고 있고, 자살 관련 커뮤니티에 수차례 접속하기도 했다. 이를 알게 된 부모는 큰 충격을 받았고, 곧바로 아들을 데리고 청소년상담실을 찾았다.

사례분석

1. 청소년 내담자가 불법 스포츠토토 사이트에 접속해 도박을 하였고, 점점 금액이 커지며 200만 원 이상의 빚을 지게 되었어요.

2. 금전적인 어려움을 해결하고자 불법 소액대출에 손을 댔으며, 이로 인한 외부 압박에 시달리는 상황이에요.

3. 협박과 압박으로 인해 불안이 극심하며, 자살 관련 커뮤니티 접속 및 "차라리 사라지고 싶다"는 표현 등에서 자살사고의 위험성이 있는 고위험 사례로 볼 수 있어요.

질문 01   청소년 도박문제가 심각한데, 이에 대해 어떻게 생각하는가?

답변방향

1. 최근 청소년 도박 문제가 빠르게 확산되고 있고, 도박을 하는 연령층이 낮아지고 있다는 점을 언급해야 해요.
2. 도박이 가진 빠른 보상과 높은 자극이라는 특성이 모바일 환경과 결합하면서, 청소년들이 통제력을 잃을 위험이 더욱 커지고 있음을 언급하세요.
3. 청소년은 도박을 위해 거짓말, 절도, 폭력, 학업 포기 등 다양한 위험행동을 유발할 수 있어요.

모범답변

㉠ 청소년 도박의 실태: 도박 연령 하향과 도박 금액 증가
- 최근 청소년 도박문제가 심각해지고 있고, 도박 경험이 있는 청소년의 비율은 지속적으로 증가하고 있는 상황입니다.
- 도박을 하는 청소년들의 연령이 낮아지고 있고, 도박 금액도 증가하고 있습니다.
- 청소년 도박 현상은 단순 호기심을 넘어 반복적인 행동으로 이어지고 있습니다.

㉡ 청소년 도박의 문제점: 접근 용이성과 중독성
- 스마트폰과 인터넷의 보편화로 인해 청소년들은 쉽게 도박 사이트나 도박성이 있는 게임에 접근할 수 있습니다.
- 성인인증 없이 접속이 가능한 불법 도박 사이트가 늘어나고 있습니다.
- 온라인 도박과 소액 베팅 중심의 소셜 카지노 게임, 스포츠 베팅 등 접근이 쉬운 경로를 통해 도박에 노출되는 경우가 많습니다.
- 확률형 뽑기 시스템은 도박의 쾌감과 유사한 중독적 자극을 주며, 자기 통제력이 부족한 청소년들은 반복적인 도박 행동에 빠지는 경향이 높습니다.
- 청소년을 대상으로 하는 불법 대부업체와 연관된 또래들이 도박을 주선하고, 빚을 내도록 유인하는 경우도 있습니다.

㉢ 청소년 도박의 결과: 위험행동의 발생
- 청소년의 도박행동은 단순한 금전 손실을 넘어 다양한 위험행동으로 이어질 수 있습니다.
- 돈을 마련하기 위한 거짓말, 절도, 부모의 카드 무단사용 등의 행위로 이어집니다.
- 도박 실패로 인한 우울감과 자존감 저하로 이어져 자해·자살사고로 연결될 수 있습니다.
- 학업 결손, 또래관계 단절 등 사회적 위축을 초래하여 청소년의 전반적인 발달에 부정적인 영향을 미칩니다.

답변작성
위 모범답변을 참고하여, 자신만의 답변을 작성해 보세요.

질문 02 해당 사례의 내담자가 보이는 문제는 무엇이라고 생각하는가?

답변방향

1. 사례에서 내담자가 보이는 여러 문제를 유형별로 분류하고, 핵심적인 문제를 파악하여 답변해야 해요.
2. 내담자의 도박 중독, 정서 문제 등을 언급하고 각 항목별 세부 내용을 제시해야 해요.

모범답변

㉠ 도박 중독과 도박 빚 문제
- 내담자는 불법 도박 사이트를 이용해 배팅을 하면서 빚을 지고 있습니다.
- 손실을 만회하려고 더 큰 돈을 걸기 시작하면서 도박을 끊지 못하고 있습니다.
- 친구의 유혹에 빠져 도박을 시작했고, 통제할 수 없는 상태가 되었습니다.
- 도박 빚의 위험성을 간과하고 불법 대출을 이용하여 심각한 채무 문제 및 금전적 압박에 시달리고 있습니다.

㉡ 심리적·정서적 문제와 낮은 해결의지
- 내담자는 도박 빚으로 인한 극심한 불안과 공포 경험하고 있지만 자신의 어려움을 주변 사람들에게 털어놓지 못하고 있습니다.
- 문제를 숨기려는 태도와 해결 의지가 부재하여 자신이 죽으면 모든 것이 끝날 것이라는 부정적인 생각을 하고 있습니다.

㉢ 스트레스로 인한 건강 문제
- 내담자는 불안과 스트레스가 심해 식사도 제대로 하지 않고 있습니다.
- 수면 부족 및 건강 악화 가능성이 있습니다.

답변작성
위 모범답변을 참고하여, 자신만의 답변을 작성해 보세요.

질문 03 사례 속 내담자에게 도움을 줄 수 있는 기관을 말해보시오.

답변방향

1. 내담자의 문제 유형(예 도박, 정신건강, 경제적 위기 등)에 따라 적절한 기관을 설명할 수 있어야 해요.
2. 기관명만 나열하기보다는 해당 기관이 어떤 도움을 줄 수 있는지 구체적으로 설명할 수 있어야 해요.
3. 청소년 대상 특화 여부, 심리·정서지원 가능 여부 등을 기준으로 기관을 선택하면 더 좋아요.

모범답변

㉠ 한국도박문제예방치유원
- 도박 문제에 대한 예방, 상담, 치료, 재활 서비스를 제공하는 전문 기관입니다.
- 도박 중독자 및 가족을 위한 심리 상담과 치료 프로그램 운영, 도박 중독 예방 교육과 홍보 활동 등을 수행합니다.
- 전문적인 치료 프로그램과 사례관리를 통해 도박문제의 심각성을 줄이고, 재발 방지에 중점을 둡니다.
- 청소년을 포함한 모든 연령층 대상 서비스를 제공하며, 청소년 도박 중독 예방 프로그램을 운영합니다.

㉡ 지역 도박예방치유센터
- 지역사회 기반의 도박문제 예방과 치료를 위해 설립된 기관입니다.
- 도박 중독자와 가족을 위한 상담, 치료, 재활 프로그램을 제공합니다.
- 도박 중독자 조기발견, 맞춤형 치료 지원, 가족상담 및 교육, 지역사회 연계 지원 활동 등을 수행합니다.

㉢ 청소년상담복지센터 및 한국청소년상담원
- 지역사회 내 청소년의 다양한 문제(예 도박, 학교 부적응, 가정 문제 등)에 대해 포괄적으로 상담·지원합니다.
- 청소년 전반의 정서·행동 문제에 대한 전문 상담 제공, 위기 청소년 발견 및 긴급 개입, 가족상담 및 연계 서비스를 제공합니다.
- 상담 전화(1388 청소년 상담전화) 운영을 통해 맞춤형 상담을 제공합니다.
- 24시간 상담이 가능하고, 익명성 보장으로 청소년들이 부담 없이 도움을 받을 수 있습니다.

답변작성 위 모범답변을 참고하여, 자신만의 답변을 작성해 보세요.

질문 04 : 학교폭력 가해학생이 자신에게 불리한 진술을 피하려고 상담에서 말을 하지 않는다면 상담자로서 어떻게 할 것인가?

답변방향

1. 내담자가 두려움을 느끼지 않도록 안전하고 비판 없는 분위기를 조성해야 해요.
2. 내담자에게 상담자는 도움을 주기 위한 조력자이며 상담은 처벌 목적이 아님을 언급해주며 불안을 풀어주어야 해요.
3. 불리한 진술을 피하려는 심리를 인정하고, 억지 고백이나 강요가 아닌 자기이해와 감정표현을 중심으로 상담을 진행한다고 답변하면 더 좋아요.

모범답변

㉠ 신뢰 형성을 위한 상담환경 조성
- 내담자가 편안하고 안정감을 느낄 수 있는 상담 분위기를 조성합니다.
- 내담자의 심리적 방어를 이해하는 태도를 보여주고 구체적인 상담내용에 대한 비밀을 보장함으로써 내담자의 불안을 덜어줍니다.

㉡ 상담의 목적과 상담자의 역할 명시
- 상담의 목적(예 문제 이해, 정서적 지지, 적응력 향상 등)을 설명합니다.
- 상담자의 역할(예 조력자, 안전한 대화 상대, 정보제공자 등)을 설명합니다.
- 내담자의 솔직한 마음과 행동의 이유를 알아야 상담자가 도울 수 있음을 알려줍니다.
- 상담은 처벌을 위한 것이 아니라, 재발 방지를 위한 성찰과 변화의 기회를 제공하는 데 있음을 말합니다.

㉢ 자기탐색 및 상황 설명 유도
- 상담의 내용이 밝혀지면 불안한 점이 무엇인지 개방형 질문을 활용하여 물어봅니다.
- 사건보다는 내담자의 정서, 관계 중심 대화로 접근하고, 신뢰가 쌓인 이후 사건 관련 이야기로 확장합니다.
- 내담자가 상황을 설명한다면 "상대 친구의 입장에서는 어떤 기분이었을까?"의 질문으로 내담자가 스스로 자신의 상황과 행동을 되돌아볼 수 있도록 돕습니다.
- 상담을 통해 회피보다는 책임감 있는 태도의 중요성을 알게 합니다.

답변작성

위 모범답변을 참고하여, 자신만의 답변을 작성해 보세요.

2021년 제20회

다음은 중학교 2학년인 남학생 내담자가 상담 중 언급한 내용의 일부이다.

저는 정말 우리 반 애들이 싫어요. 걔네는 매일 저를 모함해요. 저한테 먼저 시비를 걸어서 제가 조금이라도 위협을 하면 바로 담임선생님께 달려가서 제가 먼저 때렸다고 거짓 누명을 씌워요. 정말 저희 반 애들은 남을 헐뜯기만 하는 나쁜 애들이에요. 말도 안 통하고 대책도 없어요.

올해 초에 한 친구의 지갑이 체육시간 이후 없어진 일이 있었는데, 저희 반 애들이 하나같이 다 저를 의심하는 거예요. 제가 그때 발목을 접질러서 보건실을 다녀왔거든요. 애들의 모함으로 저는 교무실에 불려가서 선생님한테 추궁을 받았어요. 선생님은 정직하게 이야기를 하면 이번 일은 없던 것으로 해주겠다고 하시며 저를 회유하셨어요. 저는 모르는 일이라고 말씀드리자 언제까지 거짓말을 할거냐며 말을 하지 않으면 교내 선도위원회에 회부해서 저를 강제 전학보내시겠다고 위협적으로 말씀하셨어요. 제가 양호실에 다녀온 이유와 제 발목에 있는 파스를 보여드리며 억울함을 호소하자 그제야 일단은 가보라며 저를 교실로 돌려보내셨어요. 그럼에도 담임선생님의 눈초리는 여전히 저를 의심하시는 것 같았어요. 제가 평소에 공부도 못하고, 수업을 못 따라가서 저를 은근히 문제아로 취급하시는 것 같아 속상했어요.

집에서 어머니에게 이 일을 말하며 억울함을 토로했어요. 조금이라도 제 편을 들어달라고요. 그런데 어머니는 저에게 사실대로 말을 하고 친구에게 미안하다고 하라며 지갑의 행방여부를 물으셨어요. 몇 개월 전에 제가 친구들과 동네 무인슈퍼에 들어가 아이스크림 하나를 가져가다가 CCTV로 가게를 지켜보던 주인이 저를 신고해서 경찰서에 간 적도 있었고, 근처 공원에서 술 마시고 담배를 피우는 애들이랑 같이 있다가 주민의 신고로 경찰서에 다녀온 적이 있었어요. 경찰 연락을 받고 오신 부모님이 연신 죄송하다고 사과하셔서 훈방조치로 풀려나긴 했어요. 그래서 어머니가 저를 더 문제아 취급하시며 제 이야기를 못 믿으시는 모양이에요. 물론 저도 잘못한 적이 있긴하지만, 이 일은 정말 제가 한 게 아니에요. 정말 저는 맹세코 친구 지갑에 손을 댄 적이 없어요.

정말 학교도 집도 다 저를 싫어하는 사람들뿐이에요. 학교에서는 다 저를 범인으로 몰아가서 어떻게 얼굴을 들고 등교를 할지가 막막해요. 집에서도 어머니는 계속 학교에 사과를 하러 가자며, 일을 키우지 말라고 저를 혼내고 계세요. 제가 이 세상에서 갑자기 사라진다면 절 불쌍하게 여겨줄 사람들이 있을까요? 제 생각에는 아마 다들 제가 세상에서 없어지는 게 낫다고 생각할 거예요.

사례분석

1. 내담자는 반복적으로 또래로부터 모함당하고 있다고 느끼고 따돌림 등의 피해를 경험하고 있어, 그에 대한 분노와 억울함이 큰 상태예요.

2. 내담자는 과거의 문제행동들로 인해 학교와 가정에서 '문제아'로 낙인이 찍힌 상황이에요.

3. 억울함, 우울감, 소외감을 느끼고 있으며 자살사고 가능성도 암시되는 위기개입이 필요한 사례로 볼 수 있어요.

질문 01 청소년 문제 중 가장 심각하다고 생각하는 문제는 무엇인가?

답변방향

1. 청소년상담사로서 다양한 청소년 문제 중 어떤 부분에 관심을 갖고 있으며, 얼마나 잘 이해하고 있는지 보여주어야 해요.
2. 청소년 관련한 사회적 문제를 단순하게 나열하는 것이 아닌, 각 문제에 대해 구체적으로 설명해야 해요.

모범답변

㉠ **사이버불링(사이버 따돌림)**
- 최근 청소년들 사이에서 사이버 공간을 통한 따돌림, 악성 댓글, 단톡방 괴롭힘 등의 문제가 빈번하게 발생하고 있습니다.
- 사이버불링은 가해자와 피해자 모두에게 정서적, 심리적 상처를 남기며, 피해자의 경우 극단적인 선택으로 이어질 수도 있어 심각한 문제입니다.
- 사이버불링은 빠른 전파력을 가지며, 시공간의 제약을 받지 않는 가해행위가 가능하기에 더욱 위험합니다.

㉡ **청소년 도박문제**
- 게임 아이템 구매나 스포츠 배팅 앱 등으로 도박에 쉽게 노출되는 청소년이 늘고 있습니다.
- 청소년 도박은 통제력이 미숙한 시기에 중독으로 빠질 위험이 높고, 경제적 문제, 가족갈등, 학교생활 부적응 등 다양한 문제로 이어질 수 있습니다.
- 성인인증이 필요없다고 홍보하여 청소년을 겨냥하는 불법 도박사이트가 급증하고 있습니다.

㉢ **디지털 성범죄**
- 몸캠 피싱, 딥페이크, SNS를 통한 성적 착취 등 디지털 성범죄는 피해자에게 극심한 수치심과 고통을 남기는 사회적 문제입니다.
- 청소년은 성범죄임을 인식하지 못한 채 가해자 혹은 피해자가 되는 경우가 많습니다.
- 성 상품화 풍조는 청소년의 건전한 성 가치관 형성을 방해하며 청소년 대상 성범죄를 더욱 확산시키는 원인 중 하나입니다.

답변작성
위 모범답변을 참고하여, 자신만의 답변을 작성해 보세요.

모범답변 더 보기

질문 02 사례의 내담자가 가진 문제점은 무엇인가?

답변방향

1. 사례의 내담자는 인지적 왜곡에 기반한 극단적인 생각을 하고 있으며 비행행동에 반복적으로 노출되고 있음을 말해야 해요.
2. 내담자의 문제는 일탈 집단과의 소속감 형성, 정서적 지지의 결핍 등 환경적 요인과 결합되어 심화되고 있음을 말해야 해요.

모범답변

㉠ 인지적 오류 및 피해의식(인지적 왜곡, 이분법적 사고, 과잉일반화, 독심술 오류)
- 내담자는 모든 반 친구들이 자신을 '모함한다', '학교와 집 모두 자신을 미워한다'는 등의 극단적 사고와 인지적 왜곡을 보이고 있으며 타인에 대한 불신을 키우고 있습니다.
- 내담자는 반 아이들 모두 남을 헐뜯기만 하는 나쁜 아이들이라며 이분법적으로 판단하고 있습니다.
- 내담자는 세상에는 자신을 싫어하는 사람들만 있다며 한 두가지 사건이나 경험을 전체로 일반화하고 있습니다.
- 내담자는 다들 자신이 세상에서 없어지길 바랄 거라며 타인의 생각을 근거 없이 단정짓고 있습니다.

㉡ 문제행동의 이력과 낮은 자기통제력
- 내담자는 과거에 친구들과 절도, 흡연 및 음주 등 비행행동에 연루된 경험이 있으며, 경찰서에 다녀온 이력도 있습니다.
- 내담자는 또래 친구들과의 비행행동에 반복적으로 노출되며, 자신의 잘못을 인식하거나 개선하려는 의지가 부족한 모습을 보입니다.
- 내담자의 문제행동으로 주변으로부터 신뢰를 잃었고, 억울함을 호소하더라도 타인에게 진정성이 전달되지 않고 있습니다.

답변작성 위 모범답변을 참고하여, 자신만의 답변을 작성해 보세요.

질문 03 상기 사례의 내담자를 상담한다면 어떤 목표와 방법으로 개입하겠는가?

답변방향

1. 사례에서 드러나는 내담자의 정서적 상황과 문제행동을 고려하여 상담목표와 개입 방법을 답변해야 해요.
2. 목표별로 실천 가능한 개입 방법을 구체적으로 제시하면 더 좋아요.

모범답변

ㄱ 문제행동 개선 및 사회적 기술 강화
- 비행행동(예 도둑질, 음주, 흡연 등)에 대한 문제 인식을 높이고, 대체 행동을 개발하도록 지원합니다.
- 내담자가 자신의 행동 결과에 대한 책임감을 가질 수 있도록 돕습니다.
- 문제행동을 같이하는 친구들과의 만남 횟수를 줄이도록 권유합니다.
- 사회적 기술(예 먼저 인사하기, 대화하기 등)을 알려주어 또래관계에서 갈등을 해결하는 능력을 키우도록 돕습니다.
- 필요시 가족상담이나 학교와의 연계를 통해 내담자의 환경적 지지를 강화합니다.

ㄴ 긍정적 자기 인식 향상
- 내담자가 가진 인지적 왜곡을 함께 알아보며 현실적이고 균형 잡힌 사고방식을 갖도록 돕습니다.
- 긍정적 자아개념을 높이기 위한 작은 과제(예 강점 작성 일기 등)를 제시할 수 있습니다.
- 내담자의 부정적 사고를 수정하고 스트레스 대처 능력을 길러 자살사고를 감소시키도록 돕습니다.
- 내담자의 긍정적 자원을 함께 알아보고 이를 활용할 수 있도록 돕습니다.

답변작성
위 모범답변을 참고하여, 자신만의 답변을 작성해 보세요.

질문 04 청소년들이 가진 자기중심적인 사고를 고려하여 상기 사례 내담자에게 어떻게 개입하고 싶은가?

답변방향

1. 청소년은 발달 단계상 자기중심적 사고가 강해 타인의 관점이나 장기적 결과를 충분히 고려하지 못하는 경향이 있음을 고려하여 답변해야 해요.
2. 청소년 내담자의 왜곡된 인지와 정서를 다루면서, 내담자가 자기 인식과 사회적 적응을 향상할 수 있도록 도와야 해요.

모범답변

㉠ 공감과 경청을 통한 정서적 지지 제공
- 내담자가 그동안 얼마나 힘들었을지 공감하며 정서적인 지지를 제공합니다.
- 내담자의 관점과 감정을 비난 없이 수용하며 공감하는 태도를 보입니다.
- 내담자가 상담실을 찾은 것만으로도 행동과 상황을 개선하려는 의지가 있는 것임을 알려줍니다.

㉡ 인지적 재구성과 객관화 지원
- 내담자의 자기중심적인 해석(예 모두가 나를 싫어한다)과 다른 관점이나 생각을 알려줍니다.
- 주변 사람들의 행동의 이유와 자신의 생각이 다를 수 있음을 알려줍니다.
- 자신이 가진 부정적인 사고방식이 사회적 낙인이나 불편을 초래할 수 있음을 깨닫게 합니다.
- 일기 쓰기나 감정 기록 활동을 제시하여 자기 반성을 통해 왜곡된 사고를 정리할 수 있도록 돕습니다.
- 죽는 것만이 방법이라는 생각을 벗어나도록 자신을 소중하게 생각하는 사람들을 떠올리게 합니다.

㉢ 성취감 향상 돕기
- 단기적인 동기 부여와 긍정적인 사고를 가질 수 있는 방법을 찾겠습니다.
- 부정적 사고를 완화할 수 있는 실천 가능한 과제를 제시함으로써, 자기효능감을 높일 수 있도록 돕습니다.

답변작성 위 모범답변을 참고하여, 자신만의 답변을 작성해 보세요.

2020년 제19회

다음은 초등학생 자녀로 인해 상담을 요청한 어머니의 사연이다.

안녕하세요, 저는 초등학교 5학년 딸을 키우고 있는 엄마입니다. 며칠 전에 아이의 담임선생님께서 저에게 부모면담이 필요할 것 같다고 학교로 와줄 수 있냐고 물어보셨습니다. 저는 혹시나 아이가 학교에서 사고를 친 것은 아닐까 불안해하며 학교를 방문했습니다. 담임선생님께서는 제 딸이 수업 시간에도 집중을 하지 못하고, 친구들도 수업에 집중할 수 없게 수시로 장난을 건다고 합니다. 이 행동을 보고 선생님이 지적을 하면, 무섭게 노려보며 화를 낸다고 합니다. 선생님께서는 제 딸의 이러한 태도에 오히려 겁을 먹으실 때도 있다고 하셨습니다. 게다가 수업 중에 선생님이나 다른 친구들을 놀리는 문구를 적은 쪽지를 접어 날리고, 친구들이 동조해주지 않으면 앞 친구의 의자를 발로 차며 화를 주체하지 못한다고 합니다. 선생님께서는 저에게 그런 딸을 키우시느라 고생이 많으시다고 하셨습니다. 그 말을 듣는데 한편으로는 자존심이 상하기도 하면서, 집에서는 착한 딸이라며 옹호하기도 했습니다.

하지만 집에서도 아이의 행동은 크게 다르지 않습니다. 딸 아이는 하교 후 방에만 틀어박혀서 저와 대화를 거의 하지 않습니다. 제가 딸에게 공부를 권유하거나, 학원을 빠지면 안 된다고 이야기하면 저와 눈을 마주치지 않고, 제 말을 무시합니다. 요즘에는 학교나 학원 숙제도 안 하고, 밤늦게까지 친구들과 놀고 들어옵니다. 제가 어디서 놀다 들어오는 거냐며 물으면 엄마는 몰라도 된다며 저와의 대화를 거부합니다. 최근에는 핸드폰을 하는 시간도 늘었습니다. 온라인 채팅으로 새벽까지 친구들과 수다를 떠는 것 같았습니다. 식사를 하면서도 핸드폰을 만져서 제가 혼을 냈지만 아랑곳하지 않고 핸드폰만 하고 있습니다.

종종 저희 집에 시어머니께서 방문하시는데, 자신에게 제대로 인사하지 않는 아이의 모습을 보시면 시어머니께서는 아이를 크게 혼내십니다. 그러면 딸은 기분이 나쁜 듯 대꾸하지도 않고 방에 들어가 연신 핸드폰과 만화책만 보며 누워있습니다. 한 번은 저에게 할머니를 우리 집에 그만 오시게 하라며 불편함을 드러냈습니다. 시어머니는 자식 교육을 잘못시켰다며 은근히 저를 나무라십니다.

지난 주말에는 새벽까지 큰 소리로 친구와 통화하는 소리가 들려 방문을 살짝 열어보았더니, 저에게 화를 내며 "제발 신경 좀 꺼!"라며 악을 썼습니다. 저는 저희 딸을 부모로서 어떻게 키워야 할지 모르겠습니다. 사춘기가 벌써 온건지, 제가 정말 교육을 잘못시키고 있는 것은 아닌지 엇나가는 딸의 모습을 볼 때마다 마음이 많이 힘듭니다.

사례분석

1. 사례 속 초등학생 딸은 학업 집중력 부족, 교사 및 부모와의 갈등, 공격적 행동 등을 보이며 부적응적인 모습을 보이고 있어요.

2. 사춘기 초입 청소년의 자기중심적 사고, 자기통제력 부족, 감정 조절의 미숙함이 전반적으로 드러나고 있어요.

3. 부모와 자녀 간의 소통이 부족하고, 딸의 권위적인 인물에 대한 반항이 두드러지고 있어요.

질문 01　교사, 의사, 상담사의 개입방법에 차이가 있다면 무엇인가?

답변방향

1. 각 전문가의 고유한 관점과 역할을 균형있게 답변해야 해요.
2. 교사는 생활지도, 의사는 의학적 치료, 상담사는 심리적 개입이라는 고유한 개입방법과 영역이 있음을 말해야 해요.

모범답변

ㄱ 교사의 개입방법
- 교사는 학교 현장에서 아동의 생활지도 전반을 담당합니다.
- 학급 운영 속에서 규칙과 학습 태도를 지도하고, 또래관계나 교우 문제를 관찰하고 조정합니다.
- 학력검사, 적성검사, 가정환경조사 등을 수행하며 필요시 학부모와 협력하여 교육 및 생활지도의 관점에서 개입합니다.

ㄴ 의사의 개입방법
- 의사는 의학적인 평가와 치료를 담당합니다.
- ADHD, 우울, 불안, 충동조절장애 등 임상적 문제를 진단하고, 약물치료나 의학적 개입을 통해 증상을 완화시킵니다.
- 다양한 신경생리학적 검사를 통해 치료방법을 결정하고, 환자의 빠른 치유를 돕습니다.

ㄷ 상담사의 개입방법
- 상담사는 내담자의 심리적 어려움을 탐색하고, 감정 및 행동 조절 훈련, 의사소통 향상, 가족관계 개선 등 심리사회적인 개입을 담당합니다.
- 다양한 심리검사를 통해 내담자의 주호소문제를 면밀히 살피고, 다양한 상담이론과 기법을 활용합니다.
- 아동과 부모 모두를 대상으로 상담을 진행하며, 학교와 지역사회 자원을 연계하기도 합니다.

* 교사는 생활지도, 의사는 의학적 치료, 상담사는 심리적 개입이라는 고유 역할을 담당하지만, 청소년 문제를 효과적으로 다루기 위해 세 전문 직역이 협력적으로 개입할 수 있습니다.

답변작성
위 모범답변을 참고하여, 자신만의 답변을 작성해 보세요.

질문 02   상기 사례에서 어머니의 생각과 감정은 어떠한지 말해보시오.

답변방향

1 어머니는 학교와 가정에서 부적응적인 행동을 보이는 딸에 대해 무력감, 절망감, 불안함 등의 다양한 감정을 느끼고 있어요.

2 앞으로 양육을 어떻게 해야할 지에 대한 혼란과 통제상실의 느낌, 자책감도 동시에 느끼고 있음을 언급해야 해요.

모범답변

㉠ 자녀의 학교생활에 대한 불안과 부모로서의 자존심 상함
- 담임교사에게서 '수업을 방해하고 친구들과 갈등을 일으킨다'는 이야기를 듣는 순간, 딸이 사고를 친 것은 아닌지 걱정하는 불안이 생겼습니다.
- 교사에게 부정적인 평가를 받는 딸의 모습을 들으면서 부모로서 자존심이 상했습니다.
- 집에서는 착한 딸이라며 아이를 옹호하려는 태도를 보이며 딸이 외부에서 무시당하지 않기를 바라고 있습니다.

㉡ 자녀와의 관계 단절로 인한 무력감과 혼란
- 딸이 대화를 거부하는 모습에 양육을 잘못한 것은 아닐까하는 자책과 함께 교육 방식에 대한 혼란을 느끼고 있습니다.
- 시어머니가 아이를 꾸짖고 자신에게 양육의 책임을 돌릴 때는 위축감과 억울함을 느끼고 있습니다.

㉢ 자녀의 반항적 태도로 인한 절망감과 상실감
- 저항하는 딸의 행동에 당혹스러움을 느끼고 있습니다.
- 딸의 적대적이고, 반항적인 태도에 더 이상 아이를 통제할 수 없다는 무력감을 느끼고 있습니다.
- 앞으로 어떻게 양육해야 할지 막막한 감정과 절망감을 느끼고 있습니다.

답변작성
위 모범답변을 참고하여, 자신만의 답변을 작성해 보세요.

질문 03 상기 사례의 자녀를 상담한다면 어떻게 개입하고 싶은가?

답변방향

1. 상담에서 생길 수 있는 저항을 공감적으로 다루며, 상담의 목표와 상담사의 역할을 초기에 명시해주어야 해요.
2. 자녀가 스스로 자신의 행동을 어떻게 인지하는지를 알아보고 자기조절 방법을 알려주는 개입이 필요해요.
3. 자녀가 가정과 학교에서 보이는 정서 표현의 어려움을 다루고, 의사소통을 돕는 개입을 한다고 말하면 더 좋아요.

모범답변

㉠ 상담관계 구축 및 자기조절 방법 안내
- 어머니의 권유로 상담에 왔을 가능성이 크므로, 상담과정에서 나타날 저항, 반발, 불안감을 인정하고 공감하며, 상담실은 안전하고 비판 없는 공간임을 알려줍니다.
- 관심사, 취미, 학교생활 이야기를 자연스럽게 나누며, 라포를 형성합니다.
- 학교와 가정에서의 본인의 행동을 어떻게 생각하고 있는지 문제탐색을 위해 이야기를 나누어봅니다.
- 자신의 행동이 잘못된 것임을 인지하지 못한다면, 담임교사, 또래, 어머니의 입장이 되어보도록 하여 행동조절의 필요성을 느끼도록 합니다.
- 수업 중 장난, 공격적 행동 등의 문제행동을 보이고 있으므로, 충동 조절, 분노 관리를 할 수 있는 방법을 안내합니다.
- 필요시 반항성을 측정할 수 있는 심리검사(예 동적 가족화 검사, 코너스 평정척도 검사 등)를 진행하여 문제행동의 이유를 알아봅니다.

㉡ 정서 표현과 의사소통 능력 향상
- 가정 내 대화 거부, 어머니 및 할머니와의 갈등 등은 정서적 불안, 자기표현의 어려움에서 비롯될 수 있습니다.
- 현재 자신의 감정을 인식하고, 자기주장 훈련을 통해 감정을 안전하게 표현하도록 도와줍니다.
- 어머니와의 갈등 상황에서도 효과적으로 의사소통할 수 있는 기술을 습득하도록 돕습니다.
- 필요시 가정 내 갈등 해소를 위한 가족상담도 병행하여 내담자가 안전하고 안정적인 환경에서 성장할 수 있도록 지원합니다.

답변작성
위 모범답변을 참고하여, 자신만의 답변을 작성해 보세요.

질문 04 · 학교 폭력 가해자의 부모를 상담하려는데, 부모상담을 거부한다면 어떻게 할 것인가?

답변방향

1. 부모가 상담을 거부하는 상황을 이해하고, 강압적이지 않게 상담의 필요성을 안내하는 태도를 보여주어야 해요.
2. 필요시 학교와의 연계를 통해 점진적으로 부모 참여를 유도하겠다는 접근 방법이면 더 좋아요.

모범답변

㉠ 부모의 입장과 거부 이유에 대한 공감적 접근
- 부모가 자녀 문제를 인정하고 싶지 않거나 외부 상담을 부담스러워할 수 있어, 강압적으로 설득하기보다는 공감적으로 접근하겠습니다.
- 부모가 느꼈을 창피함, 죄책감, 자녀에 대한 분노 등의 감정에 공감하겠습니다.

㉡ 상담의 필요성에 대한 안내
- 전화, 문자, 안내문 등 다양한 소통 경로를 통해 상담 필요성을 안내할 수 있습니다.
- 자녀의 학교생활 적응과 문제행동 예방을 위한 지원을 하겠다는 지지적인 태도를 보여주며 부모의 방어심리를 낮춥니다.
- 자녀의 부적응적인 행동은 가족 구성원 모두가 관심을 가지고 해결해야 할 문제임을 강조합니다.

㉢ 학교와 연계하여 간접적 부모 개입 시도
- 담임교사와 협력하여 부모에게 문제 상황과 지원 필요성을 알립니다.
- 담임교사와 상담사가 동시에 상담 참여의 이점을 알려 점진적으로 부모 참여를 유도할 수 있습니다.

답변작성 위 모범답변을 참고하여, 자신만의 답변을 작성해 보세요.

2016년 제15회

다음은 남자 중학생이 인터넷 게시판에 올린 사연이다.

안녕하세요, 중학교 2학년 남학생입니다. 저는 요즘 마음이 답답하고 머리 속이 온통 가출 생각으로 가득 차서 어떻게 해야 할지 모르겠습니다. 제 어머니와 아버지는 이혼 위기이십니다. 하루가 멀다하고 싸우시고, 제가 보는 앞에서도 심하게 싸우십니다. 저는 그럴 때마다 집을 나가버리고 싶은 생각이 들고, 지금도 가출을 한 상태입니다. 이번이 벌써 몇 번째 가출인지도 모르겠습니다. 무작정 집을 나오게 되면 정말 갈 곳도 없고 인근 찜질방이라도 가고 싶지만 미성년자이다 보니 받아주는 곳도 없습니다. 겨우 친구에게 연락을 해 하루정도 신세를 지곤 합니다. 가출을 하는 날에는 학교도 제대로 나가지 못합니다. 제가 다시 집에 들어갈 때면 아버지는 왜 다시 들어왔다며 이럴거면 나가 살라고 핀잔을 주십니다. 물론 저도 제가 잘하고 있다고 생각하지 않습니다. 하지만 이해를 못 해주시는 부모님도 싫습니다.

부부싸움의 가장 큰 이유는 집안의 경제 상황입니다. 저희 집은 저 말고도 동생들이 2명이 더 있습니다. 아버지는 인근 공장에서 일을 하시는데, 어머니는 항상 아버지의 월급이 적다고 불평하십니다. 한편으로는 아버지가 불쌍하다는 생각도 들지만, 저에게 화를 내시며 혼내시는 모습을 보면 그런 마음도 이내 사라지곤 합니다. 어머니는 자신은 경력이 단절되어 번듯한 직장에 취직도 못한다며 매일 신세한탄을 하십니다.

제 주변 친구들의 집은 저희 집에 비하면 화목해 보이고 잘 사는 것 같습니다. 차라리 빨리 취업을 해서 집안에 보탬이 되고 싶은 마음입니다. 잦은 가출로 학교 수업 진도는 따라가기도 어렵고, 당연히 공부에는 흥미도 없습니다. 학교에서도 제가 자주 결석을 하니 담임선생님께서 저를 문제아로 보시는 것 같습니다. 제가 빨리 자격증을 따서 집안에 보탬이 되는 게 낫다고 생각하시나요? 저는 앞으로 어떻게 해야할 지 모르겠습니다.

사례분석

1. 내담자는 부모의 반복된 갈등 상황을 목격하며 심리적 불안과 스트레스를 경험하고 있어요.

2. 내담자는 반복적 가출로 인해 학교 결석이 잦고, 진로의 방향성을 잡지 못하여 학업중단 위기를 겪고 있어요.

3. 가출 시 머무를 곳이 없고 미성년자라는 신분으로 인해 제도적인 제한을 경험하고 있으며, 지속적인 지지 체계가 부족한 상황이에요.

질문 01 현재 청소년이 좋아하는 것을 말해보시오.

답변방향

1. 상담 대상인 청소년의 관심사, 유행, 언어, 취향 등에 대한 이해가 있어야 효과적인 상담이 가능하므로, 관심사를 잘 알아 청소년과의 라포 형성 능력이 있음을 보여주어야 해요.

2. 유튜브 쇼츠, 틱톡, 인스타 릴스 등 짧은 영상 콘텐츠나 연예인, 인플루언서, 유행어와 밈 등 청소년들이 좋아할 만한 다양한 관심사들을 언급하세요.

모범답변

㉠ 디지털 콘텐츠 및 소셜미디어(숏폼, 게임, SNS)
- 유튜브 쇼츠, 틱톡, 인스타 릴스 등 짧고 자극적인 영상을 선호합니다.
- 로블록스, 마인크래프트 등 창작형 게임 또는 롤, 오버워치, 배틀 그라운드 등의 또래와 함께할 수 있는 게임을 선호합니다.
- 인스타그램, 스레드(Threads), 제페토 등 디지털 공간에서의 관계 형성을 선호합니다.

㉡ 문화·예술 및 트렌드(K-POP, 웹툰·웹소설, 패션 및 뷰티 트렌드)
- 방탄소년단, 블랙핑크, 아이브 등 팬덤 활동에 적극 참여하는 청소년들이 많습니다.
- 네이버웹툰, 카카오페이지 등에서 볼 수 있는 웹툰과 웹소설에 관심이 많습니다.
- 자신의 개성을 드러내는 메이크업, 옷차림에 관심이 있고, 좋아하는 가수, 배우, 크리에이터를 따라 하기도 합니다.

㉢ 자기 표현과 공감 문화(MBTI, 퍼스널컬러, 유행어와 밈, 힐링·위로 콘텐츠)
- 자기 이해 및 친구들과의 소통 방식으로 많이 활용합니다.
- 밈(Meme)을 좋아하며, 갓생, ~각, 추구미 등의 유행어를 많이 사용합니다.
- 따뜻한 말, 그림, 일러스트, 감성 노래 등 감정을 달래주는 콘텐츠를 선호하는 청소년들도 많습니다.

답변작성
위 모범답변을 참고하여, 자신만의 답변을 작성해 보세요.

질문 02 상기 사례의 내담자가 호소하는 문제는 무엇인가?

답변방향

1. 내담자의 말과 행동 속에서 호소 문제를 파악하여 답변해야 해요.
2. 내담자가 표현한 내용을 요약하여 핵심을 언급하며 호소문제를 뒷받침하면 더욱 좋아요.

모범답변

㉠ **정서적 문제(불안, 학업 흥미 저하, 정서적 지지 결여)**
  – 부모의 반복적인 갈등 상황 속에서 지속적인 정서적 불안을 느끼고 고통을 호소하고 있습니다.
  – 진로에 대한 명확한 계획 없이 당장 돈을 벌 수 있는 취업만을 생각하고 있습니다.
  – 반복된 결석과 학업 공백으로 학습에 대한 흥미가 떨어지고 있습니다.
  – 아버지의 비난, 어머니의 무기력과 불평 호소는 내담자의 정서적 고립감을 심화시키고 있습니다.

㉡ **행동적 문제(반복적인 가출, 학교 결석 및 수업 불참)**
  – 장기간 가출이 아닌 일시적 가출이지만 점점 빈도와 강도가 높아지고 있습니다.
  – 가출로 인한 문제는 학업에 지속적으로 부정적 영향을 끼치고 있으며, 학교 부적응 상태를 보이고 있습니다.

답변작성 위 모범답변을 참고하여, 자신만의 답변을 작성해 보세요.

질문 03　상기 사례의 내담자를 어떻게 상담하고 싶은가?

답변방향

1. 사례 속 내담자의 문제를 구조화하고, 상담자로서 어떻게 접근할지를 결정하여 답변해야 해요.
2. 상담 초기(예 감정 수용, 안정 제공, 신뢰 형성 등) → 중기(예 감정 조절 연습, 진로 탐색 등) → 후기(예 자원 연계, 자기효능감 회복 등)의 구조로 개입하면 더 좋아요.

모범답변

㉠ 상담 초기: 안정감 제공 및 내담자 이해
- 용기를 내 상담을 요청한 내담자에게 인정과 지지를 표현하며 안전한 상담관계를 형성합니다.
- 내담자와 함께 겪고 있는 문제를 이야기하며 자신의 감정, 행동, 상황을 돌아보게 합니다.
- 친구들의 가정처럼 안정적이고 부유한 집에서 살고 싶은 욕구를 이해하며 공감합니다.
- 내담자의 문제를 바탕으로 상담목표와 방향성을 설정합니다.

㉡ 상담 중기: 문제의 구조화 및 대안 탐색
- 내담자가 처한 가정환경(예 부모의 반복적 갈등, 경제적 스트레스 등)에 대해 이해합니다.
- 부모님은 가출하는 아들을 걱정하는 마음이 담겨있을 가능성이 크므로, 부모님이 내담자에게 보이는 반응을 긍정적으로 해석할 수 있도록 돕습니다.
- 학창시절의 학업은 미래를 위한 중요한 과정임을 함께 인식하고, 내담자가 학업을 지속하도록 격려합니다.
- 현실적 진로 고민(예 자격증, 조기 취업 욕구 등)에 대해서는, 진로상담을 통해 충분히 고민해보되 장기적 관점에서 계획할 수 있도록 지원합니다.
- 내담자는 스트레스의 상황에 취약하므로, 감정을 건전하게 표현하고 해소하는 방법(예 감정일기 쓰기, 신체 활동 등)을 알려줍니다.

㉢ 상담 후기: 지속 가능한 변화와 자원 연계
- 상담과정을 통해 달라진 점(예 감정 조절력, 결석 감소 등)을 함께 되돌아보며 긍정적 자기인식을 강화합니다.
- 가족과의 의사소통 개선을 위한 가족상담 혹은 부모 교육 연계를 고려합니다.
- 학교와 연계해 담임교사 또는 Wee 클래스, 상담센터 등 지속적인 보호를 받을 수 있음을 알려줍니다.
- 지역사회 자원(예 청소년 쉼터, 청소년상담복지센터 1388, 무료 학습지원 등)을 소개하여 사회적인 지지망을 형성할 수 있도록 안내합니다.

답변작성
위 모범답변을 참고하여, 자신만의 답변을 작성해 보세요.

질문 04 청소년상담사로서 자신이 가진 강점을 3가지 말해보시오.

답변방향

1. 평소 자신의 성격에서 강점 및 긍정적인 면이라고 느꼈던 부분을 청소년상담사의 역량과 연결하여 언급하세요.
2. 청소년 상담 실습 경험, 상담자로서 자기계발 노력 등을 포함하면 설득력이 높아져요.

모범답변

㉠ 공감 능력과 소통 역량
- 상대방의 이야기를 잘 경청하고 공감을 잘합니다.
- 친밀감 형성을 잘하여 청소년들과의 라포 형성 속도가 빠르고, 심리적 거리감을 좁히는 데 강점이 있습니다.
- 의사소통 능력이 좋아 내담자의 부모와 교사들과도 협력관계를 잘 형성할 수 있습니다.
- 청소년들이 사용하는 언어나 문화, 표현 방식을 꾸준히 관찰하고 이해하려고 노력하고 있어 대화를 잘 주도합니다.

㉡ 꾸준하고 성실한 자기계발 능력
- 상담이 끝난 후 매회 상담일지를 정리하면서 상담 대화 흐름, 언어 사용, 내담자의 반응 등을 분석하고 개선해 왔습니다.
- 학부 전공 외에도 상담 관련 워크숍 등 다양한 연수에 적극적으로 참여해 왔습니다.

㉢ 다양한 상담실무 경험
- 청소년의 고민들을 많이 접하고, 함께 해결해본 경험이 있습니다.
- 실제 상담 사례에서 위기 상황에 처한 청소년들을 만나며, 단계적 개입과 부모 및 교사와의 협업 경험을 쌓았습니다.
- 경험을 바탕으로 상담에서 내담자의 문제를 효과적으로 개입하고 도울 수 있습니다.

㉣ 긍정적인 성격
- 평소 밝고 긍정적인 성격으로 상담에서 감정 관리를 잘하고, 내담자에게 정서적 안정을 제공할 수 있습니다.
- 내담자가 혼란스럽거나 무기력할 때에도 차분하고 따뜻한 분위기를 유지하며, 희망적인 메시지를 전달할 수 있습니다.
- 청소년을 사랑으로 이해하고 긍정적인 에너지를 많이 전달할 수 있습니다.

답변작성
위 모범답변을 참고하여, 자신만의 답변을 작성해 보세요.

모범답변 더 보기

2 기출예상문제

제시사례

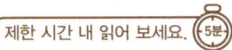

다음은 청소년상담복지센터에서 상담을 받게 된 중학교 2학년 여학생 내담자와의 상담 축어록이다.

상담자 안녕하세요. 어떤 일로 상담실을 찾게 되었나요?
내담자 (잠시 머뭇거리며) 법원에서 그렇게 하래요.
상담자 우선 상담실을 찾아주어 고마워요. 법원에서 수강명령을 받은 건가요? 혹시 무슨 일이 있었는지 말해줄 수 있나요? 절대 학생을 비난하지 않아요. 이야기를 듣고 싶어요.
내담자 지난 주에 호기심에 저랑 제일 친한 친구랑 사거리에 있는 의류 매장에서 머리핀을 훔쳤어요. 가게 주인이 지켜보고 있다가 저를 법원에 송치했는데, 재판에서 저한테 20시간 동안 개인상담을 받으라고 했어요.
상담자 그런 일이 있었군요. 왜 물건을 훔쳤나요?
내담자 그냥 친구가 여기는 주인이 가게를 잘 지켜보고 있지 않기 때문에, 물건 하나 정도는 슬쩍해도 된다고 했어요. 저는 친구의 말을 따라 가방에 작은 머리핀 하나를 장난으로 가방에 넣었을 뿐이에요.
상담자 작은 물건이든 큰 물건이든 타인의 물건을 훔치는 건 명백히 잘못된 행동이에요.
내담자 저도 알고 있어요. 이번 일은 장난이었지만, 앞으로는 안 할 거예요.
상담자 좋은 생각이에요. 자신의 행동을 돌아보고 잘못된 행동임을 인지하고 있는 것이 중요해요. 혹시 학교생활은 어떤지 알 수 있을까요?
내담자 일단 학교 수업은 재미가 없어요. 그런데 친구들이랑 노는 건 정말 재밌어요. 요즘은 친구들이랑 놀다가 밤 늦게 들어가서 잠 때문에 지각을 하긴 하는데, 결석은 자주 안 해요. 친구들도 보고 싶고, 그래도 학교는 나가야하니까요.
상담자 학교에 빠지지 않고 있는 점은 정말 훌륭해요. 부모님은 어떤 분인지 말해줄 수 있나요?
내담자 부모님은 맞벌이고, 아빠는 회사에서 출장을 자주 가셔서 집에서 거의 못 봐요. 아빠는 제가 밤늦게 들어가도 아무 말도 안 하셔서 좋은데, 저한테 그렇게 관심이 있으신 것 같지는 않아요. 엄마는 어린이집 보육교사신데 항상 집에 오시면 피곤해하세요. 제가 학교에 지각하는 것도, 밤늦게 들어오는 것도 다 마음에 안 들어 하시고, 심지어는 제 친한 친구들도 마음에 안 들어 하세요. 잔소리가 너무 심해서 엄마와는 대화하고 싶지가 않아요.
상담자 말해줘서 고마워요. 가족과의 마찰이 있을 때마다 본인의 마음은 어떤가요?
내담자 사실 집에서 많이 외로워요. 절 이해 못 해주는 엄마, 관심 없는 아빠한테 서운하기도 해요. 사실 빨리 어른이 되어서 독립하고 싶은 생각도 커요. 친구들이랑 있으면 가족에 대한 우울한 생각은 안 들고 즐겁기만 해요. 친구들이 정말 좋아서 소외되지 않기 위해 하기 싫은 일을 할 때도 있어요. (말을 흐리며) 물건을 훔치는 것 같은 일이요. 나중에 뭘 하고 살아야 할지도 모르겠고, 제가 뭘 좋아하는지도 모르겠어요. 그래서 당장은 이렇게 사는 게 편하다고 느낄 때가 많아요.

사례분석

1. 내담자는 친구와 함께 의류 매장에서 머리핀을 훔치다 적발되어 법원에서 20시간 개인상담 수강명령을 받았어요.

2. 내담자는 또래로부터 소외되지 않기 위해 하기 싫은 일(절도 등)을 한다고 말하고 있어요.

3. 내담자는 어머니의 통제, 아버지의 무관심 등으로 인해 정서적 결핍과 외로움을 겪고 있어요.

질문 01 | 접수면접과 개인상담의 차이는 무엇인지 설명해보시오.

답변방향

1. 접수면접과 개인상담의 정의를 정확하게 말하되, 혼동되지 않도록 기능과 목적을 구분하여 설명해야 해요.
2. 접수면접은 상담 여부를 결정하고 상담의 기초를 마련하는 과정이라면, 개인상담은 설정된 목표에 따라 내담자의 변화와 성장을 도와주는 단계라고 답변해 보세요.

모범답변

㉠ 접수면접
- 내담자가 상담을 시작하기 위해 센터나 기관에 방문하거나 연락할 때 하는 면접입니다.
- 내담자의 기본적인 인적 사항, 상담 요청 이유, 문제의 긴급성 및 심각성 등을 파악하고, 상담의 적합성 여부를 판단하는 것이 주목적입니다.
- 상담 진행 절차와 규칙에 대해 안내하고 내담자가 상담에 대해 충분히 이해하고 동의하도록 합니다.
- 비교적 짧은 시간에 이루어집니다.

㉡ 개인상담
- 접수면접 이후 실제로 내담자의 심리적 문제나 고민을 깊이 있게 다루는 과정입니다.
- 내담자의 문제를 심층적으로 탐색하고, 치료적 개입을 통해 변화를 촉진하는 과정입니다.
- 내담자의 정서, 사고, 행동 패턴을 탐색하고 문제 해결을 위한 구체적인 개입과 지원을 진행합니다.
- 상담 목표 설정, 상담 기법 적용, 변화 유도 등이 이루어집니다.
- 내담자와 상담자 간 신뢰관계를 바탕으로 여러 차례에 걸쳐 지속적으로 진행됩니다.

답변작성
위 모범답변을 참고하여, 자신만의 답변을 작성해 보세요.

질문 02　상기 사례의 내담자의 문제점은 무엇인가?

답변방향

1. 내담자의 말과 행동 속에서 알 수 있는 문제점을 파악하여 답변할 수 있어야 해요.

2. 사례의 내담자는 또래에게 과도하게 의존하고 있으며 자기통제력 및 판단력이 부족한 점을 언급해야 해요.

모범답변

㉠ 또래관계에 대한 과도한 의존과 소외 불안
- 친구들과 함께 있는 시간을 유일한 정서적 위안으로 삼고 있습니다.
- 소외되지 않기 위해 하기 싫은 일을 한다는 점에서 또래에게 인정받고 싶은 욕구가 매우 강한 것을 알 수 있습니다.
- 또래에게 휘둘려 행동하다 보면 지속적으로 비행에 가담할 가능성이 있습니다.

㉡ 자기통제력 및 판단력 부족
- 단순한 호기심, 충동에 의해 잘못된 행동(절도)을 저질렀습니다.
- 스스로도 장난이라며 책임을 회피하거나 행동의 심각성을 낮게 인식하고 있습니다.
- 친구가 괜찮다고 해서 절도를 저지르는 등 자신의 행동 기준을 외부에 의해 결정하는 경향이 있습니다.
- 학교생활에서도 수업에는 흥미를 잃고, 늦게까지 놀다 지각하는 등 생활 습관, 자기조절 문제가 나타납니다.
- 가정에 대한 정서적 결핍으로 독립 욕구는 크지만, 실제로는 자율성과 판단력이 부족한 미성숙한 상태로 보입니다.

답변작성
위 모범답변을 참고하여, 자신만의 답변을 작성해 보세요.

질문 03 상기 사례의 내담자를 상담한다면 어떤 사항에 개입하고 싶은가?

답변방향
1. 사례 속 내담자의 문제를 구조화하고, 상담자로서 어떻게 접근할지를 결정해야 해요.
2. 내담자의 문제를 파악한 후 행동문제, 정서문제, 대인관계 문제에 개입해야 해요.

모범답변

㉠ 자기조절능력 향상과 생활 습관 개선
- 자신의 잘못된 행동이 가져올 결과를 예측하고, 자기조절능력을 키울 수 있도록 돕습니다.
- 지각, 결석 등 학교 부적응 행동의 원인 파악 및 생활 습관 개선이 필요합니다.
- 친구와 만나는 시간과 빈도 조절을 지도합니다.
- 방과 후 수업 등록 및 학습 계획 수립을 통해 규칙적 생활 습관 형성을 유도합니다.

㉡ 또래 의존성과 비행행동 관련 대처능력 향상
- 또래관계 속 자신의 역할과 선택을 성찰할 수 있도록 돕습니다.
- 사회적 기술 훈련을 통해 건전한 또래관계를 형성하는 능력을 기르도록 돕습니다.
- 또래 압력에 대처할 수 있는 자기표현과 거절 기술을 알려주고 함께 연습합니다.

㉢ 정서적 결핍과 가족관계 개선
- 내담자가 자신의 감정을 인식하고 부모님께 솔직하게 표현할 수 있도록 돕습니다.
- 부모와의 갈등을 조율하고, 가정 내 의사소통을 회복할 수 있는 방법(예 서로의 입장 이해해주기 등)을 모색합니다.
- 가족 간의 친밀감 형성을 위한 외식 등의 가족 행사를 주기적으로 가질 것을 제안합니다.
- 아버지의 무관심과 어머니의 지나친 간섭 및 잔소리를 완화하기 위해 부모 상담을 제안합니다.

㉣ 내담자의 자존감 향상 및 미래 계획 수립
- 내담자의 관심사와 적성을 탐색하여 미래 진로(예 상급학교 진학 및 전공)를 함께 설정합니다.
- 현실적이고 구체적인 미래 계획을 수립하도록 돕습니다.

답변작성
위 모범답변을 참고하여, 자신만의 답변을 작성해 보세요.

질문 04 촉법소년, 범죄소년, 우범소년의 차이를 설명해보시오.

답변방향

1. 청소년 범죄와 관련된 기본 개념을 정확히 이해하고 있는지를 보여주어야 해요.

2. 각 용어의 정의(예 연령, 범죄 여부, 처벌 가능성, 상담 및 보호조치 차이 등)를 명확하게 설명해야 해요.

3. 간결하게 핵심 내용 위주로 전달하고, 어떤 목적으로 이들을 교화하는지를 간단하게 설명해주면 더 좋아요.

모범답변

㉠ 촉법소년
- 10세 이상 14세 미만의 소년으로 형사미성년자에 해당하여 형사책임 능력이 없거나 제한된 대상입니다.
- 범죄 행위를 저질렀으나 형사처벌 대상이 아니고, 보호처분의 대상이 됩니다.
- 주로 가정법원에서 보호처분(예 교육, 선도, 보호관찰 등)을 받으며, 교정보다는 교육과 교화를 목적으로 합니다.

㉡ 범죄소년
- 14세 이상 19세 미만의 소년으로 형사처벌이 가능한 연령대의 대상입니다.
- 실제로 범죄를 저질러 형사처벌 대상이 되는 소년을 말합니다.
- 형사재판을 받으며, 처벌과 함께 교화 및 재범 방지 목적의 보호처분을 병행할 수 있습니다.

㉢ 우범소년
- 10세 이상 19세 미만의 소년으로 범죄를 저지르지 않았지만 환경적·행동적 요인으로 인해 범죄를 저지를 위험성이 높은 소년입니다.
- 비행 가능성이 있거나 비행 징후를 보이는 대상으로 범죄우려가 있는 대상을 말합니다.
- 이 소년들을 대상으로는 조기 발견과 개입을 통해 비행 예방 및 건전한 성장을 지원해야 합니다.

답변작성

위 모범답변을 참고하여, 자신만의 답변을 작성해 보세요.

제시사례

고등학교 2학년에 재학 중인 정 양(17세, 여)은 불안정한 가정환경 속에서 자라왔다. 어느 날, 정 양은 오빠(18세)와 함께 길을 걷던 중 우연히 시동이 켜진 채 도로변에 세워져 있던 승용차를 발견하게 되었다. 순간적인 호기심과 충동에 휩싸인 두 남매는 차량을 몰래 운전해 도로를 달리다가, 뒤늦게 이를 인지한 차량 주인의 신고로 인해 얼마 지나지 않아 경찰에 검거되었다. 이들은 무면허 운전과 차량 절도 혐의로 조사를 받았고, 형사처분 대상이 되었다. 하지만 정 양은 범죄 이력이 없는 초범이며, 학생 신분이고, 어려운 가정 형편이 참작되어 법원은 비교적 선처를 내렸다. 상담센터에서 20시간의 상담을 이수하고 1년간 보호관찰을 받는 조건으로 처분이 결정되었다.

정 양의 가정 형편은 매우 열악한 상태다. 아버지는 택배 기사로 오랜 시간 일하지만 수입이 일정하지 않아 생계가 안정되지 못하고 있다. 현재 정 양의 가정은 기초생활수급자로 등록되어 있으며, 주민센터로부터 최소한의 생계비를 지원받고 있다. 더불어 정 양의 어머니는 남편과 성격차이로 이혼 후 양육권을 포기하고 집을 떠난 뒤, 남매와 연락을 끊은 상태이다. 현재 정 양과 오빠는 아버지와 함께 살고 있으나, 아버지는 일을 마친 뒤에도 술을 마시는 일이 잦으며, 술에 취하면 자녀들에게 폭력을 행사하는 일이 반복되고 있다.

정 양의 오빠는 중학교를 졸업한 이후 더 이상 학업을 이어가지 못한 채, 곧바로 생계를 책임지기 위해 사회생활을 시작하게 되었다. 그는 정규직 일자리를 구하기 어려운 현실 속에서 편의점, 공장, 배달, 건설현장 등 다양한 아르바이트를 전전하며 가족의 생계를 돕고자 노력하고 있다. 그러나 아버지와 마찬가지로 소득이 불안정하여 가정을 안정시키기 어려운 상황이다. 그럼에도 정 양에게는 꼬박꼬박 용돈을 주려고 노력한다.

가족 구성원 간의 지지가 부족한 상황에서 정 양은 내면의 불안을 해소하지 못한 채 감정적으로 불안정한 모습을 보이기 시작했다. 학교에서도 반 친구들과의 관계에서 갈등이 있을 때면 감정을 조절하지 못한 채 충동적으로 물건을 던지거나 욕설을 사용하는 일이 반복되었다. 최근에는 자신에게 친구가 먼저 시비를 걸었다며 의자를 집어던지고 문을 발로 차고 나가기까지 했다. 이러한 일들로 정 양은 교내에서 문제 학생이라고 소문이 퍼졌다. 처음 상담실을 찾은 정 양은 상담에 비교적 우호적인 태도를 보였고, 자신의 이야기를 들어주는 사람이 생겨 마음이 편하다고 했다. 그러면서 자신이 왜 이렇게 행동하는지 모르겠다며 자신을 도와달라고 울먹이며 말했다.

사례분석

1. 사례 속 내담자는 오빠와 함께 시동이 걸려 있던 차량을 훔쳐 무면허 운전 중 검거되었고, 20시간 상담과 1년 보호관찰 판결 처분을 받았어요.

2. 어머니의 부재와 아버지의 학대라는 어려움 속에서 오빠가 내담자를 지지해주고 있지만, 오빠 역시 미성년자이기에 실질적인 보호자는 없는 상황이에요.

3. 가정 내 방임과 학대 속에서 자랐고, 학교에서 충동적으로 물건을 던지거나 욕설을 사용하는 부적응 행동을 반복적으로 보이고 있어요.

질문 01 평소 어려워하던 상담이론이 있다면 왜 어려웠고, 어떻게 공부했는지 말해보시오.

답변방향

1. 지극히 개인적인 질문으로 평소 어렵다고 느꼈던 이론과 그 이유, 공부 방법을 본인만의 답변으로 전개해야 해요.
2. 이론에 대한 간략한 설명을 덧붙이고, 극복을 위해 한 노력(예 사례를 찾아보기, 복습하기, 상담 영상 찾아보기 등)을 구체적으로 언급하면 더 좋아요.

모범답변

ㄱ 게슈탈트 상담이론

저는 게슈탈트 상담이론이 어려웠습니다. '지금-여기'에 대한 집중, 미해결 과제, 빈 의자 기법과 같은 독특한 개념들을 포함하고 있어 이론의 전개 방식이 낯설고 추상적으로 느껴졌습니다. 그래서 이론서뿐 아니라 관련 강의를 반복해서 들으며 다양한 상담 사례 속에서 기법이 어떻게 적용되는지를 정리해보았고, 특히 '빈 의자 기법' 등은 실제 시연 영상을 찾아보며 사례 중심으로 접근하려고 했습니다.

ㄴ 정신분석이론

저는 정신분석이론이 어려웠습니다. 방어기제, 자유연상 등 추상적이고 학문적인 개념들이 많아 전반적인 흐름을 이해하는 데 어려웠고, 무의식 개념과 상담기법 사이의 연결성을 찾기 힘들었습니다. 그래서 정신분석 상담과정에서 내담자의 저항을 다루는 사례나 꿈 분석의 예시를 찾아보면서 이론이 실제 상담 장면에서 어떻게 활용되는지를 중심으로 공부했고, 개념을 단순 암기가 아닌 사례와 함께 연결하여 기억하면서 익숙해지려고 노력했습니다.

ㄷ 현실치료이론

저는 현실치료이론이 어려웠습니다. WDEP 모델에서 욕구와 평가 단계는 내담자의 주관적 욕구와 현재 행동의 적절성을 탐색하는 과정인데, 이 부분이 추상적으로 느껴져 이해가 잘 되지 않았습니다. 그래서 WDEP 모델 각 단계에 대한 실제 적용 예시를 찾아보며 추상적인 개념을 연결해보는 연습을 했고, 현실치료 관련 상담 사례를 정리된 책이나 강의에서 반복해서 읽으면서 이론과 실제 적용이 어떻게 연결되는지를 중심으로 복습했습니다.

답변작성

위 모범답변을 참고하여, 자신만의 답변을 작성해 보세요.

모범답변 더 보기

질문 02 재판 결과로 상담을 받게 되는 청소년들에게는 어떻게 접근하겠는가?

답변방향

1. 상담 자체를 처벌이나 억울한 일의 연장선으로 인식할 수 있으므로, 상담이 자신을 위한 시간임을 부드럽게 설명하고, 신뢰 형성을 해야 해요.
2. 강제성이 개입된 상황에서는 상담 자체에 대한 방어적 태도를 줄여야 해요.
3. 국가 법집행 시스템 안에서 상담과 상담자가 어떤 역할을 하는지 설명해주어야 해요.

모범답변

㉠ 비판 없는 공감적 태도로 접근
- 재판의 결과로 상담을 받게 되는 청소년들은 대개 자발성이 낮고, 방어적인 태도를 보이기 쉽습니다.
- 상담 자체를 처벌의 연장으로 느낄 수 있기 때문에, 비판 없는 수용적 태도로 접근하여 신뢰 형성을 최우선으로 두겠습니다.
- 상담이 본인의 의사와는 상관없이 이루어진다는 점에서 불만을 토로한다면 그 마음에 공감해줍니다.
- 범죄행동을 저지른 배경이 있다면 탐색하고, 당시 느낀 정서와 현재의 정서를 알아봅니다.
- 내담자가 가지고 있는 강점을 탐색하도록 돕고, 미래의 목표를 함께 설계합니다.

㉡ 재범 예방 및 상담의 공적 역할 인지
- 강제상담이 단순히 형사처벌을 대신하는 '가벼운 벌'로 여겨져 본질적인 문제를 간과하게 될 수 있습니다.
- 상담이 처벌을 대체하는 가벼운 선택이 아니라, 국가의 법집행 체계 내에서 이루어지는 제재의 일환임을 알게 합니다.
- 상담이 청소년의 변화를 유도하기 위한 공적 개입임을 알게 합니다.
- 상담자는 사회적 규범과 질서를 기반으로 청소년을 돕는 공적인 조력자임을 강조합니다.

답변작성
위 모범답변을 참고하여, 자신만의 답변을 작성해 보세요.

질문 03   상기 사례 내담자의 주호소문제는 무엇인가?

답변방향

1. 사례에서 보이는 청소년기 특유의 정서 불안, 대인관계 문제, 법적·사회적 압박 등의 문제를 언급해야 해요.

2. 각 호소 문제마다 사례에서 알 수 있는 근거를 덧붙여 신뢰성을 높이면 좋아요.

3. 과도하게 자신의 생각을 덧붙여 장황하거나 모호하게 답변하지 않도록 주의해야 해요.

모범답변

㉠ 불안정한 가정환경과 경제적 어려움
- 아버지의 불규칙한 수입으로 가족의 생계가 불안정한 상황입니다.
- 내담자는 가정 내 폭력, 어머니 부재로 인해 심리적 불안을 느끼며 안정감이 결여되어 있습니다.

㉡ 대인관계 갈등과 충동조절 문제
- 내담자는 학교 내 친구들과의 갈등과 지지 기반 부재로 인해 외로움과 고립감을 느끼고 있습니다.
- 학교에서 반 친구들과의 갈등 상황에서 충동적으로 물건을 던지고 욕설을 하며, 감정을 조절하지 못합니다.
- 내담자는 문제행동으로 인해 교내에서 문제 학생으로 소문이 퍼진 상태입니다.

㉢ 법적 문제와 관련된 심리적 부담
- 내담자는 법적 문제로 인해 보호관찰 중에 있어 심리적 부담이 큰 상황입니다.
- 불안과 긴장이 내담자의 전반적인 정서 상태에 부정적인 영향을 미치고 있습니다.

답변작성
위 모범답변을 참고하여, 자신만의 답변을 작성해 보세요.

질문 04 상기 사례 내담자의 자원을 찾아본다면?

답변방향

1. 내담자의 개인적인 특성 중 긍정적인 요소를 구체적으로 제시해야 해요.
2. 내담자의 가족관계나 청소년으로서 학교 안에 있는 점, 상담이라는 제도적인 개입이 가능한 점 역시 자원으로 보고 답변하면 좋아요.

모범답변

㉠ 상담에 대한 수용적인 태도
- 범죄행동 이후 법원의 선처를 받았고, 보호관찰 및 상담 이수 조건을 이행하고 있다는 점에서 내담자는 현재 자신의 행동에 책임을 지는 단계에 있습니다.
- 상담에 호의적으로 참여하는 모습은 상담자와 협력하여 재범을 방지하고 자기효능감을 증진시키는 데 중요한 출발점이 됩니다.

㉡ 자기 성찰 및 문제 인식 능력
- 내담자는 자신이 왜 이렇게 행동하는지 모르겠다고 말하며 문제행동을 자각하고 있습니다.
- 내담자 스스로 개선의 의지가 있어 상담을 통해 행동이 변화될 가능성이 크다고 볼 수 있습니다.

㉢ 오빠와의 가족적 유대
- 어머니가 부재하고 아버지의 가정폭력이 있지만, 오빠가 함께 가족을 책임지려는 노력을 지속하고 있습니다.
- 남매의 비행행동은 잘못된 행위이나, 오빠의 존재 자체가 내담자에게 중요한 정서적 지지의 기반이 될 수 있습니다.

㉣ 사회적 체계(학교, 청소년상담지원센터 등)
- 학교 내 상담이나 선생님, 또래 지원체계와 연결될 수 있다는 점에서 자원으로 작용할 수 있습니다.
- 내담자는 청소년으로서 1388 청소년상담이나 청소년상담지원센터에서 개인상담을 요청할 수 있습니다.

답변작성 위 모범답변을 참고하여, 자신만의 답변을 작성해 보세요.

제시사례

다음은 고등학교 3학년 내담자와의 1388 전화상담 내용이다.

상담자 안녕하세요, 상담사 ○○○입니다. 무엇을 도와드릴까요?
내담자 안녕하세요. 전화로도 상담을 받을 수 있을까요?
상담자 네 그럼요. 전화해줘서 고마워요. 지금 어디에서 통화하고 있어요?
내담자 저 지금 놀이터에 있어요. 집이나 학교에서는 절대 들키면 안 돼요.
상담자 누가 들을까봐 걱정되면서도 용기 내서 전화해준 거네요. 혼자 얼마나 불안했을지 상상돼요.
내담자 제가 고민이 있는데, 사실 몇 달 전에 호기심으로 담배를 피웠거든요. 친한 언니의 권유로 피워봤는데, 지금은 안 피우면 진짜 막 머리도 아프고, 손 떨리고... 너무 힘들어요.
상담자 그런 일이 있었군요. 몸에서 나타나는 반응은 니코틴 금단 증상으로 인한 것이네요. 지금 그런 불편한 증상들 때문에 일상생활이 많이 힘들어진건가요?
내담자 맞아요. 수업시간에도 집중이 안 되고, 자꾸 나가고 싶고, 괜히 짜증도 나고요. 근데 학교선 제가 모범생처럼 보이거든요. 성적도 잘 나오는 편이에요. 그래서 더 제가 진짜 나쁜 애 같아요.
상담자 겉으로는 모범생인데, 실상은 그렇지 않다고 느끼며, 담배로 인해 본인 스스로가 미워지고 있다는 거죠?
내담자 (잠시 머뭇거리며) 네. 왜 그랬을까 싶고, 멈추고 싶어도 몸이 말을 안 들어요. 그냥 제가 너무 한심하고, 저 자신이 너무 싫어요.
상담자 혼자서 꾹꾹 그런 생각들을 눌러와서 참 힘들었겠어요. 몸이 힘든 것보다, '나는 왜 이럴까'라는 생각에 더 괴로웠을 것 같아요. 혹시 그걸 누구한테 이야기해본 적 있어요?
내담자 아니요. 절대요. 부모님이 아시면 완전 실망하실 거예요. 저희 집은 나름 잘 사는 집이고 부모님 학벌이랑 직장도 좋으시거든요. 아빠는 회계사고, 엄마는 초등학교 선생님이세요. 그래서 저한테 거는 기대가 많으세요. 저를 공부 열심히 하는 딸로만 알고 있을 텐데...
상담자 부모님께 모범적이고 공부 잘하는 딸로 보여야 한다는 압박감도 있는 거네요. 혹시 이런 걸 들킨다면, 부모님의 신뢰를 잃게 될까봐 걱정되기도 하나요?
내담자 네. 딱 그거예요. 그냥 실망만이 아니라, 버려질 수도 있다는 느낌이 들기도 해요. 지금도 제가 상담받는다는 걸 누가 알까 봐 숨죽이고 있어요.
상담자 저도 고3 때 부모님한테 실망 줄까 봐, 제 고민 하나 말도 못하고 끙끙 앓았던 적 있어서 참 공감되네요.
내담자 (깜짝 놀라며) 진짜요?
상담자 저도 어디다 털어놓을 데가 없어서 그냥 매일 밤 울기만 했었거든요. 그때 누가 저에게 괜찮다고 위로 해줬으면 훨씬 덜 외로웠을 것 같아요.
내담자 저도 누가 저를 위로해줬으면 좋겠어요. 요즘은 그냥 너무 혼자인 느낌이에요.

사례분석

1 내담자는 호기심으로 시작한 흡연으로 인해 현재 금단 증상(두통, 손 떨림 등)을 겪고 있고 니코틴 중독 가능성이 있어요.

2 내담자는 자신이 모범생 이미지에 어긋난 행동을 했다는 자책을 하며 부모님에게 비밀이 들통날까 봐 두려워하고 있어요.

3 내담자는 자기비난을 하며 자존감이 떨어지고 있는 상황이에요.

질문 01 청소년상담사가 되려는 이유와 목적은 무엇인가?

답변방향

1. 청소년상담이라는 직무에 대한 지원자의 내적 동기와 가치관을 솔직하게 말해야 해요.
2. 개인적 경험 또는 가치관과 연결하여 말하면 좋고, 사회적 책임과 전문성 향상의 의지를 강조하면 더욱 설득력 있는 답변이 되어요.

모범답변

㉠ 청소년의 건강한 성장과 발달에 기여
- 청소년들이 심리적·정서적으로 안정감을 얻고 올바른 방향으로 성장하도록 지원하는 역할에 큰 의미를 느낍니다.
- 청소년기는 자아정체감 형성, 사회성 발달을 하는 중요한 성장 시기이므로, 상담을 통해 청소년들이 건강하게 성장할 수 있도록 돕고 싶습니다.

㉡ 청소년에게 정서적 지지와 긍정적 변화 제공
- 가족 문제, 학업 스트레스, 또래 갈등 등 다양한 문제로 힘들어하는 청소년들에게 안정적인 상담관계를 통해 위로와 희망을 주고 싶습니다.
- 상담을 통해 청소년들이 자신의 감정을 표현하고, 자기 이해와 문제 해결 능력을 키워 스스로 긍정적인 변화를 만들어 가도록 돕고 싶습니다.
- 청소년들이 자존감과 자기효능감을 회복하는 모습을 볼 때 큰 보람을 느낍니다.

㉢ 청소년 복지 증진
- 청소년 정신건강 문제, 교육 격차, 가정 문제 등 복합적 어려움이 늘어나면서, 청소년 복지의 중요성과 필요성을 느꼈습니다.
- 청소년상담사로서 사회적 책임감을 갖고 청소년 문제 예방과 상담, 지역사회 연계 활동 등 다양한 분야에서 활동하고 싶습니다.
- 청소년들의 삶의 질을 높이고, 건강한 사회 구성원으로 성장하도록 도와 청소년 복지 증진에 기여하고 싶습니다.

답변작성
위 모범답변을 참고하여, 자신만의 답변을 작성해 보세요.

질문 02 상기 사례에서 나타난 내담자가 호소하는 문제는 무엇인가?

답변방향

1. 내담자의 말과 행동을 바탕으로 핵심 문제를 파악할 수 있어야 해요.

2. 문제의 단순 나열이 아닌, 그 문제가 내담자에게 어떤 심리적·환경적 맥락에서 나타났는지 해석하여 답변하면 더 좋아요.

모범답변

㉠ 니코틴 의존 및 금단 증상 경험
- 내담자는 호기심으로 시작된 흡연이 습관화되어 금단 증상(예 두통, 손 떨림, 짜증 등)을 겪고 있습니다.
- 니코틴의 위험성을 알고 중단하려는 의지는 있으나 스스로의 힘으로 조절이 어려운 상황에 놓여 있습니다.

㉡ 이중적인 자아 이미지로 인한 자책감
- 내담자는 학교에서는 모범생 이미지이나, 흡연을 한다는 것에 대한 혼란과 죄책감을 느끼고 있습니다.
- 스스로가 나쁜 사람같고, 자기 자신이 싫다는 표현에서 자존감 저하가 드러나고 있습니다.

㉢ 가정 내 높은 기대와 심리적 부담감
- 부모님의 사회적, 학문적 배경과 가정의 높은 기대치로 인해, 자신의 실수를 드러낼 수 없다는 압박감과 두려움을 느끼고 있습니다.
- 버려질 수도 있다는 생각을 한다는 점에서 내담자의 정서적 안정감의 결핍이 드러납니다.

㉣ 사회적 고립감 및 지지체계의 부재
- 내담자는 주변에 고민을 털어놓을 수 있는 관계나 지지체계 부재로 인해, 극심한 외로움과 고립감을 느끼고 있습니다.
- 위로받고 싶다는 표현에서 정서적 지지에 대한 강한 욕구가 나타나고 있습니다.

답변작성
위 모범답변을 참고하여, 자신만의 답변을 작성해 보세요.

질문 03 상기 사례의 상담자라면 내담자를 어떻게 상담할 것인가?

답변방향

1. 사례의 내담자의 상황을 잘 분석해서 특성에 맞게 상담과정을 세울 수 있어야 해요.
2. 비행을 단순히 문제행동으로만 보지 않고 그 이면의 심리적 요인을 이해하고 수용적 태도로 접근하여 답변하면 더 좋아요.

모범답변

㉠ 상담초기: 라포 형성 및 문제 파악
- 내담자가 상담 상황에 적응하고, 자신의 이야기를 꺼낼 수 있도록 정서적 지지와 공감적인 태도를 보이겠습니다.
- 부모나 교사에게 들킬까 봐 불안한 내담자를 안심시키기 위해, 상담의 비밀보장 원칙을 설명하겠습니다.
- 흡연으로 인한 신체적, 심리적 어려움(예 중독 증상, 자기혐오 등)을 함께 정리하고 성취 중심의 가정환경, 부모의 과도한 기대 등의 문제를 인식하겠습니다.
- 금연, 학업 집중, 자존감 향상 등의 상담 목표를 정하겠습니다.

㉡ 상담중기: 심층 문제 탐색 및 변화 모색
- 흡연으로 인한 자기비난을 다루어, 긍정적인 자기인식을 회복하도록 돕겠습니다.
- 금단 증상에 대한 정보를 제공하고 금연 시 겪는 신체 변화에 대해 안내하며, 흡연을 대신할 감정 해소 방법(예 일기쓰기, 걷기 등)을 제안하겠습니다.
- 다양한 역할 속에서 진짜 자신의 감정과 욕구를 분리하여 인식하도록 돕고 '완벽하지 않아도 괜찮은 나'를 긍정하도록 돕겠습니다.

㉢ 상담후기: 재발 방지를 위한 대처 전략 수립
- 흡연 충동을 조절해본 경험 등 상담을 통한 변화를 돌아보며 스스로의 성장을 확인할 수 있도록 돕겠습니다.
- 유혹 상황에서의 대처 계획, 금연 유지 동기 체크리스트를 작성하도록 하여 재발 방지를 지원하겠습니다.
- 내담자가 신뢰할 수 있는 교사, 친구, 상담기관과 연결하거나, 학교 내 또래상담 프로그램 등에 참여를 유도하여 지지 체계를 강화하겠습니다.
- 상담 종결 시기를 충분히 준비하고, 지속 가능한 자기돌봄 방법을 안내하겠습니다.

답변작성 위 모범답변을 참고하여, 자신만의 답변을 작성해 보세요.

질문 04 청소년상담의 한계가 있다면 무엇이라고 생각하는가?

답변방향

1. 상담 현장의 이상과 현실 사이의 차이를 이해하고, 실제로 마주할 수 있는 어려움을 인지하고 있어야 해요.
2. 청소년 내담자의 자발성 부족, 가정환경 협조 미비, 지속성 문제 등 현실적으로 자주 마주하는 문제를 언급해야 해요.

모범답변

㉠ 내담자의 자발성 부족
- 청소년들이 보호자나 기관의 권유, 또는 법원의 명령으로 상담에 참여하는 경우 상담에 대한 자발성이 낮고 초기 상담관계 형성이 어려워, 상담의 효과가 낮아질 수 있습니다.
- 청소년이 상담에 흥미를 느끼지 못할 경우 상담에 결석하거나 지각하는 일이 반복될 수 있습니다.
- 일부 청소년은 상담을 받는 것에 부정적 인식이 있을 수 있어, 상담 참여를 꺼리거나 대화 및 감정표현을 하지 않을 수 있습니다.

㉡ 지속적 개입의 어려움
- 전학, 퇴소, 가정 내 문제 등으로 인해 상담이 중단되거나, 일정 기간 이후 다시 문제행동이 반복되는 경우가 많습니다.
- 청소년의 생활환경 변화가 잦아 장기적·지속적인 상담 개입이 어려울 수 있습니다.
- 가정환경과 밀접한 문제의 경우 부모나 보호자가 비협조적이거나 문제 심각성을 인지하지 못하면 상담 개입이 제한될 수 있습니다.

㉢ 상담의 실효성과 상담자의 전문성 의심
- 청소년이 상담자의 능력, 지식이나 경험을 의심하여 상담효과를 신뢰하지 않는 경우가 발생할 수 있습니다.
- 청소년의 보호자들은 상담효과가 빠르게 나타나지 않을 경우 상담자를 의심하거나, 상담과정에 직접 관여하려 할 수도 있습니다.

답변작성
위 모범답변을 참고하여, 자신만의 답변을 작성해 보세요.

제시사례

고등학교 1학년인 김 군(16세, 남)은 최근 친구들과의 금전 갈등으로 담임교사에게 불려가게 되었다. 김 군은 다양한 친구들에게 급한 사정이 있다며 거짓말로 돈을 빌려갔고, 그 금액이 총 20만 원에 달한다. 주로 하는 거짓말의 내용은 가정형편이 너무 어려워서 당장 교통비가 없다거나 엄마가 아프셔서 약을 사야 한다는 등 친구들의 동정심을 유발하는 것이었다.

하지만 이러한 말들이 모두 거짓으로 밝혀지면서 친구들은 배신감과 분노를 느꼈고, 일부 학생은 담임교사에게 문제를 직접 호소했다. 담임교사는 김 군을 따로 불러 사실을 확인하는 과정에서도, 김 군은 그 당시에는 정말 사정이 있어서 그랬다며 상황을 모면하려는 거짓말을 반복하였다. 돈을 빌린 친구들에게는 꼭 갚을테니 조금만 시간을 달라고 호소하며 돈을 갚기를 차일피일 미루고 있다.

김 군은 이전부터 부모를 대상으로도 거짓말을 반복해왔다. 집에서는 학교 준비물이나 독서실 비용이 필요하다고 하여 돈을 받아간 뒤 실제로는 PC방에 가거나 술과 담배를 구매하는 데 사용한 정황이 있다. 부모는 자녀의 말을 믿고 돈을 주었으나, 최근 자주 약속을 어기고 거짓말을 하는 일이 잦아지면서 의심을 품고 있었다. 김 군의 부모는 맞벌이로 인해 대부분의 시간을 집 밖에서 보내며, 김 군에 대한 양육은 상당히 방임적인 편이다. 아버지는 무뚝뚝하고 권위적인 성격이며, 어머니는 김 군에게 잦은 잔소리와 통제를 시도하지만, 김 군이 거짓말로 상황을 얼버무리거나 반항하면 금방 포기하는 모습을 보여왔다.

김 군은 학교에서도 교칙을 자주 어기거나 지각, 결석이 잦은 편이었다. 수업시간에도 집중하지 않고 스마트폰을 만지작거리거나, 종종 학교 옥상에 누워있기도 하여 교내 선도부장에게 발각된 적도 있었다. 김 군은 또래 친구들 사이에서 인기를 얻기 위해 허세를 부리거나 과장된 말과 행동을 하는 경향이 있었으며 '돈 잘 쓰는 이미지'로 보이고 싶은 욕구에서 돈을 쉽게 쓰기도 하였다. 그러나 김 군이 주변 사람들에게 빌리고 갚지 않는 돈으로 호의를 베풀고 다닌다는 점이 소문났고, 김 군은 그 일 이후 학교를 결석하고 있다. 담임교사는 김 군이 반복적인 거짓말과 책임 회피, 비행행동을 통해 자신뿐만 아니라 친구들, 부모와의 신뢰도 무너뜨리고 있다는 점을 걱정하며, 학교 위(Wee)클래스에 김 군의 상담을 의뢰했다.

사례분석

1. 내담자는 친구들에게 거짓말로 돈을 빌려 갚지 않고 있어 금전 갈등을 유발하고 있어요.

2. 내담자는 또래 사이에서 인정받고 싶은 욕구가 과도하여 허세 및 과장된 행동과 거짓말로 이어지고 있어요.

3. 내담자는 학교를 무단결석하며, PC방에 가거나 흡연과 음주를 반복하는 비행행동을 보이고 있어요.

질문 01 내담자가 전화로 옥상에서 뛰어내리려고 한다고 말 한다면 어떻게 대처를 하겠는가?

답변방향

1. 위기 상황으로 즉각 인식하고, 생명 보호를 최우선으로 삼는다는 태도를 보여주어야 해요.
2. 내담자의 현재 위치, 계획의 구체성 등 핵심 정보를 파악하는 질문의 예시를 들어 말하면 더 좋아요.
3. 119 등 긴급 구조기관 연계, 시간을 벌기 위한 감정적 지지, 전화를 끊지 않고 대화를 유지하기 등의 구체적인 개입 방법을 설명하면 더 좋아요.

모범답변

㉠ 내담자의 상태 확인 및 침착한 대응
- 당황하지 않고, 침착하고 안정적인 톤으로 대응하겠습니다.
- 내담자의 현재 위치(예 주소, 건물명 등), 혼자 있는지 여부, 그리고 자살계획의 구체성 등을 파악하겠습니다.
- "지금 너무 힘드셨죠, 제가 도와드릴 수 있도록 몇 가지만 여쭤봐도 될까요?" 등의 자연스러운 질문을 통해 내담자의 거부감을 줄이고 정보를 빠르게 수집하겠습니다.

㉡ 생명 안전 확보 및 외부기관 연계
- 119나 경찰 등 긴급 구조기관에 즉시 연계하겠습니다.
- "지금 너무 힘든 상황이군요, 이야기를 조금 더 같이 해요"와 같은 말로 내담자와 소통을 계속하며 감정적 지지를 줄 수 있도록 노력하겠습니다.
- 내담자가 전화를 끊지 않도록 최대한 대화를 이어가며, 위험한 행동을 미루도록 유도하겠습니다.
- 긴급 구조기관에 연계한 후에도 내담자의 안전이 확보될 때까지 통화를 유지하며 내담자의 정서적 안정에 집중하겠습니다.

답변작성
위 모범답변을 참고하여, 자신만의 답변을 작성해 보세요.

질문 02   상기 사례 내담자의 문제점은 무엇인가?

답변방향

1. 사례에서 드러나는 내담자의 주요 문제를 파악해서 말할 수 있어야 해요.
2. 내담자는 반복된 거짓말과 금전 문제로 대인관계에서 신뢰를 잃어버린 상황임을 언급하세요.
3. 인정욕구에서 오는 자존감 결핍과 책임 전가의 대처방식 또한 내담자의 주요 문제점으로 볼 수 있어요.

모범답변

㉠ 금전 문제로 인한 신뢰 상실과 갈등
- 거짓말로 친구들에게 돈을 빌리는 내담자의 행동은 또래관계의 신뢰를 무너뜨려 심각한 갈등을 초래하고 있습니다.
- 친구들 사이에서의 신뢰 상실은 내담자가 학교를 결석하게 만들 정도로 정서적 부담을 주고 있습니다.

㉡ 자존감 결핍과 또래 인정욕구
- 내담자는 친구들 사이에서 '돈 잘 쓰는 이미지'로 보이기 위해 무리하게 돈을 사용하고 과장된 행동을 보입니다.
- 낮은 자존감과 소속감에 대한 욕구를 보상하려는 시도가 보이며, 주목받고 싶은 욕구가 과도한 허세와 과장된 말로 표현되고 있습니다.

㉢ 문제 회피와 책임 전가의 대처방식
- 내담자는 잘못을 인정하지 않고 변명으로 상황을 모면하려는 태도, 반복되는 약속 불이행과 결석을 통해 현실을 직면하지 못하고 문제를 회피하는 성향을 보입니다.
- 책임을 남에게 돌리는 내담자의 태도 때문에 주변 사람들과의 신뢰관계가 더욱 무너지고 있습니다.

답변작성   위 모범답변을 참고하여, 자신만의 답변을 작성해 보세요.

질문 03　상기 사례 내담자의 또래관계 개선을 위한 상담 프로그램을 제안해본다면?

답변방향

1. 내담자의 행동 특성, 정서 상태, 또래관계 문제를 고려해 구체적이고 현실성 있는 프로그램을 제시해야 해요.
2. 프로그램의 목적과 기대 효과를 설명하여 프로그램이 내담자의 어떤 문제를 어떻게 개선할 것인지 말하면 더 좋아요.
3. 집단 상담 프로그램을 제안할 수 있고, 내담자의 정서 상담 중심의 개별 상담을 할 수도 있어요.

모범답변

㉠ 집단 사회기술 훈련 프로그램
- 경청, 자기주장, 갈등 해결 등 기본적인 대인관계 기술을 배우고 실습할 수 있도록 돕습니다.
- 그룹 활동을 병행하여 긍정적인 또래 상호작용을 경험하고 내담자의 부적절한 행동으로 낮아진 신뢰 회복에 기여할 수 있습니다.

㉡ 또래 멘토링 프로그램(학업, 정서·사회성, 생활 지도 멘토링)
- 학습 동기 부여, 공부 방법, 시간 관리 등 학업 관련 조언과 정서적 지지를 제공하여 내담자의 낮아진 학교 적응력을 높이고 자신감을 회복하도록 도울 수 있습니다.
- 또래 간의 긍정적 관계 형성, 감정 조절, 문제 해결 능력을 향상시켜 내담자가 친구들과 건강한 관계를 맺고 자신의 감정을 표현하도록 돕습니다.
- 일상생활 습관 개선, 진로 탐색, 자기관리 능력 향상을 지원하여 금전 문제, 비행행동 등의 문제 해결에 실질적 도움을 줄 수 있습니다.
- 정기적인 멘토링 활동과 모임을 통해 내담자가 올바른 또래관계를 배우고, 자신의 문제를 나눌 수 있는 안전한 환경을 제공합니다.

㉢ 자기이해 증진 프로그램
- 내담자가 자신의 감정과 행동을 인식하고 조절할 수 있도록 돕습니다.
- 자아존중감 향상, 부정적 사고 패턴 수정 등을 통해 또래와의 관계에서 오는 스트레스를 완화하고 건강한 관계를 형성하도록 돕습니다.

답변작성
위 모범답변을 참고하여, 자신만의 답변을 작성해 보세요.

질문 04   청소년상담사 자격증을 취득하게 된다면 무엇을 하고 싶은가?

답변방향

1. 평소 본인이 가지고 있던 계획이나 포부를 솔직하게 말해야 해요.
2. 학교, 상담복지센터 등 어느 기관에서 어떤 역할을 하고 싶은지 현실적인 계획을 말해야 해요.
3. 단순히 "청소년을 돕고 싶다"는 추상적 표현보다 집단상담, 부모교육, 진로상담 등 구체적 활동 계획을 포함하면 더 좋아요.

모범답변

㉠ 원하는 기관에서의 근무
- 청소년상담복지센터, 학교 내 위(Wee) 클래스, 청소년쉼터 등 실질적으로 청소년을 만날 수 있는 현장 기관에서 근무하고 싶습니다.
- 학교폭력, 가정문제, 정서적 어려움 등 다양한 위기 상황에 놓인 청소년들을 조기에 발견하여 개입할 수 있는 공적 상담기관에서 역할을 수행하고 싶습니다.

㉡ 상담사로서 계획하던 일의 실천(프로그램 운영 및 개발 등)
- 청소년들이 자신의 미래를 설계할 수 있도록 진로탐색을 돕는 프로그램을 운영하고 싶습니다.
- 학교폭력을 경험한 학생들이 건강한 관계를 형성하고 정서를 회복할 수 있는 집단 프로그램을 기획하고 싶습니다.
- 자녀 문제로 어려움을 겪는 부모를 대상으로, 효과적인 양육 방식과 의사소통 기술을 전달하는 교육 프로그램을 운영하고 싶습니다.
- 청소년들이 자기감정을 이해하고 조절하는 능력을 기를 수 있는 감정코칭 프로그램을 운영하고 싶습니다.

답변작성 위 모범답변을 참고하여, 자신만의 답변을 작성해 보세요.

제시사례

고등학교 2학년에 재학 중인 유 군(17세, 남)이 최근 다른 학교 후배에게 사기를 쳤다는 이야기가 담임교사와 상담부서에 전달되었다. 피해 학생은 평소 유 군과 게임, 운동 등을 함께 하며 친분을 쌓아왔고, 최근 유 군이 중고 전자기기 거래를 한다며 정품 무선 이어폰을 시세보다 훨씬 저렴한 5만 원에 넘기겠다고 제안하면서 일이 시작되었다. 피해 학생은 유 군의 제안을 믿고 유 군의 학교에 찾아와 돈을 줬으나, 유 군은 물건이 집에 있으니 내일 가져오겠다며 자리를 떠났고, 이후 며칠이 지나도 물건을 가져오지 않았다. 피해 학생이 물건을 달라고 계속 요구하자 유 군은 잠깐 친구에게 빌려줬다는 등 말을 바꾸며 시간을 끌었다.

결국 피해 학생은 유 군이 물건을 넘길 의도 없이 돈만 받고 속였다고 판단했다. 또한 유 군이 예전에도 유사한 방식으로 다른 후배들에게 운동화, 블루투스 스피커, 중고 게임기 등을 판매하겠다고 말하고 돈을 받아 챙긴 적이 있다는 이야기를 들었다. 피해 학생은 더 이상 참지 못하겠다며 "돈을 돌려주지 않으면 경찰에 신고하겠다"는 메시지를 유 군에게 보냈고, 이를 본 유 군은 크게 당황하며 학교에도 결석하기 시작했다.

유 군의 담임교사는 이 상황을 파악하고 유 군과 면담했고, 유 군은 눈물을 보이며 그냥 돈이 필요했다고 털어놓았다. 유 군은 이혼가정의 자녀로 어머니와 단둘이 살며 경제적으로도 어려운 상황에 놓여 있었다. 어머니는 근처 식당에서 야간까지 일을 하느라 자녀를 돌볼 시간이 거의 없는 상태였다. 유 군은 또래 집단 내에서 경제적으로 열등하다는 생각을 자주 표현했으며, 명품 신발이나 최신 전자기기를 소유한 친구들을 부러워하며 자신도 돈만 있으면 다 살 수 있다는 말을 종종 해왔다.

현재 피해 학생의 부모님도 이 일을 알고 있으며, 법적 조치를 고려하고 있는 상황이다. 담임교사는 문제의 심각성을 인지하고 청소년상담복지센터에 상담을 의뢰하였다. 유 군은 처음에는 상담을 거부했지만, 학교에서의 징계 가능성과 실제로 고소를 당하는 것에 대한 불안감으로 인해 상담에 응하게 되었다.

사례분석

1. 내담자는 무선 이어폰을 팔겠다고 후배를 속여 돈만 받은 뒤 물건은 전달하지 않는 행동을 했어요.

2. 내담자는 이전에도 같은 방식으로 여러 명에게 피해를 입혔고, 습관적 사기 행위 가능성을 보이고 있어요.

3. 내담자는 또래와 비교하여 명품, 최신 전자기기 등에 대한 강한 욕구가 존재하며 자신의 환경에 대한 상대적 박탈감을 느끼고 있는 상황이에요.

질문 01 15년 후, 청소년상담사로서 자신의 모습이 어떨 것 같은지 이야기해보시오.

답변방향

1. 개인의 성향에 따라 답변을 구성하고, 본인이 희망하는 청소년상담사로서의 모습을 솔직하게 언급해야 해요.
2. 청소년상담사라는 직업에 대해 장기적인 계획과 비전을 가지고 있는지를 보여주고, 청소년상담자로서의 포부를 갖고 앞으로 어떻게 발전하고 싶은지를 말하면 더 좋아요.

모범답변

ㄱ 청소년상담센터의 장
- 청소년상담센터에서 상담사로 시작해 다양한 상담 경험을 쌓고, 나아가 센터의 장으로 성장하여 상담자들에게 모범을 보이는 리더가 되고 싶습니다.
- 센터장으로서 더 많은 상담사들이 전문성을 지속적으로 개발할 수 있도록 지원하고, 조직원들이 자유롭게 소통하고 서로 협력하는 문화를 조성하고 싶습니다.

ㄴ 프로그램 총책임자
- 현장에서 얻은 경험을 바탕으로 청소년의 특성과 요구에 맞는 다양한 상담 및 예방 프로그램을 기획·운영하는 책임자가 되고 싶습니다.
- 상담센터의 다양한 프로그램을 기획하여 상담 서비스의 질을 높이고 청소년 성장에 직접적인 도움을 주고 싶습니다.

ㄷ 민간 상담센터 설립
- 충분한 경험과 역량을 갖춘 후에는 민간 상담센터를 설립하여, 보다 질 높은 상담 서비스를 지역사회에 제공하고 싶습니다.
- 전문 상담인으로 성장하여 더 많은 청소년이 쉽게 상담받을 수 있는 환경을 만들고 싶습니다.

답변작성
위 모범답변을 참고하여, 자신만의 답변을 작성해 보세요.

질문 02 : 상기 사례 내담자가 보이는 비행행동의 주요 원인은 무엇이라고 생각하는가?

답변방향

1. 내담자의 비행행동 이면의 심리·정서적 요인을 파악하고, 표면적인 원인보다는 정서적 요인, 가족관계, 환경적 배경을 함께 고려한 답변이면 더 좋아요.

2. 경제적 문제, 가정 내 방임, 문제 인식 부족 등이 원인으로 작용했을 수 있음을 언급해야 해요.

모범답변

㉠ 경제적 어려움으로 인한 열등감
- 내담자는 또래와의 비교 속에서 느끼는 상대적 박탈감으로 결핍감과 소외감을 가지고 있습니다.
- 명품, 최신 전자기기를 가진 친구들을 부러워하며 비행행동을 통해 자존감을 보상받고자 했을 가능성이 큽니다.

㉡ 한부모 가정 형태로 인한 돌봄 부족
- 내담자는 이혼가정에서 어머니와 단둘이 살며 정서적 지지와 생활 감독이 부족한 상태입니다.
- 방임적 가정환경은 내담자의 충동조절 능력과 도덕적 판단 발달에 부정적인 영향을 미칩니다.

㉢ 비행행동에 대한 문제 인식 부족 및 습관화
- 내담자의 과거 유사한 비행행동에 대해 별다른 제재 없이 넘어갔을 가능성이 높습니다.
- 내담자의 초기 비행행동에 대한 명확한 피드백이나 개입이 부족했을 경우, 내담자는 비행을 문제로 인식하지 않고 장난이나 돈을 버는 수단으로 받아들였을 가능성이 높습니다.
- 자신의 행동을 정당화하는 인지적 왜곡이 강화되어 반복된 비행행동으로 나타났을 것으로 보입니다.

답변작성

위 모범답변을 참고하여, 자신만의 답변을 작성해 보세요.

질문 03 상기 사례 내담자와의 상담에서 다루어야 할 문제는 무엇이라고 생각하는가?

답변방향

1. 사례 속 내담자의 가장 시급한 위기(예 법적 처벌, 정서 불안, 자·타해 위험 등)를 다룰 필요가 있어요.
2. 해당 문제를 왜 다루어야 하는지 근거를 들어 설명하면 더욱 설득력 있는 답변을 할 수 있어요.

모범답변

ㄱ 법적·사회적 위기 상황에 대한 정서 관리
- 내담자는 경찰 신고 및 학교 징계 등으로 인해 불안과 스트레스를 크게 경험하고 있으며, 상담 참여도 위기 상황 때문에 수동적으로 이루어진 상태입니다.
- 내담자는 현재 상담에 집중하기 어렵고 당면한 문제를 해결하기 어렵기 때문에 정서적 안정감을 되찾도록 도와야 합니다.
- 불안한 상태에서는 자해, 가출, 우울, 폭력 행동 등 2차적인 문제행동이 발생할 가능성이 높기 때문에 정서 관리가 우선되어야 합니다.

ㄴ 비행행동에 대한 인식 개선
- 내담자는 자신의 행동이 타인에게 미친 영향을 충분히 인식하지 못한 채, 처벌의 불안과 두려움으로 현재 상황을 바라보고 있습니다.
- 문제의 원인과 결과를 회피하려는 내담자의 방어기제는 지속적인 책임 회피로 이어질 수 있습니다.
- 내담자가 자신의 선택이 불러온 결과를 직면하도록 하여 도덕적 감수성과 책임의식을 키우도록 도와야 합니다.

답변작성
위 모범답변을 참고하여, 자신만의 답변을 작성해 보세요.

질문 04 상담 중에 내담자가 상담자에게 "부모님과 똑같은 말을 한다"라며 저항한다면 어떻게 대처할 것인가?

답변방향

1. 내담자의 불편한 감정을 공감하고 수용하며, 상담관계를 긍정적으로 유지할 수 있는 답변을 해야 해요.
2. 내담자와 상담자 간에 발생할 수 있는 전이와 역전이 현상에 대한 관리를 할 수 있어야 해요.
3. 내담자의 감정을 존중하면서도 상담 목표를 유지하는 윤리적이고 전문적인 태도를 보여주면 더 좋아요.

모범답변

㉠ 전이 수용 및 공감적 태도 유지
- 내담자가 상담자에게 부모와 유사한 감정이나 태도를 전이시키는 전이 현상일 가능성이 큽니다.
- 내담자의 말에 방어적이거나 반응적으로 대응하지 않고, 공감적 태도를 유지하며 내담자의 감정을 인정하겠습니다.
- 상담자의 말 중에 어떤 점이 부모님의 반응과 같은지 물어보겠습니다.
- "그렇게 느끼는군요"라며 내담자의 경험과 저항의 감정을 받아들이겠습니다.

㉡ 전이 내용 해석 및 부모와 상담자 역할 구분
- 부모님과 상담자의 발언이 내담자를 향한 관심과 기대임을 설명하겠습니다.
- 상담자는 부모가 아니라 중립적인 지원자이며 내담자를 도와주는 역할임을 분명하게 말합니다.
- 부모님과 상담자의 말이 본인에게 무엇을 기대하고 한 말인지를 물어보며 내담자 스스로 자신의 문제를 생각하도록 돕습니다.
- 전이 현상을 통해 내담자가 부모와의 관계에서 느끼는 감정적 어려움을 탐색하도록 돕겠습니다.
- 전이 해석이 너무 빠르면 내담자가 방어적인 태도를 보일 수 있으므로 충분한 신뢰관계를 형성한 후 적절한 시점에 진행하겠습니다.

㉢ 상담자의 역전이 주의
- 상담자로서 자신의 감정을 인지하고 조절하여 내담자의 문제에 집중하고 전문적인 상담을 유지하겠습니다.
- 상담자로서 자기 성찰과 수퍼비전을 통해 전이와 역전이를 적절히 관리하겠습니다.

답변작성
위 모범답변을 참고하여, 자신만의 답변을 작성해 보세요.

할 수 있다고 믿는
사람은 그렇게 되고

할 수 없다고 믿는
사람 역시 그렇게 된다.

– 샤를 드 골(Charles De Gaulle)

CH4
기타 사례

챕터별 학습포인트

❶ 성 관련, 학습 및 발달상의 특수 문제 등 청소년이 겪을 수 있는 다양한 심리적·신체적·사회적 문제들이 사례로 제시됩니다.

❷ 사례별 특수성을 이해하고, 청소년의 적응력과 문제해결능력을 높일 수 있는 실질적 개입방법과 예방적 접근을 중심으로 학습합니다.

❸ 다양한 사례를 학습하며 특수 상황에서 상담자의 판단력과 대응전략을 묻는 질문에도 대비할 수 있습니다.

1 기출동형문제

2022년 제21회

어느 남학생(중3)이 상담센터의 게시판에 남긴 사연이다.

저는 중학교 3학년 남학생입니다. 공부는 썩 잘하는 편은 아니지만 활발한 성격이라 친구들과 잘 어울리는 편입니다. 주말에는 친구들과 게임방이나 분식집, 농구장에 가서 시간을 보내는 걸 좋아합니다. 그러다 보니 자연스럽게 공부에는 소홀해지고 있고, 방과 후 학원도 가끔 빠지곤 합니다.

집에는 주로 혼자 있는 시간이 많습니다. 부모님 두 분 다 맞벌이를 하셔서 저녁 늦게 들어오시고, 저는 외동아들이라 누구와 얘기할 시간도 별로 없습니다. 용돈도 부족하지 않게 주시고, 늦게 들어가도 "다음부터는 조심하라"는 정도로만 말씀하시곤 합니다. 부모님은 저를 믿는다고 하시고, 가끔은 "우리 아들이 자랑이야"라고 말씀해 주십니다.

얼마 전, 친구들 사이에서 알게 된 고등학교 1학년 형이 있는데, 요즘 그 형과 자주 연락하고 가끔 주말에 둘이서 따로 만나기도 했습니다. 그러던 중 어느 날, 그 형이 저에게 어떤 웹사이트 주소를 보내주며 "재밌는 거 보여줄게"라며 웃었습니다. 저는 그냥 장난인가 싶어 무심코 들어갔는데, 남녀가 부끄러운 행동을 하는 영상들이 한가득 나오는 사이트였습니다. 너무 놀라서 바로 나왔지만, 얼굴이 뜨겁고 가슴이 두근거렸고, 뭔가 잘못된 걸 봤다는 불안함이 몰려왔습니다. 과거 N번방 기사가 떠오르면서 '내가 이 사이트에 접속해서 문제가 생기지 않을까'하는 걱정에 시달리고 있습니다.

그날 이후로 저는 밤에 제대로 잠도 못 자고, 자꾸 악몽을 꾸게 되었습니다. 혹시 내가 그 사이트에 들어간 걸 누군가 알게 되진 않을까, 나도 이상한 일에 휘말리는 건 아닐까 두렵기만 합니다. 요즘은 친구들 연락도 피하고, 학교가 끝나면 바로 집으로 가서 방문을 걸어 잠그고 혼자 있게 됩니다. 하지만 머릿속은 자꾸 그 영상으로 가득하고, 무섭고 혼란스러워서 아무것도 손에 잡히지 않습니다. 이 사실을 부모님께 말하면 분명 실망하실 게 뻔해서 아무 말도 못 하고 있습니다. 도대체 앞으로 어떻게 해야 할지 모르겠습니다.

사례분석

1. 내담자는 아는 형의 권유로 음란물 사이트에 접속하게 되었고 우발적인 성인물 노출로 정신적 충격과 함께 불안, 두려움, 죄책감을 느끼고 있어요.

2. 과거 사회적으로 문제가 되었던 사건을 떠올리며 내담자 본인도 가해자가 되는 것은 아닐지 걱정하고 있어요.

3. 부모님이 실망하실까 무서워 해당 사실을 말하지 못하고 있어요.

질문 01 청소년의 유해 사이트 접속을 예방할 수 있는 예방책은 무엇인가?

답변방향

1. 청소년 문제를 개인적 차원뿐만 아니라 제도적 차원까지 넓게 이해하고 있다는 점을 언급하세요.
2. 가정에서 자녀 인터넷 사용 지도, 미디어 리터러시 교육 등 구체적인 방법까지 함께 말해주세요.

모범답변

㉠ 가정 및 학교 차원(미디어 리터러시 교육 및 지도 강화)
- 가정에서는 부모가 인터넷 사용 규칙을 세우고 자녀의 인터넷 사용에 지속적인 관리를 합니다.
- 자녀의 컴퓨터나 스마트폰에 유해 사이트 방지 어플을 설치하도록 합니다.
- 학교에서는 미디어 리터러시 교육을 통해 청소년이 유해정보를 비판적으로 수용할 수 있도록 돕습니다.

㉡ 상담·심리적 차원 (심리적 원인 탐색 및 대체 경험 제공)
- 청소년이 유해사이트에 접근하려는 심리적 요인(예 호기심, 스트레스, 욕구 불만 등)을 파악합니다.
- 대체 활동(예 스포츠, 예술, 봉사, 놀이활동 등)을 알려주어 긍정적인 방법으로 욕구를 해소할 수 있도록 돕습니다.

㉢ 사회·제도적 차원(기술적 차단 및 정책적 지원)
- 유해 사이트 차단 프로그램과 청소년 보호 기술적 장치 활용을 강화합니다.
- 유해 사이트 신고제도를 활성화 하고, 지속적으로 유해 사이트 관리를 합니다.

답변작성
위 모범답변을 참고하여, 자신만의 답변을 작성해 보세요.

질문 02
내담자가 약속한 상담시간이 아닌데도 불쑥 찾아와서 상담을 받고 싶다고 한다면 어떻게 반응할 것인가?

답변방향

1. 갑자기 찾아온 내담자를 어떻게 맞이할 것인지, 공감과 개방형 질문을 활용하여 답변해 보세요.
2. 내담자의 상태를 '긴급한 위기 상황'과 '비긴급 상황'으로 나누어 대처 방안을 구체적으로 제시하세요.

모범답변

㉠ 공감하는 말을 건네며 위급 상황인지의 여부 파악
- 내담자가 불쑥 찾아왔다는 것은 그만큼 다급한 상황이거나, 심리적으로 매우 불안정한 상태일 가능성이 높습니다.
- 내담자를 안정된 공간으로 안내한 뒤, "많이 놀랐을 텐데, 괜찮니?"와 같이 공감의 말을 건네겠습니다.
- "지금 무슨 일이 있었는지, 이야기해 줄 수 있겠니?"라고 질문하여 긴급한 상황인지 아닌지를 먼저 파악하겠습니다.

㉡ 위급한 상황인 경우 즉시 개입
- 내담자가 자살 충동이나 자해 등 위기 상황에 처해 있다면, 즉시 안전을 확보하겠습니다.
- 보호자에게 연락하거나, 필요한 경우 관련 기관에 연계하여 도움을 받도록 조치하겠습니다.

㉢ 위급한 상황이 아닌 경우 상담관계에 대해 설명
- 만약 내담자의 상태가 긴급한 위기 상황이 아니라면, 상담의 규칙과 경계를 명확하게 설명할 것입니다.
- 내담자의 마음을 헤아리면서 상처받지 않게 설명하고, 가능한 한 빠른 날짜로 다음 상담 약속을 잡겠습니다.

답변작성 위 모범답변을 참고하여, 자신만의 답변을 작성해 보세요.

질문 03 　상기 사례에서 나타난 내담자의 문제는 무엇인가?

답변방향

1. 청소년 문제는 하나의 원인으로 발생하지 않는다는 점을 고려하여 답변해 보세요.
2. 사례 속에서 나타나는 내담자의 불안감, 의사소통 부족, 비관적 사고 및 인지 능력의 미숙함을 답변해 보세요.

모범답변

㉠ 유해 사이트 접속으로 인한 불안감
- 내담자는 우연히 유해 사이트에 접속한 이후 죄책감, 수치심, 불안감을 느끼며 불면과 악몽에 시달리고 있습니다.
- 왜곡된 두려움으로 과도한 불안과 강박적 사고를 보이고 있습니다.

㉡ 대인관계에서의 의사소통 부족
- 부모님께 자신이 겪는 어려움을 솔직하게 털어놓지 못하고 혼자 감당하고 있습니다.
- 친구들까지 회피하는 등 고립행동을 보이고 있습니다.

㉢ 비관적 사고 및 위험 인지 능력의 미숙함
- 내담자는 비판적 사고가 부족하여 선배의 유혹에 넘어가 유해사이트에 접속했습니다.
- 내담자는 미성숙한 판단력을 가지고 있고 성 관련 정보와 위험에 대한 지식이 부족합니다.

답변작성 　위 모범답변을 참고하여, 자신만의 답변을 작성해 보세요.

질문 04 상기 사례의 내담자를 위해 상담목표 및 전략을 세운다면 어떻게 하겠는가?

답변방향

1. 의도치 않은 유해 정보에 노출되었다는 점에서 내담자가 가지고 있는 죄책감과 불안을 다루어야 해요.
2. 사례에서 드러나는 내담자의 문제점과 연관지어 실제 상담에서 활용 가능한 개입전략을 말해야 해요.

모범답변

㉠ 정서적 안정 회복 및 두려움 해소
- 내담자가 가지고 있는 과잉 일반화된 사고를 점검합니다.
- 내담자가 겪는 악몽, 불안, 죄책감 등 심리적 긴장을 완화하고 안전감을 회복시켜야 합니다.
- 상담에서 내담자가 느끼는 감정을 표현하도록 돕고 정상적인 반응임을 설명합니다.
- 내담자가 의도치 않게 유해 정보에 노출된 것임을 인지시켜 죄책감을 덜도록 합니다.
- 이완 호흡법 등 간단한 불안 조절 기법을 알려줍니다.

㉡ 위험 인지 능력 향상 및 자기통제력 증진
- 유혹의 상황에서 거절 기술, 위험 콘텐츠 차단 방법 등을 알려줍니다.
- 위험 상황을 설정하고 내담자가 선택할 수 있는 행동을 스스로 탐색하게 합니다.

㉢ 사회적 지지망 회복 및 지지
- 위기 상황에서 혼자 감당하지 않고 부모, 교사, 친구, 전문기관 등의 도움을 요청할 수 있도록 지도합니다.
- 내담자가 도움을 요청할 수 있는 지역사회 자원(예 청소년상담복지센터, 긴급전화 등)에 대한 정보를 제공합니다.
- 관계 형성 훈련을 통해 도움 요청에 대한 심리적 부담을 줄이고, 건강한 지지 체계를 구축하도록 돕습니다.

답변작성
위 모범답변을 참고하여, 자신만의 답변을 작성해 보세요.

2017년 제16회

다음은 어머니와 함께 상담센터를 찾은 중학교 2학년 내담자와의 초기 상담 장면의 일부이다.

상담자 상담실에 찾아주셔서 감사해요. 반갑습니다.
내담자 엄마가 오늘 상담센터에 가보라고 해서 억지로 왔어요. 아빠도 엄마 말을 안 들으면 혼난다고 해서 어쩔 수 없이 온거예요.
상담자 아빠가 평소에 엄하신 모양이군요.
내담자 맞아요. 아빠는 한 번 화가 나시면 엄청나게 무서우세요. 근데 선생님도 보시다시피 저는 아무 문제가 없어요. 제 일상생활에서도 아무런 이상이 없어요. 전 상담이 필요가 없는 사람이에요.
상담자 그럼에도 부모님께서 상담을 받으라고 하신 이유가 궁금하군요. 일단 상담실에 오겠다고 용기를 내주어서 고마워요.
내담자 부모님은 제가 학교에서 친구들이랑 사이가 안 좋은 줄 아세요. 수업태도도 안 좋다고 담임선생님이 엄마한테 과장해서 말씀하신 모양이에요. 저는 정말 아무 문제가 없거든요.
상담자 학교에서 친구들과 사이가 안 좋은 모양이구나.
내담자 저희 반에는 문제가 많아요. 질도 안 좋고 하나같이 비겁하고, 멍청한 것 같아요. 정말 쓸모없는 애들이라니까요.
상담자 비겁하고 쓸모가 없다는 말은 무슨 의미일까요?
내담자 저희 반에 은근히 따돌림 당하는 애가 있는데 걔를 막 괴롭히고, 놀려요. 제가 볼 때는 분명 다 똑같이 한심한 놈들인데 말이에요. 제가 앞서서 좀 조언해주고, 하지 말라고 얘기를 해도 들은 체도 안 한다니까요. 저번에는 너무 제 말을 무시하길래 화가 나서 때린건데 그걸로 담임선생님이 엄마한테 말하신 거예요.
상담자 무시를 당했다니 화가 날만 해요. 선생님들의 반응은 어떠신가요?
내담자 선생님들도 똑같아요. 공부 잘하는 애들만 좋아하고, 편애하세요. 저처럼 공부를 못하는 애들은 관심도 없고 저만 잘못했다고 벌을 주세요. 그리고 제가 수업 중에 잠도 많이 자는데, 사실 수업이 너무 재미가 없어요. 근데 저한테 지적을 하신다니까요. 엄마 아빠도 제 말은 제대로 안 들으시고 다 제가 잘못했다고 하세요.
상담자 그 상황은 힘들었겠어요. 학교나 집에서 본인을 믿어주는 사람이 없다고 느낄 것 같아요.
내담자 제가 학교에서는 별볼일 없는 사람 같다고 느끼시겠지만, 사실 저는 게임을 엄청 잘해요. 거기서는 완전 제가 영웅이라니까요. 다들 저를 인정하고 칭찬해요.

사례분석

1 내담자는 학교와 가정에서 경험하는 좌절감과 인정 욕구 불만을 비난과 방어적인 태도로 표출하고 있어요.

2 내담자는 아버지의 엄격한 태도, 어머니의 상담 강요, 교사에 대한 불신과 편애를 주장하는 것으로 보아 어른에 대한 반감이 강하다고 볼 수 있어요.

3 내담자는 친구들을 '비겁하다, 멍청하다, 쓸모없다' 등으로 표현하며 강한 적대감과 불신을 드러내고 있어요.

질문 01 내담자가 수퍼비전을 위한 사례 소개를 거부한다면 어떻게 하겠는가?

답변방향

1. 수퍼비전의 첫 단계는 내담자에게 그 목적을 설명하고, 동의를 얻는 것임을 말하세요.
2. 수퍼비전이 내담자에게 어떤 이점을 가져다주는지 구체적으로 설명해야 해요.
3. 내담자가 왜 거부하는지 그 심리적 원인을 파악하고, 의견을 존중하는 태도를 답변에서 언급하세요.

모범답변

㉠ 수퍼비전의 목적과 이점 설명
- 내담자에게 수퍼비전이 무엇이며, 더 나은 상담을 위해 필요한 과정임을 설명하겠습니다.
- 동의 없이 사례를 공유하는 것은 윤리적 문제와 비밀보장 원칙 위반에 해당되기 때문에 내담자의 거부 의사를 존중하고 자신의 이야기가 다른 사람에게 공유되는 것에 대한 불안함을 존중하겠습니다.

㉡ 비밀보장과 내담자 권리 설명
- 수퍼비전 과정에서도 내담자의 개인 정보는 보호되며, 사례의 핵심적인 내용만을 다룬다는 점을 다시 한 번 강조하겠습니다.
- 내담자가 원한다면 사례에서 특정 정보를 제외할 수도 있음을 알려주고, 허락하지 않는다면 이야기하지 않겠다고 말하겠습니다.

㉢ 상담의 질을 높일 다른 방안 모색
- 내담자가 끝까지 거부한다면 다른 사례를 찾는 등 방안을 모색하여 해당 내담자의 의사를 존중하면서도 상담의 질을 높이겠습니다.

답변작성
위 모범답변을 참고하여, 자신만의 답변을 작성해 보세요.

질문 02 (상담경험이 있는 수험생에게) 상담기법 중 가장 이해하기 어려운 것은 무엇이며 어떻게 극복했는가?

답변방향

1. 평소 어렵거나 이해 또는 적용하기 어려웠던 기법을 솔직하게 답변해야 해요.
2. 해당 상담기법이 왜 어려운지, 어떻게 극복하려고 노력했는지를 구체적으로 답변해야 해요.

모범답변

1 반영 기법

저는 상담기법 중 반영 기법이 가장 어렵게 느껴졌습니다. 내담자의 감정을 정확히 읽어내고 그것을 언어로 적절히 표현하는 것이 쉽지 않았습니다. 또한 주관적인 해석이 개입돼서 내담자가 공감받지 못한다고 느낄 수도 있다는 점이 어려웠습니다. 이를 극복하기 위해 상담 이론서를 보며 반영의 핵심 원리를 정리했고, 모의상담에서 피드백을 적극적으로 받아 표현을 다듬으려고 노력했습니다. 또 상담 연습을 녹음하여 제가 사용한 문장을 분석했습니다. 그 결과, 내담자의 정서에 맞추어 말하는 연습을 하며 점차 반영 기법을 자연스럽게 사용할 수 있게 되었습니다.

2 직면 기법

저는 상담기법 중 직면 기법이 가장 어렵게 느껴졌습니다. 내담자의 모순된 언어나 행동을 지적해야 하는 과정에서, 내담자가 비난받는다고 느끼거나 방어적으로 반응할 수 있기 때문입니다. 상담에서는 내담자와의 관계가 깨지지 않을까 하는 두려움이 컸습니다. 이를 극복하기 위해 우선 충분한 라포 형성을 우선시했습니다. 내담자가 상담자를 신뢰하는 상태에서 직면을 제시할 때 더 수용하기 쉽다고 느꼈습니다. 그리고 "말씀하신 내용과 실제 행동 사이에 조금 차이가 있는 것 같은데 그 부분을 같이 살펴볼까요?"와 같이 부드러운 표현을 연습하면서 직면 기법을 자연스럽게 사용할 수 있게 되었습니다.

답변작성

위 모범답변을 참고하여, 자신만의 답변을 작성해 보세요.

모범답변 더 보기

질문 03   상기 사례 속 내담자가 겪고 있는 어려움은 무엇인가?

답변방향

1. 내담자의 어려움을 단순하게 나열하기보다는 심리적·사회적 관점으로 구분하여 언급해 보세요.
2. 제시된 사례의 구체적인 내용을 근거로 내담자의 어려움을 설명해 보세요.

모범답변

㉠ 심리적 어려움(낮은 자존감, 감정 조절의 어려움, 방어적 태도)
- 내담자는 학교와 가정에서 '공부 못하는 아이', '문제를 일으키는 아이'로 여겨져 인정받지 못하고 있으며 낮은 자존감과 인정 욕구에 대한 불만으로 이어지고 있습니다.
- 친구들의 행동에 "화가 나서 때렸다"고 말하는 부분에서 알 수 있듯이, 내담자는 자신의 감정을 조절하는 데 어려움을 겪고 있습니다.
- 상담 초반 "저는 아무 문제가 없어요"라고 반복해서 말하는 것을 통해 자신의 취약점을 감추고, 상담에 대한 불안감을 방어하려는 모습을 알 수 있습니다.

㉡ 사회적 어려움(소통 환경 부족, 학교 적응의 어려움)
- 내담자는 가정 내에서 자신의 감정을 솔직하게 표현하고 소통할 수 있는 환경이 부족합니다.
- 내담자는 친구들을 비난하며 건강한 또래관계를 형성하는 데 어려움을 겪고 있습니다.
- 수업 시간에 잠을 자고, 교사에게 지적을 받으며 '선생님들은 공부 잘하는 아이만 편애한다'고 느끼는 등 학교에 적응하지 못하고 있습니다.

답변작성
위 모범답변을 참고하여, 자신만의 답변을 작성해 보세요.

질문 04 상기 사례에서 알 수 있는 내담자의 강점은 무엇인가?

답변방향

1 내담자가 문제행동으로 인식했던 부분을 강점으로 재해석해 언급해 보세요.

2 강점은 추후 상담 개입의 자원으로 활용될 수 있음을 말해보세요.

모범답변

㉠ 정의롭고 용기 있는 마음
- 내담자는 친구를 따돌리는 다른 친구들의 행동이 문제임을 인식하고 있습니다.
- 문제상황에서 직접 하지말라고 이야기하며 피해자를 돕고자 했습니다.
- 약자를 외면하지 않고 불의를 참지 못하는 정의로운 마음을 상담을 통해 더 큰 강점으로 키울 수 있습니다.

㉡ 솔직한 감정표현 능력과 개방성
- 내담자는 부모의 강압 때문에 상담에 왔음에도 불구하고, 자신의 감정과 생각을 솔직하게 드러냅니다.
- 내담자는 자신의 말이 무시당했을 때 화를 느꼈다고 말하고 있습니다.
- 자신의 감정과 입장을 말한다는 점에서 충분한 표현능력을 가지고 있는 것으로 볼 수 있습니다.
- 내담자의 감정을 표현하는 능력은 상담에서 라포 형성을 위한 중요한 자원으로 볼 수 있습니다.

㉢ 자기효능감이 발휘되는 영역 존재
- 학교나 가정에서는 인정을 받지 못하지만, 게임에서는 뛰어난 실력을 가지고 있습니다.
- 내담자는 게임을 통해 성취감과 자신감을 얻고 있습니다.
- 상담에서도 학교나 대인관계에서 점진적으로 작은 성취 경험을 쌓도록 유도할 수 있습니다.

답변작성 위 모범답변을 참고하여, 자신만의 답변을 작성해 보세요.

2016년 제15회

고등학교 1학년에 재학 중인 최 군(16세)은 또래에 비해 체중이 많이 나가는 편이며, 식사량도 많은 편이다. 특히 스트레스를 받을 때마다 단 음식이나 자극적인 간식을 반복적으로 섭취하는 경향이 있으며, 혼자 있는 시간에는 쉬지 않고 간식을 먹는다. 최근에는 수업 시간에도 초콜릿이나 젤리를 먹다가 교사에게 지적을 받은 일이 여러 번 있었으며, 주변에서 친구들이 건강을 걱정할 때마다 "나는 그냥 물만 마셔도 살이 찌는 체질이야"라고 말하곤 한다. 시험 기간에는 과자를 책상 위에 늘어놓고 먹으면서 공부하는 것이 습관처럼 굳어졌고, 부모님에게 잔소리를 들은 날에는 "뭔가 씹어야 화가 가라앉는다"며 음식을 통해 감정을 해소하는 모습을 보이기도 한다.

최 군은 중학교 2학년 무렵부터 체중이 급격히 증가하면서 친구들의 놀림을 자주 받았다. 친구들은 최 군을 '뚱땡이'라 부르며 놀렸고, 고등학생이 된 이후에도 단체 대화방에서 일부 친구들이 최 군의 체중을 비꼬는 이모티콘을 보내거나 대화에서 제외시키는 일이 반복되고 있다. 친구들이 자신의 근처에서 웃기만 해도 '나를 비웃는 것 같다'는 생각에 점점 위축되어 학교 가는 것이 두렵고 불안하다.

집에는 중학교 1학년 여동생이 있으며, 대학생 형은 지방에서 자취 중이지만 고등학교 시절에는 가출과 폭력 문제로 부모님과 갈등이 심했던 전력이 있다. 어머니는 만성질환으로 인해 병원 치료를 자주 받고 있으며, 아버지는 건축업 관련 사업을 하시는데 최근 수입이 줄면서 음주가 잦아졌다. 최 군이 귀가하면 어머니 대신 청소, 동생 식사 준비, 빨래 등 대부분의 집안일을 맡고 있지만, 가족들로부터 고맙다는 칭찬이나 격려를 받지 못하고 있다.

사례분석

1. 내담자는 스트레스 상황에서 음식을 섭취함으로써 해결하고 있으며 정서적 폭식증상을 보이고 있어요.
2. 내담자는 집에서 정서적 지지와 인정을 받지 못하고 있으며 아버지의 음주, 어머니의 만성질환으로 가정이 불안정한 상황이에요.
3. 중학생 때부터 체중으로 놀림을 받아온 내담자는 마음에 깊은 상처를 입었어요.

질문 01 상기 사례의 내담자를 상담한다면 어떻게 할 것인가?

답변방향

1. 실제 상담 현장에서 어떻게 접근할 것인지 구체적으로 보여주세요.
2. 내담자의 섭식 문제를 또래관계에서 느꼈을 소외감과 가족 문제를 연관지어 언급하세요.
3. 초기에는 내담자의 심리적 안정, 중기에는 식습관 교정과 사회적 기술 연습, 후기에는 내담자의 성장 중심으로 상담 방향을 제시해 보세요.

모범답변

㉠ 상담 초기: 안전한 관계 형성 및 심리적 안정화
- 내담자의 감정과 경험을 판단 없이 있는 그대로 수용하고 공감하겠습니다.
- 내담자가 겪은 불안, 무력감, 분노 등 복합적인 감정을 자유롭게 표현할 수 있도록 하겠습니다.
- 부모 대신 집안일을 도맡아 하면서 내담자가 느꼈을 부담감과 외로움에 공감하겠습니다.
- 내담자의 일상과 감정, 식습관, 가족 관계 등 전반적 상황을 물어보겠습니다.
- 내담자의 관심사를 물어보거나 강점을 확인하며, 함께 상담의 목표를 세우겠습니다.

㉡ 상담 중기: 식습관 교정 및 사회적 기술 연습
- 스트레스 상황에서 음식 섭취 외의 대체 행동(예 운동, 산책, 취미 활동 등)을 제안하겠습니다.
- 습관 개선을 위한 목표(예 하루 일정 시간만 간식 허용, 수업 중 간식 제한 등)를 설정하여 내담자에게 자기조절 능력 향상과 작은 성공 경험을 얻을 수 있도록 하겠습니다.
- 친구들이 자신을 놀리는 상황에서 기분과 감정을 솔직하게 이야기할 수 있는 의사소통 기법을 알려주겠습니다.
- 가정에서 여동생에게 집안일을 함께하자는 것을 제안하거나, 부모님에게 가사 부담을 알릴 수 있도록 하겠습니다.

㉢ 상담 후기: 식습관 관리 능력 확인 및 사회적 자원 연계
- 상담을 통해 내담자가 식습관을 개선하고, 정서를 조절하는 능력이 생겼는지 확인하겠습니다.
- 학교 적응력 및 대인관계에서 자신감 향상 여부를 확인하겠습니다.
- 필요시 학교나 청소년상담복지센터와 연계하여, 내담자가 지속적인 도움을 받을 수 있도록 돕겠습니다.

답변작성 위 모범답변을 참고하여, 자신만의 답변을 작성해 보세요.

질문 02 내담자가 상담 중에 간식을 먹고 싶다며 돈을 빌려달라고 하면 어떻게 대처할 것인가?

답변방향

1 거절의 이유를 상담관계의 윤리적 경계와 전문성을 지키기 위함이라고 명확히 언급하세요.

2 내담자가 돈을 빌리는 이유를 파악하고 요구 이면에 다른 감정이 있는지 알아보아야 해요.

모범답변

㉠ 윤리적 원칙에 따른 공감적 거절
- 상담자가 내담자에게 돈을 빌려주거나 받는 행위는 상담관계를 사적인 관계로 만들 수 있습니다.
- 내담자가 상담사를 의존의 대상으로 인식하게 만들고, 상담의 목표인 내담자의 자립을 방해할 수 있으므로 윤리적 경계를 지키는 것이 필요합니다.
- 내담자에게 "내가 돈을 주는 건 상담자로서 지켜야 할 약속이 있어서 어려워"와 같이 공감적인 태도로 거절하겠습니다.
- 내담자에게 충분한 설명을 하여 상담관계가 손상되지 않도록 하겠습니다.

㉡ 요구 이면의 심리적 의미 탐색
- "지금 갑자기 간식이 먹고 싶은 이유가 혹시 있을까?"와 같이 개방형 질문을 던져 내담자의 요구 이면에 숨겨진 감정이나 욕구를 파악하겠습니다.
- 내담자의 요청이 단순한 욕구인지, 상담 상황에서 오는 불편함, 혹은 상담자를 시험하려는 행동인지 파악한 후 적절히 대응하겠습니다.

답변작성
위 모범답변을 참고하여, 자신만의 답변을 작성해 보세요.

질문 03
집단 프로그램에서 한 구성원이 다른 구성원과의 관계를 맺기 어려워 개인상담을 요청했을 때, 상담자로서 어떻게 할 것인가?

답변방향

1. 집단 내에서 어려움을 겪는 내담자의 외로움과 용기를 먼저 이해하려는 내담자 중심적 태도를 답변에서 보여주세요.
2. 집단상담과 개인상담의 목표와 경계를 명확히 구분하여 설명함으로써, 상담의 구조를 이해하고 있음을 드러내세요.
3. 개인적인 문제가 심각할 경우 개인상담을 우선적으로 진행한다고 말하면 더 좋아요.

모범답변

㉠ 개인상담 요청의 이유 경청 및 공감
- 구성원이 느끼는 어려움과 외로움에 대해 진심으로 공감하는 태도를 보이겠습니다.
- "집단 안에서 관계를 맺는 게 쉽지 않아서 힘든 마음이 들었구나. 따로 이야기하고 싶어 찾아와줘서 고마워"라고 말하며 내담자의 용기를 격려하고 지지하겠습니다.

㉡ 집단상담의 원칙을 설명
- 집단상담의 효과는 구성원 모두가 참여할 때 극대화된다는 점을 설명하겠습니다.
- 개인상담을 하더라도 개인상담과 집단상담이 서로 분리되어 진행되어야 한다는 경계를 설정하겠습니다.

㉢ 개인상담의 필요성과 시기를 판단하고 제안
- 개인상담의 요청이 집단 내에서 다루기 어려운 심각한 개인적 문제(예 트라우마, 자해, 자살사고 등)와 관련이 있다면, 집단상담과 병행하거나 개인상담을 우선적으로 진행할 것을 제안하겠습니다.
- 단순한 관계 맺기에 어려움이 있다면 집단 내에서 자신의 감정을 표현하고 문제를 해결해 나갈 수 있도록 돕겠습니다.

답변작성 위 모범답변을 참고하여, 자신만의 답변을 작성해 보세요.

질문 04 청소년상담사는 창의력과 순발력이 요구되는데 이유는 무엇이라고 생각하는가?

답변방향

1. 창의력과 순발력이 요구되는 이유를 실제 상담 현장의 구체적인 상황과 연결하여 설명하세요.
2. 창의력과 순발력이 요구되는 이유를 청소년의 발달 특성을 고려하여 말해보세요.

모범답변

㉠ 예측 불가능한 상황에 유연하게 대처
- 청소년은 발달 단계상 감정 기복이 심하고, 충동적인 행동을 보일 수 있습니다.
- 상담 중 갑작스럽게 분노를 터뜨리거나, 상담실을 뛰쳐나가려고 할 수도 있고, 예상치 못한 질문을 던질 수도 있습니다.
- 상담사가 준비된 매뉴얼이나 이론에만 의존한다면 내담자의 감정 변화에 효과적으로 대응하기 어렵습니다.
- 순발력을 발휘하여 상황에 맞게 개입하고, 내담자의 감정을 수용하면서도 상담의 목표를 놓치지 않는 유연함이 필요합니다.

㉡ 청소년의 흥미와 참여 유도
- 청소년들은 상담 자체에 대해 거부감을 갖거나, 자신의 이야기를 말로 표현하는 것을 어려워하는 경우가 많습니다.
- 창의적인 방법(예 그림, 놀이, 글쓰기 등) 혹은 다양한 매체를 활용하여 청소년이 자연스럽게 자신을 표현하도록 유도하고 상담에 대한 긍정적인 경험을 제공할 수 있습니다.

㉢ 청소년 개개인의 고유한 특성과 상황 이해하기 위해
- 상담실을 찾는 청소년들의 고민은 유형은 비슷하지만, 개인만의 고유한 특성과 상황이 있습니다.
- 상담자가 모든 내담자를 획일적으로 상담한다면, 내담자는 자신의 문제가 가볍게 취급된다고 느끼거나 상담에 대한 흥미를 잃을 수 있습니다.
- 청소년 개개인에 맞는 맞춤형 해결책을 함께 고민하기 위해서는 새로운 관점으로 접근하려는 창의적인 태도가 필요합니다.

답변작성
위 모범답변을 참고하여, 자신만의 답변을 작성해 보세요.

2015년 제14회

고등학교 2학년에 재학 중인 신 양(17세, 여)은 최근 모든 일에 무기력감을 느끼며 힘겨운 나날을 보내고 있다. 아버지는 동네 마트에서 근무하며, 퇴근 후 집에 오면 신 양에게 신세 한탄을 하며 술을 마시다 취해서 잠드는 경우가 잦다. 아버지의 "네가 아니었으면 내 인생도 달라졌을 텐데"라는 말을 들을 때마다 신 양은 이유 모를 죄책감과 분노, 무력감이 뒤섞인 복합적인 감정을 느끼며 눈물을 흘린다. 신 양은 초등학교 3학년 때 부모의 이혼 이후 아버지와 단둘이 살아왔으며, 현재 아버지는 병원에서 정기적으로 치료를 받지는 않지만 우울증 치료약을 복용 중이다.

이러한 가정환경 속에서 신 양 역시 우울 증상을 보이고 있다. 마음을 터놓을 친구가 없고, 학교 친구들과 어울리는 것조차 피하며, 수업 참여도 낮다. 학교에서는 수업에 집중하지 못하고, 과제를 제출하지 않거나 지각과 결석이 많은 편이다. 신 양은 본인의 미래를 "결국 나도 아빠처럼 불행하고 우울한 삶을 살게 될 것"이라고 부정적으로 예상하기도 한다. 특히 아버지에게 받은 상처와 불안으로 인해 교내에서 남학생과 마주치면 고개를 숙이고 피하는 행동을 보이며, 또래관계에 대한 불신이 깊다.

집에서는 대부분 혼자 방에 머물며 스마트폰을 이용해 SNS를 확인하거나 음악을 듣는 것으로 시간을 보내고 있다. 또한, 최근에는 아버지에게 받은 스트레스와 무력감을 해소하기 위해 혼자 있을 때 자해 충동과 죽음에 대한 상상을 반복적으로 하며, 아파트 옥상에 올라가 뛰어내리는 장면을 상상하는 경우도 있다고 고백했다.

신 양은 자기비하적 사고가 강하며, 자신을 무가치하게 여기는 경향이 있다. 가족 내에서도 아버지와의 관계에서 상처와 갈등을 반복적으로 경험하며 정서적으로 불안한 상태이다. 신 양은 MMPI-A 검사에서 K=35, D=83, Pt=75라는 타당도 척도와 임상척도 점수를 받았다.

사례분석

1. 아버지가 술에 취해 내뱉는 말은 내담자에게 깊은 죄책감과 분노, 무력감을 유발하는 언어적, 정서적 학대에 해당해요.
2. 내담자는 아버지의 영향으로 극심한 우울 증상을 보이고 있으며 이는 MMPI-A 검사 결과로도 명확하게 드러나요.
3. 아버지와의 관계에서 받은 상처는 내담자가 건강한 사회적 관계를 형성하는 데 큰 장애물이 되고 있어요.

질문 01 청소년기본법과 청소년보호법에서 다루는 청소년은 대상 연령이 서로 다르다. 그 이유에 대해 말해 보시오.

답변방향

1. 청소년기본법과 청소년보호법이 제정된 근본적인 이유를 구분하여 설명하세요.
2. 각 법의 목적을 설명할 때 구체적인 키워드를 사용하여 답변에 전문성을 더해보세요.

모범답변

㉠ 청소년기본법의 목적: 육성과 성장을 위한 포괄적 지원
- 청소년기본법은 만 9세부터 24세까지를 청소년으로 규정합니다.
- 법의 목적은 청소년이 건강하고 균형 있게 성장할 수 있도록 다양한 활동과 복지, 문화적 참여를 적극적으로 지원하는 데 있습니다.
- 성장 과정에 있는 모든 청소년에게 국가와 사회가 긍정적인 경험과 성장의 기회를 제공해야 한다는 의미를 담고 있기 때문에 발달 단계를 기준으로 연령이 확대되었습니다.

㉡ 청소년보호법의 목적: 유해 환경으로부터의 보호와 규제
- 청소년보호법은 만 19세 미만을 청소년으로 규정합니다.
- 법의 핵심은 청소년을 사회적 위험으로부터 지키는 것으로 청소년을 유해한 매체물, 약물, 업소 등으로부터 보호해야 할 대상으로 규정합니다.
- 미성숙으로 인한 피해 가능성이 높은 아동과 청소년 중심으로 연령이 제한되었습니다.

답변작성
위 모범답변을 참고하여, 자신만의 답변을 작성해 보세요.

질문 02 : 상기 MMPI-A 척도를 해석해보시오.

답변방향

1. 3급 면접에서 검사 척도를 해석하는 질문은 잘 등장하지 않으나 만약을 대비하여 이론을 이해해두는 것이 좋아요.

2. MMPI-A의 각 척도가 의미하는 바를 정확하게 해석하여 답변할 수 있어야 해요.

모범답변

㉠ **K(방어성) 척도가 35로 매우 낮음**
- 내담자가 자신의 어려움을 숨기거나 방어하려는 경향이 매우 낮다는 것을 의미합니다.
- 심리적 방어기제가 약해, 감정적인 고통을 여과 없이 그대로 느끼고 있음을 나타내기도 합니다.

㉡ **D(우울증) 척도가 83로 매우 높음**
- 내담자가 심각한 우울 증상을 겪고 있습니다.
- 부정적인 미래 예측을 하는 등 미래에 대한 희망이 결여된 상태입니다.
- D 척도가 높을수록 무기력함이 커 자살 생각이나 계획을 세우기도 합니다.
- 자기 비하나 자신에 대한 평가를 낮게 합니다.

㉢ **Pt(강박증) 척도가 75로 높음**
- 심리적 불안, 강박적 사고, 죄책감, 자기 의심 등 내적 갈등이 심한 상태로 해석됩니다.
- 완벽주의적 성향이나 집착적 행동, 반복적 점검 등 나타날 수 있습니다.
- 스트레스 상황에서 불안을 강하게 경험합니다.

답변작성

위 모범답변을 참고하여, 자신만의 답변을 작성해 보세요.

질문 03   가정이 내담자의 정서적 지지를 할 수 없는 환경일 때 대안은 무엇인지 말해보시오.

답변방향

1. 가정 내 정서적 지지가 없어 내담자가 겪게 될 고립감을 어떻게 해결할지 말해보세요.
2. 추상적인 답변이 아니라, 실제 현장에서 활용 가능한 구체적인 대안들을 제시하세요.
3. 능동적이고 적극적인 상담사로서의 역할을 강조하세요.

모범답변

㉠ 학교 상담 교사 및 지역 내 공공기관 활용
- 학교 상담 선생님과의 협력을 통해 내담자에게 지속적인 관심과 지지를 제공할 수 있도록 도와야 합니다.
- 지역 내의 청소년상담복지센터와 같은 공공기관을 활용하여, 내담자가 심리 상담뿐만 아니라 다양한 교육, 문화 활동에 참여할 수 있는 기회를 안내해야 합니다.

㉡ 멘토링 프로그램 및 청소년 자원봉사자 연결
- 가족 내에서 긍정적인 관계를 경험하지 못한 청소년에게는 건강한 성인 역할을 보여주는 존재가 필요합니다.
- 내담자의 동의를 얻어 멘토링 프로그램이나 청소년 자원봉사자와 연결할 수 있습니다.
- 정서적으로 안정된 성인 멘토와의 교류를 통해 내담자는 건강한 관계를 경험하고, 미래에 대한 부정적인 시각을 긍정적으로 바꿔나갈 수 있습니다.

㉢ 부모 상담 및 교육 진행
- 부모님에게 청소년의 심리를 이해하는 방법이나 청소년 자녀와의 올바른 의사소통 방식을 교육하는 것이 필요합니다.
- 궁극적으로 가정이 기능을 회복하여 내담자에게 안정적인 환경을 제공할 수 있도록 도와야 합니다.

답변작성
위 모범답변을 참고하여, 자신만의 답변을 작성해 보세요.

질문 04 내담자가 상담사의 도움을 거절할 때, 어떻게 대처할 것인가?

답변방향

1. 내담자의 거절이 단순히 상담의 실패를 의미한다고 볼 수 없음을 언급하세요.
2. 거절 상황에 대해 내담자의 선택을 수용하고, 거절의 의미를 탐색하며 추후 가능성을 남겨둔다고 답변해 보세요.

모범답변

㉠ 내담자의 거절을 비난 없이 수용
- 내담자의 거절은 단순한 거부가 아니라 현재 상담을 받아들일 준비가 되지 않았다는 표현일 수 있습니다.
- 상담사가 거절에 대한 실망을 드러내는 것은 내담자에게 더 큰 부담을 줄 수 있기 때문에 내담자의 감정을 공감하고 존중하는 태도를 보이겠습니다.

㉡ 거절의 이면에 숨겨진 이유 탐색
- 내담자가 상담사의 도움을 거절하는 이유가 무엇인지 파악하겠습니다.
- 상담에 대한 막연한 두려움이 있는지, 상담사에 대한 불신이 있는지, 아니면 자신의 문제를 스스로 해결할 수 없다는 무력감 때문인지 등을 질문하여 내담자가 느끼는 어려움을 이해하겠습니다.

㉢ 추후 상담실로 돌아올 수 있도록 가능성 남겨두기
- 상담이 내담자에게 강요되는 것이 아님을 밝히면서 언제든지 돌아올 수 있는 열린 공간임을 알리겠습니다.
- 상담이 아니더라도 도움이 될 수 있는 다른 정보(예 긴급 상담 연락처 안내)를 제공하여 내담자를 최대한 돕겠습니다.

답변작성 위 모범답변을 참고하여, 자신만의 답변을 작성해 보세요.

2014년 제12회

중학교 3학년 오 군(15세, 남)은 중학교 1학년 때부터 친구들과 음란물을 공유하고 자위를 하기 시작하였다. 처음에는 자신의 행동에 부끄러움을 느끼고 망설였지만 몇 번 해 보니 이상하게 매력을 느끼게 되었다. 어느 순간부터 밤늦게까지 음란물 영상을 보느라 수면 시간이 급격히 줄어들었다. 시청 후에는 충동적으로 자위행위를 하기도 했다.

이러한 행동은 오 군의 학업에 부정적인 영향을 미치기 시작했다. 음란물 시청과 자위행위로 인해 잠자는 시간이 줄어들면서 낮에는 피로감을 느껴 수업 시간에 졸거나 멍하게 있는 날이 많아졌다. 자연스럽게 공부에 집중하는 시간이 줄어들었고, 실제로 성적이 많이 떨어지기도 했다. 오 군의 부모님은 오 군의 성적 저하가 단순히 학습 진도를 따라가기 어려워서라고 생각하며, 오 군을 위해 새로운 학원을 등록해주기도 했다.

오 군의 더 큰 문제는 성적인 상상이 일상에서도 끊이지 않는다는 점이다. 음란물 속 자극적인 장면들이 계속해서 머릿속을 맴돌았고, 심지어 학교 여선생님을 상상 속에서 성적인 대상으로 여기는 자신을 발견하게 되었다. 이러한 상상은 오 군에게 깊은 혼란과 함께 큰 죄책감을 안겨주었다. 스스로의 행동을 보며 자책을 하면서도 최근에는 몰래 성인용품을 구입하여 방에 숨겨두고 있어 자신의 상황이 통제 불능이라고 느끼기 시작했다.

결국, 오 군은 자신의 행동에 대한 죄책감과 부모님께 들킬까 하는 두려움에 인터넷 채팅상담을 신청하게 되었다.

사례분석

1. 내담자는 중학교 1학년 때부터 시작한 음란물 시청 및 자위행위에 중독이 되어버린 상황이에요.

2. 처음에는 친구들과의 단순한 호기심에서 시작했지만, 최근에는 밤늦게까지 음란물을 보느라 수면 시간이 부족해져 학업에 지장을 주고 있어요.

3. 내담자는 음란물을 보거나 자위행위를 할 때 일시적인 쾌감을 느끼지만, 이후에는 깊은 죄책감과 혼란에 시달리고 있어요.

질문 01   상기 사례의 내담자에게 어떻게 개입하겠는가?

답변방향

1. 내담자의 정서적 불안이나 수치심을 다루고, 음란물에 몰입하는 이유와 문제를 탐색해야 해요.
2. 내담자의 건전한 성장을 위한 교육을 제공하거나, 행동적 개입을 한다고 말하면 더 좋아요.

모범답변

㉠ 정서적 안정 및 죄책감 완화
- 내담자가 용기를 내어 상담을 요청한 것에 감사함을 표현하겠습니다.
- 내담자가 느끼는 감정(예 죄책감, 두려움 등)을 언어로 표현할 수 있도록 돕고, 그러한 감정이 드는 것은 당연하다는 점을 공감하겠습니다.
- 비난이나 판단없이 내담자의 이야기를 수용하겠습니다.
- 상담의 내용은 비밀이 보장된다는 점을 알려 내담자가 개방적으로 자신의 이야기를 하도록 돕겠습니다.

㉡ 충동 조절 및 자기통제력 향상
- 음란물 시청 및 자위행위에 몰입하게 된 원인을 심층적으로 탐색하겠습니다.
- 음란물 시청과 자위행위를 포함한 성적 충동 행동을 관리하도록 자기조절 전략(예 유해사이트 차단프로그램 설치 등)을 안내하겠습니다.
- 충동 상황에서 대체 활동(예 운동, 음악감상, 글쓰기 등)을 하도록 제안하겠습니다.

㉢ 위험 인지 및 안전한 성 행동 교육
- 음란물의 위험성과 청소년 발달에 미치는 영향 이해시키고, 음란물은 성에 대한 건강한 생각을 방해한다는 것을 알리겠습니다.
- 인터넷 안전과 성 건강 관련 교육을 제공하거나 관련 교육기관과 연계하겠습니다.
- 음란물 시청이 심리적으로 어떻게 부정적인 영향을 미치는지, 법적으로는 어떤 처벌을 받을 수 있는지 함께 알리겠습니다.

답변작성
위 모범답변을 참고하여, 자신만의 답변을 작성해 보세요.

질문 02 음란물 탐닉의 위험성에 대해 말해보시오.

답변방향

1 음란물 탐닉의 위험성을 신체적, 심리적, 사회적 세 가지 측면으로 분류하여 답변해 보세요.

2 수면 부족 및 집중력 저하, 왜곡된 성 관념, 관계 단절 등 구체적인 위험 요인들을 제시하여 답변의 설득력을 높여보세요.

모범답변

㉠ 신체적 위험(수면 부족 및 집중력 저하)
- 음란물 시청 시 도파민이 과도하게 분비되면서 더 강한 자극을 추구하게 되고, 결국 중독으로 이어질 가능성이 높습니다.
- 늦은 시간까지 음란물을 보느라 수면 시간이 부족해져 성장기 청소년의 신체 발달을 저해합니다.
- 학업 집중력과 일상생활에도 부정적인 영향을 미칠 수 있습니다.

㉡ 심리적 위험(왜곡된 성 관념, 죄책감 및 불안)
- 음란물 속의 비현실적이고 자극적인 장면들은 청소년에게 왜곡된 성 가치관과 성 역할을 심어줄 수 있습니다.
- 실제 이성 관계나 성에 대한 비현실적인 기대를 갖게 되며, 현실과의 괴리감과 혼란이 생길 수 있습니다.
- 자신의 행동에 대한 깊은 죄책감, 수치심, 불안감을 느끼며 정신적 고통을 겪을 수 있습니다.

㉢ 사회적 위험(관계 단절, 범죄 연루)
- 음란물에 중독되어 친구나 가족과의 관계가 소홀해져 소통이 줄어들 수 있습니다.
- 타인을 성적 대상으로 인식하거나 더 나아가 바람직하지 않은 행동으로 발전할 가능성이 있습니다.
- 미성년자 음란물 관련 범죄에 연루될 위험이 있습니다.

답변작성 위 모범답변을 참고하여, 자신만의 답변을 작성해 보세요.

질문 03 : 상담자와 다른 성의 내담자가 성 관련 문제로 상담을 원한다면 어떻게 하겠는가?

답변방향

1. 상담사로서의 전문성과 윤리적 책임감을 명확하게 언급하세요.
2. '신체적 접촉 피하기', '안정적인 시선과 목소리'와 같은 구체적인 행동 전략을 제시하세요.
3. 상담 외 전문 영역의 자문의 필요한 경우 본인의 한계를 인정하고 다른 전문가와의 연계할 수 있음을 언급하면 더 좋아요.

모범답변

㉠ 상담의 전문성과 윤리적 경계 고려
- 성 관련 문제는 내담자가 매우 민감하게 느끼는 주제이므로, 상담자는 내담자의 성별과 관계없이 전문적인 지식과 태도를 갖추는 것이 중요합니다.
- 상담 공간은 항상 개방적이고 투명하게 운영하며, 신체적 접촉을 피하는 등 내담자가 불필요한 오해나 불편함을 느끼지 않도록 주의하겠습니다.

㉡ 내담자가 느끼는 감정과 상황을 공감하고 경청
- 다른 성의 상담자에게 자신의 성적인 고민을 털어놓는 것은 내담자에게 큰 용기가 필요한 일임을 격려하겠습니다.
- 내담자가 느끼는 어려움과 불안, 용기를 진심으로 공감하고 존중하겠습니다.
- 내담자의 감정을 안전하게 이야기할 수 있는 분위기를 만드는 데 집중할 하겠습니다.
- 비언어적인 태도(예 안정적인 시선, 차분한 목소리 등)를 통해 내담자가 편안함을 느낄 수 있도록 노력하겠습니다.

㉢ 자기점검 및 필요시 다른 전문가와 연계
- 성적 가치관이나 편견이 상담에 영향을 미치지 않도록 끊임없이 자기 점검을 하겠습니다.
- 상담이 진행되는 과정에서 내담자가 상담관계에 어려움을 느끼거나, 상담자로서 도움을 주기 어려운 전문적인 영역(예 의학적, 법률적 문제 등)이 발생한다면, 내담자에게 동의를 구한 후 해당 분야의 전문가에게 연계하거나 의뢰하겠습니다.

답변작성 위 모범답변을 참고하여, 자신만의 답변을 작성해 보세요.

질문 04 상기 사례 내담자의 자원은 무엇인가?

답변방향

1. 내담자는 자기 문제를 인식하고 상담을 참여하려는 의지를 보인다는 자원을 가지고 있음을 언급해야 해요.
2. 내담자는 채팅상담을 먼저 의뢰했다는 점에서 디지털 활용 능력과 자기주도성을 가지고 있음을 말해보세요.

모범답변

㉠ 자기 문제 인식 및 문제 해결 의지
- 내담자는 자신의 행동이 과도하고 통제 불능 상태임을 인식하고 있습니다.
- 내담자는 자신의 음란물 탐닉과 성적 상상이 도덕적 죄책감과 혼란을 일으킨다는 사실을 인식하고 있습니다.
- 자신의 문제를 혼자 감당하기보다는 상담을 통해 도움을 받고자 하는 행동을 보여줍니다.

㉡ 디지털 활용 능력 및 자기주도성
- 내담자는 상담센터의 온라인 채팅상담을 스스로 신청했습니다.
- 상담에서 중요한 자기주도적 참여 의지와 정보 활용 능력을 보여주며, 디지털 매체를 안전하게 활용하는 교육적 개입이 가능합니다.

답변작성
위 모범답변을 참고하여, 자신만의 답변을 작성해 보세요.

2 기출예상문제

제시사례

제한 시간 내 읽어 보세요.

고등학교 1학년에 재학 중인 지 양(17세)은 최근 들어 식욕이 없고 잠도 제대로 자지 못하는 상태로 청소년상담복지센터를 찾았다. 지 양은 상담 초반 다소 주저하는 모습을 보이다가, 자신이 생리를 두 달째 하지 않아 임신이 걱정된다며 자신의 고민을 조심스럽게 털어놓았다. 지 양은 반에서 친하게 지내던 남학생과 연인 관계로 발전해 한 달 전 성관계를 가졌다고 밝혔다. 콘돔을 사용하긴 했지만 제대로 사용했는지 기억이 나지 않는다고 했고 이후 생리를 하지 않으면서 불안감이 커졌다고 말했다.

지 양은 임신일지도 모른다는 생각에 인터넷 검색을 반복했고, '임신 테스트기를 사야 할까, 아니면 병원에 가야 할까' 고민하며 며칠째 밤잠을 설쳤다고 한다. 부모님께 이 사실을 알렸냐는 질문에 지 양이 무엇보다 두려워하는 것은 부모님이 이 사실을 아는 것이라고 답하였다. "임신이 맞으면 저는 끝이에요. 엄마는 분명 저를 집에서 내쫓을 거예요"라고 말하며 손을 떨었다.

지 양은 병원이나 약국에 가볼 엄두조차 내지 못했다고 하며, 학교 수업에 집중도 하지 못하고 친구들과의 관계도 소원해졌다고 털어놓았다. 남자친구에게는 생리를 하지 않았다는 말조차 꺼내지 못했으며, 혹시 자신만 이 상황에 방치되는 건 아닌지 억울한 마음도 들었다고 한다.

지 양은 "혹시 정말 임신이면, 어떻게 해야 할지 하나도 모르겠어요. 무서워서 아무것도 못 하겠어요"라며 고개를 숙였고, 눈가에는 눈물이 맺혀 있었다.

사례분석

1. 내담자는 남자친구와 성관계 후 생리를 두 달째 하지 않으면서 임신에 대한 극심한 불안감을 느끼고 있어요.

2. 내담자는 임신에 대한 공포로 인해 식욕 부진, 수면 장애 등 신체적 고통을 호소하고 있어요.

3. 내담자는 부모님에게 자신의 문제를 알리는 것을 가장 두려워하고 있어요.

질문 01 상기 사례처럼 내담자가 임신을 한 것 같다고 사실을 털어놓았을 때 어떻게 대응할 것인가?

답변방향

1. 내담자가 상담실에 방문한 것에 대한 용기를 칭찬하고 혼자 감당했을 두려움과 불안, 외로움에 공감하는 모습을 보여주세요.
2. 감정적 지지를 넘어 정확한 정보를 내담자에게 제공하여 스스로 결정할 수 있도록 도와야 함을 언급하세요.
3. 내담자의 심리적, 신체적 상태를 지속적으로 살피고 안전이 최우선임을 강조하세요.

모범답변

㉠ 심리적 안정 제공 및 심리적 지지
- 내담자의 이야기에 진심으로 귀 기울이고 공감하여, 상담자가 곁에 있다는 신뢰와 안도감을 줄 수 있도록 하겠습니다.
- 지금까지 혼자 고민하느라 애쓴 내담자를 위로하며 지지하겠습니다.

㉡ 현실적인 정보 제공 및 조력
- 내담자가 느끼는 막연한 공포는 정보의 부재 혹은 잘못된 정보에서 비롯되기 때문에 청소년 임신과 관련된 객관적이고 정확한 정보를 알려주겠습니다.
- 내담자가 동의한다면 병원에서 진찰을 받을 수 있도록 돕겠습니다.

㉢ 긴급 상황 대처 및 연계
- 만약 내담자의 신체적, 심리적 건강이 매우 위태로운 상황이라면, 긴급한 의료 지원이 우선적으로 이루어질 수 있도록 돕겠습니다.
- 내담자의 결정에 따라 필요한 경우 외부 전문 기관(예 산부인과, 미혼모 지원센터 등)과 연계하는 역할을 수행하겠습니다.

답변작성
위 모범답변을 참고하여, 자신만의 답변을 작성해 보세요.

질문 02 : 상기 내담자를 상담한다면 어떻게 개입할 것인가?

답변방향

1. 내담자가 느꼈을 불안감, 두려움을 공감하고 경청하는 태도를 보여주며 내담자의 솔직한 감정을 이끌어 낼 수 있어야 해요..
2. 불안감의 원인인 '임신 여부'를 객관적으로 확인하고 내담자와 함께 해결책을 모색하는 모습을 언급하세요.

모범답변

㉠ 내담자의 감정 탐색 및 안정화
- 내담자가 겪고 있는 불안, 공포, 외로움, 억울함 등의 감정을 충분히 표현할 수 있도록 돕겠습니다.
- 공감적 경청을 통해 내담자가 감정을 솔직하게 드러낼 수 있도록 지지하겠습니다.
- 내담자는 부모님께 현 상황이 알려질까 걱정하고 있기 때문에, 비밀보장의 원칙을 설명하고 상담실은 안전한 공간임을 알려주겠습니다.

㉡ 임신일 경우(청소년 임신 정보 및 지원 제공)
- 청소년 임신과 관련된 정확한 정보를 제공하고, 각 선택에 따른 장기적인 영향과 필요한 지원(예 미혼모 지원센터, 법률 자문 등)을 안내하겠습니다.
- 상담자의 가치관이 개입되지 않도록 중립적인 태도를 유지하겠습니다.

㉢ 임신이 아닐 경우(내담자 감정 탐색, 올바른 성 지식 제공)
- 내담자가 느꼈던 불안과 두려움의 원인을 함께 탐색하고 재발 방지를 위한 성교육 정보와 함께 피임법에 대한 올바른 정보를 제공하겠습니다.
- 불안으로 인해 소원해진 교우 관계나 학업 문제를 다루는 상담으로 확장하겠습니다.

답변작성
위 모범답변을 참고하여, 자신만의 답변을 작성해 보세요.

질문 03 상기 사례의 부모님이 내담자의 상황을 알게 되었고 면담을 하게 된다면 어떻게 진행할 것인가?

답변방향

1. 부모와의 면담은 내담자에게 가장 필요한 도움을 제공하기 위한 시간임을 언급하세요.
2. 부모에게 공유할 정보의 범위는 내담자의 동의를 얻은 내용임을 강조하세요.

모범답변

㉠ 부모의 감정 경청 및 이해
- 먼저 부모의 감정(예 당황, 걱정, 분노, 혼란 등)을 충분히 경청하고 공감하는 시간을 갖겠습니다.
- 내담자를 어떻게 도울지 의논하는 자리임을 알리겠습니다.

㉡ 내담자의 동의를 구한 후 내담자의 상황 공유
- 사생활은 보호되어야 하므로, 내담자가 원하지 않는 정보는 공개하지 않겠습니다.
- 내담자가 현재 겪고 있는 고통에 초점을 맞춰 부모에게 상황을 설명하겠습니다.
- 부모에게는 내담자를 비난하기보다 안정적인 정서적 지지를 제공하는 것이 필요하다는 점을 안내하겠습니다.
- 청소년 임신 관련 법적, 의료적 지원(예 산부인과, 보건소, 상담센터, 청소년 성문화센터 등) 정보를 제공하겠습니다.
- 내담자가 병원에 가야할 때 부모가 동행할 수 있도록 구체적인 협력 방안을 논의하겠습니다.

답변작성

위 모범답변을 참고하여, 자신만의 답변을 작성해 보세요.

질문 04 청소년상담사로서 앞으로의 포부를 말해보시오.

답변방향

1 청소년상담사로서 막연한 포부보다는 현실적인 목표를 제시하는 것이 더 설득력 있어요.

2 상담실 안에서의 문제 해결을 넘어, 더 넓은 사회에 기여하겠다는 장기적인 비전을 제시해 보세요.

모범답변

㉠ 시대의 변화에 발맞춰 성장하는 상담사
- 청소년상담사로서 현장에서 다양한 청소년을 만나고 경험을 쌓는 것이 저의 최우선 목표입니다.
- 꾸준히 수퍼비전을 받으며 부족한 점을 보완하고, 청소년 상담 관련 전문 교육을 이수하여 상담 역량을 강화하겠습니다.
- 최근 청소년들 사이에서 문제(예 사이버 블링, 온라인 범죄 등)에 대한 전문성을 키워, 시대의 변화에 발맞춰 청소년들을 도울 수 있는 상담사가 되겠습니다.

㉡ 청소년들의 안전한 버팀목
- 상담센터를 찾는 청소년들이 단순히 문제를 해결하는 것을 넘어, 자신의 문제를 스스로 해결할 수 있도록 돕고 싶습니다.
- 청소년들이 혼자 감당하기 어려운 문제를 만났을 때, 믿고 찾아올 수 있도록 신뢰할 수 있는 상담사가 되겠습니다.
- 청소년의 이야기를 귀담아듣고, 편이 되어주며 지지하는 든든한 버팀목이 되겠습니다.

㉢ 가정과 사회에서 소외된 청소년을 위한 옹호자
- 상담실 안에서만 문제를 해결하는 것에 그치지 않고, 청소년들이 건강하게 성장할 수 있는 환경을 조성하는 데 기여하고 싶습니다.
- 장기적으로는 소외된 청소년들을 구제하고 선도하는 단체의 활동에 참여하여, 청소년의 지위와 권리를 높이는 일에 앞장서겠습니다.

답변작성 위 모범답변을 참고하여, 자신만의 답변을 작성해 보세요.

제시사례

아래는 고등학교 2학년 여학생 내담자의 사례를 요약한 것이다.

조 양(18세, 여)은 고등학교 2학년으로, 현재 같은 학교 선배인 박 군(19세, 남)과 약 7개월 정도 교제하고 있다. 처음에는 자신을 사랑하고 아껴주는 그의 모습에 행복했으나, 점차 박 군의 집착에 스트레스를 받기 시작했다. 자신이 누구와 어디에 있는지를 항상 확인하려 하고, 카카오톡 메시지를 읽고 답장을 하지 않거나 전화를 받지 않으면 수십 통의 부재중 전화와 메시지를 보내는 등 집착과 통제가 심해지고 있다. 데이트 중 조 양의 친구가 남자친구와 헤어진 이야기를 하자 박 군은 예민하게 받아들이며 너도 헤어지고 싶냐며 화를 낸 적이 있었다.

박 군의 통제는 조 양의 SNS 단속까지 이어졌다. 평소 조 양은 SNS를 즐겨하며, 친구들과 메신저로 소통하는 것을 좋아했다. 친구들과 함께 놀러 간 사진을 게시글로 올리기도 하고, 활발히 활동하자 조 양의 SNS를 팔로우하는 사람들이 많아졌다. 이에 박 군은 조 양의 SNS 게시글을 하나 하나 간섭하고, 조 양의 친구 목록까지 참견하기 시작했다. 친구들의 게시물까지 확인하며 저 친구랑 친하냐고 묻고, 같이 찍은 사진을 내리라며 조 양에게 지시하곤 했다.

특히, 박 군은 조 양의 이동 경로까지 다 알고 싶어 하고, 데이트 시간에 조금이라도 늦으면 "다른 데 갔다 왔냐"며 심하게 추궁하기도 했다. 조 양은 친구들과 놀 때도 꼭 어디를 가는지, 누구와 있는지 확인 연락을 남겨야 했으며, 다른 이성이 없다며 늘 박 군을 안심시켜야 했다. 이러한 상황 때문에 학교에서 친구들과 자유롭게 대화하거나 활동하기 어려워졌고, 언제 박 군이 나타날지, 어떤 연락을 할지 불안해하며 항상 휴대폰을 확인하게 되었다. 조 양은 최근 자신이 감시받는다는 기분에 심한 불안을 호소했다. 남자친구와 헤어지고 싶지만, 그가 주변에 이상한 소문을 내거나 집 앞에 찾아올까봐 두려워서 말하지 못하고 있다. 최근에는 불안감으로 인해 밤에 잠이 잘 오지 않고, 잠이 들어도 악몽을 꾸는 경우가 많으며, 식욕이 떨어지고 학업에도 집중하기 어려운 상태다. 결국 누구에게도 말하지 못하고 혼자 끙끙 앓던 조 양은 용기를 내어 상담센터를 방문하게 되었다.

사례분석

1. 내담자는 남자친구의 과도한 집착과 통제 때문에 만남에 대해 공포와 불안감을 갖고 있어요.

2. 남자친구의 행동은 통제와 소유욕에서 비롯된 정서적 학대 및 데이트 폭력에 해당한다고 볼 수 있어요.

3. 위치 추적 시도와 해코지에 대한 공포는 내담자의 물리적, 심리적 안전을 위협하는 요소에요.

질문 01 상기 사례의 내담자를 상담할 때, 어떻게 개입할 것인가?

답변방향

1. 내담자가 느끼는 공포와 불안은 물리적, 정서적 위험에 대한 실제적인 위협임을 언급하세요.
2. 내담자 남자친구의 행동은 명백한 데이트 폭력임을 언급해야 해요.
3. 내담자의 안전을 확보하고 건강한 관계 기술을 습득할 수 있도록 도와야 해요.

모범답변

㉠ 내담자의 신체적, 심리적 안전 확보
- 내담자가 겪고 있는 공포와 불안감에 깊이 공감하고 경청하겠습니다.
- 내담자의 감정을 충분히 수용하고, 상담실이 안전한 공간임을 인지시켜 심리적 안정감을 제공하겠습니다.
- 현재 남자친구로부터 받고 있는 위협의 강도와 종류를 구체적으로 파악하겠습니다.
- 남자친구의 비난이나 통제로 인해 훼손된 내담자의 자존감을 회복하는 데 집중하겠습니다.

㉡ 자기결정권 강화 및 선택지 탐색
- 내담자가 스스로 선택할 수 있는 행동(예 연락 제한, SNS 비공개 설정, 친구나 가족에게 도움 요청 등)을 탐색하도록 돕겠습니다.
- 내담자가 이성 관계에서의 본인의 주장과 권리를 행사할 수 있음을 이해하도록 안내하겠습니다.

㉢ 위험 관리 및 사회적 지원 연결
- 위협을 받을 경우 연락할 수 있는 기관(예 청소년 상담복지센터, 경찰, 긴급전화 등)을 안내하겠습니다.
- 가족, 친구, 학교 상담 교사와의 연계로 심리적 지지망을 확대하겠습니다.
- 청소년용 안전교육 자료를 제공하거나 건강한 관계 교육 프로그램이 있다면 연계하여 데이트 폭력 예방 교육을 받도록 하겠습니다.

답변작성
위 모범답변을 참고하여, 자신만의 답변을 작성해 보세요.

질문 02 상담 중에 갑자기 내담자의 남자친구가 상담실에 찾아온다면 어떻게 대처하겠는가?

답변방향

1. 남자친구의 갑작스러운 방문은 내담자의 안전을 직접적으로 위협하는 위기 상황으로 내담자의 신체적·심리적 안전 확보를 언급하세요.

2. 사건 이후 어떻게 내담자를 안전하게 보호할지, 어떤 외부기관과 연계할지 고려해 보세요.

모범답변

㉠ 즉각적인 상황 대처 및 내담자의 안전 확보
- 상담자가 당황하면 내담자의 불안감을 키울 수 있기 때문에 침착함을 유지하겠습니다.
- 상담실 문을 잠그거나, 내담자와 남자친구 사이에 거리를 두는 등 물리적으로 내담자를 보호하겠습니다.
- 남자친구가 즉시 퇴실하지 않고 위협적인 행동을 보인다면, 센터의 비상벨을 누르거나 다른 직원에게 도움을 요청하여 상담실 밖으로 내보내겠습니다.

㉡ 내담자의 심리 안정
- 위기 상황으로 인해 공포와 불안을 느꼈을 내담자를 위해, 먼저 심호흡을 유도하고 안전한 공간에 있다는 것을 인지시켜 안정감을 되찾도록 돕겠습니다.

㉢ 구체적인 안전 계획 세우기
- 내담자의 안전에 대한 위협이 명확해졌으므로 부모님, 선생님 등 신뢰할 수 있는 사람에게 이 사실을 알리고 도움을 요청하는 등 보다 구체적인 안전 계획을 함께 세우겠습니다.
- 필요한 경우 경찰, 법률 전문가, 쉼터 등 전문 기관과의 연계도 고려하겠습니다.

답변작성 위 모범답변을 참고하여, 자신만의 답변을 작성해 보세요.

질문 03 상담을 하다 윤리적 딜레마에 빠지면 어떻게 해결할 것인가?

답변방향

1. 수퍼비전, 동료 상담사, 외부 전문가 등의 도움을 요청한다는 것은 답변의 설득력을 높일 수 있어요.
2. 도움을 통해 내린 결정이 최종적으로는 내담자의 안전과 복지를 최우선으로 하는 것이어야 함을 명확히 언급하세요.

모범답변

㉠ 딜레마 인식 및 윤리 강령 확인
- 상담 상황에서 어떤 윤리적 원칙들이 충돌하고 있는지를 명확히 인식하겠습니다.
- 한국청소년상담복지개발원이나 한국상담학회 등 전문 기관의 윤리 강령을 찾아 관련 조항을 확인하겠습니다.

㉡ 수퍼비전 및 전문가 자문 구하기
- 혼자 판단하지 않고, 수퍼바이저나 경험이 풍부한 선배 상담사에게 자문을 구하겠습니다.
- 다양한 관점에서 상황을 분석하고, 선배들의 경험과 지혜를 빌려 내담자에게 가장 좋은 영향을 주는 선택이 무엇인지 신중하게 논의할 것입니다.
- 이 과정에서 필요한 경우 법률 전문가 등 외부 자원에도 자문하겠습니다.

㉢ 상담 기록지에 기록하기
- 수퍼비전과 자문 결과를 토대로, 내담자의 이익과 안전을 보장하는 방향으로 행동을 결정하겠습니다.
- 모든 과정과 결정의 근거를 상담 기록지에 상세하게 남겨 혹시 모를 문제에 대비하고, 꾸준한 복기를 통해 상담사로서 성장하겠습니다.

답변작성 위 모범답변을 참고하여, 자신만의 답변을 작성해 보세요.

질문 04 내담자가 상담에 와서 스마트폰만 들여다보고 있다면 어떻게 대응하겠는가?

답변방향

1. 내담자가 스마트폰을 보는 행동을 비난하거나 제지하는 행동을 한다면 내담자의 저항을 심화시킬 가능성이 있음을 언급하세요.
2. 스마트폰을 보는 행위가 단순한 저항이 아니라, 상담에 대한 내담자의 비언어적인 메시지일 수 있음을 말하세요.
3. 내담자가 상담에 대한 명확한 동기가 없거나, 상담이 자신에게 어떤 도움이 될지 모르는 상태일 수 있으므로 상담목표 재설정을 제시하세요.

모범답변

㉠ 내담자의 행동을 비난하지 않고 수용
- 내담자의 행동에 대해 불편함을 표현하거나 즉시 제지하기보다, 그 행동을 있는 그대로 수용하는 태도를 보이겠습니다.
- 내담자가 불안하거나 긴장했을 때 스마트폰이 일종의 방어기제 역할을 할 수 있다는 점을 염두에 두겠습니다.

㉡ 내담자의 비언어적 메시지를 이해
- 스마트폰을 보는 행위가 '나는 상담이 불편하다', '나는 아직 내 이야기를 할 준비가 되지 않았다' 등의 비언어적 의미를 담고 있을 수 있습니다.
- "상담실에서 스마트폰을 보며 시간을 보내고 싶은 이유가 있을까?"와 같이 부드럽게 말을 건네며 대화를 시도하며 내담자의 관심사나 정서 상태를 자연스럽게 파악하겠습니다.

㉢ 내담자의 자율성 존중 및 라포 형성
- 내담자가 상담에 대한 명확한 동기가 없다면, 섣부른 상담 진행보다는 '오늘은 그냥 여기서 편하게 시간을 보내는 것도 괜찮다'는 메시지를 전달하며 내담자가 스스로 상담에 참여하고 싶다는 마음이 들도록 기다려주겠습니다.
- 내담자가 가장 좋아하는 콘텐츠를 물어보며 라포를 형성해 나가겠습니다.
- 라포를 형성하여 내담자가 스마트폰에만 의존하지 않고 상호작용을 할 수 있도록 지도하겠습니다.

답변작성
위 모범답변을 참고하여, 자신만의 답변을 작성해 보세요.

제시사례

중학교 1학년인 우 군(13세, 남)이 청소년상담복지센터의 상담게시판에 남긴 내용이다.

안녕하세요. 저는 중1 남학생입니다. 누구한테도 말 못 할 고민이 있어서 여기에 글을 씁니다. 정말 아무한테도 말하지 말아주세요.

저보다 두 살 많은, 친한 형이 있어요. 처음에는 친형처럼 챙겨주고 고민도 잘 들어줘서 너무 좋았어요. 저는 외동아들이라 형 있는 친구들이 너무 부러웠거든요. 그런데 어느 날부터 자꾸 짓궂은 장난을 치기 시작했습니다. 얼마 전에는 같이 PC방에 갔다가 자기 집에서 밥 먹고 가라고 해서 갔어요. 집에 들어갔는데 그 형이 갑자기 제 몸을 만지는 거예요. 너무 놀라서 몸이 굳어버렸어요. 형한테 왜 그러냐고 물었더니 장난이라며, 뭘 그렇게 심각하게 받아들이냐며 웃더라고요. 그 뒤로도 둘만 있게 되면 자꾸 제 몸을 만지려고 해요. 제가 싫다고도 하고 몸을 빼기도 하지만요.

부모님은 모두 맞벌이로 바쁘시며, 저희 집은 대화가 적고 조용한 분위기입니다. 아버지는 일이 바빠 집에 늦게 들어오시는 경우가 많고, 평소 무뚝뚝하여 저와 대화하는 일이 적습니다. 어머니는 저에게 애정을 표현하시지만, 제가 저의 속마음을 털어놓을 만큼 편안한 관계는 아닙니다. 이로 인해 부모님께 그 형과의 일을 말하지 못하겠어요. 또한, 다른 사람한테 말하면 저만 이상한 애가 될 것 같아요. 저의 깊은 고민을 털어놓을 만큼 친한 친구도 역시 없어요.

솔직히 지금도 너무 무서워요. 학교에서 그 형을 마주칠 때마다 숨 막히고, 도망치고 싶다는 생각을 해요. 사실 오늘 학교에서도 그 형이 저를 따로 불러내서 몸을 만지려고 했어요. 제가 싫다고 소리를 질렀고 주위를 지나가던 선생님께서 다가오셨어요. 하지만 그 형은 제 귓가에 "이거 비밀이다. 말하면 가만두지 않겠다"라고 말했고 저는 아무 일 아니라고 선생님께 말씀드릴 수밖에 없었어요. 저는 언제까지 아무한테도 말하지 못하고 아무 일 없는 척 지내야 할까요? 이 일이 끝나기는 할까요? 요즘은 제가 잘못한 일은 없는지 생각까지 하고 있어요. 도와주세요.

사례분석

1 내담자는 자신보다 나이 많은 형으로부터 반복적인 성적 접촉 시도를 당하며 심리적 외상과 두려움을 경험하고 있어요.

2 가정 내 정서적 소통 부족과 고립된 환경으로 인해 내담자는 외부에 도움을 요청하지 못하고 있어요.

3 내담자는 '자신이 이상한 건 아닐까', '내가 잘못했나'와 같은 왜곡된 인지를 보이며, 심리적 위기 상태에 처해 있어요.

질문 01 상기 사례의 내담자를 어떻게 상담하겠는가?

답변방향

1. 내담자는 자살사고의 위험성이 있으므로 내담자의 안전을 확보해야 함을 언급하세요.
2. 상담을 초기·중기·후기로 나누어 각 단계별로 어떤 목표를 가지고 어떤 행동을 할 것인지 구체적으로 설명하세요.
3. 미성년자 성폭력 피해에 대한 '법적 보고 의무'를 명확히 언급하여 상담자로서의 윤리적 책임감을 강조하세요.

모범답변

㉠ 상담 초기: 신뢰 형성 및 내담자의 안전 확보
- 상담게시판을 통해 상담을 요청한 내담자의 용기에 대해 격려하고, 자신을 지키려는 중요한 노력임을 인정해주며 신뢰관계를 형성하겠습니다.
- 미성년자 성폭력 피해 사례는 법적으로 보고 의무가 있음을 명확히 설명하여 비밀보장의 한계를 투명하게 알리고 내담자의 동의를 구하는 과정을 거치겠습니다.
- 필요하다면 보호자에게 연락하거나 청소년상담복지센터 등 관련 기관에 연계하여 내담자의 안전을 최우선으로 확보할 것입니다.

㉡ 상담 중기: 외상 경험 다루기 및 인지 재구성
- 내담자의 잘못이 아니라는 메시지를 반복적으로 전달하여 내담자가 느끼는 죄책감과 자기 비난을 덜어주겠습니다.
- 내담자가 느꼈을 공포, 분노, 무력감 등의 감정을 안전하게 표현하도록 돕고 상담자가 내담자의 편에 서 있다는 것을 느끼게 하겠습니다.
- 성적 괴롭힘으로 인한 트라우마를 다루는 상담을 진행하여, 내담자가 사건의 경험을 건강하게 극복할 수 있도록 돕겠습니다.

㉢ 상담 후기: 재발 방지 및 건강한 성장 지원
- 내담자가 원한다면 부모 상담을 제안하여 가정 내 소통 방식을 개선하고, 내담자가 가정에서 정서적 지지를 받을 수 있는 환경을 만들도록 돕겠습니다.
- 내담자가 건강한 경계를 설정하는 방법을 배우고, 안전하고 신뢰할 수 있는 대인관계를 형성하도록 돕겠습니다.
- 상담을 종결하더라도 필요시 언제든지 다시 도움을 요청할 수 있음을 알려주어 지속적인 안전망을 제공하겠습니다.

답변작성 위 모범답변을 참고하여, 자신만의 답변을 작성해 보세요.

질문 02   동성 사이에서 발생하는 성폭행의 특징은 무엇인가?

답변방향

1. 동성 간 성폭행이 이성 간 성폭행과 구분되는 특징적인 부분을 중심으로 답변을 구성하세요.
2. 성폭행에 대한 사회적 통념이 피해자의 도움 요청을 어렵게 만드는 현실을 짚어주세요.

모범답변

㉠ 친밀한 관계에서 발생
- 동성 간 성폭행은 흔히 선후배, 친구, 형제처럼 친밀하고 신뢰하는 관계에서 발생하는 경우가 많습니다.
- 집단 내 권력관계가 얽힌 상황에서 강압적으로 발생하기도 합니다.
- 가해자는 자신의 행동을 '장난'으로 치부하거나 "동성끼리는 그럴 수 있다"는 식으로 정당화하려 합니다.

㉡ 동성 간 성폭행에 대한 사회적 인식의 부족
- 성폭행을 이성 간에 발생하는 사건으로 인식하는 경향이 있어 피해자가 '내가 너무 예민한가'와 같은 혼란을 느끼게 하며, 피해 사실을 주변에 털어놓기 어렵게 만듭니다.
- 피해자는 스스로를 탓하는 경향이 생길 수 있어 심리적 고통이 더욱 커질 수 있습니다.
- 동성 간 성폭행에 대한 사회적 관심과 연구가 부족하여, 피해자가 겪는 심리적 어려움을 놓칠 위험이 높습니다.

㉢ 주변에게 말하기 어려움
- 성 관련 이야기를 꺼내기 어려운 분위기에서는 피해자가 더욱 피해 사실을 알리기 힘들어집니다.
- 피해 사실을 주변에게 알릴 경우 성 정체성을 오해받을까 두려워하기도 합니다.

답변작성
위 모범답변을 참고하여, 자신만의 답변을 작성해 보세요.

질문 03 상기 사례 속 내담자가 등교를 거부한다면 어떻게 대응하겠는가?

답변방향

1. 내담자의 등교 거부는 단순 반항이나 꾀병이 아닌 성적 괴롭힘으로 인한 심리적 고통의 표현임을 언급하세요.
2. 무조건 등교를 설득하는 것이 아니라, 학교 측과의 협의, 전학, 홈스쿨링 등 내담자의 상황과 필요에 맞는 다양한 현실적인 대안들을 제시하세요.

모범답변

㉠ 내담자에게 심리적 안정 제공
- 사례의 내담자가 등교를 거부하는 것은 가해자와 마주치는 것에 대한 극심한 공포와 불안, 그리고 학교라는 공간 자체에 대한 부정적인 감정 때문입니다.
- "학교에 가기 싫은 네 마음을 충분히 이해해. 지금 네가 가장 무섭고 힘든 게 뭔지 천천히 이야기해 줄 수 있을까?"와 같이 내담자의 감정을 먼저 수용하겠습니다.
- 내담자를 등교하도록 설득하기보다, 심리적 안정감을 되찾아 스스로 등교를 결정할 수 있도록 돕는 데 집중하겠습니다.

㉡ 등교 거부의 근본 원인 해결
- 내담자의 동의를 얻어 학교 전담 기구와 협의하여 가해자와의 분리 조치 등 내담자가 안전하게 학교생활을 할 수 있는 방법을 모색하겠습니다.
- 당장 학교 복귀가 어렵다면, 홈스쿨링이나 다른 교육적 대안에 대해 함께 탐색하고 내담자가 학습에서 소외되지 않도록 돕겠습니다.

㉢ 가정 내 지지 체계 구축
- 보호자에게 내담자가 겪고 있는 성적 괴롭힘의 심각성과 그로 인한 등교 거부의 원인을 설명하겠습니다.
- 보호자와 함께 내담자의 안전 확보와 심리적 회복을 위한 구체적인 협력 방안을 마련하겠습니다.

답변작성
위 모범답변을 참고하여, 자신만의 답변을 작성해 보세요.

질문 04   성폭행 피해자 상담 시 긴급조치와 상담에서 유의사항을 말하시오.

답변방향

1 긴급조치(예 안전 확보, 증거 보존, 전문 기관 연계 등)는 모두 실제 상담 현장에서 즉각적으로 이루어져야 하는 실질적인 행동들이에요.

2 유의사항(예 2차 피해 예방, 자기결정권 존중 등)은 모두 상담에서 내담자의 심리적 안전과 회복을 최우선으로 고려해야 해요.

모범답변

㉠ 긴급조치: 안전 확보 및 위기개입, 진료 및 증거 확보, 전문기관 연계
- 미성년자의 성폭행 피해는 법적으로 보고 의무가 있음을 명확히 인지하고, 내담자의 동의를 얻어 관련 기관에 신고해야 합니다.
- 피해자가 신고를 원할 경우, 성폭행 피해 증거 보존을 위해 72시간 이내에 전문 의료 기관 방문을 안내해야 합니다.
- 상담자 혼자 감당하기 어려운 경우가 많으므로 전문기관(예 해바라기센터, 성폭력 상담소, 법률 구조 공단 등)에 신속하게 연계하여 통합적인 지원을 받을 수 있도록 돕습니다.

㉡ 유의사항: 피해자 수용 및 공감, 비밀보장의 한계 설명, 피해자의 주체성 존중
- 피해자의 감정에 공감하며 지지하는 태도를 유지해야 합니다.
- 피해 사실을 노출하거나 조급하게 개입하지 않도록 해야 합니다.
- 상담자는 피해자의 행동에 대해 2차 가해로 이어질 수 있는 질문은 절대 피해야 합니다.
- 법적 신고와 보호자의 개입이 필요한, 비밀보장 예외 상황임을 충분히 설명해야 합니다.
- 모든 결정(예 경찰 신고, 치료 여부 등)은 피해자의 의사에 따라야 합니다.
- 상담자는 가능한 모든 과정에서 내담자가 선택할 수 있도록 안내합니다.

답변작성

위 모범답변을 참고하여, 자신만의 답변을 작성해 보세요.

제시사례

고등학교 3학년에 재학 중인 박 양(18세, 여)은 최근 극심한 체중감소와 함께 지속적인 소화불량, 두통, 무기력감을 호소하다가 학교 보건교사의 권유로 청소년상담복지센터를 방문하였다. 박 양은 상담 초기에 요새 밥을 먹으면 속이 더부룩하고 머리도 아프다고 이야기했지만, 상담이 진행되면서 스스로 식사를 의도적으로 줄이거나 거부하고 있음을 털어놓았다. "먹는 게 너무 무서워요. 아무리 말라도 거울을 보면 배가 나온 것 같고 허벅지는 굵어 보이고 엉덩이가 커 보여요."라고 말하며 자신의 외모에 대한 불만을 토로했다.

박 양은 중학교 시절 몸무게로 친구들에게 놀림을 당하였고, 중학교 3학년 겨울방학 때 혹독하게 다이어트를 한 경험이 있다. 이후 정상 체중을 달성했지만, 체형에 대한 강박이 심해졌다고 한다. SNS 속 마른 연예인이나 인플루언서들을 동경하며 식단 조절을 하다 보니 최근에는 하루에 사과 하나, 요거트 한 컵 외에는 거의 먹지 않고 있다. 목표한 체중에 도달하지 않으면 물도 아예 안 마시는 날도 있다고 한다. 친구들과 식사할 때도 일부러 화장실에 가는 척 자리를 피하거나, 살 빼는 중이라며 식사를 거부하곤 했다.

박 양의 체중은 지난 3개월 사이 7kg 이상 감소하였으며, 현재 체질량지수(BMI)는 또래 평균을 크게 밑돈다. 그렇지만 박 양은 "아직 더 빠져야 해요. 지금도 허벅지가 너무 두꺼워요"라며 자신의 모습에 강한 불만을 보였다. 부모님은 박 양이 식사를 잘하지 않는 것과 살이 많이 빠졌다는 것을 알고 있었지만, 수능 스트레스 때문이라고 생각하며 크게 개의치 않았다.

박 양은 "사람들이 저를 예쁘다고 하면 잠깐은 기분이 좋아요. 그런데 혼자 있으면 또 불안해져요. 나는 왜 이렇게 못났을까요?"라고 말하며 울먹였다. 최근에는 수면 중에도 자신의 외모와 관련된 악몽을 꾸는 일이 늘어나고 있으며, 일상생활 전반에 걸쳐 무기력하고 위축된 모습을 보이고 있다.

사례분석

1. 내담자는 의도적으로 식사를 제한하고 체형에 대한 과도한 불만을 표현하고 있으며 신체에 대한 왜곡된 생각을 상담 중에 계속 드러내고 있어요.

2. 내담자는 중학생 때 체중으로 인해 친구들로부터 놀림을 받은 경험이 있고 SNS 속 인플루언서들의 외모를 동경하며 따라하려 노력하고 있어요.

3. 내담자의 부모는 섭식 문제를 수험 스트레스로 간주하고 방치하고 있어요.

질문 01 상기 내담자에게 어떻게 개입할지 개입방안을 말해보시오.

답변방향

1. 심리적 문제를 해결하는 것도 중요하지만 신체 건강을 위협하는 섭식장애 문제에 대한 개입도 함께 언급하세요.
2. 내담자의 회복과 성장을 최우선으로 고려하는 상담자의 태도를 언급하면 더 좋아요.

모범답변

㉠ 내담자의 왜곡된 인지 개선
- 내담자가 가진 왜곡된 생각과 외모에 대한 강박을 탐색하고 내담자가 자신의 신체와 자아상을 객관적으로 바라볼 수 있도록 돕겠습니다.
- 외모가 아닌 내담자 자신의 내적 가치, 강점, 성취에 집중하는 상담을 진행하여 낮아진 자존감을 회복시키고, 자기 비난에서 벗어날 수 있도록 돕겠습니다.

㉡ 내담자에게 의료적 치료 제안
- 내담자는 극심한 체중 감소, BMI 저하, 지속적인 소화불량, 두통, 무기력감 등 심각한 신체적 증상을 호소하고 있으므로 의료적 개입이 필요합니다.
- 전문 의료기관(예 내과, 정신과 등)에서 연계하여 내담자의 신체적 상태를 평가하고 치료받을 수 있도록 돕겠습니다.

㉢ 내담자에게 긍정적 관계 형성 지원
- 중학교 시절의 놀림 받은 경험을 다루어 트라우마를 치유하고, 건강한 대인관계를 맺을 수 있도록 돕겠습니다.
- 친구들과의 관계에서 식사를 거부하며 소외되는 상황을 탐색하고 건강한 또래관계를 형성할 수 있도록 돕겠습니다.

답변작성
위 모범답변을 참고하여, 자신만의 답변을 작성해 보세요.

질문 02 상기 내담자에게 정상적인 식사를 권하였지만 지속적으로 거부한다면 어떻게 대응할 것인가?

답변방향

1. 내담자의 건강 악화를 인지하고, 증상이 심하다면 입원 치료를 포함한 의료적 개입이 필수임을 강조하세요.
2. 내담자와 보호자에게 현재 건강 상태가 얼마나 심각한지 명확하게 전달하는 과정을 언급하세요.
3. 내담자의 자기결정권도 존중해야 하지만 생명 보호를 위한 상담자의 윤리적 책임이 우선시될 수 있음을 언급하세요.

모범답변

ㄱ 설득 및 상황의 심각성 전달
- "한 끼를 거른다고 몸무게가 급격히 늘진 않아. 건강이 우선이야."라고 말하며 과도한 식사 불안을 해소해보려고 하겠습니다.
- 내담자에게 식사 거부가 지속되면 건강과 생명에 직접적인 위협이 될 수 있는 심각한 상황임을 설명하겠습니다.

ㄴ 보호자의 협력 요청 및 전문기관 연계
- 지속적으로 식사를 거부한다면 단순한 식이 조절 문제가 아닌 섭식장애로 판단하고 보호자와의 협력을 요청하겠습니다.
- 상담과 함께 의료적인 치료가 병행되어야 함을 설명하고 보호자의 동의를 구하겠습니다.
- 내담자의 생명이 위태로울 정도의 상황이라면, 비자발적인 입원 절차를 밟을 수 있음을 보호자에게 알리겠습니다.
- 입원은 내담자의 자기결정권을 제한하는 조치이나 생명 보호를 위한 불가피한 선택임을 알리겠습니다.

답변작성 위 모범답변을 참고하여, 자신만의 답변을 작성해 보세요.

질문 03　상기 내담자가 계속하여 자신의 외모를 과장되게 비하한다면 어떻게 대응하겠는가?

답변방향

1. 내담자의 발언을 판단 없이 경청하고 낮아진 자존감을 이해하는 태도를 보여주세요.
2. 내담자가 외모에 대한 강박에서 어떻게 벗어날 수 있을지 구체적인 방안을 제시하세요.
3. 미디어 리터러시 교육, SNS 사용 습관 점검 등 내담자의 문제를 사회적 요인과 연결하여 해결하는 시각을 언급하세요.

모범답변

㉠ 내담자의 발언을 판단 없이 경청
- 내담자가 자신의 외모에 대해 비하하는 발언을 할 때, 판단하려 하지 않고 감정을 있는 그대로 수용하고 들어주겠습니다.
- "외모때문에 위축된 마음이 드는구나."라고 말하며 내담자의 감정을 읽어주겠습니다.

㉡ 내담자의 낮은 자존감 이해
- 과장된 외모 비하는 자존감과 직결되는 문제임을 언급하겠습니다.
- 내담자의 내면에 있는 상처와 무력감을 이해하는 태도를 보여주겠습니다.
- 외모가 아닌 내담자 내면의 가치에 초점을 맞추는 대화를 함께 진행하겠습니다.

㉢ 미디어 리터러시 교육 진행
- 미디어에서 보여주는 비현실적인 미의 기준이 내담자에게 어떤 영향을 미치는지 함께 탐색하고, 미디어를 비판적으로 수용하는 능력을 기르도록 돕겠습니다.
- 내담자가 동경하는 SNS 속 인물들과의 외모 비교에서 벗어나도록 SNS 사용 습관을 함께 점검하겠습니다.

답변작성 위 모범답변을 참고하여, 자신만의 답변을 작성해 보세요.

질문 04 청소년에게 연예인(혹은 인플루언서)이 갖는 의미는 무엇인가?

답변방향

1. 청소년의 발달 단계와 관련하여 답변하면 더 좋아요.
2. 연예인이 청소년에게 긍정적인 영향과 부정적인 영향을 동시에 미칠 수 있음을 설명하세요.

모범답변

㉠ **청소년의 가치관 형성**
- 청소년은 자신의 삶에서 경험하지 못했던 성공 또는 아름다움을 연예인이나 인플루언서에게서 발견합니다.
- 자신이 좋아하는 인플루언서의 가치관, 라이프스타일, 사회적 메시지에 영향을 받으며 자신만의 가치관을 형성해 나갑니다.
- 연예인의 성공을 보며 '나도 열심히 해야지'라는 긍정적인 영향을 얻기도 하지만, 반대로 그들의 완벽해 보이는 모습과 자신을 비교하며 무력감이나 좌절을 느끼기도 합니다.

㉡ **사회적 소속감 형성**
- 좋아하는 연예인이나 인플루언서에 대한 정보를 공유하고, 팬덤 활동을 함께 하면서 또래 집단과의 소속감을 형성합니다.
- 연예인이나 인플루언서와 관련된 이야기는 청소년 사이에서 주요한 대화 소재로 그들의 관계를 더욱 돈독하게 만드는 매개체 역할을 합니다.

㉢ **미적 지향성의 기준**
- 청소년들은 미디어 속 연예인이나 인플루언서들의 외모를 아름다움의 기준으로 받아들이는 경향이 있습니다.
- 긍정적인 자기 관리로 이어질 수 있지만, 비현실적인 미의 기준을 쫓아 자신을 비하하거나 강박적인 다이어트에 빠지는 부정적인 영향을 미치기도 합니다.

답변작성 위 모범답변을 참고하여, 자신만의 답변을 작성해 보세요.

제시사례

중학교 3학년에 재학 중인 남 군(15세, 남)은 2학기 초부터 무단결석이 잦아졌으며, 현재는 한 달 넘게 학교에 등교하지 않고 있다. 담임교사와 상담교사의 지속적인 연락 시도에도 응답이 없어, 지역 청소년상담복지센터를 통해 가정방문 상담이 이루어졌다. 가정방문 당시 남 군은 자신의 방에서 문을 잠근 채 나오지 않았으나 어머니가 어렵게 설득하여 겨우 상담자와 마주앉을 수 있었다.

남 군은 상담자 앞에서도 고개를 숙인 채 말을 거의 하지 않았으나, 몇 차례의 방문 끝에 "밖에 나가면 불편해요. 그냥 방이 제일 편해요"라고 짧게 말했다. 남 군은 중학교 1학년까지는 반 친구들과 무난히 어울렸으나, 2학년이 되고부터 반 친구들 사이에서 따돌림과 무시를 경험하였다. 체육 시간이나 조별 활동에서 참여하지 못한 것은 물론 점심시간에도 혼자 밥을 먹어야 했다. 이후 남들의 시선에 과민하게 반응하다가 점점 대인 접촉을 피하기 시작하였다.

남 군은 현재 하루 대부분을 자신의 방에서 보내며, 식사도 대부분 방 안에서 혼자 해결한다. 방에서 주로 인터넷 방송을 시청하거나 휴대폰 게임을 하며 시간을 보내고 있으며, 낮과 밤이 바뀐 생활을 이어가고 있다. 어머니에 따르면 최근에는 가족과의 대화도 거의 없고, 말을 걸면 짜증을 내거나 무반응으로 일관한다고 한다. 외출은 거의 하지 않으며, 필요한 물건이 있으면 부모님께 요청하여 부모가 대신 다녀오고 있다.

상담사가 학교에 다시 가보고 싶지는 않냐고 물었을 때 남 군은 자신을 괴롭혔던 친구들이 얼굴이 다 떠오른다며 손사래를 쳤다. 아무도 자신이랑 친하게 지내고 싶지 않을 것이라며 감정을 억누른 채 이야기를 하였다. 남 군은 "지금은 이렇게 지내는 게 나아요. 다른 사람을 안 만나면 불편할 일도 없고, 내 마음도 안 다쳐요"라며, 외부 세계에 대한 불신과 자기방어적 사고를 강하게 보였다.

현재 남 군은 진학에 대한 의욕도 낮고, 스스로 무엇을 할 수 있을지 모르고 있다. 또한, 아무것도 하고 싶지 않다며 무기력한 상태에 빠져 있다.

사례분석

1. 내담자는 또래관계에서의 따돌림 경험으로 인해 심리적 위축과 대인 기피 행동을 보이고 있어요.
2. 내담자는 은둔형 외톨이(은둔 청소년)의 전형적인 생활패턴을 보이고 있으며, 심리적·사회적 기능이 위축된 상태예요.
3. 내담자는 자기정체성 형성과 자신의 미래에 대한 기대가 거의 없으며 무기력한 상황이 지속되고 있어요.

질문 01 상기 사례 속 내담자가 상담 주제를 회피하거나 다른 이야기만 한다면 어떻게 하겠는가?

답변방향

1. 내담자의 회피 행동을 단순한 상담 거부보다는 학창 시절의 상처로 인한 자기보호로 해석해 답변해 보세요.
2. 섣불리 개입하거나 성급하게 조언하기보다, 내담자의 속도에 맞춰 충분히 기다려주는 모습을 통해 내담자가 상담을 주도하도록 도울 것을 강조하세요.
3. 내담자에게 부담을 주지 않으면서도 상담에 대한 긍정적인 경험을 쌓을 방법을 언급해 보세요.

모범답변

㉠ 회피에 대한 이해와 공감
- 내담자가 상담 주제를 회피하는 행동은 단순히 상담을 거부하는 것이 아니라, 자신의 취약한 마음을 보호하려는 방어기제임을 이해하고 수용하겠습니다.
- 내담자가 말을 하지 않거나 다른 이야기를 하더라도 성급하게 주제를 바꾸거나 다그치지 않고 조용히 기다려주겠습니다.

㉡ 내담자의 속도에 맞춰 상담 진행
- 내담자가 편안하게 이야기할 수 있는 주제(예 좋아하는 게임, 인터넷 방송 등)부터 시작하여 대화를 이어가겠습니다.
- 내담자가 상담에 대한 부담감을 덜고 상담자와의 관계를 긍정적으로 인식하도록 하겠습니다.
- 내담자에게 '무엇을 이야기하고 싶은지', '지금은 어떤 기분인지'를 물으며 내담자 중심의 상담을 이어가겠습니다.

㉢ 점진적으로 상담목표를 확대
- 신뢰 형성 및 상담에 대한 거부감이 줄어들면, 작은 단계의 목표(예 다음 상담시간에는 눈을 보고 이야기하기 등)를 설정하고 함께 달성해가겠습니다.
- 내담자가 상담과정에서 보인 작은 변화(예 미소, 고개 끄덕임 등)에도 주목하고, 부담스럽지 않게 칭찬하며 긍정적인 경험을 쌓겠습니다.

답변작성
위 모범답변을 참고하여, 자신만의 답변을 작성해 보세요.

질문 02   상기 사례 내담자를 상담한다면 어떻게 하겠는가?

답변방향

1. 내담자의 대인기피 상태와 심각성을 고려한 상담목표를 중점으로 상담을 하겠다고 답변해 보세요.
2. 단순히 '학교 복귀'라는 결과를 추구하는 것이 아니라 내담자의 내면적 성장을 위한 상담을 하겠다고 언급하세요.
3. 내담자가 좋아하는 '게임'이나 '인터넷 방송'을 흥미와 강점을 발견하는 수단으로 답변에서 활용해 보세요.

모범답변

㉠ 상담 초기: 내담자의 심리 안정화 및 라포 형성
- 외부에 대한 불신이 강한 내담자이므로, 상담자를 '안전하고 신뢰할 수 있는 사람'으로 느끼도록 편안한 분위기를 형성하겠습니다.
- 내담자가 자신의 이야기를 할 수 있도록 기다려주며 따뜻한 시선으로 바라봐주고 지지하는 태도를 보여주겠습니다.

㉡ 상담 중기: 내담자의 자아 존중감 회복을 위한 개입
- "아무도 자신과 친하게 지내고 싶지 않을 것"이라는 부정적이고 왜곡된 인지를 탐색하고, 스스로를 비난하는 마음에서 벗어나도록 돕겠습니다.
- 내담자가 좋아하는 게임이나 인터넷 방송 등에서 자신이 가진 흥미와 강점을 발견하고, 작은 성취를 통해 자존감을 회복하도록 지원하겠습니다.

㉢ 상담 후기: 내담자의 사회 적응 및 관계 회복을 위한 개입
- 내담자가 스스로의 의지로 학교에 복귀할 수 있도록 동기를 부여하고, 학교생활에 적응하는 데 필요한 심리적, 환경적 지원을 제공하겠습니다.
- 과거의 따돌림 경험이 반복되지 않도록 자기 방어 및 대처 능력을 키우고, 건강한 관계를 유지하는 방법을 익히도록 돕겠습니다.

답변작성
위 모범답변을 참고하여, 자신만의 답변을 작성해 보세요.

질문 03 상기 사례 속 내담자의 부모에게 당부하고 싶은 말이 있다면?

답변방향

1. 내담자 부모에게 자녀의 행동이 단순히 게으름이나 반항이 아님을 이해시켜야 한다고 답변해야 해요.
2. '무조건적인 지지', '작은 변화에 대한 격려' 등 부모가 가정에서 즉시 실천할 수 있는 구체적인 행동 지침을 제시하세요.
3. 내담자의 회복이 상담자 혼자의 노력만으로 되는 것이 아니라 부모와의 협력이 필수임을 강조하세요.

모범답변

㉠ 자녀의 행동에 대한 이해와 무조건적인 지지 당부
- 자녀의 현재 행동(예 무단결석, 방에서 나오지 않음, 대화 거부 등)은 단순히 게으르거나 반항하는 것이 아니라, 과거의 상처와 타인에 대한 공포로 인해 자신을 보호하려는 행동임을 이해해주기를 부탁드리겠습니다.
- 다른 친구들과 비교하거나 섣부르게 조언하지 말고 내담자의 감정을 있는 그대로 수용하고 무조건적인 지지를 표현해주기를 요청하겠습니다.

㉡ 자녀의 작은 변화에 대한 격려 당부
- 내담자가 방 밖으로 나왔을 때 혹은 짧게라도 대답을 했을 때, "방에서 나와줘서 고마워", "목소리 들으니까 좋다"와 같이 작은 변화에도 긍정적인 피드백을 부탁드리겠습니다.

㉢ 상담자의 조언을 따를 것을 요청
- 상담자가 제안하는 가족상담이나 부모 교육 등 프로그램에 적극적으로 참여하고, 가정에서 실천할 수 있는 구체적인 지침들을 따라주기를 부탁드리겠습니다.
- 내담자의 회복까지 조급한 마음을 가지기보다 장기적인 관점에서 꾸준히 노력해주기를 당부하겠습니다.

답변작성
위 모범답변을 참고하여, 자신만의 답변을 작성해 보세요.

질문 04 내담자의 부모가 다른 상담자로 바꿔 달라고 한다면 어떻게 대처하겠는가?

답변방향

1. 내담자 부모의 요청에 공감하되 상담자를 왜 교체하기 원하는지를 파악한다는 내용을 언급해 보세요.
2. 상담은 단기간에 극적인 효과를 보이기 어려운 장기적인 과정임을 강조하세요.
3. 상담자 교체가 자녀에게 또 다른 심리적 부담을 줄 수 있음을 설명하세요.

모범답변

㉠ 상담자 교체 요청에 대한 공감 및 이유 파악
- 부모가 상담자 교체를 요청한 이유를 먼저 경청하겠습니다.
- 어떤 부분에 대해 불편함을 느끼셨는지, 혹은 상담 진행이 어떤 부분에서 기대와 달랐는지를 여쭙고 부모의 의견을 존중하는 태도를 보이겠습니다.
- 부모는 자녀의 상태가 하루빨리 좋아지기를 바라는 조급한 마음과 상담에 대한 불신으로 인해 불안감을 느끼고 있을 수 있으므로 이러한 부모의 마음에 공감하겠습니다.

㉡ 상담의 과정과 상담자 교체의 영향 설명
- 상담이 단기간에 극적인 효과를 보기 어려운 장기적인 과정임을 말씀드리겠습니다.
- 지금의 어려움은 내담자의 회복 과정에서 자연스럽게 나타나는 단계일 수 있음을 알려드리겠습니다.
- 상담자 교체가 당장에는 해결책처럼 보일 수 있지만, 새로운 상담자와 다시 라포를 형성하는 과정이 내담자에게 또 다른 심리적 부담을 줄 수 있음을 설명하겠습니다.

답변작성 위 모범답변을 참고하여, 자신만의 답변을 작성해 보세요.

제시사례

중학교 1학년에 재학 중인 박 군(13세, 남)은 담임교사의 의뢰로 학교상담실에 연계되었다. 박 군은 교과 내용을 따라가는 데 어려움을 보이며, 수업 중 교사의 지시를 잘 이해하지 못하고 엉뚱한 반응을 보이는 일이 잦았다. 수행평가 과제는 대부분 미제출이고, 간단한 활동을 할 때도 반복적으로 설명이 필요했다. 교사는 같은 말을 세 번은 반복해야 이해한다며 박 군의 학습능력에 의문을 제기하였다.

또래관계에서도 박 군은 혼자 있는 경우가 많다. 쉬는 시간에 다른 학생들이 짓궂은 장난을 하거나 놀릴 때에도 적절히 대처하지 못하고, 상황을 이해하지 못한 채 멍하게 웃는 경우가 있었다. 몇몇 학생은 "바보 같다"거나 "답답하다"며 박 군을 따돌리는 분위기를 형성하고 있었다. 박 군은 자신이 놀림의 대상이 되고 있다는 것을 어렴풋이 인지하면서도 자신이 이상해서 그렇다며 자책하는 모습을 보였다.

부모와의 면담에서 어머니는 박 군이 초등학교 때도 학습이 느리긴 했지만, 특수교육 대상은 아니라고 해서 일반 중학교에 진학시켰다고 말하였다. 또한, 최근에는 아들이 학교 가는 것을 힘들어하고 자주 배가 아프다고 호소한다고 이야기했다. 박 군은 집에서는 말이 적고, 대부분 스마트폰을 보거나 유일한 취미인 그림을 그리며 시간을 보내고 있다. 부모가 학교생활을 물어봐도 "몰라요"라는 대답으로 회피하는 경향이 있다.

상담자는 학교 심리검사를 통해 박 군의 지능이 전반적으로 또래 평균보다 낮으며, 경계선 지능(IQ 약 70~85 사이) 범주에 해당함을 확인하였다. 박 군은 지시를 구체적으로 전달했을 때만 과제를 수행하며, 감정표현도 서툴러 다른 학생과의 깊은 상호작용에 어려움을 겪는 특성이 나타났다. 박 군은 상담 중 "친구들이랑도 잘 지내고 싶은데, 무슨 말을 해야 할지 모르겠어요. 모두들 내가 싫은가 봐요"라고 말하며 눈시울을 붉혔다.

사례분석

1 내담자는 경계선 지능 특성을 보이며 전반적인 학습과 사회적 적응에 어려움을 겪고 있어요.

2 내담자는 또래와의 관계에서 반복적인 놀림과 따돌림의 대상이 되고 있어요.

3 내담자는 자신의 어려움을 인지하고 있지만, 정확히 표현하지 못한 채 자책하는 태도를 보이고 있어요.

질문 01 상기 사례의 상담자라면 내담자를 위해 할 수 있는 일은 무엇인가?

답변방향

1. 내담자의 어려움은 '경계선 지능'이라는 근본적인 특성에서 비롯됨을 언급하세요.
2. 실제 상담이나 학교 현장에서 적용할 수 있는 구체적이고 실천적인 방법을 제시하세요.
3. 부모에게 내담자의 어려움이 '노력 부족'이 아님을 이해시켜야 함을 언급하세요.

모범답변

㉠ 내담자의 정서에 공감 및 자존감 회복
- "모두들 내가 싫은가 봐요"라고 말하는 내담자의 외로움과 좌절감을 공감하며 정서적으로 지지하겠습니다.
- 상담실이 내담자에게 안전한 공간임을 느끼게 하여 마음을 터놓을 수 있도록 돕겠습니다.
- 내담자가 가진 취미(그림 그리기)에 대해 긍정적인 피드백을 제공하여, 자존감을 회복하도록 돕겠습니다.

㉡ 담임교사와의 협력 및 교육 지원 연계
- 담임교사와 협력하여 내담자의 특성(예 구체적인 지시, 반복적인 설명 필요 등)을 공유하여, 교실에서 내담자가 학습 내용을 더 잘 이해할 수 있는 방법을 함께 모색하겠습니다.
- 내담자가 필요로 하는 교육적 지원이 무엇인지 파악하여 학습 보조 프로그램, 사회성 훈련 프로그램 등 적절한 지원을 받을 수 있도록 연계하겠습니다.

㉢ 친구들과 소통하는 방법 알려주기
- 내담자는 또래 친구들과의 교류를 원하고 있기 때문에 간단한 인사법, 대화 시작하기, 놀리지 말라고 표현하기 등 구체적인 소통방법을 익히도록 돕고 또래관계에 적응할 수 있도록 하겠습니다.

㉣ 부모의 내담자 이해를 돕기 위한 개입
- 부모님에게 내담자가 겪고 있는 어려움이 '노력 부족'이 아니라 지능적인 특성 때문임을 설명하고, 자녀를 이해하는 데 도움이 될 수 있는 정보를 제공하겠습니다.

답변작성
위 모범답변을 참고하여, 자신만의 답변을 작성해 보세요.

질문 02 경계선 지능에 해당하는 내담자에게 어떤 상담이론을 적용할 수 있는가?

답변방향

1. 상담이론을 내담자의 '경계선 지능'이라는 특성에 맞춰 설명해 보세요.
2. 사례에서 알 수 있는 내담자의 상황을 근거로 왜 해당 이론을 적용하고 싶은지 구체적으로 설명하세요.

모범답변

㉠ 인지행동 상담이론
- 인지행동 상담이론은 문제 해결에 초점을 맞추고, 비합리적인 사고를 구체적이고 단계적인 방식으로 다루기 때문에 내담자의 인지적 특성에 적합합니다.
- '모두들 내가 싫은가 봐요'와 같은 왜곡된 생각을 '몇몇 친구들은 나를 놀렸지만, 다른 친구는 나에게 말을 걸어주기도 했어'와 같은 현실적이고 합리적인 생각으로 바꾸는 훈련을 진행하겠습니다.

㉡ 현실치료이론
- 내담자가 과거의 따돌림 받았던 경험에 매몰되지 않고 '지금 여기에서 무엇을 할 수 있는가'에 초점을 맞추겠습니다.
- 내담자가 현재 느끼는 불안과 고립은 소속감 욕구가 충족되지 못했기 때문임을 인지하고 스스로 어떤 행동을 선택할 수 있는지 함께 논의하겠습니다.
- 원하는 것을 파악(W), 현재 행동 탐색(D), 행동 평가(E), 계획 수립(P)의 단계를 적용하여 내담자가 문제 해결을 위한 구체적인 계획을 세우고, 이를 실천할 수 있도록 돕겠습니다.

답변작성
위 모범답변을 참고하여, 자신만의 답변을 작성해 보세요.

모범답변 더 보기

질문 03 ADHD 장애가 있는 내담자를 상담할 때 어떻게 진행해야 하는가?

답변방향

1. ADHD라는 내담자의 특성에 맞춰 어떻게 상담환경을 조성할 것인지 설명해야 해요.
2. 구체적이고 실천 가능한 행동 목표를 설정하고, 긍정적인 행동에 대해 격려하겠다는 점을 언급해 주세요.

모범답변

㉠ 내담자 특성에 맞는 상담환경 조성
- 상담실을 산만하지 않게 정리하고 다칠 위험이 있는 물건들은 미리 치워둡니다.
- 내담자의 집중 시간을 고려하여 상담시간을 길지 않게 운영합니다.

㉡ 내담자 특성에 맞는 상담방식 설정
- 길고 추상적인 설명보다는 구체적이고 간단한 상담 안내를 합니다.
- 상담 목표, 시간, 규칙을 분명하게 제시합니다.
- 긴 시간 집중이 어려우므로 짧은 활동이나 과제 단위로 끊어서 상담을 진행합니다.
- 그림, 체크리스트, 메모카드 등 시각적인 도구를 활용하여 상담을 진행하겠습니다.
- 작은 성취(예 10분 집중 등)라도 즉시 칭찬하여 상담 동기를 부여합니다.
- '충동적으로 행동하기 전 멈추고 생각하기' 같은 자기점검 기법을 안내합니다.

㉢ 조급해하지 않는 상담자의 태도
- 내담자 특성에 맞추어 조급해하지 않고 반복 설명을 통해 내담자가 충분히 이해할 수 있도록 돕겠습니다.
- 과잉행동이나 산만함을 문제행동으로만 보지 않고 특성으로 이해합니다.
- 일관된 규칙과 따뜻한 태도의 균형을 유지합니다.

답변작성
위 모범답변을 참고하여, 자신만의 답변을 작성해 보세요.

질문 04 내담자의 학급 학생들이 내담자의 전학을 주장한다는 사실을 알게 되었다면 어떻게 대처할 것인가?

답변방향

1. 교내 상담자로서 학생들의 주장을 듣고 그들이 왜 내담자의 전학을 주장하는지 파악하는 모습을 답변에서 보여주세요.
2. 학생들의 전학 주장이 따돌림의 연장선은 아닌지, 갈등의 본질을 파악하는 모습을 답변에서 보여주세요.
3. 내담자가 또 다른 상처를 입지 않도록 주의하는 모습을 답변에서 보여주세요.

모범답변

㉠ 학급 학생들의 입장 파악
- 학급 학생들의 의견을 경청하여 그들이 왜 내담자의 전학을 주장하는지 그 배경(예 학습 활동의 어려움, 소통의 답답함, 따돌림의 책임 전가 등)을 파악하겠습니다.
- 학생들의 감정을 무시하지 않고 그들이 느낀 어려움을 이해하는 태도를 보여주겠습니다.

㉡ 갈등의 본질 파악
- 학생들의 주장이 내담자를 학급 구성원으로 받아들이기 어려워서인지 아니면 '바보 같다', '답답하다'는 표현에서 드러나는 따돌림의 연장선인지 파악하겠습니다.
- 후자라면, 명백한 학교폭력의 소지가 있으므로 사안의 심각성을 인지시키고, 교내 학교폭력 전담 기구에 사안을 보고할 것입니다.

㉢ 다양성 존중 교육 실시
- 학급 전체를 대상으로 '사람은 누구나 다른 점을 가질 수 있고, 서로의 다름을 존중해야 한다'는 다양성 존중 교육을 실시하여 학생들의 인식을 개선하도록 노력하겠습니다.
- 교육을 실시할 때는 내담자의 '경계선 지능'이라는 특성은 직접적으로 언급하지 않겠습니다.

㉣ 내담자의 정서 보호
- 학생들의 주장으로 인해 내담자가 또 다른 심리적 상처를 받지 않도록 내담자의 감정을 세심하게 살피겠습니다.
- "전학은 네가 결정하는 것이지, 친구들이 결정할 수 있는 문제가 아니다"라고 말해주며 내담자의 자기결정권을 지지할 것입니다.

답변작성
위 모범답변을 참고하여, 자신만의 답변을 작성해 보세요.

제시사례

다음은 고등학교 2학년에 재학중인 여학생이 이메일로 보낸 사연이다.

　안녕하세요, 저는 고등학교 2학년에 재학 중인 학생입니다. 이렇게 메일로 제 이야기를 전하는 것이 조금 떨리지만, 제 상황을 어떻게 해결해야 할지 몰라서 용기를 내어 글을 씁니다. 얼마 전 수업을 듣다가 갑자기 숨이 막히고 심장이 미친 듯이 두근거려서 정말 죽을 것 같은 공포를 느낀 적이 있습니다. 너무 놀라서 응급실에 갔는데, 의사 선생님께서는 특별한 신체적 이상은 없다고 하셨지만 '공황장애 가능성'을 말씀하셨습니다. 병원에 다녀온 이후로도 비슷한 증상이 반복되고 있어서 너무 불안합니다. 저는 아무런 이유 없이도 가슴이 두근거리고, 숨이 가빠오면 '이러다 정말 죽는 게 아닐까?'라는 무서운 생각이 들기도 합니다.

　사실 저는 중학교 시절부터 긴장하거나 낯선 사람들 앞에 서는 게 많이 힘들었습니다. 발표나 시험 같은 상황이 특히 두려웠는데, 최근 들어서는 불안한 순간이 늘어나서 손발이 저리고, 어지럽고, 숨이 막히는 경험을 더 자주 하게 되었습니다. 제가 통제할 수 없을 정도로 증상이 심해지다 보니, 이제는 교실에 앉아 있는 것조차 힘들게 느껴지고, 사람 많은 공간이나 지하철, 엘리베이터 같은 곳에도 들어가기 두려워졌습니다. 혹시 또 갑자기 숨이 안 쉬어지면 어떡하나 하는 걱정이 머릿속에서 떠나지 않습니다. 그래서 혼자 집에만 있으려고 하거나 외출을 피하는 경우가 많아졌습니다.

　이런 상황 때문에 학교 수업에도 집중하기가 어려워졌고, 결석도 늘어나고 있습니다. 친구들과 어울리는 시간도 점점 줄어들고, 제가 점점 더 고립되고 있다는 생각이 듭니다. 그럴수록 마음이 무겁고, 저는 점점 이상한 사람이 되어가는 건 아닐까 두렵습니다.

　저는 어릴 때부터 어머니의 기대와 통제 속에서 자라왔습니다. 어머니는 항상 제가 잘해야 한다고 말씀하시고, 실수 없이 완벽하게 행동하기를 바라셨습니다. 그래서인지 저는 '실수하면 사랑받지 못할 거야'라는 생각을 하게 되었고, 지금도 무언가 잘하지 못하면 금세 스스로를 탓합니다. 완벽해야 한다는 강박이 항상 있습니다. 그래서 더 긴장하고 불안을 많이 느끼는 것 같습니다. 혼자 집에 있으면 불안과 무기력 속에서 하루가 흘러갑니다.

　저는 주위에서 저를 이상하게 볼까 두려움 때문에 제 이야기를 주변 사람들에게는 털어놓지 못했습니다. 친구나 가족에게 말하면 괜히 걱정만 끼칠까 봐 망설여졌습니다. 하지만 이제는 저 혼자 감당하기에는 너무 힘들어져서 이렇게 상담 메일을 드리게 되었습니다. 선생님, 제가 왜 이런 증상을 겪는 건지, 그리고 앞으로 어떻게 하면 괜찮아질 수 있는지 도와주셨으면 합니다.

사례분석

1. 내담자는 반복적인 공황발작을 경험하며 극심한 불안과 공포를 느끼고 있어요.

2. 내담자는 불안 민감성이 높으며, '내가 이상해질까 봐', '죽을지도 모른다'는 왜곡된 사고를 반복하고 있어요.

3. 내담자는 완벽주의 성향을 보이며 이는 공황 증상의 심화 요인으로 작용하고 있어요.

질문 01 상담 도중 내담자가 공황발작을 호소할 때 어떻게 반응해야 하는가?

답변방향

1. 상담자가 당황하지 않는 것이 내담자를 안정화하는데 중요함을 언급하세요.
2. 공황발작 시 나타나는 과호흡의 특성을 이해하고, '복식 호흡 유도'와 같은 구체적인 방법을 제시하세요.

모범답변

㉠ 침착한 태도를 유지하여 내담자 안정시키기
- 상담자가 당황하거나 과도하게 반응하면 내담자의 불안이 더 커질 수 있습니다.
- 차분한 목소리로 다독여주며 이 공간은 안전한 곳이라는 메시지를 전달합니다.
- 내담자가 앉거나 기대어 쉴 수 있는 공간을 마련합니다.
- 갑작스러운 움직임이나 자극(예 큰 소리, 빠른 말투)은 피합니다.

㉡ 호흡을 조절하는 방법 안내
- 공황발작 시에는 과호흡이 나타나기 때문에 호흡방법을 지시합니다.
- "천천히 코로 들이마시고, 입으로 길게 내쉬어 보세요"와 같이 호흡 재조절을 돕습니다.
- 손을 배에 대게 하여 복식호흡을 유도하거나, 함께 호흡 리듬을 맞춰줍니다.
- 내담자가 잘 따라하지 못하더라도 격려하며 호흡에 집중할 수 있도록 합니다.
- 내담자가 기절하거나 호흡 곤란이 심할 경우, 응급조치를 요청합니다.

㉢ 내담자의 불안 다루기
- 공황발작이 오면 내담자는 죽을 것 같다는 생각에 사로잡히기 때문에, 지금이 안전하다는 걸 느끼게 해줍니다.
- "지금 의자에 앉아 있는 걸 한번 느껴보세요." 등의 현실감을 주는 질문을 던져 공포에서 벗어나 현실에 집중하도록 돕습니다.

답변작성
위 모범답변을 참고하여, 자신만의 답변을 작성해 보세요.

질문 02 공황장애로 인해 등교가 어려워진 청소년 내담자에게 어떻게 개입하겠는가?

답변방향

1 공황장애 내담자가 느끼는 통제 불능의 감정을 이해하고, 상담관계에서 내담자의 자율성을 존중하겠다는 자세를 언급하세요.

2 내담자가 불안을 스스로 다룰 수 있도록 구체적이고 실질적인 문제 해결 방안을 제시해주세요.

모범답변

㉠ 내담자 이해 및 상담 자율성 부여
- 내담자의 상황과 감정에 공감하고 상담실을 안전한 공간으로 인식하도록 돕겠습니다.
- 공황장애를 겪는 청소년은 자신이 통제할 수 없는 상황에 극도로 예민할 수 있으므로 내담자가 말하기 싫으면 언제든지 멈춰도 된다는 자율성을 부여하겠습니다.

㉡ 신체 증상을 관리하는 방법 교육
- 공황발작 시 나타나는 과호흡과 가슴 두근거림 등 신체 증상을 관리하는 방법을 교육하겠습니다.
- 복식 호흡법, 근육 이완법 등을 알려주어 스스로 불안을 조절할 수 있는 힘을 길러주겠습니다.

㉢ 점진적인 등교 적응 훈련 실시
- 등교 자체를 목표로 삼기보다는 '교문까지 가보기', '교실 근처까지 친구와 가보기' 등의 적응 훈련을 통해 점진적으로 공황장애에 대한 대처 경험을 형성해가겠습니다.
- 내담자가 스스로 성취감을 느낄 수 있도록 목표에 대한 성공을 경험하도록 격려하여, 자기효능감을 회복하도록 하겠습니다.

답변작성
위 모범답변을 참고하여, 자신만의 답변을 작성해 보세요.

질문 03
공황장애 진단을 받고 위축된 내담자가 "나는 이상한 사람 같다"고 말할 때, 상담자는 어떻게 개입할 수 있는가?

답변방향

1. 실제 상담 현장에서 어떻게 개입할 것인지 구체적인 기법과 예시를 들어 설명하세요.
2. 공감, 인지 재구조화, 강점 탐색 등을 통해 내담자의 부정적인 신념을 긍정적인 생각으로 바꾸도록 도울 수 있음을 설명하세요.

모범답변

㉠ 공감과 정서반영 기법
- 내담자의 감정을 먼저 충분히 수용해 줍니다.
- "진단을 받고 나니 스스로가 이상하게 느껴져서 많이 힘들군요."라고 언급하며 내담자에게 자신이 이해받고 있다는 경험을 하게 합니다.

㉡ 인지 재구조화 기법
- 부정적인 자기 믿음을 점검하고, 다른 관점으로 해석할 수 있게 합니다.
- 공황장애 진단이 성격이나 가치 전체를 의미하는 건 아니라고 말하며 내담자가 가진 신념을 다르게 해석해주겠습니다.
- "친한 친구가 같은 증상을 겪는다면 그 친구도 이상한 사람이라고 생각할 건가요?"라고 질문하여 내담자 스스로 자신의 생각이 비합리적임을 깨닫도록 하겠습니다.

㉢ 강점 기반 상담기법
- 내담자가 과거에 어려움을 극복한 경험, 잘 해낸 일, 도움을 요청했던 경험 등을 이야기하도록 유도합니다.
- "공황발작이 왔지만 호흡을 조절하며 견뎌낸 것이 정말 대단해요."라고 말하여 작은 성공도 크게 인정해줍니다.
- 내담자의 강점을 활용하여 현실적인 목표를 설정하고, 작은 성공을 쌓아감으로써 자기존중감을 높이도록 돕겠습니다.

답변작성
위 모범답변을 참고하여, 자신만의 답변을 작성해 보세요.

질문 04   상기 사례 내담자의 어머니가 자녀의 상황을 알고 상담을 요청한다면 어떻게 개입하겠는가?

답변방향

1. 어머니의 과도한 기대와 통제로 내담자가 강박관념을 가지게 된 상황을 언급하세요.

2. 내담자가 호소하는 공황장애와 불안증상에 대한 어머니의 이해를 높여야 해요.

3. 어머니와 내담자가 긍정적인 상호작용을 만들어 갈 수 있도록 상담을 전개해야 해요.

모범답변

㉠ 공황장애와 불안 증상에 대한 이해 증진
- 어머니의 걱정과 감정을 듣고 공감합니다.
- 어머니가 딸의 증상을 성격 문제나 나약함으로 오해하지 않도록 안내합니다.
- 병원 진단과 상담 기록을 근거로, 공황장애가 치료 가능한 질환임을 설명합니다.

㉡ 부모와 자녀간의 긍정적인 상호작용 촉진
- 내담자가 불안을 표현했을 때 판단이나 비난하기보다 상황에 공감할 수 있는 방법을 설명합니다.
- 어머니가 딸의 불안과 공포를 있는 그대로 수용하고 지지와 안정감을 제공할 수 있도록 돕습니다.
- 어머니가 완벽과 성취 중심으로 요구한 부분이 딸의 불안을 지속시킨 요인일 수 있음을 부드럽게 설명합니다.
- 과도한 통제 대신 딸의 선택과 행동을 존중하고, 작은 성취에도 칭찬해줄 것을 요청합니다.
- 딸이 어머니에게 자신의 증상을 솔직하게 이야기하도록 가정 내 정기적인 대화시간을 마련하도록 합니다.
- 딸이 공황증상을 보일 때 부모가 당황하면 자녀의 불안이 커지므로 침착하게 호흡법을 유도할 것을 안내합니다.

답변작성
위 모범답변을 참고하여, 자신만의 답변을 작성해 보세요.

제시사례

> 제한 시간 내 읽어 보세요. 5분

중학교 2학년에 재학 중인 양 군(14세, 남)은 최근 수업 시간에 자주 졸고 과제를 제출하지 않는 날이 많아졌다. 수업에 집중하지 못하는 모습이 잦아진 것을 이상하게 여긴 담임교사는 양 군을 학교 상담실로 안내하였다. 눈이 충혈된 채 상담실에 들어온 양 군에게 상담자가 최근 상태를 묻자, 밤늦게까지 스마트폰을 사용하다 보니 피곤하다고 솔직하게 말했다. 상담자와 스마트폰 사용에 대한 이야기를 나누던 중, 양 군은 밤마다 음란물을 반복적으로 시청하고 있다는 사실을 털어놓았다.

양 군은 초등학교 고학년 시절 친구들을 통해 음란물을 접한 이후 혼자 있을 때마다 영상을 찾는 행동이 반복되었다고 한다. 처음에는 단순한 호기심으로 시작되었지만 점점 더 자극적인 내용을 찾아보게 되었고, 최근에는 밤마다 이를 시청하지 않으면 잠을 잘 수 없다고 털어놓았다. 이로 인해 수면 시간이 줄고, 수업 중 졸거나 집중하지 못하는 일이 빈번해졌다. 양 군은 피곤함과 함께 눈의 통증, 손발의 나른함, 전반적인 무기력감을 호소하였다. 상담자는 이러한 반복적 행동이 단순한 습관이 아니라 중독 수준에 가까운 상태임을 파악하였다.

가정에서는 양 군이 스마트폰으로 주로 게임이나 유튜브 영상을 보는 것으로 알고 있었다. 부모는 방문을 닫고 혼자 있는 모습을 사춘기 시절의 특징으로 판단하고 있었다. 아버지는 스마트폰 사용을 통제하기 위해 야단치거나 강압적으로 기기를 압수하는 방식으로 대응했으며, 어머니는 처음에는 양 군과 상의해 스마트폰 사용 시간을 정하려 했으나, 포기하고 남편처럼 행동했다. 그러나 양 군은 부모가 기기를 압수하면 친구에게 빌리거나 몰래 태블릿을 숨겨 음란물을 시청하는 방식으로 이를 회피하였다.

양 군은 음란물을 반복적으로 시청하면서 형성된 왜곡된 성적 이미지로 인해 또래 여학생과 눈을 마주치거나 대화하는 데 불편함을 느끼고 있다고 호소하였다. 친구들과 함께 있을 때도 불필요한 상상을 떠올리게 되어 불안과 죄책감을 경험하며, 이러한 행동을 혼자서 멈추기 어렵다고 말했다. 양 군은 상담 마지막에 "혼자서는 그만두기 어렵고, 부모님도 잘 이해하지 못하는 것 같아요. 어떻게 해야 할지 모르겠어요"라고 말하며 도움을 요청하였다.

사례분석

1. 내담자는 밤에 음란물을 반복적으로 시청하고 있으며 자극에 대한 내성이 생긴 상태예요.
2. 부모는 내담자의 행동을 사춘기 특징이나 스마트폰 중독으로 여기고, 음란물 중독이라는 본질적인 문제를 파악하지 못하고 있어요.
3. 내담자는 음란물로 형성된 왜곡된 성 이미지 때문에 또래 여학생과의 관계에서 불편함을 느끼고 있어요.

질문 01 상기 사례의 내담자에게 어떤 상담기법을 활용하겠는가?

답변방향

1. 사례 속 내담자의 문제행동을 토대로 상담기법을 고려하여 답변하세요.
2. 본인이 평소 잘 이해하고 있는 상담기법을 정하여 실제 상담현장에서 어떻게 쓰일지 구체적으로 언급하세요.

모범답변

㉠ 행동조절 기법
- 음란물 시청이라는 문제행동을 감소시키고, 건강한 대체 행동을 학습하도록 돕습니다.
- 내담자와 함께 함께 취침 전 일정 시간부터 스마트폰을 사용하지 않도록 계획하고, 점진적으로 음란물 시청 시간을 줄이도록 합니다.
- 긴장, 스트레스, 성적 충동이 올라올 때 운동, 독서, 명상, 취미 활동 등 건강한 방법으로 감정을 해소하도록 돕습니다.
- 음란물 시청 여부, 대체 행동 실천 여부를 기록하게 하여 행동 패턴을 확인하고, 점진적인 개선을 유도합니다.

㉡ 현실치료 기법
- 내담자가 자신의 선택과 행동에 책임감을 느끼고, 현실적인 문제 해결 방법을 배우도록 돕습니다.
- 음란물 시청으로 인해 발생한 현실적인 결과(예 수면 부족, 학업 저하, 사회적 불편감 등)를 구체적으로 확인하도록 합니다.
- 음란물 시청 대신 선택할 수 있는 건강한 행동을 제시하고, 선택의 결과에 대한 책임을 인식하도록 합니다.
- 구체적이고 달성 가능한 목표(예 밤 10시 이후에 스마트폰 안하기)를 설정합니다.
- 목표 실천 후 부족한 점은 상담자와 함께 조정하여 점진적으로 행동 변화를 할 수 있도록 돕습니다.

답변작성
위 모범답변을 참고하여, 자신만의 답변을 작성해 보세요.

모범답변 더 보기

질문 02   음란물 중독 문제를 다룰 때 상담자가 지켜야 할 윤리적 주의사항이나 태도는 무엇인가?

답변방향

1. 내담자가 수치심을 느낄 수 있는 문제이므로 상담자로서 높은 민감성과 윤리의식을 언급하세요.
2. 내담자의 자기결정권을 존중하면서 건강한 가치관을 형성할 수 있도록 도울 것을 강조하세요.

모범답변

㉠ 내담자 행동에 대한 비난 금지
- 음란물 시청 행동에 대해 '나쁘다', '잘못됐다'고 비난하는 태도는 내담자의 수치심을 더욱 키울 수 있으므로 주의합니다.
- 내담자의 자기 개방을 어렵게 만드는 것은 물론 상담에 대한 거부감을 갖게 할 수 있기 때문에 단정적으로 판단하지 않아야 합니다.

㉡ 비밀보장의 원칙 준수
- 내담자가 털어놓은 음란물 중독 관련 내용은 사생활 영역으로 철저하게 비밀을 보장해야 합니다.
- 비밀보장의 원칙에 예외가 되는 상황(예 자·타해의 위험성)에 대해서는 상담 시작 전에 미리 내담자에게 설명하여 혼란을 방지해야 합니다.

㉢ 내담자의 자기결정권 존중
- 상담자는 내담자의 음란물 중독 행동을 억지로 멈추게 하려고 강요해서는 안 됩니다.
- 내담자의 변화 의지를 먼저 확인하고 스스로 문제 해결을 위한 계획을 세울 수 있도록 돕는 것이 중요합니다.

㉣ 상담자의 가치관 강요 금지
- 상담자의 개인적인 성적 가치관이나 도덕성을 내담자에게 강요해서는 안 됩니다.
- 내담자가 성에 대해 건강한 가치관을 형성할 수 있도록 돕되, 자율성을 침해하지 않아야 합니다.

답변작성
위 모범답변을 참고하여, 자신만의 답변을 작성해 보세요.

질문 03
상담 중에 내담자가 지속적으로 자신의 감정을 과장되게 이야기하고 있는 사실을 알게 된다면 어떻게 하겠는가?

답변방향
1. 내담자가 자신의 감정을 과장되게 이야기하는 원인을 파악하여 답변하세요.
2. 내담자의 과장된 행동을 비난하거나 무시하지 않고, 숨겨진 의도를 파악하여 적절하게 개입해야 해요.

모범답변

㉠ 감정 수용과 공감
- 내담자가 느끼는 감정의 진위 여부보다는 과장하여 표현할 만큼 힘들다는 사실을 인정해주겠습니다.
- "그만큼 네가 힘들게 느끼는구나"라며 과장된 표현 속에 담긴 핵심 감정을 포착하여 공감해주겠습니다.
- 상담의 초점이 감정표현 자체에만 머무르지 않도록 주의하며 부드럽게 대화를 조정하겠습니다.

㉡ 과장된 감정표현의 원인 파악
- 내담자는 자신의 감정을 크게 표현함으로써 상담자의 관심과 인정을 받고 싶어 할 수 있습니다.
- 자신의 감정을 정확하게 언어로 표현하는 데 어려움을 느껴 과장되게 표현할 수 있습니다.
- 과거에 과장된 표현을 통해서만 주변 사람들의 반응을 이끌어 낸 경험이 습관으로 굳어진 것일 수 있습니다.
- 문제의 본질을 직면하는 것에 대한 두려움으로 인해 상담의 초점을 돌리려는 무의식적인 방어기제일 수 있습니다.

㉢ 감정표현 방법 안내
- 감정을 구체적이고 사실적으로 표현하는 방법을 알려주겠습니다.
- 감정일기, 감정카드 등을 활용하여 과장된 감정 속 실제 감정을 파악할 수 있도록 하겠습니다.

답변작성
위 모범답변을 참고하여, 자신만의 답변을 작성해 보세요.

질문 04 중학교 2학년 학생들을 대상으로 음란물 중독 예방 프로그램 4회기를 만든다면, 각 회기마다 어떻게 프로그램을 구상할지 말해보시오.

답변방향

1. 중학교 2학년 학생의 발달 특성을 고려하여 프로그램을 구성해 보세요.
2. 음란물 중독 예방 프로그램은 올바른 성 지식과 건강한 자기 조절 능력을 키우는 데 중점을 둬야 함을 강조하세요.
3. 학생들의 흥미를 유발하고 참여를 독려할 방법을 고려하여 답변해 보세요.

모범답변

㉠ 1회기: 음란물과 미디어 환경 이해하기
- 아이스브레이킹 후 미디어 사용 실태를 점검(스마트폰, 인터넷 이용 습관 조사)합니다.
- 짧은 교육 영상 시청 후 음란물이 우리 생활에 어떤 영향을 주는지 토의하게 합니다.
- 음란물에 대한 잘못된 상식을 O, X 퀴즈 등을 통해 깨뜨리고, 올바른 정보를 전달합니다.

㉡ 2회기: 음란물이 청소년 발달에 미치는 영향 알기
- 음란물 시청 관련 만화나 영상을 보고 그룹별로 영상 속 학생을 보고 어떤 생각이 들었는지를 토의합니다.
- 감정카드를 활용하여 영상 속 학생이라면 어떤 기분일지를 토의합니다.

㉢ 3회기: 자기조절 및 대안활동 찾기
- 실제로 음란물이 생각났을 때의 상황과 감정을 나누고 자기 성찰을 공유합니다.
- 음란물 시청을 대체할 수 있는 자신만의 활동 리스트를 만들고 이야기합니다.
- 스트레스 상황에서 충동 조절 방법(예 호흡법, 운동, 취미생활 등)을 배웁니다.
- 모둠별로 건강한 스트레스 해소법 포스터를 그려보도록 합니다.

㉣ 4회기: 건강한 성의식과 실천 다짐하기
- 지난 회기에서 배운 내용을 토대로 나만의 '건강한 미디어 사용 서약서'를 작성하고 발표합니다.
- 전체 프로그램의 소감을 나누고 앞으로의 다짐을 나눕니다.

답변작성 위 모범답변을 참고하여, 자신만의 답변을 작성해 보세요.

제시사례

다음은 청소년상담센터에 상담을 요청한 고등학교 2학년 이 양과의 채팅상담이다.

상담자　안녕하세요. 무엇을 도와드릴까요?
내담자　제가 요즘 고민이 있어서요.
상담자　먼저 상담을 요청해주어 고마워요. 요즘 어떤 일이 있는지 이야기해줄 수 있을까요?
내담자　네. 사실 남자친구 때문에 너무 힘들어요. 저는 정말 너무 좋아하는데 그 친구도 저를 좋아하는지 잘 모르겠어요.
상담자　남자친구와의 관계가 큰 영향을 주고 있나 보네요. 남자친구에게서 연락이 없을 때 어떤 기분이 드나요?
내담자　불안하고, 계속 핸드폰만 확인하게 돼요. 친구들이 저한테 너무 집착한다고 하는데, 제가 이상한 것 같아요. 연락이 잘 되면 하루 종일 기분이 좋지만, 연락이 안 되면 아무것도 못 하겠어요.
상담자　정말 불안하겠군요. 그런 상황에서 스스로를 어떻게 돌보고 있나요?
내담자　혼자 있으면 너무 외롭고 불안해서 어쩔 줄 모르겠어요. 괜히 연락을 더 하면 집착하는 것 같고, 계속 불안하고 요즘에는 식욕도 없어서 밥도 먹기 싫어요.
상담자　많이 힘들겠어요. 혹시 이런 감정을 부모님이나 친구들과 이야기해 본 적 있나요?
내담자　아니요. 부모님께는 말 못 하고, 친구들한테는 너무 남자친구 이야기를 많이 해서 더 못하겠어요. 애들도 듣기 싫어하고요.
상담자　친구들과의 관계 문제도 고민이 되겠어요.
내담자　맞아요. 친구들과 있는 자리에서도 남자친구의 연락을 기다리느라 핸드폰을 놓지 못하고 있어요. 연락이 안 오면 짜증을 내기도 해요. 수업 시간에도 휴대폰이 울릴까 봐 몰래 확인하는 습관이 생겼고, 성적은 이전보다 많이 떨어졌어요.
상담자　고민이 많겠어요. 용기 내줘서 고마워요. 제가 도와줄테니 함께 이 문제를 해결해 나가봐요.
내담자　감사합니다. 저도 이대로는 안 될 것 같아서요. 저 좀 꼭 도와주세요.

사례분석

1. 내담자는 남자친구에게 정서적으로 과도하게 의존하고 있어요.

2. 내담자는 불안감으로 인해 식욕 부진을 겪고 있으며 혼자 있을 때 외로움과 불안감을 느끼고 있어요.

3. 수업 시간에도 남자친구의 연락을 기다리며 휴대폰을 확인하는 등 학업에 집중하지 못하고 있으며 성적 하락으로 이어졌어요.

질문 01 사례의 내담자가 가진 문제점은 무엇인가?

답변방향

1. 내담자는 남자친구에게 과도하게 의존하고, 자신에 대한 비난을 하며 학업 및 일상생활에서 문제가 나타나고 있어요.
2. 내담자에게 남자친구의 연락은 불안 해소 수단이자 동시에 더 큰 불안을 유발하는 원인임을 강조하세요.
3. 내담자가 사례에서 말하고 있는 문제점을 구체적으로 제시하면 답변이 풍부해져요.

모범답변

㉠ 남자친구에게 과도하게 의존하는 경향
- 내담자는 남자친구의 연락에 따라 하루의 기분이 좌우되며, 연락이 없으면 극심한 불안감을 느끼고 있습니다.
- 내담자는 '혼자 있으면 외롭고 불안하다'고 말하며, 남자친구와의 관계를 통해 자신의 정서적 공허함을 채우려 하고 있습니다.
- 남자친구의 연락은 내담자의 불안을 잠시 해소시켜주는 수단이지만, 연락이 없을 때는 더 큰 불안을 유발합니다.

㉡ 낮은 자존감으로 인한 자기 비난과 의심
- 스스로를 '집착하는 이상한 사람'이라고 표현하며 자기 비난을 하고 있습니다.
- "저를 좋아하는 건지 잘 모르겠어요"라고 말하며 타인의 감정을 의심하고, 자신의 가치를 타인의 반응을 통해 확인하려 합니다.

㉢ 학업 및 일상생활 부적응
- 수업 중에도 휴대폰을 몰래 확인하는 습관이 생겼고, 이로 인해 성적이 떨어졌습니다.
- 식욕 부진 등의 신체적 증상을 겪으며 일상생활 전반에 문제가 나타나고 있습니다.
- 친구들과 함께 있는 자리에서도 남자친구의 연락에 집중하며 주변 관계를 소홀히 하고 있습니다.

답변작성
위 모범답변을 참고하여, 자신만의 답변을 작성해 보세요.

질문 02 사례 속 내담자의 강점은 무엇인가?

답변방향

1. 사례 속 내담자는 자신의 문제를 인지하고 있으며 이를 해결하고자 상담실에 스스로 찾아온 점을 언급하세요.
2. 사례 속 내담자는 상담자에게 민감한 고민을 솔직하게 먼저 털어놓은 점을 강조하세요.

모범답변

㉠ 자기 객관화 및 변화 의지
- 내담자는 자신의 감정적, 행동적 문제를 명확하게 인지하고 있습니다.
- 자신의 상태를 객관적으로 바라보고 있으며, 현재의 어려움을 해결해야겠다는 강한 변화 의지를 드러내고 있습니다.
- 상담을 스스로 요청한 것으로 보아 자신의 문제를 해결하고자 하는 의지와 상담 동기가 명확한 편입니다.

㉡ 솔직하고 개방적인 태도
- 내담자는 자신의 감정적 불안, 집착, 학업 문제, 신체적 증상 등 민감한 고민을 상담에서 솔직하게 털어놓았습니다.
- 자신을 도와달라고 말하며 상담에 대한 기대를 보여주고 있기 때문에 상담관계를 빠르게 형성하는 데 도움이 됩니다.

답변작성 위 모범답변을 참고하여, 자신만의 답변을 작성해 보세요.

질문 03 상담자로서 자존감이 낮은 내담자를 어떻게 다룰 것인가?

답변방향

1. 자존감이 낮은 내담자는 자신을 향해 과도한 비난을 하며 부정적인 신념을 갖고 있을 가능성이 높음을 언급하세요.
2. 무조건적인 수용과 공감 그리고 작은 변화에도 긍정적으로 주목하는 자세를 언급하세요.
3. 내담자가 스스로 주도하여 자신의 가치를 발견해야 함을 답변에서 강조하세요.

모범답변

㉠ 내담자 존중 및 수용과 공감
- 내담자가 어떤 모습을 보이든, 있는 그대로 수용하고 존중하는 태도를 유지하겠습니다.
- 내담자의 감정이나 행동을 판단하지 않고 "지금 느끼는 감정을 충분히 이해해요"와 같이 공감하며 긍정적인 관계를 형성하겠습니다.

㉡ 내담자의 강점 다루기
- 내담자의 말과 행동 속에 숨어 있는 작은 강점도 놓치지 않고 찾아내어 긍정적인 피드백을 제공하겠습니다.
- 사실에 기반한 피드백을 통해 내담자가 인식하지 못했던 자신의 장점을 발견하고 긍정적인 자아상을 형성하도록 돕겠습니다.

㉢ 자신을 향한 부정적 인식 수정하기
- 자존감이 낮은 내담자는 부정적인 신념을 갖고 있거나 자신을 과도하게 비난하는 경우가 있습니다.
- 내담자가 하루 동안 스스로 칭찬할 만한 일들을 기록하게 하는 등 자기 인식을 긍정적으로 변화시킬 수 있도록 돕겠습니다.

답변작성 위 모범답변을 참고하여, 자신만의 답변을 작성해 보세요.

질문 04　상담시간을 정확히 지키는 상담자에게 내담자가 자신을 싫어하냐고 묻는다면 어떻게 하겠는가?

답변방향

1 내담자의 질문에 대해 즉각적으로 방어하거나 논리적으로 설명하기보다는 감정에 대한 공감과 탐색을 강조하세요.

2 내담자가 자신의 정서를 드러낸 것을 인정해주고 상담관계에서 안정감을 느낄 수 있도록 도와야 함을 언급하세요.

모범답변

㉠ 내담자의 감정 공감 및 의도 파악
- 질문을 단순한 불만으로 받아들이기보다 "상담시간을 정확히 지키는 게 혹시 마음에 상처가 되었을까요?"처럼 감정에 공감하며 내담자가 질문을 던진 이유를 탐색하겠습니다.
- 정해진 시간을 지키는 것이 내담자를 향한 거절이나 관계 단절로 느껴졌을 수 있음을 공감하는 태도를 보이겠습니다.

㉡ 내담자에게 상담 구조와 경계 설명
- 상담시간을 정해두는 것은 내담자가 상담을 예측 가능하고 안전한 틀로 여기게 하려는 의미임을 설명하겠습니다.
- 정해진 시간에 상담을 끝내는 것은 내담자를 싫어해서가 아니라 존중하는 태도임을 분명하게 밝히겠습니다.

㉢ 상담관계 재확인 및 지지 제공
- 내담자가 거리감이나 거절의 감정을 느끼지 않도록 안심시키겠습니다.
- 상담의 목적과 원칙은 내담자를 위한 것임을 재차 알리겠습니다.
- 상담자의 입장을 설명한 후 내담자의 변화된 생각을 확인하겠습니다.

답변작성　위 모범답변을 참고하여, 자신만의 답변을 작성해 보세요.

제시사례

> 중학교 2학년에 재학 중인 민 양(14세, 여)은 최근 복통, 두통, 피로감 등을 반복적으로 호소하고 있으나 몇 차례의 병원 진료에서도 특별한 이상은 발견되지 않았다. 처음에는 꾀병을 의심하던 담임교사도 민 양의 호소가 반복되자 심리적인 문제라고 생각하여 학교 상담실에 함께 방문하였다.
>
> 담임교사는 민 양이 학기 초부터 컨디션 문제를 자주 말했으며 이 때문에 체육 시간이나 외부 활동에 거의 참여하지 않았다고 전하였다. 민 양은 상담 초반 "요즘 자꾸 어지럽고 숨도 잘 안 쉬어져요. 병원에서도 원인을 못 찾아서 더욱 무서워요"라고 말하며 불안한 표정을 지었다.
>
> 민 양은 평소 감기에 걸리면 두세 군데의 병원을 동시에 가곤 하는데, 부모님 중에서 특히 어머니가 건강에 매우 민감한 성향을 가지고 있다고 말했다. 어머니는 민 양이 약간의 피곤함만 언급해도 바로 병원을 예약하거나 학교에 결석시키는 등 과도하게 반응하였고, 식사나 위생에 있어서도 강박에 가까운 청결 지침을 지속적으로 강조하였다.
>
> 이러한 어머니의 양육에 더해 민 양은 코로나 팬데믹 이후 외출에 대한 불안을 심하게 느끼게 되었고, 마스크를 벗거나 창문을 열어두는 일에도 불편함을 표현하였다. "사람 많은 곳에 가면 숨이 막히고, 머리가 띵해요. 누군가한테 병이 옮을까 봐 걱정돼요." 이러한 과도한 건강 염려는 일상생활의 위축으로 이어졌으며, 친구들과의 관계에서도 '혹시 병을 숨기고 있는 친구는 없을까? 아니면 내가 친구들에게 병을 옮기면 어떡하지?'라는 불안감으로 거리를 두게 되었다고 털어놓았다.
>
> 상담과정에서 민 양은 인터넷 검색을 통해 질병 정보를 반복적으로 확인하고, 자가진단을 하며 걱정을 키워왔던 적도 있음을 털어놓았다. 하루에도 수차례 체온을 재거나 맥박을 확인하며 본인의 상태에 대해 과도하게 주의를 기울이고 있었다. 민 양은 "사실은 제가 괜찮다는 걸 알면서도 계속 걱정돼요. 진짜 아픈데 병이 발견이 안 된 것은 아닐까 걱정하는 제 자신이 싫어요."라고 말하며 눈시울을 붉혔다.

사례분석

1. 내담자는 의학적으로 이상 없음 소견을 받았음에도 신체적 이상을 반복적으로 호소하고 있어요.

2. 어머니의 건강 불안이 내담자의 행동에 영향을 끼치고 있어요.

3. 내담자는 자신의 몸에 이상이 없다는 것을 인식하고 있지만 건강에 대한 과도한 염려를 멈추지 못하고 있어요.

질문 01 상기 사례 내담자의 불안을 제거하기 위해서는 어떻게 개입할 수 있는가?

답변방향

1. 내담자의 건강 불안은 단순 신체 증상 때문이 아니라 심리적이고 환경적인 요인에서 비롯되었음을 언급하세요.
2. 접근 단계에서 구체적인 개입 방안을 제시하여 답변의 현실성과 전문성을 높이세요.
3. 인지적, 행동적 개입을 통해 어떻게 문제를 해결할 것인지 답변하면 더 좋아요.

모범답변

㉠ 정서 공감 및 안전감 형성
- 내담자가 경험하는 신체적 불편과 불안을 부정하지 않고 공감합니다.
- 상담환경을 안전하게 느끼도록 반복적으로 확인하여 내담자가 불안을 자유롭게 표현할 수 있도록 합니다.

㉡ 건강 불안 요인 평가 및 이해
- 반복적 신체 증상 호소, 부모의 과잉 건강 관리, 인터넷 정보 검색 등 건강 불안을 지속하는 요인을 탐색합니다.
- 내담자 스스로 불안을 강화하는 행동이 무엇인지 이해하도록 합니다.
- 내담자 주변에서 자신의 불안을 강화되는 환경적 요인이 무엇인지 이해하도록 돕습니다.

㉢ 인지적·행동적 개입
- 인지 재구조화를 통해 과도한 걱정과 행동을 점검하고 조절하도록 지도합니다.
- 마스크 벗기, 창문 열기 등 내담자가 두려워하는 상황에 대한 목록을 작성하도록 하고 낮은 수준부터 불안을 견디도록 훈련합니다.
- 건강에 대한 강박적인 행동을 함께 줄여나가면서 불안감을 다스리고, 점차 일상 기능을 되찾을 수 있도록 지원하겠습니다.
- 불안 상황에서 사용할 수 있는 호흡법 등 이완 기법을 알려줍니다.

㉣ 가족 개입 및 장기 목표 설정
- 부모의 과도한 건강 관심이 내담자의 불안을 강화할 수 있음을 교육합니다.
- 상담자와 부모가 협력하여 내담자의 일상 기능 회복, 사회적 관계 개선, 건강 불안의 장기적 관리 계획을 수립합니다.

답변작성

위 모범답변을 참고하여, 자신만의 답변을 작성해 보세요.

질문 02 상기 내담자와 상담을 진행한다고 가정할 때 어떤 점이 가장 어려울 것 같은지 말해보시오.

답변방향

1. 내담자의 불안을 핵심 문제로 설정하고 이를 다룰 때, 상담의 복잡성과 한계가 있음을 언급해 보세요.
2. 어머니의 양육 방식이 내담자의 문제를 강화하고 있다는 점을 답변에 포함시켜 보세요.

모범답변

㉠ 내담자의 불안 다루기
- 병원에서도 이상이 없다는 진단 이후 스스로의 불안이 과도하다는 점을 인식하면서도 내담자는 불안을 조절하지 못하고 있습니다.
- 근거 없는 불안이 두통, 복통, 피로감으로 나타나고 있으며 인터넷 검색과 자가진단, 체온 측정 등으로 스스로의 불안을 강화하고 있습니다.
- 지속적으로 의심과 불안을 반복하는 내담자에게 상담자가 설명하고 안심시키려 노력해도 변화가 쉽지 않을 수 있습니다.
- 불안을 다루는 과정에서 상담자에 대한 의존이 나타날 가능성도 있습니다.
- 상담자가 조급한 태도를 보이게 되면, 오히려 내담자의 불안이 심화되고 상담관계에도 균열이 생길 수 있습니다.

㉡ 어머니의 과도한 염려로 인한 상담효과 저하
- 내담자의 어머니는 미세한 증상에도 병원을 예약하거나 결석을 권하는 등 내담자의 건강에 과민하게 반응해 왔습니다.
- 어머니의 반응은 내담자의 건강 염려를 강화하는 요소로 작용하고 있습니다.
- 상담을 통해 내담자의 인식을 변화시키더라도 가정 환경이 유지될 경우 상담의 효과가 저하될 가능성이 높습니다.

답변작성 위 모범답변을 참고하여, 자신만의 답변을 작성해 보세요.

질문 03 상담자로서 부모상담을 제안했지만 부모가 거절한다면 어떻게 할 것인가?

답변방향

1. 내담자의 부모가 상담을 거절하는 이유나 상담에 대한 오해를 가지고 있는지 파악하겠다고 답변해 보세요.
2. 상담의 목적과 필요성을 설명하고 비대면이나 간접적인 방법을 활용하여 부담없는 상담을 진행한다고 답변하면 더 좋아요.

모범답변

㉠ 부모의 입장 공감 및 거절의 이유 파악
- 상담을 거절하는 내담자 부모님의 마음에 먼저 공감하겠습니다.
- 상담을 거절하는 **진짜 이유**(예 시간 부족, 경제적 부담, 상담에 대한 부정적 인식 등)를 파악하겠습니다.
- 상담에 대한 오해가 있다면, 상담은 내담자의 어려움을 함께 해결해가기 위한 과정임을 설명하겠습니다.

㉡ 부모의 부담을 최소화하는 방안 제시
- 내담자의 상황에 대한 전화 통화를 제안하는 등 부담이 덜한 방식으로 부모의 참여를 유도하겠습니다.
- 부모 교육 자료를 제공하는 방식으로 접근하여 부모가 간접적으로나마 상담의 효과를 경험하도록 돕겠습니다.
- 부모가 상담을 끝내 거부하더라도 내담자와의 상담을 중심으로 진행하되 부모가 언제든지 참여할 수 있도록 준비해두겠습니다.

답변작성 위 모범답변을 참고하여, 자신만의 답변을 작성해 보세요.

질문 04 내담자의 부모가 상담자에게 고맙다며 식사를 대접하고 싶다고 한다. 어떻게 대처하겠는가?

답변방향

1. 내담자의 부모에게 감사의 마음은 전하되, 정중하게 거절하는 것이 올바른 태도임을 언급하세요.
2. 상담자 윤리강령을 근거로 거절의 이유를 제시해야 해요.
3. 내담자의 긍정적인 변화가 상담자에게는 가장 큰 보상임을 언급하면 더 좋아요.

모범답변

㉠ **감사를 표하며 정중히 거절**
- 내담자 부모님의 식사 제안은 상담과정에서 느낀 감사의 표현일 수 있으므로 먼저 진심으로 감사의 인사를 드리겠습니다.
- 그러나 상담자와 내담자 가족 간의 사적인 만남은 상담관계의 경계를 흐릴 수 있기 때문에 전문성과 윤리성을 지키기 위해 정중히 거절하겠습니다.
- 상담을 통한 내담자의 긍정적인 변화가 상담자에게는 가장 큰 보람이자 감사임을 언급하겠습니다.
- 내담자의 긍정적인 변화가 지속될 수 있도록 가족 내 정서적 지지를 부탁드리겠습니다.

㉡ **상담자의 윤리 원칙 설명**
- 상담자는 내담자의 최선의 이익을 지향하기 위해 원칙을 따르고 있다는 점을 설명하겠습니다.
- 상담자가 지켜야 할 윤리 원칙에 대하여 부모님이 이해하기 쉽게 설명하겠습니다.

답변작성
위 모범답변을 참고하여, 자신만의 답변을 작성해 보세요.

제시사례

중학교 3학년에 재학 중인 소 군(15세, 남)은 최근 수업 중 멍한 상태로 앉아 있거나, 창밖을 바라보며 한숨을 쉬는 일이 잦아졌다. 시험이나 수행평가에도 적극적으로 참여하지 않으며 친하게 지냈던 친구들과도 거리를 두고 있다. 본래 활발한 성격이던 소 군의 갑작스러운 변화에 담임교사는 상담을 받아볼 것을 권유하였다. 상담실을 방문한 소 군은 "요즘은 자꾸 안 좋은 생각이 들어요. 세상이 무너질 것 같은 기분이 들어요"라고 말하며 불안한 눈빛을 보였다.

소 군은 두 달 전 SNS와 유튜브를 통해 전쟁 관련 영상과 뉴스를 자주 접하게 되었다. 폭격 장면, 피난민 영상, 어린이 희생자에 대한 영상을 반복적으로 시청하면서 심한 충격을 받았다고 말했다. 이후 밤에 잠이 잘 오지 않고, 시도 때도 없이 전쟁 관련 상상이 머릿속에서 계속된다고 호소하였다. "우리나라도 언제든 전쟁이 일어나도 이상하지 않은 것 같아요. 전쟁이 나면 어떡하죠? 미사일이 떨어지면 학교도, 집도 다 없어지는 거 아닌가요?"라는 말을 상담 중에 자주 반복하였으며, 극도로 두려워하는 모습을 보였다.

소 군은 영상이 주는 충격에서 벗어나려고 뉴스를 보지 않는 등 노력했지만 유튜브의 알고리즘 기능으로 인해 다시 전쟁 관련 콘텐츠에 노출되곤 했다. 이러한 이유로 소 군은 스마트폰 자체도 사용을 꺼리고 있으며 복도나 운동장에서 큰 소리가 나면 깜짝 놀라며 "폭탄 소리 같다"며 몸을 움츠리는 반응도 보였다. 일주일 전에는 자신의 귀에 대고 큰 소리로 외친 친구와 크게 다투기도 했다. 소 군은 친구들 모두가 웃고 떠드는데 자신만 불안한 것 같다며 자책하는 모습을 보였다.

맞벌이로 바쁜 부모는 소 군의 불안 반응을 단순히 사춘기 학생의 예민함 정도로 여기고 있었고, 미디어 시청에 대해서도 명확한 지침 없이 방임하고 있다. 소 군은 전쟁 관련 자극에 과도하게 몰입하면서 현실과 상상의 경계를 혼동하고 있으며, 불안 증상을 보이고 있다. 소 군은 일상생활이 어려울 정도로 전쟁이 너무 두렵고 무섭다고 말하며 울먹였다.

사례분석

1. 내담자는 자극적인 전쟁 영상 등을 반복적으로 시청하면서 전쟁에 대해 크게 걱정하고 있어요.

2. 내담자의 부모는 자녀의 모습을 사춘기의 예민함으로 간주하고 있으며 미디어 사용에 대한 특별한 지도는 없는 상황이에요.

3. 내담자는 친구의 장난에 과잉 반응하며 다투기도 하는 등 대인관계에서 어려움을 겪고 있어요.

질문 01 상기 사례 내담자의 주호소문제는 무엇인가?

답변방향

1. 전쟁 관련 미디어에 노출된 내담자는 과도한 불안 때문에 일상생활 전반에 큰 문제를 경험하고 있음을 말해야 해요.
2. 스스로를 비난하며 정서적 고립을 심화시키고 있는 상황도 함께 언급해 보세요.

모범답변

㉠ 전쟁에 대한 과도한 불안과 공포
- 전쟁 관련 영상과 뉴스를 반복적으로 시청한 후 "세상이 무너질 것 같다"는 등의 비현실적 사고와 극심한 불안을 지속적으로 경험하고 있습니다.
- 영상과 뉴스를 보여주는 미디어 자체에 대한 회피와 불안도 함께 보이고 있습니다.

㉡ 회피 및 일상생활 기능 저하
- 수업·수행평가 참여 저조, 친한 친구와 거리두기 등 학교생활 및 사회적 기능 저하가 나타납니다.
- 큰 소리나 일상적 자극에도 놀라는 과민 반응과 폭력성을 보이고 있습니다.

㉢ 수면 문제와 반복적 충격 회상
- 밤에 잠이 잘 오지 않는 수면 장애를 겪고 있습니다.
- 머릿속에서 전쟁 관련 상상이 반복적으로 떠올라 불안을 호소하고 있습니다.

㉣ 자기 자책과 정서적 고립
- 친구들은 정상적으로 웃고 떠드는 상황에서 자신만 불안하다고 자책하며 정서적 고립감을 호소하고 있습니다.

답변작성
위 모범답변을 참고하여, 자신만의 답변을 작성해 보세요.

질문 02 사례 속 내담자에게 어떻게 개입하고 싶은가?

답변방향

1. 내담자가 자신의 감정을 털어놓을 수 있는 심리적으로 안전한 환경이 필요함을 언급하세요.
2. 내담자의 비현실적 사고와 미디어 사용 습관을 다루겠다고 언급해야 해요.
3. 내담자가 다시 학교생활을 시작하고 사회적 관계를 건강하게 맺을 수 있는 방안을 언급하세요.

모범답변

㉠ 공감 및 안정감 제공
- 내담자가 경험하는 공포와 불안을 부정하지 않고 공감하는 태도로 접근합니다.
- 현재 느끼는 감정은 자연스러운 반응임을 설명하여 내담자에게 심리적 안정감을 제공합니다.
- 내담자가 상담 중 불안감을 느끼면 언제든지 멈추거나 다른 주제로 전환할 수 있음을 알려주어 상담이 강압적이지 않음을 알립니다.

㉡ 현실 검증 및 사고 조정
- 내담자가 전쟁 관련 상상을 현실로 받아들이는 비현실적 사고를 점검합니다.
- "뉴스 속 상황이 현실과 다르며, 우리나라는 안전하다"와 같이 현재 상황을 객관적으로 말해줍니다.

㉢ 미디어 노출 관리
- 자극적인 뉴스, 영상 반복 시 불안이 강화되므로, 미디어 사용에 대한 건강한 규칙과 노출 제한을 설정합니다.
- 미디어 노출 조절 방법(예 추천 영상 끄기, 콘텐츠 구독 관리 등)을 안내하여 불안을 유발하는 자극을 통제할 수 있도록 합니다.
- 필요시 부모와 협력하여 가정 내 미디어 관리를 조율합니다.

㉣ 정서 및 행동 회복 지원
- 불안, 깜짝 놀람, 수면 문제 등 신체, 정서적 증상 완화를 위해 심호흡, 이완훈련 등 긴장 완화 기술을 알려줍니다.
- 내담자가 친구에게 자신의 어려움(큰 소리에 잘 놀라는 것)을 말로 표현하도록 돕겠습니다.

답변작성
위 모범답변을 참고하여, 자신만의 답변을 작성해 보세요.

질문 03 미디어가 청소년에게 미치는 영향력에 대해 설명하시오.

답변방향

1. 청소년들이 미디어를 통해 세상과 소통하고 스스로를 발전시킬 수 있다는 긍정적인 영향력을 말하세요.
2. 정신 건강 문제, 편향적 사고 발달, 수면 부족 등의 여러 가지 부정적인 측면도 함께 언급하세요.

모범답변

㉠ 긍정적인 영향력: 소속감, 정의감, 진로 탐색 등
- 같은 관심사를 가진 친구들을 온라인 커뮤니티에서 만나 소속감을 느낄 수 있습니다.
- 시·공간적 제약 없이 다양한 문화와 배경을 가진 사람들과 소통하며 시야를 넓힐 수 있습니다.
- 개인 채널을 운영하며 자신의 재능을 표출하며 창의성을 발휘할 수 있습니다.
- 다양한 온라인 플랫폼을 통해 학교 수업에서 다루지 않는 지식을 습득하거나 특정 분야의 전문가 콘텐츠를 보며 진로를 탐색할 수 있습니다.

㉡ 부정적인 영향력: 정신 건강 문제, 편향적 사고, 수면 부족 등
- 소셜 미디어 속 완벽하게 포장된 타인의 삶과 자신을 비교하면서 낮은 자존감, 우울감, 불안감을 겪을 수 있습니다.
- 미디어 알고리즘은 특정 콘텐츠만을 반복적으로 노출시켜 청소년들이 다양한 관점이나 균형잡힌 정보를 얻지 못하게 합니다.
- 미디어 사용에 몰두하면서 수면 시간이 줄어들고, 집중력 저하와 학업 성적 하락으로 이어질 수 있습니다.

답변작성 위 모범답변을 참고하여, 자신만의 답변을 작성해 보세요.

질문 04   상담목표를 달성하여 상담을 종결하려는데, 내담자가 상담자에게 계속 상담을 받기 원한다면?

답변방향

1. 내담자가 상담을 계속 받고 싶어하는 마음을 먼저 이해하고 공감하는 것을 언급하세요.

2. 상담 초기와 현재 모습을 비교하거나 상담을 시작했을 때 설정했던 목표들을 언급하며 내담자가 스스로 변화를 깨닫도록 해보세요.

3. 상담 종결 후에도 어려움이 발생하면 도움을 받을 수 있다고 말하면 더 좋아요.

모범답변

㉠ 내담자의 종결 저항에 대한 감정 공감
- 내담자가 상담을 왜 끝내기 싫은지 솔직하게 물어보겠습니다.
- 종결에 대한 내담자의 불안, 아쉬움, 미련을 인정하고 공감하겠습니다.
- 내담자가 상담관계에서 느낀 긍정적 경험을 표현하도록 돕겠습니다.

㉡ 상담목표 및 성취 확인
- 내담자가 상담을 지속하려는 이유가 상담자에 대한 의존 때문이라면 상담 목표가 달성되었음을 알려주겠습니다.
- 지금까지 상담을 통해 어떤 어려움을 극복했고, 어떤 기술을 배웠는지 함께 점검하겠습니다.
- 상담의 성취를 시각화하면 종결에 대한 내담자의 불안을 완화시킬 수 있습니다.

㉢ 후속 지원 안내
- 상담 종료 후에도 어려움이 발생하면 도움을 받을 수 있는 연락 경로, 학교 상담실, 또래 지원 등을 안내합니다.
- 내담자의 불안을 줄이기 위해 종결 후에도 필요하다면 다시 상담을 받을 수 있음을 알리겠습니다.

답변작성

위 모범답변을 참고하여, 자신만의 답변을 작성해 보세요.

제시사례

올해 중학교 1학년에 재학 중인 김 양(14세, 여)은 학교에서 실시한 학생 정서행동특성검사 결과에서 우울과 자살 가능성이 높은 것으로 나타나 인근 청소년상담복지센터로 상담의뢰가 되었다. 상담실에 들어선 김 양은 고개를 푹 숙이고 상담사가 묻는 질문에도 작은 목소리로 겨우 대답했다. 상담 중에도 집중하지 못하고 다른 곳을 바라보다가 눈물을 흘리는 경우가 많았다. 상담사가 눈물을 흘리는 이유를 묻자 "그냥 갑자기 우울해서 그래요"라고 대답했다. 그러나 상담 회기가 진행되면서 최근 친하게 지냈던 같은 반 친구가 가족 문제로 힘들어하며 자해를 시도한 사건이 떠올라 눈물이 계속 난다고 말했다. 상담자가 김 양의 손목을 살펴보던 중 작은 상처를 발견하고 이를 걱정하자, 김 양은 그냥 그 친구가 어떤 기분이었는지 궁금하기도 했고, 한 번 흉내낸 것일 뿐 실제로 피도 안나고 별로 아프지도 않았다고 이야기하며 부모님께는 비밀로 해달라고 간곡히 부탁했다.

김 양의 상담사가 담임교사에게 김 양의 평소 학교생활을 물어보자, 담임교사는 김 양이 친구관계에는 특별한 문제가 없었고, 학교 수업도 잘 따라오는 편이라 성적에서 크게 뒤처지는 적도 없었다고 말했다. 하지만 최근들어 수업 중에 자주 눈물을 흘리거나 우울해하는 모습을 보이고 있어 이유를 물으면 아무 일도 아니라며 자리를 피한다고 덧붙였다. 또한 김 양이 쉬는 시간에도 멍한 표정으로 앉아 있는 일이 잦으며, 친구들의 말을 종종 듣는 체하지 않고 창밖을 바라보거나 눈물을 흘리는 행동을 보이고 있다고 걱정하였다.

김 양의 아버지는 중소기업에서 프로젝트 매니저로 근무하며 잦은 야근과 출장으로 집에 머무는 시간이 많지 않다. 하지만 출장에서 돌아올 때마다 딸에게 선물을 사다주며 애정을 표현한다. 어머니는 집 인근 콜센터에서 근무하며 직장 스트레스로 종종 우울한 감정을 토로하며 눈물을 보이시기도 하지만 딸에게는 늘 다정한 편이다. 김 양은 어머니가 자신에게 우울한 감정을 토로하며 우실 때마다 어머니의 힘든 회사생활에 이입하며 함께 눈물을 흘리기도 한다. 상담자는 김 양의 검사 결과 우울 척도는 높지 않았으나, 현재 나타나는 정서적 어려움은 인지적인 문제와 밀접하게 연관되어 있다고 판단하였다.

사례분석

1 친한 친구의 자해 사건으로 큰 충격을 받은 내담자는, 친구의 경험에 공감하며 자해를 시도했어요.

2 내담자는 가정에서도 큰 문제가 없고 교우관계도 원만한 편이지만 우울한 모습을 보이고 있어요.

3 검사에서 내담자의 우울 척도가 낮게 나온 것은 실제로 내재화된 우울이라기보다 인지적인 영향으로 나타나는 결과일 수도 있어요.

질문 01 사례의 내담자가 우울감을 호소하거나 눈물을 흘리는 원인은 무엇이라고 생각하는가?

답변방향

1. 내담자의 우울감과 눈물 호소를 단순 감정표현으로 보지 않고, 원인과 맥락을 분석하여 답변해야 해요.
2. 내담자의 우울감과 눈물은 만성적 우울이 아니라, 인지적 반응으로 이해하고 답변해 보세요.

모범답변

㉠ 인지적으로 자신이 우울하다고 느낌
- 내담자는 교우관계도 원만하며, 성적도 중상위권으로 특별히 문제가 없지만 자신은 우울하다고 생각하고 있습니다.
- 우울척도의 점수도 높지 않기에 만성적인 우울을 경험한다기보다 특정 상황에서 정서적 반응으로 눈물을 흘리거나 우울감을 호소하는 것으로 해석할 수 있습니다.

㉡ 부정적 사건에 대한 과잉 동일시
- 내담자는 타인의 불행이나 부정적 사건을 자신의 상황과 동일시하여 해석하는 경향이 있습니다.
- 친구의 자해 사건을 자기 일처럼 느끼며 눈물을 흘리는 모습을 보입니다.
- 어머니가 눈물을 보이면 자신도 따라서 우는 경향을 보입니다.
- 자신에게 직접적인 문제가 없는데도, 주변 사건과 감정을 자신의 문제처럼 받아들이면서 우울감이 나타나는 것으로 볼 수 있습니다.

㉢ 미숙한 정서조절 전략
- 내담자는 상담 중 이유 없이 눈물을 자주 흘리고, 감정표현이 미숙한 모습을 보입니다.
- 자신의 감정을 효과적으로 조절하거나 표현하는 것에 미숙하여 눈물이나 우울감 호소 같은 본능적인 반응을 보이는 것으로 해석할 수 있습니다.

답변작성
위 모범답변을 참고하여, 자신만의 답변을 작성해 보세요.

질문 02 상기 사례의 내담자에게 어떻게 개입하겠는가?

답변방향

1. 내담자가 사건을 객관적으로 인식하고, 과도한 동일시를 완화하도록 개입할 수 있어요.
2. 내담자가 우울감을 덜 느끼고, 능동적으로 대처할 수 있도록 사회적 활동을 제안할 수 있어요.
3. 친구를 따라 자해를 한 내담자의 추후 사고를 예방하기 위해, 안전 계획을 수립할 수 있어요.

모범답변

㉠ 부정적 자기인식과 과잉 동일시 완화
- 내담자의 객관적 사실(예 친구관계 원만, 성적 중상위권, 가족과의 긍정적인 관계 등)을 인식하도록 돕습니다.
- 객관적인 사건과 자신의 감정을 기록하고 비교하도록 하여, 자신과 별개인 사건(예 어머니의 회사생활, 친구의 자해)과 감정을 분리하도록 돕습니다.

㉡ 정서 표현 및 조절 능력 향상
- 눈물을 대신할 수 있도록 감정을 안전하게 표현하고 조절하는 방법(예 말하기, 감정일기 등)을 알려줍니다.
- 우울감을 완화할 수 있는 구체적 방법(예 심호흡, 짧은 산책, 명상 등)을 하도록 안내합니다.
- 불행하다고 생각되는 상황이 있다면 주변 친구들이나 가족과 나눌 수 있도록 돕습니다.
- 친구들과 자주 만나고 어울리는 시간을 늘리도록 하여 혼자 우울해하는 시간을 줄일 수 있도록 합니다.

㉢ 위기관리 및 안전 계획 수립
- 자해나 극단적인 사고를 예방할 수 있도록 내담자의 부모나 담임교사와의 소통을 지속적으로 합니다.
- 내담자에게 필요시 24시간 도움을 받을 수 있는 상담센터를 안내합니다.

답변작성
위 모범답변을 참고하여, 자신만의 답변을 작성해 보세요.

질문 03 자살 시도를 부인하거나 "그냥 흉내만 냈다"는 식으로 말하는 내담자의 진술을 상담자는 어떻게 해석하고 대응해야 하는가?

답변방향

1. 자살 시도는 행동이지만, 그 안에 담긴 다양한 심리적 의미를 언급하세요.
2. 위기개입 원칙에 근거하여 상담자로서 구체적으로 어떻게 대응할 것인지 제시하면 좋아요.

모범답변

ㄱ 상담자의 해석
- 자살 시도와 관련된 자신의 깊은 고통을 드러내는 것에 대한 불안감과 두려움이 클 수 있습니다.
- 자살 시도를 자신의 치부라고 생각하여 상담자에게 비난받거나, 가족에게 알려져 더 큰 갈등을 겪을까 봐 걱정할 수도 있습니다.
- 자신의 고통을 외부에 알리면서도 간접적으로 도움을 요청하는 방법일 수도 있습니다.
- 충동적인 행동이었을 경우, 자신의 행동이 얼마나 위험한 결과를 초래할 수 있는지 심각하게 인지하지 못했을 수 있습니다.
- 자살 시도에 대한 죄책감이나 수치심 때문에 자신의 행동을 인정하지 못하는 모습일 수 있습니다.

ㄴ 상담자의 대응 방법
- 자살 시도에 대한 충동이 현재에도 남아 있는지, 구체적인 계획이 있는지 등을 확인합니다.
- 내담자의 발언을 비난하거나 훈계하는 태도를 보이지 않고 이야기해준 것에 고마움을 표현합니다.
- 생명과 안전이 위협받는 경우에는 비밀 보장이 어려운 점을 설명합니다.
- 자해 행동이 내담자에게 어떤 의미였는지를 함께 탐색하여 내담자가 자신의 감정을 깊이 들여다보도록 돕습니다.

답변작성
위 모범답변을 참고하여, 자신만의 답변을 작성해 보세요.

질문 04 상담교사로서 상담실 환경을 어떻게 조성할 것인지 말해보시오.

답변방향

1. 심리적 안정과 정서적 지지를 위한 상담실 환경 구성을 강조해 보세요.
2. 상담실은 단순히 앉아서 이야기하는 공간이 아니라, 내담자의 표현 방식을 존중하고 확장할 수 있는 공간이어야 해요.

모범답변

㉠ 심리적 안정감을 제공할 수 있는 환경
- 시끄러운 소음이나 다른 학생들의 출입을 최소화하여 조용하고 방해받지 않는 공간을 마련합니다.
- 밝은 조명보다는 은은하고 편안한 분위기를 유지합니다.
- 의자 배치와 상담자 위치를 내담자가 부담스럽지 않도록 조정합니다.
- 딱딱한 의자보다는 안락한 소파나 쿠션을 비치하여 편안하게 상담에 임할 수 있도록 합니다.

㉡ 정서적으로 지원 가능한 환경
- 내담자의 눈물 등 정서적 반응을 자연스럽게 받아줄 수 있는 환경을 조성합니다.
- 감정을 시각화하거나 기록할 수 있는 자료(예 감정 카드, 일기장, 그림 도구 등)를 비치합니다.
- 편안하게 앉아서 감정을 표현할 수 있는 공간과 필요시 휴식 공간을 제공합니다.
- 내담자가 원할 때 잠시 쉬거나 마음을 정리할 수 있는 휴식 공간을 마련합니다.

㉢ 신체적인 안전을 확보할 수 있는 환경
- 상담실 내 비상벨이나 연락 체계를 갖추어 위기 상황 시 즉시 도움을 받을 수 있도록 합니다.
- 상담실 내 위험 요소(예 날카로운 물건 등)를 제거하여 자해나 사고 가능성을 최소화합니다.

답변작성 위 모범답변을 참고하여, 자신만의 답변을 작성해 보세요.

제시사례

고등학교 2학년 여학생인 민 양(17세)은 최근 외모에 지나치게 집착하는 태도를 보이고 있다. 중학교 시절부터 친구들 사이에서 "평범하게 생겼다"는 말을 들었고, 고등학교 입학 이후 SNS를 시작하면서 유명 셀럽들의 모습을 자주 접하면서 외모에 대한 열등감을 느끼기 시작했다. 특히 또래 친구들이 미용시술, 피부관리, 다이어트를 통해 변해가는 모습을 보면서 자신의 외모도 그렇게 달라져야만 사회적 관계에서 인정받을 수 있다고 믿게 되었다.

민 양은 친한 친구를 따라 얼마 전부터 가게의 홍보 전단지를 돌리는 아르바이트를 시작했다. 친구의 부모님이 운영하는 가게인데 민 양이 자신은 돈을 벌어야 한다며 친구에게 사정해서 할 수 있게 되었다. 민 양은 아르바이트를 하면서 번 돈 대부분을 피부과에서 시술을 받는데 쓰거나 백화점에서 화장품이나 명품을 구매하는데 사용하고 있다. 부모님이 주는 생활비까지 외모 관리에 사용하는 등 외모를 가꾸는 데 돈을 아끼지 않는다.

학업에 대한 집중력은 크게 떨어져 중간고사 이후 성적이 전반적으로 하락했고, 수업 시간 중에도 거울을 자주 보거나 SNS 속 자신의 사진을 수시로 확인하는 등 강박적인 행동을 반복하고 있다. 친구들과의 관계도 점점 소원해지고 있다. 친구들이 "너 원래도 예뻐"라고 말해도 민 양은 자신을 놀리는 말 같다며 예민하게 받아들이고 있다. 또한, 자신의 외모에 대해 자신감이 없어지는 것 같다며 아무도 자신의 얼굴을 보지 않았으면 하는 생각이 들기도 한다고 말했다. 이로 인해 친구들과의 대화에 참여하는 것 자체가 꺼려진다고도 했다.

민 양의 어머니는 딸이 외모에 관심을 갖는 것을 '사춘기의 한 과정'이라고 생각했으나, 최근에는 지나치다고 느껴 상담을 권유하게 되었다. 상담실에 온 민 양은 상담자에게 자신은 예뻐져야 한다며, 이렇게 생겨서는 아무것도 할 수 없다고 말하며, 자신의 외모가 전부라는 식의 인식을 강하게 드러냈다. 또래들과의 비교에서 오는 열등감과 외모 변화에 대한 집착은 심각한 수준이며, 상담 중에도 민 양은 자신이 "못생겨서 괴롭다"는 표현을 반복하는 등 자기 비하가 심한 모습을 보였다.

사례분석

1. 내담자는 외모에 대한 강한 열등감을 가지고 있으며 외모 변화에 대해 강박적으로 집착하고 있어요.
2. 내담자는 자신을 칭찬하는 친구의 말도 부정적으로 받아들이며, 친구들과의 대화 자체를 회피하는 모습도 보이고 있어요.
3. 어머니는 내담자의 모습을 사춘기의 한 모습이라고 생각했으나 점점 심해지는 모습에 상담을 권유하였어요.

질문 01 상기 내담자의 문제는 무엇인가?

답변방향

1. 내담자의 문제는 지나친 외모 집착에서 비롯되었음을 언급하세요.
2. 내담자는 자신의 가치를 오직 외모로만 판단하는 왜곡된 신념을 가지고 있으며 자기비하를 반복하고 있다는 점을 언급하세요.

모범답변

㉠ 외모 집착과 자기 비하
- 내담자는 SNS와 또래관계에서 외모 비교를 자주하여 외모에 대한 집착이 큰 상태입니다.
- "못생겨서 괴롭다"는 등 자기비하적 사고와 행동을 반복하고 있습니다.

㉡ 강박적 행동 및 돈과 시간 투자
- 수업 중 거울을 보거나 SNS 사진을 수시로 확인하는 등 강박적인 행동을 보이고 있습니다.
- 학업에 대한 집중력이 낮아지고 일상생활의 균형을 무너지고 있습니다.
- 아르바이트를 통해 번 돈 대부분을 외모 관리(예 시술, 화장품, 명품 구매)에 사용하고 있습니다.

㉢ 대인관계를 회피하려는 모습
- 친구들의 긍정적인 칭찬도 자신을 놀리는 말로 예민하게 받아들입니다.
- 친구들이 자신의 얼굴을 보지 않았으면 좋겠다고 생각하며 친구들과의 대화를 단절하려고 합니다.

답변작성
위 모범답변을 참고하여, 자신만의 답변을 작성해 보세요.

질문 02 상기 내담자를 상담한다면 어떤 상담목표를 세울 것인가?

답변방향

1. 내담자가 왜곡된 신념을 살피고 건강한 가치관을 형성하도록 도울 수 있는 상담목표를 세워보세요.
2. 강박적인 행동을 줄이는 방법을 제시하고 건강한 자기관리 습관을 형성하도록 상담목표를 제시하세요.

모범답변

㉠ **내담자의 왜곡된 신념 탐색**
- 내담자가 외모가 아닌 자신의 내면적 강점(예 성격, 능력 등)을 발견하고, 자신의 가치를 인식하도록 돕겠습니다.
- 자신의 가치를 외모에만 한정짓는 왜곡된 신념을 함께 탐색하고, 다양한 측면에서 자신을 긍정적으로 평가하도록 돕습니다.
- 왜곡된 신념에 기반한 자기 비하적인 표현을 함께 찾고, 이를 긍정적인 언어로 바꾸도록 돕겠습니다.

㉡ **강박적 행동 감소 및 건강한 자기관리 습관 형성**
- 수업 중 거울을 보거나 SNS 사진을 확인하는 빈도를 점진적으로 줄이는 것을 목표로 삼아 외모에 대한 강박적인 사고에서 점차 벗어나도록 안내하겠습니다.
- 피부과 시술, 명품 구매보다 규칙적인 운동 등으로 꾸준하고 건강한 자기관리 습관을 만들 수 있도록 돕겠습니다.

㉢ **대인관계 회복 및 정서적 소통 능력 향상**
- 외모에 대한 불안감 때문에 친구들과의 대화를 피했던 행동을 탐색하고, 친구의 긍정적인 평가를 진심으로 받아들이도록 돕겠습니다.

답변작성
위 모범답변을 참고하여, 자신만의 답변을 작성해 보세요.

질문 03 상기 내담자를 상담할 때 상담사로서의 역할은 무엇이라고 생각하는가?

답변방향

1 상담자는 단순히 조언을 해주거나 문제를 대신 해결해주는 사람이 아니라 내담자의 정서를 지지하고 회복을 돕는 사람임을 말해야 해요.

2 상담자의 전문적이고 실천적인 역할을 언급하면 더 좋아요.

모범답변

㉠ 내담자의 정서적 지지자
- 내담자가 느끼는 외모 열등감과 자기 비하, 불안을 공감해줄 수 있어야 합니다.
- 내담자의 왜곡된 인식이 형성되기까지의 배경과 현재 감정을 충분히 이해해야 합니다.
- 단순한 위로를 넘어 내담자가 자신의 고통을 솔직하게 표현할 수 있도록 도와야 합니다.

㉡ 내담자의 자기효능감 회복을 돕는 촉진자
- 학업, 친구관계 등 사회적 기능과 자기효능감 회복을 돕는 역할을 해야 합니다.
- 긍정적 경험을 강화하고, 작은 성취를 경험하게 하며 내담자의 자기 존중감 향상시켜야 합니다.
- 내담자가 본인의 가치를 외모에만 한정 짓는 것이 아니라 긍정적인 자기 인식을 형성할 수 있도록 도와야 합니다.

㉢ 내담자의 보호자 및 학교 연계 조력자
- 내담자의 부모에게 청소년 외모 집착과 강박 행동에 대한 이해를 돕고 적절한 지원 방법을 안내해야 합니다.
- 필요시 학교나 또래들과 연계하여 내담자를 도울 수 있도록 지원 체계를 마련하는 역할을 해야 합니다.

답변작성
위 모범답변을 참고하여, 자신만의 답변을 작성해 보세요.

질문 04 골목에서 한 무리의 학생들이 또래의 학생을 괴롭히는 모습을 목격했다면 어떻게 할 것인가?

답변방향

1. 괴롭힘을 목격했다면, 즉시 개입하여 상황을 중단시켜야 해요.
2. 가해 학생과 피해 학생을 분리한 후에 피해 학생의 상태를 확인하고, 심리적으로 안정을 취할 수 있게 도와야 해요.
3. 현장 개입 이후에는 학교와 보호자에게 상황을 인계해야 해요.

모범답변

㉠ 즉각적으로 개입하여 피해 학생 보호
- 괴롭힘 상황에 개입하여 피해 학생을 보호하겠습니다.
- 물리적인 폭력이 발생하고 있다면 학생들 사이에 안전하게 개입하여 상황을 중재하겠습니다.

㉡ 피해 학생의 신체적 안전 및 심리적 안정 확보
- 안전한 공간을 확보하여 피해 학생을 괴롭힘을 가한 학생들과 분리하겠습니다.
- 피해 학생의 신체적 상태를 확인하고, 불안해하거나 두려워하는 감정에 대해 충분히 공감하겠습니다.

㉢ 학교 및 보호자 연계
- 학교와 담임교사에게 연락하여 상황을 상세히 설명하고 학교 측의 공식적인 조치가 이루어질 수 있도록 요청합니다.
- 학생들의 보호자에게 연락하여 상황을 알리고, 함께 해결 방안을 모색할 것을 제안하겠습니다.
- 피해 학생의 보호자에게는 학생의 심리적 안정과 치유를 위해 필요한 도움을 받을 수 있도록 안내하겠습니다.

답변작성
위 모범답변을 참고하여, 자신만의 답변을 작성해 보세요.

memo

memo

여러분의 작은 소리
에듀윌은 크게 듣겠습니다.

본 교재에 대한 여러분의 목소리를 들려주세요.
공부하시면서 어려웠던 점, 궁금한 점,
칭찬하고 싶은 점, 개선할 점, 어떤 것이라도 좋습니다.

에듀윌은 여러분께서 나누어 주신 의견을
통해 끊임없이 발전하고 있습니다.

에듀윌 도서몰 book.eduwill.net
- 부가학습자료 및 정오표: 에듀윌 도서몰 → 도서자료실
- 교재 문의: 에듀윌 도서몰 → 문의하기 → 교재(내용, 출간) / 주문 및 배송

2026 에듀윌 청소년상담사 3급 면접
사례별 질문 + 답변 + 무료특강

발행일	2025년 9월 19일 초판
저자	에듀윌청소년상담LAB
펴낸이	양형남
개발	정상욱, 김규리, 최승철
펴낸곳	(주)에듀윌
등록번호	제25100-2002-000052호
주소	08378 서울특별시 구로구 디지털로34길 55 코오롱싸이언스밸리 2차 3층
ISBN	979-11-360-3897-5(13330)

* 이 책의 무단 인용 · 전재 · 복제를 금합니다.

www.eduwill.net
대표전화 1600-6700